대한민국 여행자를 위한,

제주도
여행백서

대한민국 여행자를 위한,
제주도 여행백서 (2022~2023년 개정판)

초   판 1쇄 펴냄 2016년 3월 15일
개정 6판 1쇄 인쇄 2022년 5월 20일
개정 6판 1쇄 펴냄 2022년 5월 30일

지은이 손만기
펴낸이 유정식

책임편집 박수현
편집/표지디자인 이승현

펴낸곳 나무자전거
출판등록 2009년 8월 4일 제 25100-2009-000024호
주소   서울 노원구 덕릉로 789, 2층
전화   02-6326-8574
팩스   02-6499-2499
전자우편 namucycle@gmail.com

ⓒ손만기 2016~2022
ISBN : 978-89-98417-54-3(14980)
       978-89-98417-12-3(세트)
정가 : 16,000원

파본이나 잘못 인쇄된 책은 구입하신 서점에서 교환해드립니다.

이 책은 저작권법에 따라 보호받는 저작물이므로 무단 전재와 복제를 금합니다. 이 책의 전부 또는 일부를 이용하려면 반드시 저작권자와 도서출판 나무자전거의 서면동의를 받아야 합니다.

2022~
2023년
개정판

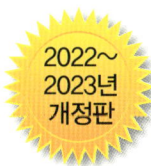

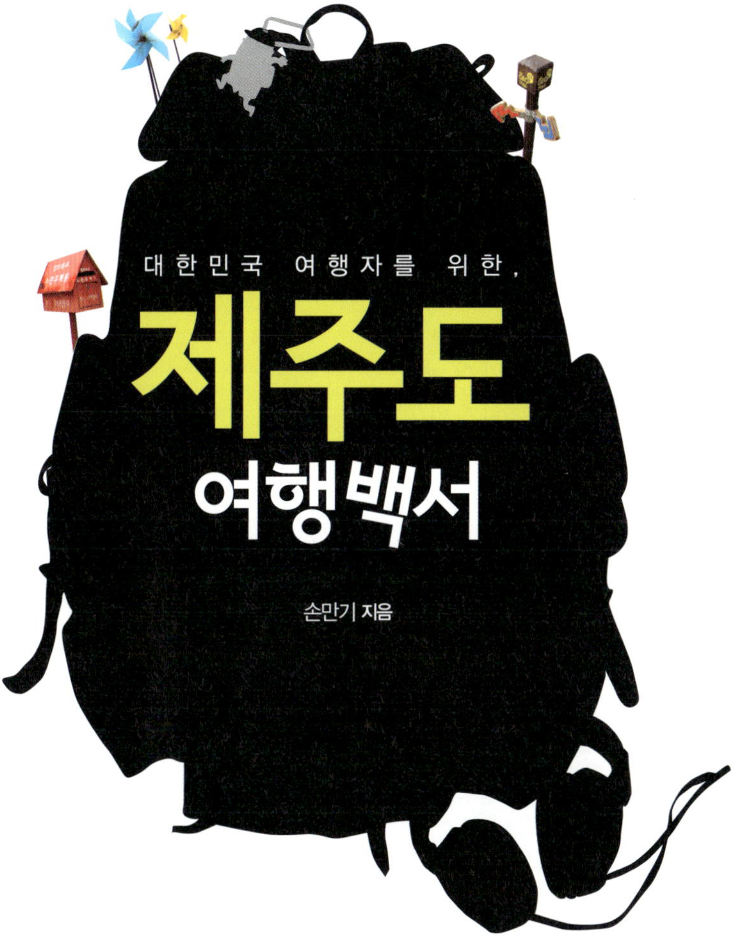

대한민국 여행자를 위한,

제주도 여행백서

손만기 지음

나무자전거

PROLOGUE

2년이 넘는 시간동안 일상생활에 직간접적으로 영향을 미쳤던 코로나가 2급 감염병으로 등급이 낮아지면서 일상 회복이 서서히 본격화되고 있는 요즘입니다. '끝날 때까지 끝난 게 아니다'라는 말이 있지만 여행업계에 종사하고 있다 보니 지금은 이 말을 믿고 싶지 않은 것도 사실입니다. 특별하지 않다고 느꼈던 일상생활이 이토록 소중했다는 걸 충분히 경험한 2년이었으니까요. 개인적인 삶에도 많은 변화가 있었지만 코로나로 인해 제주도 역시 많은 변화가 있었습니다. 제주도를 찾는 방문객이 줄어들면서 많은 호텔과 렌터카 회사들이 폐업을 하고, 식당과 카페들 역시 적지 않은 영향을 받았습니다. 그나마 다행스러운 점은 해외를 나가지 못하면서 작년 제주도 방문객이 코로나 시국 이전과 비슷한 수준으로 회복됐다는 점입니다. 하루 빨리 예전의 활기찬 모습을 다시 보게 되기를 희망합니다.

매번 개정판을 준비할 때마다 책에 소개된 모든 곳들을 하나하나 확인하며 가장 최신의 정보를 반영하기 위해 노력하지만, 특히 이번 개정판은 더욱 많은 시간과 노력이 필요했습니다. 하루가 다르게 변화하는 곳이 제주도이긴 하지만 단순한 변화 외에도 다른 여러 이유로 영업을 하지 못한 곳들이 예상보다 많았기 때문이죠.

처음 책을 집필할 때 목표가 한두 해 팔리고 마는 책이 아닌 꾸준히 팔리는 책을 만드는 것이었습니다. 2016년 처음 제주도 여행백서가 출간된 이후 횟수로 7년 동안 꾸준하게 사랑을 받고 있으니 작게나마 그 목표는 현재 진행형인 것 같습니다. 하지만 여기에서 만족하지 않고 더 오랜 기간 사랑받는 제주도 여행백서가 될 수 있도록 더 노력하겠습니다. 유행을 쫓기보다는 제주도에서만 경험할 수 있는 이색적인 곳이나 제주도의 때 묻지 않은 자연을 보다 많이 소개하는 것이 최선이 아닐까 싶습니다. 현시점에서 최신 정보를 반영하긴 했지만 표기된 영업시간이 변경될 수 있으니 방문 전 전화 등으로 확인해 보시고, 잘못된 정보가 있다면 언제든지 필자 이메일(crom2481@naver.com)로 보내주세요.

제주도 여행백서가 오랫동안 세상에 빛을 볼 수 있도록 관심을 가져주시는 독자 여러분, 좋은 책을 만들기 위해 노력하는 출판사 관계자분, 개정판이 나오기까지 도움 주신 분들, 언제나 옆에서 힘이 돼 주는 가족에게도 감사의 뜻을 전합니다. 마지막으로 힘든 시기를 건강하게 잘 극복하고 제주도 여행까지 준비하는 모든 분들께 성원의 박수를 보냅니다.

2022년 5월
손만기

PREVIEW

이 책은 총 7개 파트로, 여행준비부터 제주도에서 꼭 필요한 정보까지 바로 파악할 수 있도록 구성하였습니다. 1파트에서는 제주를 이해할 수 있는 전반적인 내용과 여행준비 과정, 추천일정을 소개하였습니다. 또한 2~5파트에서는 제주도를 지역별로 구분하여 명소, 먹거리, 카페 등의 섹션으로 구분하여 세세한 정보를 담았습니다.

파트별 구성
인접한 지역을 하나의 파트로 묶어서 동선을 짜기 쉽도록 하였습니다.

놓치지 말아야 할 추천 베스트
해당 파트의 지역에서 저자가 추천하는 볼거리를 사진과 함께 설명하였습니다.

한눈에 보는 교통편
해당 지역을 잇는 버스노선에 대해 설명하였습니다.

반드시 해봐야 할 것들
해당 지역에서 꼭 해봐야 할 것들을 추천하였습니다.

추천도
지역별 볼거리, 먹거리, 놀거리, 쇼핑을 별점으로 표시하여 해당 지역을 한눈에 파악할 수 있도록 하였습니다.

사진으로 미리 살펴보는 베스트코스
여행지의 스팟들을 효율적으로 둘러보기 위한 동선을 제시합니다. 어디를 가야 할지, 무엇을 먹어야 할지 등이 고민된다면 베스트코스를 참고하세요.

6파트에서는 제주의 오름, 올레, 해안도로, 주변 섬을 주제별로 소개하였습니다. 마지막 7파트에서는 제주의 다양한 숙박시설을 다루었습니다. 책 중간중간에는 한라산과 한라산 주변 명소, 오일장과 벼룩시장 같은 독립적인 볼거리와 테마 여행지를 스페셜페이지로 구분하여 담았습니다.

섹션별 구성
원하는 스팟을 바로 찾아볼 수 있도록 해당 여행지의 명소, 먹거리, 카페 등을 섹션으로 묶어 소개하였습니다.

제목
해당 스팟을 큰제목으로, 그에 대한 간략한 설명을 부제목으로 정리하여 제목만 봐도 어떤 곳인지 미루어 짐작할 수 있습니다. 또한 저자 추천도를 표시하였습니다.

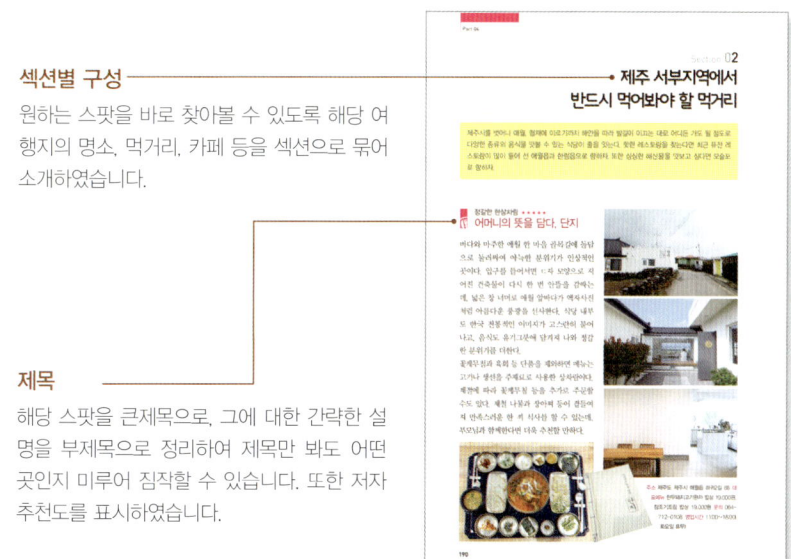

스팟 정보
해당 스팟에 대한 정보를 일목요연하게 정리하였습니다. 주소, 찾아가는 방법, 운영시간, 가격, 추천메뉴, 전화번호, 홈페이지 등의 세세한 정보가 수록되어 있습니다.

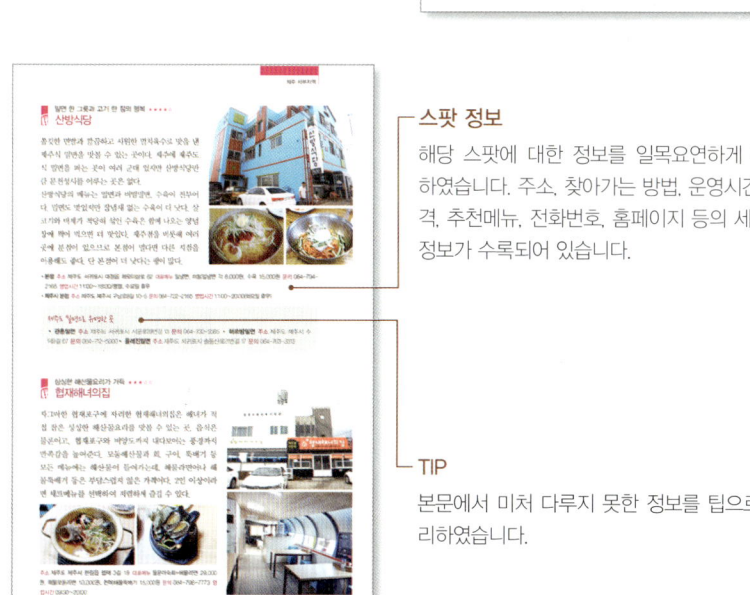

TIP
본문에서 미처 다루지 못한 정보를 팁으로 정리하였습니다.

PREVIEW

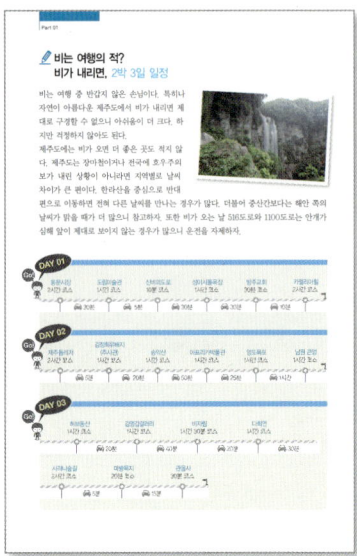

저자 강력추천 일정 및 일정별 동선

여행자의 일정과 예산, 동행 등에 따라 여행일정은 천차만별로 짤 수 있습니다. 먼저 1파트에서 제시한 동선을 참고하여 굵직한 동선을 짜고, 부록 지도에 가고 싶은 곳을 직접 표시하면서 세부 동선을 짠다면 자신에게 맞는 가장 효율적인 동선을 쉽고 빠르게 짤 수 있습니다.

스페셜페이지

한라산, 한라산의 주변 명소는 물론 독립적인 볼거리와 제주의 건축, 꽃, 카페, 테마파크 같은 여행지를 스페셜페이지로 구분하여 담았습니다.

파트별 지도

지역을 구분하여 소개하는 파트마다 해당 지역의 지도를 담았습니다. 지도에는 해당 파트에서 소개하는 스팟 정보를 담아 이동경로를 한눈에 파악할 수 있습니다.

대형 부록 지도

책에 부록으로 들어있는 지도는 560X400mm 크기로 여행준비 시에 동선을 짤 때, 여행지에서 동선을 체크하거나 변경할 때 유용하게 사용할 수 있습니다. 이 책에 소개한 모든 볼거리와 식당, 커피숍 등이 표시되어 있어 이동경로를 확인하기에 용이합니다. 또한 책에서 소개한 해안도로와 산책길, 한라산 등 산코스, 올레길 등도 표시하여 어떤 일정을 짜든 100% 활용할 수 있습니다.

지도 아이콘

● 볼거리	🍴 음식점	☕ 카페	🏠 숙소
🛒 쇼핑, 프리마켓	🏪 전통시장	🚌 버스정류장	⚓ 항구
✈ 공항	⛱ 해변	⛰ 오름	⛰ 산
🌳 공원	🍞 베이커리	🏛 박물관	📖 학교
✚ 병원	🚶 올레스탬프	ℹ 방문자센터	🐎 목장

Part01
제주도여행 준비

Section01 제주도로 들어가기 20
　　　　　　항공편 · 20 | 선박편 · 21

Section02 제주도를 여행하는 방법 22
　　　　　　MAP 제주 주요버스노선도 · 28
　　　　　　최고의 교통수단, 렌터카 · 22 | 여유롭게 제주를 여행하고 싶다면, 버스 · 24 | 비싸지만 편리한 택시 · 30 | 낭만적이지만 각별한 주의가 필요한 스쿠터 · 30

Section03 제주도에서 머무르기 32
　　　　　　호텔과 리조트 · 32 | 펜션 · 33 | 게스트하우스 · 34

Section04 제주도 추천일정 35
　　　　　　해안도로 따라 한 바퀴, 2박 3일 일정 · 35 | 제주를 한 번쯤 다녀온 사람에게 딱, 3박 4일 일정 · 36 | 아름다운 비경과 오름이 있는, 4박 5일 일정 · 37 | 아이와 함께하는, 2박 3일 일정 · 39 | 비는 여행의 적? 비가 내리면, 2박 3일 일정 · 40 | 돈 들이지 않아도 즐거운 2박 3일 일정 · 41 | 연인과 떠나는 사랑 여행, 2박 3일 일정 · 41 | 한라산 등반을 위한, 6박 7일 일정 · 42 | 먹기 위해 떠나는 제주도 여행, 2박 3일 일정 · 44

Section05 제주도 대표 키워드 6 45
　　　　　　섬 · 45 | 바다 · 46 | 돌 · 47 | 해녀 · 48 | 오름 · 48 | 바람 · 49

Special01 태고의 신비를 간직한 한라산 50
　　　　　　MAP 한라산 등산코스 · 52
　　　　　　겨울이 더욱 아름다운 어리목탐방로 · 53 | 영실기암의 자태 영실탐방로 · 53 | 때 묻지 않은 자연을 만나는 시간 돈내코탐방 · 54 | 세상에서 가장 맛있는 라면 성판악탐방로 · 54 | 힘든 만큼 보장받는 보람 관음사탐방로 · 55 | 한라산의 대안 어승생악탐방로 · 55

Special02 한라산과 주변 명소 56

조용히 그리고 천천히 걷기, 한라산 관음사 · 56 | 사부작 사부작 걷는 숲길, 사려니숲길 · 57 | 산림욕의 정석, 절물자연휴양림 · 57 | 말과 친구가 되어 보는 시간, 제주마방목지 · 58 | 작은 한라산, 한라생태숲(숫모르숲길) · 59

Section06 알고 가면 좋은 제주 이야기 60

제주의 사계 · 60 | 세계적인 자연유산, 제주 · 62 | 믿거나 말거나, 제주의 신화 · 63 | 제주도의 먹거리 · 64

Special03 사부작 사부작 걷기 좋은 제주의 숲길 66

머체왓숲길(소롱콧길) · 66 | 고살리숲길 · 67 | 동백동산 · 68 | 화순곶자왈 생태탐방 숲길 · 69

Special04 제주 면세점 이용하기 70

면세점 이용 조건 · 70 | 오프라인면세점 · 70 | 온라인면세점 · 71

Part02
제주 북부지역(제주시)

제주 북부지역(제주시)에서 놓치지 말아야 할 추천 베스트 74

제주 북부지역(제주시) 핵심 가이드 76

제주 북부지역을 이어주는 교통편 · 77 | 제주 북부지역에서 이것만은 꼭 해보자 · 77 | 한눈에 살펴보는 제주 북부지역 베스트코스 · 77

MAP 제주 북부지역(제주시) · 78

Section01 제주 북부지역에서 반드시 둘러봐야 할 명소 80

도두봉 · 80 | 동문재래시장 · 80 | 동문시장 야시장 · 81 | 사라봉(산지등대) · 82 | 한라수목원(제주방어사령부 산책로) · 82 | 삼성혈 · 83 | 삼양검은모래해변 · 84 | 서문공설시장 · 84 | 제주목관아(관덕정) · 85 | 용담해안도로 · 86 | 용두암 · 86 | 이호테우해변 · 87 | 원당봉(불탑사, 원당사, 문강사) · 88 | 도두동 무지개해안도로 · 88 | 제주4.3평화공

CONTENTS

원·89 | 제주도립미술관·90 | 내도 알작지·90 | 신비의도로·91 | 제주민속자연사박물관·91 | 산천단·92 | 아침미소목장·93 | 넥슨컴퓨터박물관·93

Section 02 제주 북부지역에서 반드시 먹어봐야 할 먹거리 94

고집돌우럭·94 | 지지지제주흑돼지·95 | 골막식당·95 | 제주마당·96 | 우진해장국·96 | 골목식당·97 | 두루두루식당·97 | 늘봄흑돼지·98 | 백선횟집·98 | 올래국수·99 | 자매국수·99 | 해오름식당·100 | 신설오름·100 | 순옥이네명가·101 | 대원가·101 | 국수만찬·102 | 제주시새우리·102 | 도새기샤브마을·103 | 대우정·103 | 홍소반·104 | 제주김만복·104 | 스테이크하우스·105 | 은희네해장국·105 | 물항식당·106 | 솔참치·106

Section 03 제주 북부지역에서 반드시 들러봐야 할 카페 107

에스프레소라운지·107 | 그러므로 Part2·108 | 모앙(Moang)·108 | 커피 99.9·109

Special 05 제주, 꽃이 되다 110

붉은 눈물이 우수수 떨어지는 동백꽃·110 | 봄의 전령사 매화·111 | 봄바람 휘날리며 벚꽃·112 | 온통 노란 물결 유채꽃·113 | 형형색색 아름다운 꽃, 수국·114

Part 03 제주 동부지역

제주 동부지역에서 놓치지 말아야 할 추천 베스트 118

제주 동부지역 핵심 가이드 120

제주 동부지역을 이어주는 교통편·121 | 제주 동부지역에서 이것만은 꼭 해보자·121 | 한눈에 살펴보는 제주 동부지역 베스트코스·121

MAP 제주 동부지역·122

Section 01 제주 동부지역에서 반드시 둘러봐야 할 명소 124

녹산로·124 | 제주돌문화공원·124 | 만장굴·126 | 비자림·127 | 산굼부리·128 | 섭지코지·128 | 성산일출봉·129 | 에코랜드·130 | 제주허브동산·131 | 월정리해변·132 | 김녕 성세기해변·133 | 김영갑갤러리(두모악)·133

|보롬왓·134 |메이즈랜드·134 |함덕 서우봉해변·135 |혼인지·136 |고망난 돌쉼터·136 |해녀박물관·137 |교래자연휴양림·138 |조천 스위스마을·139

Section02 제주 동부지역에서 반드시 먹어봐야 할 먹거리 140

나목도식당·140 |명진전복·140 |평대앓이·141 |맛나식당·142 |당케올레국수·142 |무거버거(MGBG)·143 |촌촌해녀촌·144 |성산흑돼지두루치기식당·144 |선흘방주할머니식당·144 |춘자멸치국수·145 |교래손칼국수·145 |다미진횟집·146 |오조해녀의집·146 |성미가든·147 |고성장터국밥·147 |경미네집·148 |가시식당·148 |그림상회화덕피자·149

Section03 제주 동부지역에서 반드시 들러봐야 할 카페 150

월정리로와·150 |바람벽에흰당나귀·151 |까사델마레·152 |카페공작소·152 |카페동백·153 |바다는안보여요·154 |그계절·154 |브라보비치·155 |델문도·155 |도렐커피·156 |커피가게 쉬고가게·156 |드르쿰다 in 성산·157 |카페 라라라·158

Special06 아이와 함께하는 제주여행 159

스릴을 즐기는 액티비티·159 |노는 게 젤 좋아! 테마파크·160 |제주 하면 감귤, 감귤 따기 체험·161 |다양한 가축을 만나는 목장 체험·161

Part04
제주 서부지역

제주 서부지역에서 놓치지 말아야 할 추천 베스트 164

제주 서부지역 핵심 가이드 166

제주 서부지역을 이어주는 교통편·167 |제주 서부에서 이것만은 꼭 해보자·167 |한눈에 살펴보는 제주 서부 베스트코스·167

　　MAP 제주 서부지역·168

Section01 제주 서부지역에서 반드시 둘러봐야 할 명소 170

용머리해안·170 |협재해변·171 |곽지 과물해변·172 |산방산(산방굴사)·172 |서광다원(오설록티뮤지엄)·173 |더럭초등학교·174 |라온더마(馬)

CONTENTS

파크 · 174 | 구엄리 돌염전(소금빌레) · 175 | 생각하는정원 · 176 | 애월 한담해변산책로 · 177 | 월령리 선인장군락지 · 177 | 송악산 · 178 | 성이시돌목장 · 178 | 순례자의교회 · 179 | 수월봉 · 180 | 제주표착기념관(용수성지) · 181 | 모슬포항 · 181 | 방림원 · 182 | 유리의성 · 182 | 저지문화예술인마을 · 183 | 제주초콜릿박물관 · 184 | 추사관과 추사유배길 · 184 | 공룡랜드 · 186 | 낙천리 아홉굿마을 · 186 | 항파두리항몽유적지 · 187 | 한림공원 · 188 | 차귀도 · 189

Section 02 제주 서부지역에서 반드시 먹어봐야 할 먹거리 190

어머니의 뜻을 담다, 단지 · 190 | 산방식당 · 191 | 협재해녀의집 · 191 | 일억조 · 192 | 명리동식당 · 192 | 옥돔식당 · 193 | 부두식당 · 194 | 영해식당 · 194 | 곤밥보리밥 · 195 | 하갈비 · 195 | 닻 · 196 | 협재칼국수 · 196 | 한림칼국수 · 197 | 만선식당 · 197 | 별돈별 · 198 | 신의한모 · 198 | 돌담너머바다 · 199

Section 03 제주 서부지역에서 반드시 들러봐야 할 카페 200

리치망고 · 200 | 치치숲 · 201 | 카페봄날 · 201 | 벨진밧 · 202 | 마마롱 · 202 | 앤트러사이트 커피한림 · 203 | 와토커피 · 203 | 크래커스 · 204 | 레이지박스 · 204 | 나비정원 · 205 | 송훈파크 하이드브레드 · 205 | 청춘부부 · 206 | 명월국민학교 · 206 | 마노르블랑 · 207 | 노고로시 · 208 | 새빛카페 · 208

Special 07 베이커리 in 제주 209

건강을 생각하는 어머니의 마음으로 어머니빵집 · 209 | 마농바게트가 맛있는 빵지순례 필수코스 오드랑베이커리 · 210 | 해비치호텔 내 빵집 마고 · 210 | 빵 사러 갔다 잼 사서 나오는 곳 아라파파 · 211 | 건강한 빵을 만드는 보엠 · 211 | 늦으면 못 먹어요 버터모닝버터모닝 · 212 | 착한 빵집 제일성심당 · 212 | 제주 파운드케이크 성지 이익새양과점 · 213

Part 05
제주 남부지역(서귀포&중문)

제주 남부지역(서귀포&중문)에서 놓치지 말아야 할 추천 베스트 216

제주 남부지역(서귀포&중문) 핵심 가이드 218

제주 남부지역을 이어주는 교통편 · 219 | 제주 남부에서 이것만은 꼭 해보자 · 219 | 한눈에 살펴보는 제주 남부지역 베스트코스 · 219

MAP 제주 남부지역(서귀포&중문) · 220

Section01 제주 남부지역에서 반드시 둘러봐야 할 명소 222

수·풍·석(水·風·石)박물관 · 222 | 카멜리아힐 · 224 | 샹그릴라요트투어 · 224 | 쇠소깍 · 225 | 작가의산책길(유토피아로) · 226 | 새연교(새섬) · 227 | 서귀포매일올레시장 · 228 | 걸매생태공원과 오솔길벽화마을 · 229 | 서귀다원 · 230 | 본태박물관 · 230 | 천지연폭포 · 231 | 대포해안주상절리 · 232 | 박수기정 · 232 | 안덕계곡 · 233 | 엉또폭포 · 234 | 약천사 · 234 | 원앙폭포 · 235 | 정방폭포 · 236 | 중문 색달해변 · 236 | 남원 큰엉해안경승지 · 237 | 외돌개 · 238 | 제주동백수목원 · 239 | 세계조가비박물관 · 239 | 천제연폭포 · 240 | 방주교회 · 240 | 세계자동차박물관 · 241 | 들렁모루 · 242 | 황우지해안 · 243 | 휴애리자연생활공원 · 243

Section02 제주 남부지역에서 반드시 먹어봐야 할 먹거리 244

비오토피아레스토랑 · 244 | 대도식당 · 245 | 덕성원 · 245 | 조림명가와 네거리식당 · 246 | 한라산아래첫마을 · 246 | 국수의전설 · 247 | 마당갈비 · 248 | 용왕난드르 · 248 | 고미횟집 · 249 | 쌍둥이횟집 · 249 | 어진이네 횟집 · 250 | 공천포식당 · 250 | 문치비 · 251 | 큰갯물횟집 · 251 | 대항연탄구이 · 252 | 중앙식당 · 252 | 뽈살집 · 253 | 중문수두리보말칼국수 · 253 | 하영 · 254 | 서귀포 흑돼지명가 · 255 | 국수바다 · 255

Section03 제주 남부지역에서 반드시 들러봐야 할 카페 256

서연의집 · 256 | 오또넛 · 257 | 유동커피 · 257 | 제주 에인감귤밭 · 258 | 바다다 · 258 | 카페숑 · 258 | 겹겹의 의도 · 259 | 서홍정원 · 259 | 세러데이 아일랜드 · 260

Special08 세계적인 건축 박물관, 제주 261

섭지코지의 변신 안도타다오&마리오보타 · 261 | 제주의 품에 잠들다 이타미준 · 261 | 한국 건축가의 자존심 조민석 & 승효상 · 262 | 미술관. 예술을 품다 왈종미술관 & 제주도립미술관 & 제주현대미술관 · 263

Part06
특별한 제주를 만나다!

MAP 오름, 올레 · 266

Section01 **제주의 아름다운 오름** 268

오름 트래킹 준비 · 268 | 거문오름 · 269 | 다랑쉬오름 · 270 | 바굼지오름(단산) · 270 | 노꼬메오름(큰노꼬메오름) · 272 | 금오름 · 273 | 용눈이오름 · 273 | 따라비오름 · 274 | 새별오름 · 275 | 지미오름(지미봉) · 276 | 좌보미오름 · 276 | 군산오름 · 277 | 아부오름 · 278 | 돝오름 · 278 | 백약이오름 · 279 | 정물오름 · 280

Section02 **걸으며 만나는 제주올레** 281

제주올레 걷기 준비 · 281 | 올레1코스(시흥–광치기올레) · 282 | 올레1–1코스(우도올레) · 283 | 올레2코스(광치기–온평올레) · 284 | 올레3코스(온평–표선올레) · 284 | 올레4코스(표선–남원올레) · 285 | 올레5코스(남원–쇠소깍올레) · 286 | 올레6코스(쇠소깍–제주올레여행자센터올레) · 286 | 올레7코스(제주올레여행자센터–월평올레) · 287 | 올레7–1코스(서귀포버스터미널–제주올레여행자센터) · 288 | 올레8코스(월평–대평올레) · 288 | 올레9코스(대평–화순올레) · 289 | 올레10코스(화순–모슬포올레) · 290 | 올레10–1코스(가파도올레) · 290 | 올레11코스(모슬포–무릉올레) · 291 | 올레12코스(무릉–용수올레) · 292 | 올레13코스(용수–저지올레) · 292 | 올레14코스(저지–한림올레) · 293 | 올레14–1코스(저지–서광올레) · 294 | 올레15코스(한림–고내올레) · 294 | 올레16코스(고내–광령올레) · 295 | 올레17코스(광령–제주원도심올레) · 296 | 올레18코스(제주원도심올레–조천올레) · 296 | 올레18–1코스(추자도올레) · 297 | 올레19코스(조천–김녕올레) · 298 | 올레20코스(김녕–하도올레) · 298 | 올레21코스(하도–종달올레) · 299

Section03 **제주 해안도로 일주** 300

용담해안도로 · 300 | 하귀–애월해안도로 · 301 | 신창–용수해안도로 · 301 | 모슬포–사계해안도로 · 302 | 표선–남원해안도로 · 302 | 김녕–성산해안도로 · 303 | 함덕–조천해안도로 · 303

Section04 **제주, 섬 속의 섬** 305

MAP 가파도, 마라도, 비양도, 우도 · 304

가파도 · 305 | 마라도 · 307 | 비양도 · 311 | 우도 · 313

Special09 제주, 커피 한잔의 여유 318

이 녀석 뭐지? 그러므로 · 318 | 제주 돌집에서 만난 카페와 서점 윈드스톤 · 319 | 핸드드립 전문점 로치아 · 319 | 모던한 분위기 어반르토아 · 320 | 플랜테리어로 더욱 산뜻하게 에프터글로우 · 320 | 연동의 핫플레이스 컴플리트 커피 · 321 | 계절별로 다양한 스무디를 제공하는 픽스커피 · 321

Part07 제주도의 숙소

Section01 특별한 하룻밤을 위한 호텔 324

신라호텔 · 324 | 그랜드하얏트호텔 · 325 | 포도호텔 · 326 | 해비치호텔&리조트 · 326 | 토스카나호텔 · 327 | 티라호텔 · 327 | 롯데호텔 · 328 | 다인오세아노호텔 · 328 | 빌라드애월 · 329 | 씨에스호텔 · 330 | 골든튤립 성산호텔 · 330 | 위(WE)호텔 · 331 | 라림부띠끄 · 332 | 롯데시티호텔 · 332 | 신라스테이제주 · 333 | 오션스위츠호텔 · 333 | 스위트호텔 · 334 | 제주센트럴시티호텔 · 334 | 라마다프라자호텔 · 335 | 제주신화월드 랜딩리조트 · 336 | 제주신화월드 메리어트리조트 · 336 | 서머셋 제주신화월드 · 337

Section02 편안하고 실용적인 펜션&리조트 338

올레리조트 · 338 | 소랑호젠 · 339 | 소노캄 제주 · 339 | 가산토방 · 340 | 앙끄리에펜션 · 340 | 이야기별방 · 341 | 제주락펜션 · 341 | 봄 그리고 가을 리조트 · 342 | 에코그린리조트 · 342 | 허브동산 · 343 | 엘리시안제주 · 343

Section03 이야기가 있는 게스트하우스 344

돌담에꽃머무는집 · 344 | 늘작(구 함피디네돌집) · 345 | 아프리카게스트하우스(아.게.하) · 345 | 탱자싸롱게스트하우스 · 346 | 슬로우트립게스트하우스 · 346 | 소낭게스트하우스 · 347 | 수상한소금밭게스트하우스 · 347 | 써니허니게스트하우스 · 348 | 오름게스트하우스 · 348 | 넙빌레하우스 · 349 | 정글게스트하우스 · 349

Special10 제주에서 살아보기&특별한 숙박 350

옛 것과의 조화, 와온 · 350 | 월령 해안을 온전히 누릴 수 있는, 문워크 월령을 걷다 · 351 | 소박한 즐거움, 봉성소락 · 351 | 비양도가 그림처럼 다가오는 곳, 보아비양(VOIR VIEN) · 352 | 섬 속의 섬에서 하룻밤, 스테이소도 · 352 | 제주스러운 그래서 더욱 좋은, 조천마실 · 353 | 인피니티 풀을 갖춘 숙소, 젠하이드어웨이 · 354

Part
01

제주도여행 준비

Section01. 제주도로 들어가기
Section02. 제주도를 여행하는 방법
Section03. 제주도에서 머무르기
Section04. 제주도 추천일정
Section05. 제주도 대표 키워드 6
Special01. 태고의 신비를 간직한 한라산
Special02. 한라산과 주변 명소
Section06. 알고 가면 좋은 제주 이야기
Special03. 사부작사부작 걷기 좋은 제주의 숲길
Special04. 제주 면세점 이용하기

Section 01
제주도로 들어가기

제주도에 한 번 가기가 외국에 나가는 것만큼 힘들었던 시절도 있었지만, 해마다 제주도로 들어갈 수 있는 비행편과 선박편이 늘어나면서 이제는 방문객 1천만 명의 해를 열었을 정도로 제주도를 찾기 쉬워졌다. 대형 항공사만 취항하다 지금은 자취를 감춘 한성항공을 시작으로 저가항공이 하나 둘씩 생겨나기 시작했다. 지금은 대한항공과 아시아나항공, 제주항공, 진에어, 에어부산, 티웨이, 에어서울까지 모두 7개의 항공사가 취항하고 있다. 하늘에 비행기가 있다면 바다에는 배가 있다. 아직도 아픔이 채 가시지 않은 세월호참사 때문에 선박을 이용하기에는 불안감이 남아 있지만 말이다. 항공과 선박 이용에는 각각 장단점이 있으므로 여행 스타일에 맞춰 선택하도록 하자.

항공편

제주도를 취항하는 항공사가 늘어났다는 것은 제주도를 방문하는 사람들에게 희소식이다. 선택의 폭이 그만큼 늘어났다는 얘기이기도 하지만 가격 면에서도 저렴해졌다는 뜻이기도 하다. 대형 항공사가 국내 항공운임을 인상하지 않음으로 인해, 저가 항공사 역시 항공운임을 비싸게 책정하지 못하고 있다. 대부분 비슷한 시간대에 운항

하기 때문에 조금이라도 더 저렴하게 항공권을 예약하기 위해서는 발품을 팔 수밖에 없다. 대부분의 항공사에서 일찍 예약하면 좀 더 저렴한 얼리버드티켓 Early Bird Ticket과 회원을 대상으로 한 특가항공 등을 판매하고 있다. 또한 최근에는 소셜에서도 항공권을 판매하면서 여행자들은 더욱 저렴하게 제주도를 갈 수 있게 됐다. 단, 해당 항공권은 환불이 되지 않거나 취소 수수료가 비쌀 수 있으니 예약 전 꼭 규정을 확인해야 한다.

저렴하게 항공편을 이용하려면?

당연한 사실이겠지만 주말보다는 주중 항공편이 좀 더 저렴한 편이다. 제주도로 향하는 경우 금요일 오후부터 토요일 오전 시간대가, 돌아오는 항공편은 일요일 오후부터 월요일 오전 시간대가 가장 비싸다. 이 시간대만 피하면 2배 이상 비용을 절약할 수 있을 정도이다. 금요일과 월요일을 제주도에서 머무는 일정으로 잡고, 목요일에 제주도로 출발해서 월요일 저녁에 돌아오는 항공편을 선택하면 왕복 운임이라도 10만 원 내에서 예약이 가능하다. 하지만 저녁 출발일 경우 도착한 날에는 아무것도 못 하고 숙박비만 늘어날 수 있으니 이 부분은 고려하고 예약해야 한다.

📧 제주도 취항 항공사

항공사	운임(주중)	운임(주말)	홈페이지	전화번호
대한항공	~82,000원	~117,000원	kr.koreanair.com	1588-2001
아시아나항공	~89,000원	~120,000원	flyasiana.com	1588-8000
제주항공	~71,000원	~106,500원	www.jejuair.net	1599-1500
에어부산	~72,000원	~106,000원	www.airbusan.com	1666-3060
진에어	~70,000원	~107,000원	www.jinair.com	1600-6200
티웨이항공	~70,000원	~106,000원	www.twayair.com	1688-8686
에어서울	~70,000원	~106,000원	www.flyairseoul.com	1800-8100
하이에어	~70,000원	~80,000원	www.hi-airlines.com	1899-0111

※ 김포–제주 노선 일반석을 기준으로 제세공과금 4,000원, 유류할증료 8,800원(2022년 5월 기준). 할인율은 포함하지 않음. 시기별로 항공권 가격에 변동 있음. 각 홈페이지에서 제공하는 할인 운임 또는 얼리버드 예약을 하거나 소셜 등에 가끔 저렴한 티켓이 나오니 이를 활용하면 좀 더 저렴하게 항공권 예약을 할 수 있다.

선박편

세월호 참사 이후 운행이 중단됐던 인천발 제주 항로가 비욘드 트러스트호의 취항으로 수도권에서도 제주까지 자차를 이용한 접근이 용이해졌다. 오후 7시에 출발해 오전 9시 30분이면 제주항에 도착할 수 있어 일정도 알차게 짤 수 있다. 인천과 부산에서 출발하는 배편은 보통 12~13시간 정도 소요되지만, 그 외 배편들은 모두 길어야 5시간 30분 정도 소요되므로 잘만 활용하면 시간과 비용면에서 항공편보다 배편을 이용하는 것이 더 이득일 때도 있다.

대체로 배편이 더 효율적인 경우는 자차로 제주도를 여행하고 싶은 경우(다만 일정이 짧다면 렌터카가 더 효율적일 수 있음.), 짐이 많은 경우 등이다. 선박은 항공보다 기상 영향을 더 많이 받는 특성이 있으므로 운항 여부를 사전에 꼭 확인해야 한다.

회사명	출발항	선박	소요시간	홈페이지	전화
하이덱스 스토리지	인천	비욘드 트러스트	13시간 30분	ihydex.com	1533-5441
엠에스페리	부산	뉴스타호	11시간~11시간 30분	msferry.haewoon.co.kr	1661-9559
한일고속페리	완도	실버클라우드	2시간 40분	www.hanilexpress.co.kr	1688-2100
		송림블루오션(추자도 경유)	5시간		
	여수	골드스텔라	5시간 30분		
씨월드 고속훼리	목포	퀸메리	3시간 50분	www.seaferry.co.kr	1577-3567
		퀸제누비아	5시간		
	해남(우수영)	퀸스타 2호(추자도 경유)	3시간		
	진도	산타모니카(일 2회 운항. 1회는 추자도 경유)	1시간 30분		
남해고속	고흥(녹동)	아리온제주	3시간 40분	www.namhaegosok.co.kr	061-842-6111

※ 소요시간 및 운항 여부는 변경될 수 있으므로 사전에 홈페이지나 전화로 확인하자. 선박 운항 현황은 제주항 여객터미널 홈페이지(jeju.ferry.or.kr)에서 확인하실 수 있으며, 배표 예약은 배표천국(vepyo.com)을 통해 예약하면 편리하다.

Section 02
제주도를 여행하는 방법

자유여행보다 패키지여행에 익숙했던 과거에는 승합차나 미니버스를 이용해 여행하는 사람이 많았다면, 올레길 걷기 열풍이 불던 몇 해 전에는 이례적으로 성수기에도 렌터카가 남아도는 상황도 벌어졌다. 특별한 추억을 남기기 위해 스쿠터나 자전거를 이용하는 방법도 있다. 하지만 가장 많은 사람이 선택하는 것은 역시 렌터카를 이용하는 것이다.

최고의 교통수단, 렌터카

렌터카의 가장 큰 장점은 무엇보다 원하는 시간에 원하는 곳에 갈 수 있다는 것이다. 여행 중 사실 이것만큼 중요한 것은 없다. 특히 여행 기간이 짧을수록 더욱 그렇다. 한때 우후죽순으로 생겨나는 렌터카회사 사이에서 가격경쟁이 붙다 보니 말도 안 되는 금액이 책정되기도 했지만, 이제는 어느 정도 안정된 금액이 형성되어 있는 편이다.

만약 너무 저렴한 금액이라면 꼭 세부 내용을 살펴봐야 한다. 이 경우 보험이 포함되어 있지 않아, 보험을 별도로 가입하려고 하면 배보다 배꼽이 더 큰 상황이 발생할 수도 있다. 지역 특성상 렌터카 사고가 많은 지역이므로 보험은 꼭 가입하고, 가급적 자차보험에 가입되어 있더라도 면책금이 발생하지 않는 조건으로 예약하자.

렌터카 대여 과정

○ 렌터카 예약하기

제주도에는 120여 개 이상의 렌터카 회사가 있다. 무조건 가격만 보고 선택하기보다는 후기를 참고해 믿을만한 렌터카회사에서 예약하는 것이 좋다. 차량은 연료에 따라 휘발유, 경유, LPG 차량으로 나뉘고, 친환경 시대에 맞춰 하이브리드 차량과 전기차도 늘어나고 있다. 얼핏 생각하면 LPG 차량이 연료비용이 적게 들 것 같지만 짧은 일정에 연비를 고려하면 휘발유나 경유 차량과 그리 크게 차이가 나진 않는다.

○ 렌터카 픽업하기

제주도에 도착하면 공항에서 짐을 찾은 후 렌터카 셔틀 탑승 안내 표지판만 따라 가면 쉽게 찾을 수 있다. 표지판 끝 주차장 한편에 렌터카하우스가 있고, 렌터카 회사별로 셔틀버스 탑승 구역이 있으니 예약한 회사의 셔틀버스를 탑승한 후 렌터카 사무실로 이동하면 된다. 대부분 렌터카 회사가 공항 근처에 위치해 있어 배를 이용해 제주도에 도착한다면 하선 후 자차나 택시를 이용해 렌터카 사무실로 이동하거나 별도 요금을 지불하고 딜리버리(Delivery) 서비스를 이용해야 한다.

렌터카 픽업 시 유의할 점

예약확인서나 예약확정번호와 함께 운전면허증을 제시하고 차량을 인수하는 과정에서 보험을 꼭 확인하자. 대부분 대인/대물, 자손보험은 포함되어 있지만 자차는 빠져 있는 경우가 많다. 본인 과실로 차량이 손상될 경우 발생하는 비용에 대해 책임지는 면책보험 가입을 별도로 할 수 있으니 일반면책(일정 비용 부담)이나 완전면책(발생하는 비용이 없음)에 필수로 가입하는 것이 좋다. 세부 내용은 렌터카회사마다 차이가 있으니 꼭 확인하자.

제주도 렌터카 업체

렌터카 업체	홈페이지	전화번호	렌터카 업체	홈페이지	전화번호
제주렌터카	www.jejurentcar.co.kr	1588-3301	레드캡렌터카	www.redcap.co.kr	1544-4599
SK렌터카	www.skcarrental.com	1599-9111	스타렌터카	jejustar.co.kr	1588-3340
롯데렌터카	www.lotterentacar.net	1588-1230	해피렌터카	www.happyrent.co.kr	1644-7935
탐라렌터카	www.tamrarentcar.com	1644-3302			

환경까지 생각하는 전기차 렌트

최근 친환경 자동차인 하이브리드와 전기차 이용이 늘어나는 추세인데, 제주도에서도 전기차 보급이 늘어나면서 1만대를 넘어섰다. 일반 렌터카보다 상대적으로 저렴할 뿐 아니라 자연과 환경까지 생각하고 엔진 소음도 적어 전기차를 이용하는 사람이 늘어나면서 제주 렌터카의 약 22%정도를 차지하고 있다. 전기차를 렌트하면서 가장 걱정되는 충전소도 어렵지 않게 찾을 수 있으므로 전기차 이용을 고려해 봄직하다.

○ 전기차 충전하기

❶ 전기차 충전소 위치는 '제주 전기차 충전소' 어플리케이션을 이용하거나 환경부 홈페이지 전기차 충전소(www.ev.or.kr)에서 가까운 충전소 위치를 확인하자.(제주 EV콜센터 1899-8852, 24시간 운영)

❷ 충전소에 도착 후 차량 기어를 P에 놓고 시동을 끈다.

❸ 충전기 화면에서 충전방식을 선택한다.
AC상 - SM3 ZE, 테슬라
DC 차데모 - 레이, 소울, 리프, 아이오닉 2016년식
DC 콤보 - i3, 스파크, 볼트, 니로, 코나, 아이오닉 2017년식~

❹ 회원번호 또는 회원카드 인증(렌터카에서 회원카드를 함께 대여해준다)

❺ 인증이 완료되면 충전 커넥터 도어가 열리고, 차량에 커넥터를 연결하고 충전시작 버튼.

❻ 충전 완료 후 커넥터를 원위치 시킨다.

📝 여유롭게 제주를 여행하고 싶다면, 버스

뚜벅이여행자에게 가장 적합한 교통수단은 버스이다. 운전면허증이 없거나 직접 운전을 하기 싫다면 버스에 앉아 여유롭게 제주를 둘러봐도 좋다. 갈 수 있는 곳이 한정될 수도 있지만 제주와 서귀포를 연결하는 급행버스와 권역 내를 운행하는 간선, 지선, 관광지 순환버스 등이 있어 급할 것만 없다면 큰 불편함은 없다. 제주도를 자주 찾는 여행자라면 일부러라도 한 번쯤은 버스 여행을 추천한다. 버스 여행은 현지인들에게 더욱 가깝게 다가설 수 있어 제주도민들의 정겨운 대화도 엿들을 수 있고, 버스를 택배처럼 이용하는 문화도 목격할 수 있다. 좌석버스를 이용할 때는 어르신들을 위해 가급적 앞좌석은 비워두는 센스가 필요하다. 하루가 다르게 늘어나는 인구와 차량보유대수는 제주도는 더 이상 교통상황이 여유롭지 않은 곳이다. 특히 제주시내는 교통대란이라는 말이 어울릴 정도로 차량이 많아져 2017년 8월부터 대중교통편을 전면 개편했다. 가장 많이 막히는 구간은 중앙차로와 가변차로가 도입되어 대중교통과 허가받은 차량만 통행이 가능하고, 제주도의 버스노선과 번호 또한 모두 변경됐다. 전체적으로 서울의 대중교통 시스템과 비슷하다고 이해하면 된다.

먼저 버스 디자인의 경우 급행버스(100번대)는 빨간색, 간선버스(200, 300, 500번대)는 파란색, 지선버스(400, 600, 700번대)는 초록색, 관광지순환버스는 노란색으로 통일되었다. 급행버스의 경우 제주공항과 주요도로, 각 터미널을 연결하는데 가장 눈에 띄는 부분은 공항에서 터미널을 들르지 않고 바로 목적지까지 이동할 수 있게 됐다. 간선버스는 시외버스 개념으로 제주간선, 서귀포간선, 일반간선으로 나뉜다. 지선버스는 권역별 내에서만 운행하는 버스로, 권역에 맞춰 제주지선, 서귀포지선, 북서(애월, 한림, 한경)지선, 남서(대정, 안덕)지선, 북동(구좌, 조천)지선, 남동(남원, 표선, 성산)지선으로 분류된다.

제주도여행 준비

무엇보다 눈에 띄는 부분은 바로 관광지 순환버스이다. 기존 대중교통으로는 여행하기 힘들었던 지역을 좀 더 쉽게 접근할 수 있게 되었는데, 동쪽의 많은 오름을 순환하는 대천동 관광지 순환버스와 서쪽의 대표적인 관광지가 몰려 있는 동광 관광지 순환버스가 새롭게 신설됐다. 뿐만 아니라 관광지순환버스에는 여행안내사 자격증을 보유한 관광도우미가 함께 탑승해 관광지에 대한 설명까지 더해준다.

버스여행을 계획중이라면!

- **제주버스정보시스템** 〈버스정보검색〉 탭에서 제주시내버스, 서귀포시내버스, 제주시외버스의 노선정보, 정류소 검색, 출/도착검색을 할 수 있으며 지도로 볼 수 있어 편리하다. 또한 정류소명을 검색하면 버스도착 예정정보를 찾을 수도 있다. 이 외에도 제주 날씨정보, 항공 및 항만정보도 검색할 수 있다. **홈페이지** bus.jeju.go.kr
- **제주관광청** 제주관광지도를 신청하면 지도와 함께 시외버스노선표를 우편으로 발송해 준다. 또한 제주 관광에 관한 다양한 정보를 확인할 수 있다. **홈페이지** www.jejutour.go.kr **여행안내-제주관광지도 신청**
- **제주특별자치도** 시내버스 및 시외버스의 시간표와 요금표를 엑셀로 정리해 놓아 다운로드받을 수 있다. 또한 요금제를 비롯해 변경된 버스 시간표를 빠르게 찾아볼 수 있다. **홈페이지** www.jeju.go.kr **분야별정보-교통**
- **제주버스정보 앱** 구글플레이나 애플앱스토어에서 다운로드받을 수 있으며 제주도의 버스노선정보를 편리하게 확인할 수 있다.

🧳 제주 급행버스(100번대) 노선도

노선번호가 100번대로 시작되는 빨간색 버스로 공항에서 출발해 주요 정류소 몇 곳만 정차한 후 종점까지 운행하는 노선이다. 기존 공항에서 버스터미널로 이동해서 주요 관광지로 가야 하는 번거로움이 줄고, 목적지까지 이동시간이 줄어들었다는 장점이 있다.

101번 버스

제주공항을 출발해 동일주로(1132번 도로)를 따라 서귀포 버스터미널까지 운행하는 노선으로 기존 동일주버스와 비슷하다. 조천-함덕-김녕-세화-고성-표선-남원-위미 등 동쪽의 해안과 인접한 곳들을 모두 지나게 되어 버스를 타는 것만으로 해안도로를 달리는 기분이 든다. 운행시간은 06:35~22:00, 배차간격은 35분이다.

노선 제주공항 - 제주버스터미널 - 동광양 - 조천리사무소 - 함덕서우봉해변 - 김녕초등학교 - 세화리 - 고성리 - 산산리 - 표선리제주은행 - 남원읍사무소 - 위미리 - 비석거리 - 서귀포등기소 - 서귀포버스터미널

102번 버스

제주공항을 출발해 서일주로(1132번 도로)를 따라 서귀포 버스터미널까지 운행하는 노선으로 기존 서일수버스와 비슷하다. 제주민속오일장-하귀-애월-한림-한경-고산-대정-안덕을 경유하므로 목적지가 서쪽 해안이라면 가장 빠르게 이동할 수 있다. 운행시간은 06:00~22:00, 배차간격은 40분이다.

노선 제주버스터미널 - 제주공항 - 제주민속오일장 - 하귀하나로마트/하귀초등학교 - 애월리 - 한림리 - 한경면사무소 - 고산1리 - 무릉리 - 대정읍사무소 - 안덕농협 - 중문우체국 - 서귀포버스터미널

111 112번 버스

제주공항을 출발해 성산까지 운행된다. 남조로를 경유하는 111번과 5.16도로와 교래리를 경유하는 112번으로 나뉜다. 성산까지 가장 빠르게 이동할 수 있는 노선이다. 운행시간은 06:20~22:10, 배차간격은 30~40분이다.

111번 노선 제주공항 - 제주버스터미널 - 동광양 - 대기고 - 남조로검문소 - 대천동 - 송당리 - 수산1리 - 고성리 - 성산일출봉 입구 - 성산포항 여객터미널

112번 노선 제주공항 - 제주버스터미널 - 제주시청 - 제주대학교병원 - 제주대학교입구 - 제주국제대학교 - 교래입구 - 교래사거리 - 대천동 - 송당리 - 수산1리 - 고성리 - 성산일출봉 입구 - 성산포항 여객터미널

121 122번 버스

제주공항을 출발해 표선까지 운행하는 노선으로 번영로를 경유하는 121번과 5.16도로를 경유하는 122번으로 나뉜다. 성읍과 표선까지 가장 빠르게 이동할 수 있는 노선이다. 운행시간은 06:05~22:00, 배차간격은 60~70분이다.

121번 노선 제주공항 - 제주버스터미널 - 동광양 - 대기고 - 남조로검문소 - 대천동 - 성읍1리사무소 - 표선면사무소 - 제주민속촌

122번 노선 제주공항 - 제주버스터미널 - 제주시청 - 제주대학교병원 - 제주대학교입구 - 국제대학교 - 교래입구 - 교래사거리 - 대천동 - 성읍1리사무소 - 표선면사무소 - 제주민속촌

131 132번 버스

제주공항을 출발해 남원까지 운행하는 노선으로 번영로와 남조로를 경유하는 131번과 5.16도로와 남조로를 경유하는 132번으로 나뉜다. 남원까지 가장 빠르게 이동할 수 있는 노선이다. 운행시간은 06:00~22:00, 배차간격은 50~70분이다.

131번 노선 제주공항 - 제주버스터미널 - 동광양 - 대기고 - 남조로검문소 - 제주돌문화공원 - 교래사거리 - 붉은오름 - 수망리 - 의귀초등학교 - 남원읍사무소 - 남원체육관

132번 노선 제주공항 - 제주버스터미널 - 제주시청 - 제주대학교병원 - 제주대학교입구 - 제주국제대학교 - 교래입구 - 교래사거리 - 붉은오름 - 수망리 - 의귀초등학교 - 남원읍사무소 - 남원체육관

151 152번 버스

제주공항을 출발해 평화로를 경유해 대정까지 운행하는 노선으로 오설록과 영어교육도시를 지나는 151번과 안덕면과 사계리를 지나는 152번으로 나뉜다. 종점은 마라도와 가파도로 가기 위해 배를 타는 운진항이 위치해 있다. 운행시간은 06:00~21:50, 배차간격은 20~50분이다.

151번 노선 제주버스터미널 - 제주공항 - 제주도청 - 남녕고등학교 - 정존마을 - 제주관광대학 - 동광환승정류소 - 오설록 - 한국국제학교 - 구억리 - 인성리 - 대정읍사무소 - 하모체육공원 - 운진항

152번 노선 제주버스터미널 - 제주공항 - 제주도청 - 남녕고등학교 - 정존마을 - 제주관광대학 - 동광환승청류소 - 서광리 - 안덕면사무소 - 안덕농협 - 사계리사무소 - 토요시장입구 - 하모체육공원 - 운진항

181, 182번 버스

181번 버스는 기존 782번 노선으로 5.16도로를 따라 서귀포를 경유 후, 동광환승센터에서 평화로를 따라 다시 제주공항으로 돌아오는 노선으로 성판악을 경유하기 때문에 한라산 등반객이 주로 이용한다. 겨울철 눈이 많이 내리면 도로가 통제되기도 하니 운행 여부를 꼭 확인하는 것이 좋다. 운행시간은 06:05~22:30, 배차간격은 35~45분이다. 182번 버스는 181번 버스와 반대 방향으로 운행되는데, 차이점은 서귀포 중앙로터리를 경유한다는 점이다. 운행시간은 06:05~22:30, 배차간격은 35~45분이다.

181번 노선 제주공항 - 제주버스터미널 - 제주시청 - 제주대학교병원 - 제주대학교입구 - 제주국제대학교 - 교래입구 - 성판악 - 하례리입구 - 토평사거리 - 비석거리 - 중앙로터리 - 서귀포버스터미널 - 중문우체국 - 창천삼거리 - 동광환승센터 - 제주관광대학 - 정존마을 - 한라병원 - 제주도청 - 제주공항 - 제주버스터미널

182번 노선 제주버스터미널 - 제주공항 - 제주도청 - 한라병원 - 정존마을 - 제주관광대학 - 동광환승센터 - 창천삼거리 - 중문우체국 - 서귀포버스터미널 - 중앙로터리 - 비석거리 - 토평사거리 - 하례리입구 - 성판악 - 교래입구 - 제주국제대학교 - 제주대학교입구 - 제주대학교병원 - 제주시청 - 제주버스터미널 - 제주공항

제주 관광지 순환버스(800번대) 노선도

810-1, 810-2번 버스

810번 버스 - 대천환승센터를 기점으로 시계 반대방향의 810-1번과 시계 방향의 810-2번으로 나뉜다. 제주도 동쪽의 주요 오름인 거문오름, 둔지오름, 다랑쉬오름, 용눈이오름, 아부오름, 민오름 등 대중교통으로 접근이 어려웠던 곳까지 연결해주는 노선이다. 운행시간은 08:30~17:30, 배차간격은 30~60분이다.

810번 노선 대천환승센터 - 거슨세미오름, 안돌오름, 밧돌오름, 민오름 - 아부오름 - 송당리마을 - 다랑쉬오름입구(남) - 손지오름 - 용눈이오름 - 제주레일바이크 - 다랑쉬오름(북) - 비자림 - 메이즈랜드 - 둔지오름 - 덕천리마을 - 어대오름 - 한울랜드 - 동백동산습지센터 - 알밤오름 - 다희연 - 선인동마을 - 선녀와나무꾼 - 선흘2리마을 - 세계자연유산센터, 거문오름 - 대천환승센터(810-2번은 위 노선의 반대방향)

820-1, 820-2번 버스

820번 버스 - 동광환승센터를 기점으로 시계 방향의 820-1번과 시계 반대방향의 820-2번으로 나뉜다. 세계자동차박물관, 소인국테마파크, 노리매공원, 저지오름, 유리의성, 오설록 티뮤지엄, 항공우주박물관 등 서쪽 중산간의 주요 관광지를 순환하는 노선이다. 운행시간은 08:20~17:30, 배차간격은 30~60분이다.

820번 노선 동광환승센터 - 헬로키티아일랜드 - 자동차박물관 - 서광동리마을 - 소인국테마파크 - 서광서리마을 - 노리메 - 구억리마을 - 신평리마을 - 산양곶자왈 - 제주평화박물관 - 청수마을회관 - 저지오름 - 현대미술관, 방림원 - 생각하는정원 - 환상숲곶자왈 - 유리의성 - 오설록 - 제주항공우주호텔 - 항공우주박물관 - 신화역사공원 - 동광환승센터(820-2번은 위 노선의 반대방향)

버스여행을 계획중이라면!

- 버스여행을 계획 중이라면 '제주버스정보', '제주버스-실시간 도착 정보'라는 어플리케이션을 이용하면 유용하다. 노선검색, 경로검색, 정류소검색, 주변정류소 등을 통해 원하는 곳으로 가기 위해 타야 하는 버스 번호를 확인할 수 있고, 실시간 버스 위치도 확인할 수 있다. 또한 여행 전 목적지를 미리 즐겨찾기로 등록해 놓으면 여행 중 좀 더 수월하게 찾을 수 있다. 그 외에도 네이버 지도 앱이나 카카오맵 앱을 이용하면 버스노선이나 운행시간 등을 실시간으로 확인할 수 있다.
- 모든 버스 정류소와 버스에서 무료 와이파이(WIFI)를 이용할 수 있고, 일부 정류소는 충전이 가능한 USB도 지원한다.
- 간선과 지선버스를 환승할 때는 40분 이내에만 환승하면 된다.

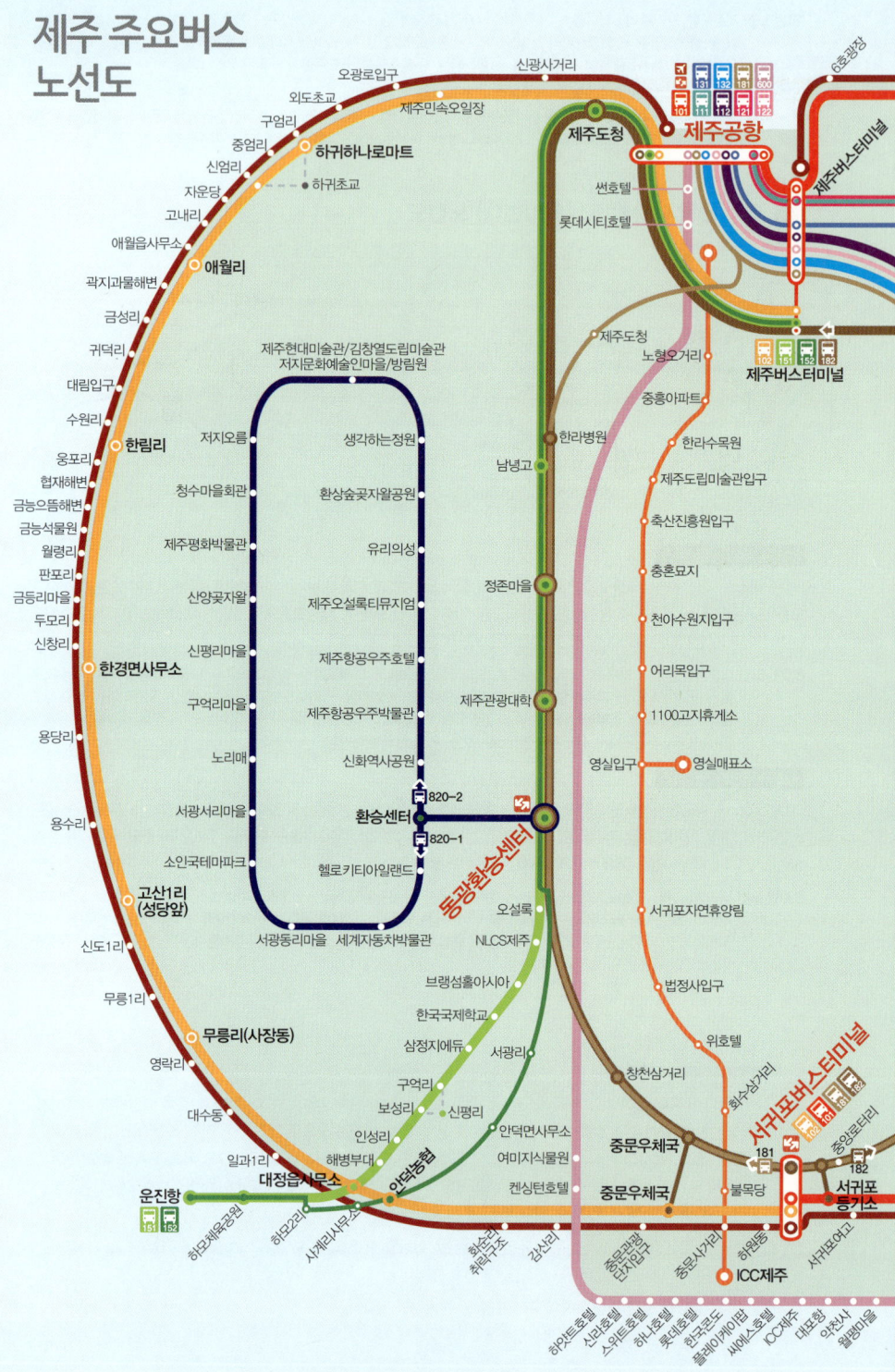

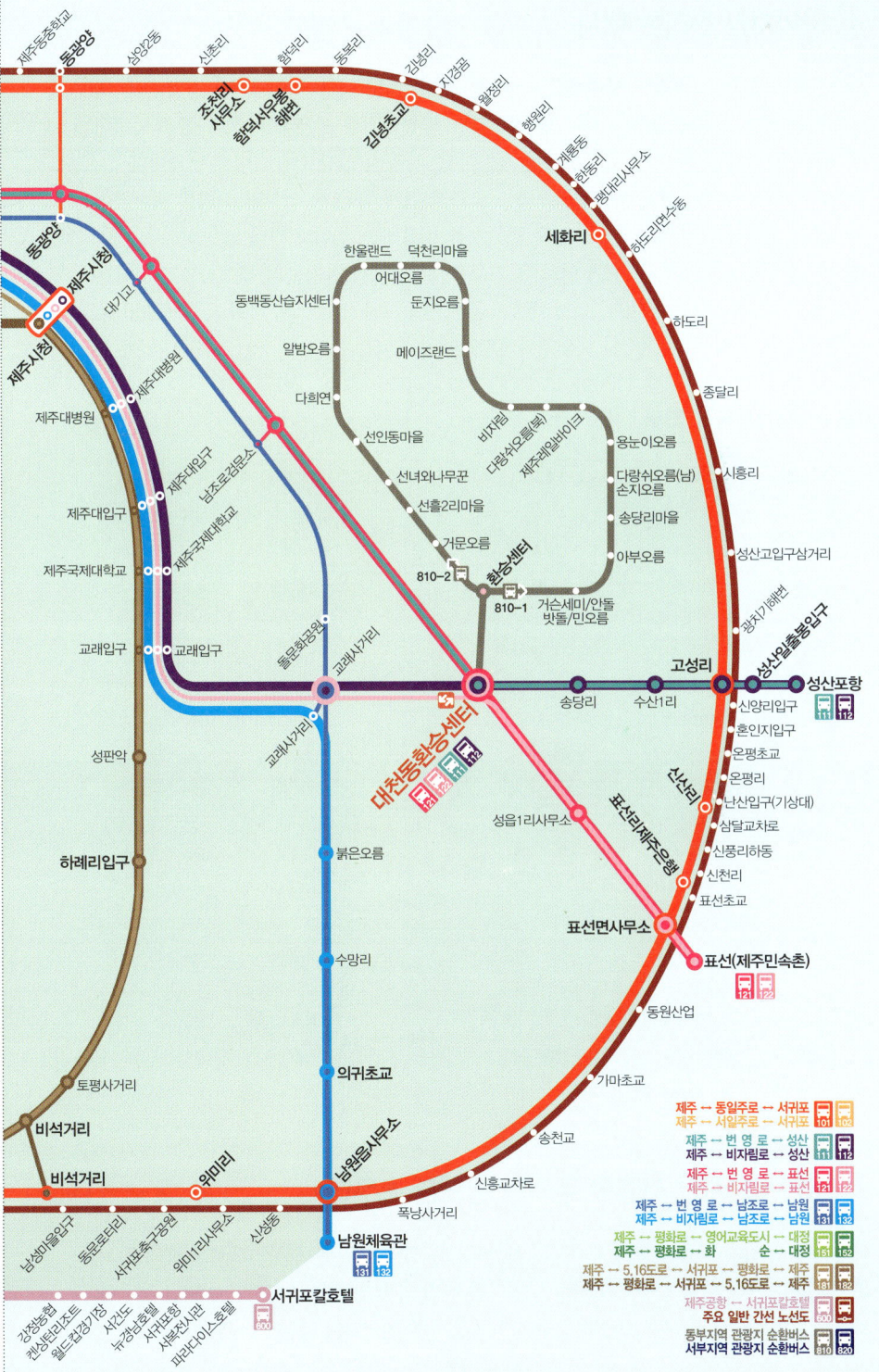

🖊 비싸지만 편리한 택시

운전하기 귀찮고, 그렇다고 자주 없는 버스를 기다리기도 힘들다면 택시가 정답이다. 비싸다는 단점이 있지만 일행이 서너 명 정도라면 관광택시를 이용하는 것도 좋은 방법이다. 차량 종류에 따라 1일에 100,000원 정도이고, 관광지 입장료나 식비는 별도이다.

일반택시일 경우 제주시와 서귀포시에서는 비교적 쉽게 잡을 수 있지만 시내를 벗어나면 지나가는 택시를 잡기 힘들다. 이 경우 콜택시를 이용하는 것이 시간을 절약하는 방법이다. 한 가지 팁은 탑승하는 곳이 아니라, 가고자 하는 목적지 기준의 콜택시를 요청하는 것이 좀 더 저렴하다는 점이다. 일반적인 요금은 제주시를 기준으로 서귀포, 중문, 남원, 성산, 모슬포 지역은 30,000원 내외이며 함덕, 애월 지역은 15,000~20,000원 내외이다.

🧳 지역별 콜택시 번호

지역 구분	택시회사	전화번호	지역 구분	택시회사	전화번호
제주시	제주개인브랜드콜	064-727-1111	서귀포	서귀포브랜드콜택시	064-762-4244
	제주사랑호출택시	064-726-1000		OK콜택시	064-732-0082
	VIP콜택시	064-711-6666		중문호출개인택시	064-738-1700
	개인위성콜택시	064-711-8282		서귀포콜택시	064-762-0100
	삼화콜택시	064-756-9090		서귀포인성호출택시	064-732-6199
우도면	우도콜택시	064-725-7788		중문천제연	064-738-5880
조천읍	교래번영로콜택시	064-727-0082	남원읍	남원개인24시	064-764-3535
	조천만세콜택시	064-784-7477		남원콜택시	064-764-9191
	조천/함덕콜택시	064-784-8288	표선면	표선24시콜택시	064-787-3787
구좌읍	만장콜택시	064-784-5500		표선호출개인택시	064-787-2420
	김녕콜택시	064-784-9910	성산읍	동성콜택시	064-782-8200
	구좌콜개인택시	064-783-4994		성산월드호출택시	064-784-0500
애월읍	애월하귀연합콜택시	064-799-5003		성산포호출개인택시	064-784-3030
	애월콜택시	064-799-9907	안덕면	이어도콜택시	064-748-0067
한림읍	한림서부콜택시	064-796-9595		안덕개인콜택시	064-794-1400
	한수풀콜택시	064-796-8020	대정읍	모슬포호출개인택시	064-794-0707
한경면	한경개인택시	064-772-1818		대안콜택시	064-794-8400

🖊 낭만적이지만 각별한 주의가 필요한 스쿠터

바다 내음 섞인 바람을 맞으며 제주도의 해안도로를 달리는 기분, 상상만으로도 즐겁고 기분 좋아진다. 더군다나 스쿠터를 타고 달린다면 더 없이 낭만적이다. 하지만 낭만만 생각하기에는 위험부담이 따른다. 실제로 스쿠터 사고가 종종 일어나니 안전에 유의해야 한다.

몇 년 전까지만 해도 50cc의 작은 스쿠터는 면허가 없이도 대여가 가능했지만, 지금은 원동기면허나 운전면허증이 있어야만 대여할 수 있다. 스쿠터를 빌릴 수 있다고 하더라도 대여금액이 렌터카를 빌리는 금액과 큰 차이가 나지 않는다. 일반적으로 스쿠터 대여 비용은 1일(24시간) 기준 배기량에 따라 30,000~50,000원 정도이다.

스쿠터여행 시 주의할 점

- 평소 스쿠터를 타보지 않았다면 반드시 충분히 연습해야 한다. 초보자는 50cc 정도의 작은 스쿠터를, 어느 정도 탈 줄 안다면 125cc 정도가 적당하다. 대여 업체에서 기본적인 조작방법과 도로주행 등의 교육을 실행하니 초보자라면 반드시 교육을 받자.
- 헬멧 등의 안전장비 착용은 필수! 선크림과 마스크, 바람막이 등 바람과 햇빛에 대한 대비도 필요하다.
- 후기 등을 살펴보고 무조건 저렴한 곳보다는 정비를 꼼꼼하게 하는 업체를 이용하는 것이 중요하다. 작은 상처만 있어도 수리비를 청구하는 곳도 있으니 자차보험에 가입하는 것이 이후 분쟁에 대비할 수 있다. 자차보험료는 종류에 따라 일 10,000~15,000원 정도이다.
- 기분에 취해 달리기보다 항상 규정속도를 지켜 안전하게 운행하자. 물론 교통법규를 준수하는 것도 필수이다.
- 달리다 뒤에서 차량이 경적을 울려도 당황하지 말고 침착하게 달리면 된다.
- 여행 중간이라도 힘들다면 과감히 포기할 줄 아는 결단력도 필요하다.
- 야간주행은 피하고, 이동 시 1100도로와 5.16도로는 운행이 불가능한 경우가 많으니 일정을 잡을 때 참고하자.

스쿠터 대여점

스쿠터 대여점	홈페이지	전화번호	스쿠터 대여점	홈페이지	전화번호
제주라인스쿠터	www.linescooter.com	064-713-0467	제주힐링스쿠터	www.1661-1351.com	1661-1351
망고스쿠터	jejuscooter.co.kr	064-722-3700	한라하이킹	www.hallahiking.com	064-712-2678
준바이크	www.junebike.co.kr	064-702-5542			

초보는 힘든 제주 자전거여행

자전거여행의 낭만 자체를 부정하고 싶진 않지만 제주도는 전문가가 아니라면 자전거로 여행하기에 적합하지 않다. 반나절 정도의 체험 개념이라면 괜찮지만 일정 내내 자전거로 여행하는 것은 추천하지 않는다. 실제로 자전거로 여행하는 사람 중에 절반 이상이 처음의 굳은 의자와는 달리 중도포기하는 경우가 많다.

더위에 지치는 경우도 있겠지만 자전거여행을 반대하는 가장 큰 이유는 바로 바람 때문이다. 맞바람을 만나면 자전거가 앞으로 나가지 않을 정도이며, 내리막길에서도 바람이 불어 페달을 밟지 않으면 자전거가 앞으로 나가지 않는 경우가 흔하다.

Section 03
제주도에서 머무르기

> 제주도의 숙박업소는 크게 호텔과 리조트, 펜션, 게스트하우스로 나뉜다. 올레길이 생기기 전에는 민박도 많았지만 대부분의 민박업체는 흐름에 따라 게스트하우스로 이름을 바꾼 곳이 많다. 중저가호텔이나 펜션도 많지만 조금 더 숙소에 투자해서 함께 제공되는 편의시설도 제대로 이용하고자 하는 여행자는 고급호텔이나 펜션을 이용하는 것이 좋다. 반면 잠자리보다 체험, 음식에 좀 더 투자하려는 여행자는 저렴한 게스트하우스를 이용하는 것이 좋다.

호텔과 리조트

대부분의 호텔과 리조트는 중문관광단지에 집중되어 있다. 신라호텔, 롯데호텔, 씨에스호텔 등이 대표적이고, 그 외에도 그랜드조선호텔, 히든클리프호텔 등 대규모 호텔단지라고 해도 과언이 아니다. 또한 피닉스아일랜드와 포도호텔은 세계적인 건축가가 설계해서 호텔 자체만으로도 유명 관광지 못지않은 명소가 됐다. 제주시 랜드마크로 자리한 드림타워의 그랜드하얏트호텔을 비롯해 롯데시티호텔, 신라스테이호텔 등 중저가 비즈니스호텔 등도 있어 깔끔한 객실과 호텔뷔페를 즐기려는 사람들에게 인기가 높다. 아이들과 함께라면 신화월드 내 호텔들이나 토스카나호텔, 해비치호텔 등을 추천한다.

제주 호텔 Top 3

○ **그랜드하얏트호텔** : 제주시 랜드마크로 자리한 드림타워에 문을 연 그랜드하얏트호텔은 제주에서 가장 높은 건물답게 객실에서 바라보는 전망이 훌륭하다. 또한 각종 편의시설이 함께 있어 도심형 호캉스를 즐기기에 좋다.

○ **신라호텔** : 오랜 시간 이국적인 정취 때문에 사랑받는 호텔이다. 객실의 종류가 다양하다는 장점도 있지만 무엇보다 겨울에도 즐길 수 있는 야외 수영장과 자쿠지가 신라호텔을 선택하는 가장 큰 이유가 된다. 최근에는 호화판 캠프장인 글램핑(Glamping)(Glamorous와 Camping의 합성어)을 선보여 이를 즐기기 위해 찾는 사람도 적지 않다.

○ **포도호텔** : 제주에서 가장 아름다운 7대 건축물로 선정된 호텔로, 세계적인 건축가 이타미준이 설계했다. 제주도의 오름과 초가집을 모티브로 한 구조로, 하늘에서 보면 포도송이처럼 보여 포도호텔이라 이름 붙었다. 호텔 이용금액이 비싸지만 객실이 26개밖에 없어 예약이 쉽지 않다.

그랜드하얏트호텔 룸 전경

신라호텔 야외 수영장 전경

✏️ 펜션

제주도에는 수를 헤아리기도 힘들 정도로 많은 펜션이 있다. 민박 정도의 작은 규모의 펜션이 대부분이었지만, 최근에는 웬만한 리조트 부럽지 않은 대형펜션이나 빌라형펜션도 많이 들어섰다. 동남아에나 있을법한 풀빌라도 적지 않은 편이다. 펜션이 너무 많아 선택이 어렵다면 필터링을 통해 원하는 숙소를 찾아보는 것이 좋다.

정해진 예산이 있다면 예산에 맞춰서, 야외풀에서 여유로운 시간을 즐기고 싶다면 수영장이 있는 곳으로, 객실이 예뻐야 한다면 홈페이지나 예약사이트 사진을 참고해서 후보를 좁혀나가면 된다. 단, 홈페이지나 예약사이트의 사진은 실제와 다른 모습일 수 있으니 블로그나 카페 후기도 참고하자. 최근 새롭게 떠오르는 숙소형태 중 하나는 다른 사람들의 시선을 신경 쓰지 않고, 짧은 시간이지만 제주도민이 되어볼 수 있는 독채펜션이다. 전세 낸 듯 집을 통째로 이용할 수 있어 어린아이와 함께 한다거나 가족단위로 제주도여행을 계획중이라면 고려해볼 만하다.

🧳 제주 펜션 Top 3

- **이야기별방** : 종달리해안도로에 위치한 이야기별방은 노출콘크리트 건물로 게스트하우스와 함께 운영한다. 누워서 커다란 통유리를 통해 종달리 앞바다를 바라볼 수 있을 뿐 아니라, 주변에 건물이 없어 이름처럼 밤하늘의 별을 바라보기 좋다.

- **가산토방** : 한라산이 병풍처럼 펼쳐진 곳에 자리한 가산토방은 여행 중 쌓인 피로를 한방에 날려버릴 수 있는 숙소이다. 황토로 지은 건물은 흡사 찜질방을 연상케 한다. 가족단위로만 머물고 수 있는 독채도 있다.

- **소랑호젠** : 올레5코스에 위치한 '사랑할게'라는 뜻을 가진 소랑호젠. 붉은색의 기와지붕 덕분에 작은 신라호텔이라 불리기도 한다. 제주의 오름으로 방 이름을 붙인 것도 재미있다. 펜션 뒤편에 애플망고농장을 운영하고 있어 체험을 즐길 수도 있다.

가산토방 외관

이야기별방 외관

소랑호젠 외관

게스트하우스

제주도는 지금 게스트하우스의 천국이다. 처음 올레길이 생길 때만 해도 표선의 와하하 게스트하우스, 협재의 마레게스트하우스, 안덕의 산방산게스트하우스, 월정의 소낭게스트하우스 정도로 손가락으로 꼽을 수 있을 만큼 게스트하우스가 적었다. 새로 생긴 곳도 많지만 민박이나 모텔로 운영하던 곳이 도미토리룸을 몇 개 만들고 이름만 게스트하우스로 바꾼 곳도 많아 한때 1,000개를 넘어섰을 정도이다.

워낙 게스트하우스가 많다 보니 차별을 두기 위해 편안함을 주 무기로 내세운다거나 독특함을 내세우는 곳도 있다. 한라산 픽업이나 오름투어, 일출투어 등 특색 있는 프로그램을 운영하는 곳도 많으니 결정할 때 참고하면 된다. 하지만 남들과 어울리기 꺼린다거나 열린 마음이 아니라면 게스트하우스는 피하는 것이 좋다.

제주도 게스트하우스 Top 3

- **오름게스트하우스** : 넓은 잔디밭을 갖춘 오름게스트하우스는 시골 분교 같은 편안함이 매력적인 곳이다. 매일 아침 오름투어가 진행되고, 푸짐한 조식까지 제공된다.

- **수상한소금밭** : 이름부터 수상한 이곳은 과거 소금밭이 있던 자리이다. 헤드헌터인 아내와 카피라이터 남편이 운영하는 곳으로 다양한 전시가 어우러진 공간이라는 점이 특징이다.

- **돌담에꽃머무는집** : 군산오름과 박수기정이 감싸고 있는 대평리에 자리한 게스트하우스로 론리플래닛의 토니휠러 부부가 머문 곳으로 유명하다. 테라스에서 바라보면 대평포구가 한없이 포근하게 다가오고, 대평리마을 산책을 즐기기에도 그만이다.

① 오름게스트하우스 ② 수상한소금밭 ③ 돌담에꽃머무는집

제주도여행 준비

Section 04
제주도 추천일정

제주도에 들어갈 준비를 마쳤다면 이제 제주도에 가서 먹고, 보고, 느끼는 일만 남았다. 제주도는 정해진 패턴에 맞춰 일정을 잡는 것보다는, 큰 틀을 잡고 현지 날씨에 따라 다음 목적지를 빠르게 결정하는 것이 좋다. 제주도의 일기예보는 말 그대로 예보일 뿐이고, 지역에 따라 날씨가 천차만별로 바뀌기 때문이다. 추천하는 일정은 참고만 하고 본인이 제주도에서 꼭 하고 싶은 것, 꼭 먹고 싶은 것을 더하고 빼면 된다. 일정을 잡을 때는 먼저 지도를 펴놓고 가고 싶은 곳과 식당, 카페를 크게 표시해 두자. 현지에서 표시해 둔 지도 한 장만 있으면 변수가 생겼을 때 가까운 곳 중에서 다음 목적지를 바로 결정할 수 있어 길에서 시간 낭비하는 일이 줄어든다.

해안도로 따라 한 바퀴, 2박 3일 일정

가장 일반적인 일정이다. 짧은 일정으로 제주의 속살까지는 느끼기 어려우므로 최대한 이동시간을 줄이는 것이 중요하다. 짧은 일정일수록 숙소를 한 곳으로 잡는 것보다 나눠 잡는 것이 이동시간을 줄일 수 있어 좋다. 1132번 해안도로를 따라 달리며 가까이 위치한 관광지들을 둘러보는 일정이다.

📝 제주를 한 번쯤 다녀온 사람에게 딱, 3박 4일 일정

기본적인 뼈대는 2박 3일 일정과 비슷하지만, 하루라는 여유시간이 제주도를 깊이 있게 만날 수 있게 한다. 제주도를 한 번 이상 다녀온 사람이라면 참고할 만한 코스로 2박 3일 일정에 우도를 추가해도 좋고, 부담스럽지 않은 올레코스 중에 걷고 싶은 코스를 추가해 걸어보는 것도 좋다.

아름다운 비경과 오름이 있는, 4박 5일 일정

제주의 아름다운 비경이 함께 하는 코스이다. 이 일정에서 소개하는 오름 대부분은 오르기 쉽거나 차로 정상 혹은 정산 근처까지 갈 수 있어 크게 부담스럽지 않다. 수월봉에서 차귀도 뒤로 지는 일몰과 지미오름의 일출은 놓치지 말자.

Part 01

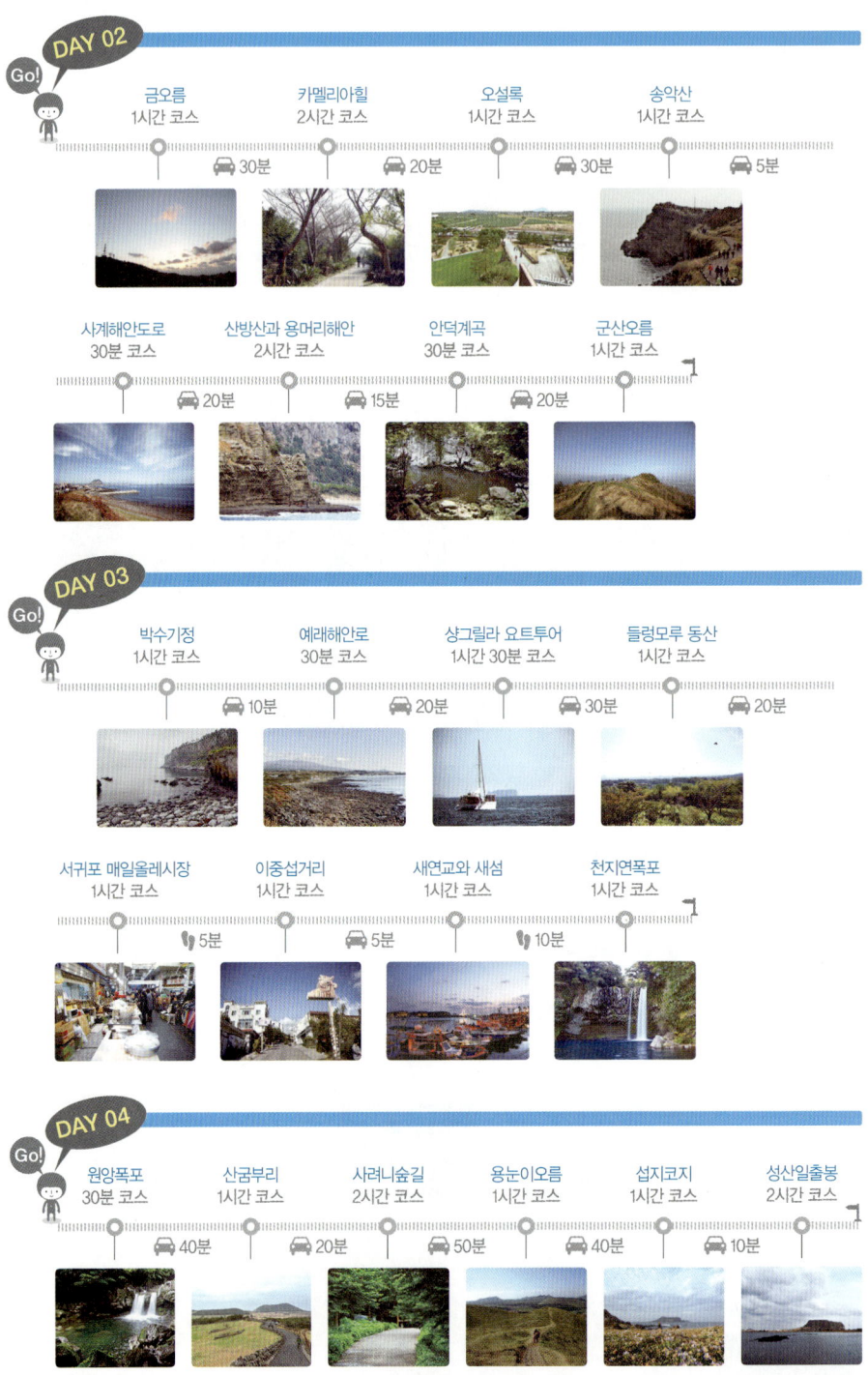

DAY 02
Go!

- 금오름 1시간 코스
- 🚗 30분
- 카멜리아힐 2시간 코스
- 🚗 20분
- 오설록 1시간 코스
- 🚗 30분
- 송악산 1시간 코스
- 🚗 5분

- 사계해안도로 30분 코스
- 🚗 20분
- 산방산과 용머리해안 2시간 코스
- 🚗 15분
- 안덕계곡 30분 코스
- 🚗 20분
- 군산오름 1시간 코스

DAY 03
Go!

- 박수기정 1시간 코스
- 🚗 10분
- 예래해안로 30분 코스
- 🚗 20분
- 샹그릴라 요트투어 1시간 30분 코스
- 🚗 30분
- 들렁모루 동산 1시간 코스
- 🚗 20분

- 서귀포 매일올레시장 1시간 코스
- 👣 5분
- 이중섭거리 1시간 코스
- 🚗 5분
- 새연교와 새섬 1시간 코스
- 👣 10분
- 천지연폭포 1시간 코스

DAY 04
Go!

- 원앙폭포 30분 코스
- 🚗 40분
- 산굼부리 1시간 코스
- 🚗 20분
- 사려니숲길 2시간 코스
- 🚗 50분
- 용눈이오름 1시간 코스
- 🚗 40분
- 섭지코지 1시간 코스
- 🚗 10분
- 성산일출봉 2시간 코스

38

DAY 05

지미오름 일출 1시간 30분 코스 — 🚗 10분 — 김녕-세화해안도로 2시간 코스 — 🚗 10분 — 만장굴 1시간 30분 코스 — 🚗 50분 — 원당봉 2시간 코스 — 🚗 30분 — 이호테우해변 일몰 1시간 코스

📝 아이와 함께하는, 2박 3일 일정

백문이 불여일견이다. 아이들에게 한 권의 책보다 때로는 한 번의 여행이 더 많은 것을 배울 기회가 되기도 한다. 부모 입장에서 되도록 많은 곳을 보여주고 싶겠지만 아이와 함께 벅찬 일정을 소화하기란 쉽지 않다. 변수가 많은 아이와 함께하는 여행은 최대한 여유롭게 일정을 잡는 것이 좋다.

DAY 01

제주목관아 1시간 코스 — 🚗 15분 — 민속자연사박물관 1시간 코스 — 👣 5분 — 삼성혈 1시간 코스 — 🚗 20분 — 마방목지 30분 코스 — 🚗 20분 — 에코랜드 2시간 코스 — 🚗 1시간 — 하도리 철새도래지 1시간 코스

DAY 02

코코몽에코파크 2시간 코스 — 🚗 20분 — 성읍민속마을 1시간 코스 — 🚗 20분 — 표선 해비치해변 30분 코스 — 🚗 50분 — 쇠소깍 2시간 코스 — 🚗 30분 — 대포주상절리 1시간 코스 — 🚗 40분 — 천지연폭포 1시간 코스

DAY 03

산방산 1시간 코스 — 🚗 15분 — 초콜릿박물관 2시간 코스 — 🚗 20분 — 생각하는정원 1시간 코스 — 🚗 20분 — 협재해변 30분 코스 — 🚗 40분 — 공룡랜드 1시간 코스 — 🚗 20분 — 이호테우해변 30분 코스

비는 여행의 적?
비가 내리면, 2박 3일 일정

비는 여행 중 반갑지 않은 손님이다. 특히나 자연이 아름다운 제주도에서 비가 내리면 제대로 구경할 수 없으니 아쉬움이 더 크다. 하지만 걱정하지 않아도 된다. 제주도에는 비가 오면 더 좋은 곳도 적지 않다. 제주도는 장마철이거나 전국에 호우주의보가 내린 상황이 아니라면 지역별로 날씨 차이가 큰 편이다. 한라산을 중심으로 반대편으로 이동하면 전혀 다른 날씨를 만나는 경우가 많다. 더불어 중산간보다는 해안 쪽의 날씨가 맑을 때가 더 많으니 참고하자. 또한 비가 오는 날 516도로와 1100도로는 안개가 심해 앞이 제대로 보이지 않는 경우가 많으니 운전을 자제하자.

DAY 01 Go!
- 동문시장 2시간 코스 — 30분
- 도립미술관 1시간 코스 — 5분
- 신비의도로 10분 코스 — 30분
- 성이시돌목장 1시간 코스 — 30분
- 방주교회 30분 코스 — 10분
- 카멜리아힐 2시간 코스

DAY 02 Go!
- 제주곶자왈 도립공원 1시간 코스 — 10분
- 김정희유배지(추사관) 1시간 코스 — 20분
- 송악산 1시간 코스 — 50분
- 아프리카박물관 1시간 코스 — 25분
- 엉또폭포 1시간 코스 — 1시간
- 남원 큰엉 1시간 코스

DAY 03 Go!
- 허브동산 1시간 코스 — 20분
- 김영갑갤러리 1시간 코스 — 40분
- 비자림 1시간 30분 코스 — 20분
- 돌문화공원 1시간 코스 — 5분
- 사려니숲길 2시간 코스 — 5분
- 마방목지 20분 코스 — 15분
- 관음사 30분 코스

제주도여행 준비

📝 돈 들이지 않아도 즐거운 2박 3일 일정

관광지라고 해서 꼭 많은 돈을 써야 한다는 편견을 버리자. 비싼 입장료를 내가며 일부러 찾아다니지 않아도 제주도에는 볼거리가 셀 수 없이 많기 때문이다. 교통비와 숙박비 등 어쩔 수 없이 돈을 써야 하는 비용을 제외하면 얼마든지 절약이 가능하다. 하지만 일부러 입장료가 없는 곳만 찾아 다니지는 말자. 입장료가 있더라도 가고 싶은 곳이 있다면 소셜에서 저렴하게 구입하거나 모바일 쿠폰 등을 이용하자.

DAY 01
- 용담해안도로 1시간 코스 → 🚗 30분
- 하귀-애월 해안도로 2시간 코스 → 🚗 40분
- 협재해변 30분 코스 → 🚗 30분
- 성이시돌목장 2시간 코스 → 🚗 10분
- 금오름 1시간 코스 → 🚗 40분
- 수월봉 일몰 1시간 코스

DAY 02
- 오설록 1시간 코스 → 🚗 30분
- 송악산 1시간 코스 → 🚗 5분
- 사계해안도로 1시간 코스 → 🚗 5분
- 용머리해안 1시간 코스 → 🚗 40분
- 매일올레시장 2시간 코스 → 🚗 10분
- 새연교와 새섬 2시간 코스

DAY 03
- 쇠소깍 2시간 코스 → 🚗 30분
- 남원 큰엉 30분 코스 → 🚗 1시간
- 사려니숲길 2시간 코스 → 🚗 5분
- 한라생태숲 1시간 코스 → 🚗 30분
- 동문시장 1시간 코스 → 🚗 10분
- 사라봉 30분 코스

📝 연인과 떠나는 사랑 여행, 2박 3일 일정

사랑하는 사람과 함께라면 어디든 좋지 않을까. 하지만 그 '어디'가 제주도라면 더 즐겁다. 아름다운 자연을 배경으로 사진을 찍고, 아담한 카페에 나란히 앉아 사랑을 속삭이고, 사랑스럽게 꾸며진 펜션이나 부티크호텔을 이용할 수 있는 곳이 제주도이기 때문이다.

DAY 01 Go!
- 애월한담 해안산책로 1시간 코스
- 🚗 30분
- 성이시돌목장 1시간 코스
- 🚗 20분
- 오설록 1시간 코스
- 🚗 20분
- 카멜리아힐 2시간 코스
- 🚗 40분
- 제주 초콜릿박물관 1시간 코스
- 🚗 30분
- 사계해안도로 30분 코스

DAY 02 Go!
- 신라호텔 쉬리의 언덕 30분 코스
- 👣 10분
- 중문색달해변 30분 코스
- 🚗 10분
- 샹그릴라 요트투어 2시간 코스
- 🚗 30분
- 이중섭거리 1시간 코스
- 🚗 20분
- 쇠소깍 2시간 코스
- 🚗 50분
- 표선 해비치해변 1시간 코스

DAY 03 Go!
- 신풍목장 1시간 코스
- 🚗 50분
- 사려니숲길 1시간 코스
- 🚗 10분
- 에코랜드 2시간 코스
- 🚗 40분
- 월정리해변 1시간 코스
- 🚗 20분
- 조천-함덕해안도로 1시간 코스
- 🚗 30분
- 용두암 30분 코스
- 🚗 5분
- 용담해안도로 1시간 코스

📝 한라산 등반을 위한, 6박 7일 일정

우리나라에서 가장 높은 한라산 등반을 위해 제주도를 찾는 사람도 적지 않다. 주말을 이용해 한라산 등반만 하는 사람들도 있지만 충분한 시간을 가지고 오르는 것이 여행의 피로를 줄일 수 있는 방법이다.

또한 여유롭게 일정을 잡아 날씨에 따라 등반 날짜를 조절해서 오르는 것이 좋다. 더불어 한라산 등반 전날은 충분한 숙면을 취하고, 등반 다음 날에는 일정을 최소화 하자. 한라산 등반 전에는 준비운동 삼아 어승생악이나 노꼬메오름 등에 올라보는 것도 도움이 된다.

제주도여행 준비

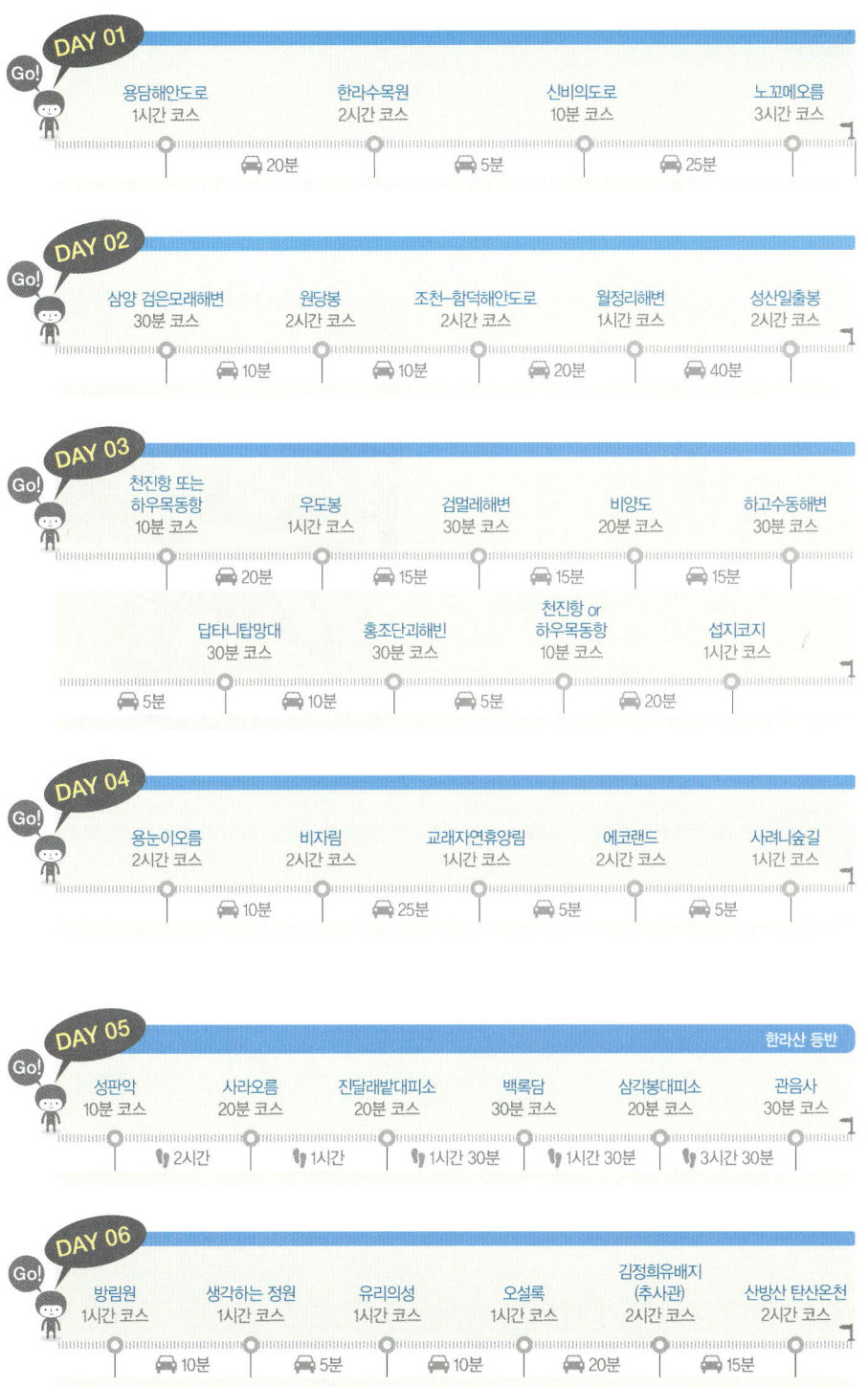

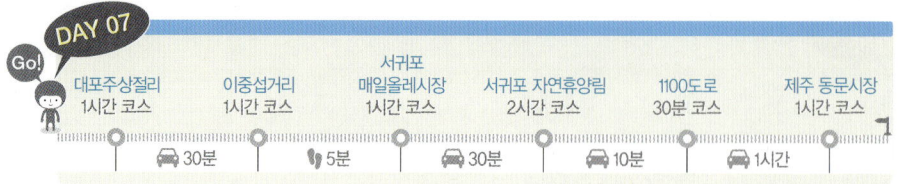

DAY 07						
대포주상절리 1시간 코스	이중섭거리 1시간 코스	서귀포 매일올레시장 1시간 코스	서귀포 자연휴양림 2시간 코스	1100도로 30분 코스	제주 동문시장 1시간 코스	
🚗 30분	👣 5분	🚗 30분	🚗 10분	🚗 1시간		

✏️ 먹기 위해 떠나는 제주도여행, 2박 3일 일정

'나는 먹기 위해 떠난다'는 이들을 심심치 않게 찾아볼 수 있다. 여행길에 배를 채우기 위해 식당을 찾았다면 이제 그 지역의 음식을 먹기 위해 여행을 떠나는 사람이 늘어났다. 향토음식과 바다에서 건져 올린 싱싱한 해산물, 제주에서 맛보는 흑돼지, 제주가 좋아 제주에 정착한 사람들이 문을 연 퓨전음식까지. 식도락을 즐기는 데에도 끝이 없어 제주에 머무는 시간이 짧게만 느껴질 정도이다.

DAY 01

어머니빵집 30분 코스	용담해안도로 2시간 코스	올래국수 1시간 코스	동문수산시장 2시간 코스	하귀애월해안도로 2시간 코스	닻 2시간 코스
🚗 15분	🚗 15분	🚗 20분	🚗 50분	🚗 20분	

DAY 02

중앙식당 1시간 코스	송악산 2시간 코스	옥돔식당 1시간 코스	카멜리아힐 1시간 코스	비오토피아 레스토랑 1시간 코스	서귀포 매일올레시장 2시간 코스
🚗 15분	🚗 15분	🚗 30분	🚗 10분	🚗 40분	

DAY 03

맛나식당 1시간 코스	성산일출봉 2시간 코스	명진전복 1시간 코스	월정리해변 1시간 코스	동복리해녀촌 1시간 코스	해오름식당 2시간 코스
🚗 10분	🚗 30분	🚗 15분	🚗 15분	🚗 50분	

Section 05
제주도 대표 키워드 6

제주를 몇 개의 단어만으로 표현하기란 참 어려운 일이다. 마찬가지로 몇 개의 단어만으로 제주를 이해한다는 것은 더욱더 힘든 일이다. 전부를 알 수는 없지만 '최소한' 제주를 여행하기에 앞서 제주가 가진 특징은 알고 가보자. 제주에서 만나는 대부분의 풍경은 다음 키워드 속에 포함되는 모습들이다.

섬

제주도는 섬이다. 섬은 섬으로서의 매력이 있다. 배를 타고 10여 분만 들어가면 닿을 수 있는 남이섬이 오랫동안 사랑받을 수 있었던 가장 큰 이유는 '섬'이기 때문일 것이다. 제주도 역시 마찬가지이다. 물론 제주는 천혜의 자연환경을 갖추고 있고 화산섬이라는 큰 특징이 있지만 섬이기 때문에 더 매력적이다. 바다를 건너야만 닿을 수 있는 곳, 그래서 더 낭만적인 제주를 만나보자.

섬에서 섬으로 여행 : 우도, 비양도, 마라도, 가파도, 추자도

바다

제주는 섬이기 때문에 어디서든 쉽게 바다를 볼 수 있다. 동해와 남해, 서해의 물빛이 다르듯 제주도의 바다도 다 똑같진 않다. 남태평양의 짙푸른 물빛을 띠는 바다가 있는가 하면 동남아의 에메랄드빛깔을 보여주는 바다, 일부러 색을 뺀듯한 투명한 바다도 있다.

바다가 있으면 으레 해변이 있기 마련이다. 해변이 다 거기서 거기겠지 생각한다면 큰 오산이다. 크고 작은 해변은 제각각 특징을 가지고 있다. 세상에 이처럼 부드러운 모래가 있을까 싶은 협재해변, 검은 모래 찜질이 건강에 좋은 삼양 검은모래해변, 홍조식물이 굳어져 흡사 조개껍데기로 이뤄진 듯한 홍조단괴해변 등 여행 내내 해변만 봐도 질리지 않을 것이다.

제주의 이색 해변 : 협재해변, 삼양 검은모래해변, 우도 홍조단괴해변, 김녕 서우봉해변, 중문 색달해변

돌

제주도는 화산폭발로 이뤄진 섬이다. 제주도 대부분 지역에서 화산폭발의 흔적을 확인할 수 있는데, 가장 대표적인 것이 바로 '돌'이다. 마을 골목길마다 쌓인 돌담과 돌하르방, 바닷가 파도와 싸우는 바윗덩이도 화산폭발이 남긴 흔적이다.

눈에 보이는 곳에도 돌이 가득하지만 눈에 보이지 않는 곳에도 돌이 가득하다. 때문에 비가 내려도 물이 금방 빠져 제주도에서는 벼농사를 짓는 곳을 찾기 힘들다. 또한 제주의 폭포가 북쪽보다 남쪽에 집중되어 있는 이유도 눈에 보이지 않는 땅속 지형 때문이다.

제주도에서 돌을 제대로 볼 수 있는 곳 : 지삿개주상절리, 갯깍주상절리, 남원 큰엉, 외돌개, 돌문화공원

해녀

제주도에서 해녀를 만나기가 예전만큼 쉽지는 않다. 아직도 5천여 명이 여전히 물질을 하지만 과거에 비하면 확실히 많이 줄었다. 하지만 제주도를 얘기하면서 해녀를 빼놓을 수는 없다.
10대 중반부터 애기해녀로 물질을 시작해 한평생 가족의 생계를 책임진 해녀이기 이전에 엄마, 아내로서의 책임을 다한 위대한 존재이다. 엄청난 체력이 요구되는 물질은 과거에는 여자가 아닌 남자가 했었다. 과도한 공물 요구를 피해 도망가고 군역으로 숫자가 줄자 물질은 자연스레 여자들의 몫이 되었다.

제주의 해녀를 만날 수 있는 곳 : 해녀박물관, 용담해안도로, 세화리 앞바다, 금능-곽지 해변

오름

몇 년 전부터 새로운 화두로 떠오른 제주도여행의 테마가 오름이다. 현재까지 알려진 제주도의 오름은 368개가 있는데, 단순히 언덕이 아니라는 데 집중해야 한다. 오름은 제각각 이름을 가지고 있고, 기생화산답게 분화구도 가지고 있다. 한라산 등반을 위해서라면 하루를 통째로 투자해야 하고 체력 소모도 많지만, 대부분의 오름은 비교적 쉽게 오를 수 있다는 장점이 있다. 크게 고생하지 않아도 정상에서 느끼는 감동은 상상 이상이다.

자연경관이 수려한 오름 : 노꼬메오름, 다랑쉬오름, 아부오름, 따라비오름, 군산오름

바람

　제주도에 바람이 많다는 사실은 이미 알려진 사실이다. 맞바람을 맞을 때면 자전거가 앞으로 나가지 않을 정도니 어느 정도인지 실감할 수 있다. 제주도에 바람이 많다는 것은 다른 것에서도 확인이 가능하다. 제주도 곳곳에서 힘차게 돌고 있는 풍력발전기에서, 이엉 끝에 매달린 묵직한 돌에서, 바람에 춤추는 억새에서도 제주도의 바람을 느낄 수 있다.

바람을 느끼기 좋은 곳 : 신창 풍차해안도로, 1136번 도로, 김녕-구좌해안도로

Special 01

태고의 신비를 간직한 한라산

손을 들어 은하수를 잡을 수 있을 만큼 높다는 의미의 한라산은 솥에 물을 담아놓은 것 같다고 해서 부악(釜岳), 신선이 산다고 해서 선산(仙山), 하늘 모양이 둥글어서 원산(圓山)이라는 등 여러 이름을 가지고 있다. 그만큼 제주에서 한라산이 차지하는 비중은 엄청나다. 한라산은 해발 1,950m로 우리나라에서 가장 높은 산이고, 국립공원으로 지정된 면적은 제주도 전체의 8.3%나 차지한다. 사전적인 의미는 제외하더라도 한라산은 제주도 어디에서나 볼 수 있어 하늘로 비유하면 북극성과 같은 역할을 하고, 높이에 따라 자라는 식물이 달라 산 자체가 하나의 식물원 역할도 한다.

남한에서 가장 높은 산, 한라산을 빼고 제주도를 얘기할 수 없을 만큼 한라산이 상징하는 의미는 클 수밖에 없다. 2만5천 년 전 화산활동으로 제주도라는 섬이 탄생했고, 한라산 주변에는 360여 개의 오름이 분포되어 세계 그 어디에서도 만날 수 없는 섬이 되었다. 화산활동 중 분출한 용암이 굳어져 신비로운 지형이 되었고 제주도여행은 더욱 풍요롭게 되었다.

덕분에 1970년에는 국립공원으로, 2002년에는 유네스코 생물권보전지역으로 지정되었다. 여기에 그치지 않고 2007년에는 유네스코 세계자연유산으로, 2010년에는 세계지질공원으로 인증 받아 명실상부 세계적인 관광지가 되었다. 오르는 내내 등산로 주변으로 아름다운 자연경관을 볼 수 있고, 정상에 다다랐을 때 해냈다는 짜릿함만으로도 산은 오를만한 가치가 있다. 등산을 좋아하지 않더라도 한라산 등반은 한 번쯤 해보길 권한다. 숨이 턱 밑까지 차오르고, 오르는 내내 되돌아가고 싶은 생각이 간절하지만 막상 정상에 오르면 몇 시간 동안 오른 수고로움 따위는 한순간에 잊히기 때문이다.

한라산을 오르는 코스는 5가지가 있다. 이 중 2개의 코스는 한라산 정상인 백록담을 마주할 수 있고, 나머지 3개의 코스는 정상이 아닌 남벽분기점까지 이어지는 코스이다. 어느 코스로 오르든 새벽같이 일어나 늦어도 9시 전에는 탐방로 입구에서 출발해야 한다. 평소 등산을 하지 않는 초보자라면 어리목과 영실탐방로를, 백록담까지 제대로 보고 싶다면 성판악과 관음사탐방로를 이용하면 된다. 제주도를 방문한 목적이 한라산 등반에 있다면 관계 없지만, 그렇지 않다면 한라산 등반은 일정 마지막에 잡는 것이 좋다. 한라산을 다녀온 다음 날에는 물집이 잡히고, 온몸이 쑤시기 때문에 이후 일정에 차질이 발생할 수 있다.

- ▶ 어리목코스(총 6.8km, 3시간 코스) : 어리목탐방안내소 → 사제비동산 → 만세동산 → 윗세오름 → 남벽분기점
- ▶ 영실코스(총 5.8km, 2시간 30분 코스) : 영실휴게소 → 병풍바위 → 윗세오름 → 남벽분기점
- ▶ 돈내코코스(총 7km, 3시간 30분 코스) : 돈내코탐방안내소 → 평궤대피소 → 남벽분기점
- ▶ 성판악코스(총 9.6km, 4시간 30분 코스) : 성판악탐방안내소 → 속밭대피소 → 사라오름 → 진달래밭 → 정상
- ▶ 관음사코스(총 8.7km, 5시간 코스) : 관음사지구 야영장 → 탐라계곡 → 개미등 → 삼각봉대피소 → 정상

주소 **주소** 제주도 제주시 1100로 2070-61 **입장료** 무료 **주차** 승용차 기준 1,800원 **준비물** 가벼운 기능성 등산복과 등산화, 음료, 겨울에는 방한복과 장갑, 아이젠 필수, 도시락 반입은 금지하고 있으며 김밥이나 햄버거는 가능 **귀띔 한마디** 정상까지 오를 수 있는 성판악과 관음사탐방로는 사전 예약 시에만 탐방이 가능하다.

한라산 탐방 예약 방법

한라산 탐방예약제는 한라산국립공원의 자연 생태계 보호와 등반객의 안전 산행을 위해 2020년 2월부터 시범 운영을 거쳐 2021년 1월부터 본격적으로 시행되고 있다. 성판악탐방로와 관음사탐방로를 이용하려면 반드시 사전 예약이 필수이고, 나머지 영실, 돈내코, 어리목탐방로를 이용하는 경우에는 별도의 예약 없이도 탐방이 가능하다.

탐방예약 홈페이지 : visithalla.jeju.go.kr
[탐방로예약 - 예약현황] 메뉴에서 가려는 탐방로를 먼저 선택한 후 예약 가능 날짜 선택 → 본인확인 인증 → 코스, 탐방날짜, 산행 시작 시간, 인원 선택 후 예약 확정

※ 매달 1일 오전 9시부터 다음 달 이용에 대한 예약 신청 가능
※ 예약완료 후에는 입·하산 QR 코드를 받아 이용 당일 확인하므로 전화번호를 정확히 기재해야 한다.
※ 성판악탐방로는 일일 1,000명, 관음사탐방로는 일일 500명까지 예약 가능
※ 한라산 탐방예약 고객센터 : 064-713-9953(평일 09:00~18:00)

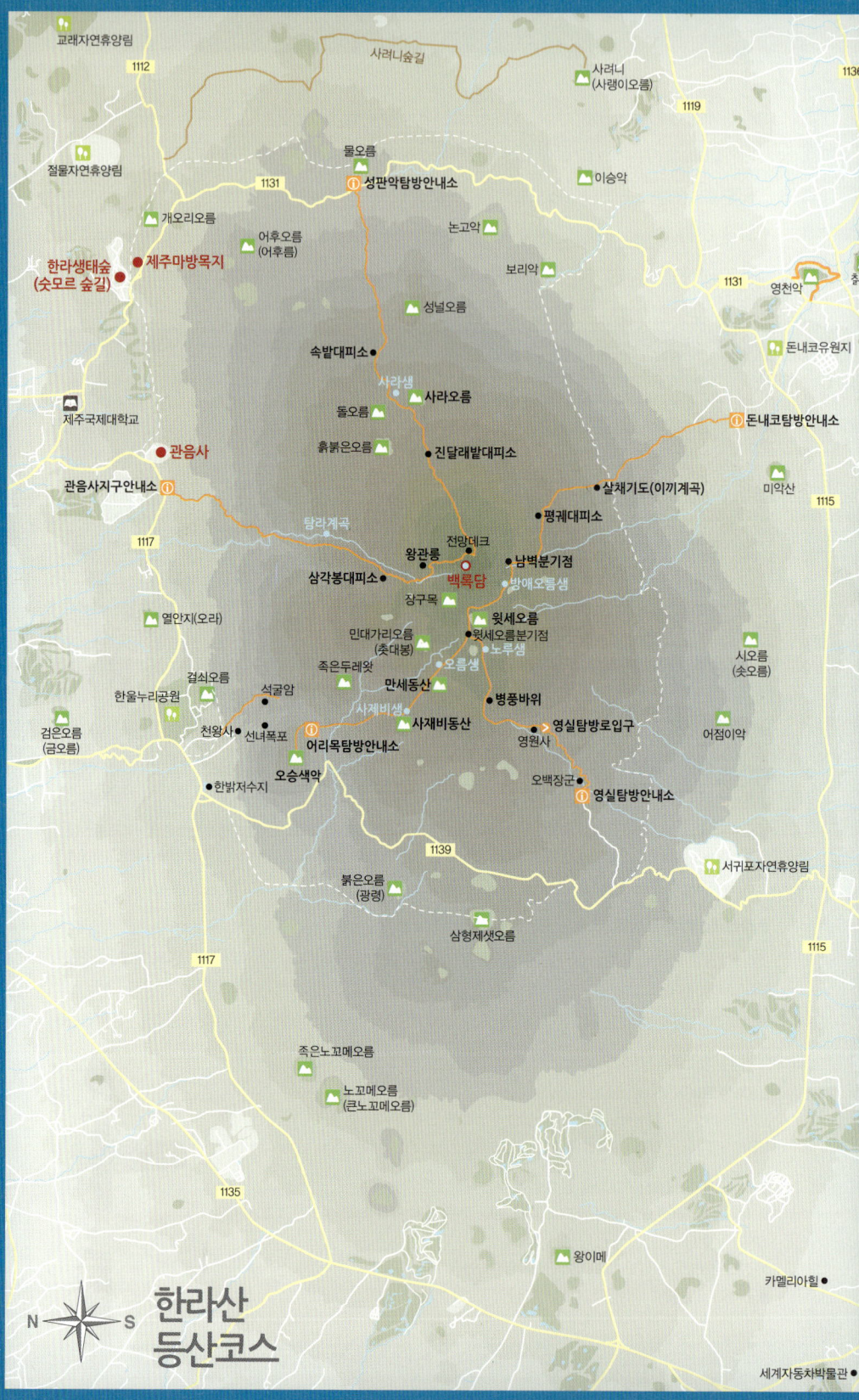

겨울이 더욱 아름다운
어리목탐방로 [6.8km, 윗세오름 2시간 | 남벽분기점 3시간]

어리목탐방안내소 —2.4km/1시간→ 사제비동산 —800m/30분→ 만세동산 —1.5km/30분→ 윗세오름 —2.1km/1시간→ 남벽분기점

1100도로를 달려 1100고지를 향해 달리면 어리목으로 향하는 길목에 접어든다. 어리목탐방안내소에서 등산채비를 갖춘 후 출발하면 어리목계곡, 사제비동산, 만세동산, 윗세오름대피소를 지나 남벽순환로를 거쳐 남벽분기점까지 이어진다. 편도 3시간 정도 소요되는 코스로, 차량을 가져간다면 올랐던 길을 다시 내려와야 한다. 대중교통을 이용했다면 영실탐방로로 이어진 길을 선택해도 된다.
전체적인 구간은 초보자도 오르기 무난할 정도의 경사지만 사제비동산 구간은 다소 가파르다. 마실 물은 사제비샘과 오름샘, 방애오름샘에서 보충할 수 있지만 샘이 마르면 마실 물을 구할 수 없으니 충분히 챙기자. 만세동산과 사제비동산 구간에서는 숲을 이루는 구상나무를 눈여겨보자. 전 세계 어디에서도 볼 수 없는 구상나무 군락지로, 한라산이 세계적으로 인정받는 이유이기도 하다. 겨울철 눈이 내리면 어리목탐방로는 더욱 아름다운 풍경을 선사한다. 앙상하게 가지만 남은 나무가 흰옷을 걸쳐 입으면 온통 하얀 세상이 고요하게 등산객을 맞이한다. 형형색색의 등산복을 입은 사람들과 이따금 날아오는 까마귀만이 제 색을 발한다.

문의 064-713-9950~3 입산 통제시간 3~4월, 9~10월 14:00 이후 탐방로 입구 통제, 13:30 이후 윗세오름 통제 대피소 윗세오름대피소(유인) 화장실 어리목광장, 윗세오름대피소

영실기암의 자태
영실탐방로 [5.8km, 윗세오름 1시간 30분 | 남벽분기점 2시간 30분]

영실탐방안내소 —2.4km/40분→ 영실탐방로입구 —1.5km/50분→ 병풍바위 —2.2km/40분→ 윗세오름 —2.1km/1시간→ 남벽분기점

영실탐방로의 하이라이트는 누가 뭐래도 사시사철 아름다운 자태를 뽐내는 영실기암이다. 깎아지른 듯한 암벽과 울긋불긋 피어나는 단풍은 설악산도 부럽지 않고, 눈꽃이 피어나면 덕유산도 부럽지 않다. 우리나라의 명산을 모두 한데 모아 놓은 것 같다. 탐방로는 크게 2개의 구간으로 나뉜다. 입구인 영실관리사무소에서 영실휴게소까지 이어진 구간과 영실휴게소에서 남벽분기점까지 이어진 구간이다. 대중교통을 이용한다면 영실관리사무소에서부터 걸어야 하지만 자가용을 타고 방문한다면(15인승 이하 차량만 운행 가능) 영실휴게소에서부터 출발한다.
전체적으로 등산하기 무난한 편이지만 영실계곡에 접어들면서 어려운 코스가 시작되며, 병풍바위를 지날 때까지 이어진다. 하지만 다행히도 이 구간은 일부러 속도를 늦춰 주변 풍광을 바라봐야 할 정도로 매력적인 곳이다. 병풍바위를 지나면 넓은 초원지대가 펼쳐지는데, 용암이 만들어낸 울퉁불퉁한 땅 위에 봄이면 철쭉이 피어 융단을 깔아 놓은 듯 보이는 '선작지왓'이다. 특히 이곳에서는 한라산에만 자생하는 흰그늘용담과 섬바위장대 등 희귀식물도 관찰된다. 어리목탐방로와 만나는 윗세오름부터는 백록담의 남쪽 절벽을 바라보며 걷는데, 비교적 평지에 가깝다. 가볍게 심호흡하며 내려갈 준비를 하자.

문의 064-747-9950 입산 통제시간 3~4월, 9~10월 14시 이후 탐방로 입구 통제, 13시 30분 이후 윗세오름 통제 대피소 윗세오름대피소(유인) 화장실 영실관리사무소, 영실휴게소, 윗세오름대피소

때 묻지 않은 자연을 만나는 시간
돈내코탐방로 [7km, 남벽분기점 3시간 30분]

돈내코탐방안내소 —5.3km/1시간 40분→ 평궤대피소 —1.7km/40분→ 남벽분기점

돈내코탐방로는 한라산을 오르는 탐방로 중에 가장 늦게 개방된 코스이다. 그렇다 보니 사람들의 손도 가장 적게 탄 자연스레 원시적인 모습을 보존하고 있다. 돈내코탐방안내소부터 남벽분기점까지 이어진 길은 전체적으로 완만한 오르막이 계속되어 무난한 편이다. 영실코스처럼 그림 같은 절경은 없지만 오르는 내내 동백나무, 사스레피나무, 서어나무 등이 이어져 높이에 따라 한라산에 자생하는 식물을 한눈에 관찰할 수 있다. 용천수도 없고 매점도 없기 때문에 돈내코탐방로만 이용할 예정이라면 먹을 음식과 마실 물은 충분히 챙겨 올라야 한다.

문의 064-710-6920~2 **입산 통제시간** 3~4월, 9~10월 10:30 이후 통제, 14:30 이후 남벽분기점 통제 **대피소** 평궤대피소(무인) **화장실** 돈내코탐방안내소, 평궤대피소

세상에서 가장 맛있는 라면
성판악탐방로 [9.6km, 진달래밭 3시간 | 정상 4시간 30분]

성판악탐방안내소 —4.1km/1시간 20분→ 속밭대피소 —1.7km/40분→ 사라오름 입구 —1.5km/1시간→ 진달래밭 —2.3km/1시간 30분→ 정상

성판악탐방로는 한라산을 오르는 등산로 중 가장 긴 왕복 19km의 코스이다. 덕분에 지점마다 통제시간까지 도착하지 않으면 더는 오를 수 없기 때문에 게으름도 피우지 못하는 코스이기도 하다. 성판악탐방안내소까지는 늦어도 09:30 전에는 진입해야 하고, 진달래밭통제소는 12:30에는 지나야 한다. 이 시간을 넘기면 아쉽게도 백록담 정상을 보지 못하고 왔던 길을 내려가야 한다. 가장 긴 구간이지만 진달래밭대피소부터 백록담까지 이어진 구간을 제외한 나머지 구간은 대체로 오르기 쉬운 편이다.

큰마음 먹고 한라산을 오르기로 했다면 단연 성판악-관음사코스를 추천한다. 백록담 정상을 만날 수 있다는 것도 큰 몫을 차지하지만 최근 일반인들에게도 개방한 사라오름에 다녀올 수 있기 때문이다. 탐방로에서 왕복 1.2km로 길지 않지만 이미 지칠 대로 지쳐 있는 상황에서 갈등이 생길 수밖에 없다. 하지만 사라오름 정상의 하늘을 고스란히 담고 있는 산정호수를 만난다면 1시간 정도의 수고로움쯤이야 금세 잊힌다. 이따금 찾아와 호수 물을 마시는 노루를 만나면 뛰는 가슴을 주체하기 어렵다.

성판악탐방로 입구에 있던 매점이 없어져서 이곳으로 등반을 시작한다면 충분한 마실 물, 김밥, 컵라면과 뜨거운 물 등을 각자가 준비해야 한다. 새벽부터 부지런히 움직여 배고픈 이유도 있겠지만 해발 1,500m에서 먹는 컵라면은 살면서 맛본 라면 중 가장 맛있게 느껴질 정도이다. 기운을 내 1시간 30분을 더 오르면 우리나라에서 가장 높은 백록담에 도착하게 된다.

문의 064-725-9950 **입산 통제시간** 3~4월, 9~10월 12:30 이후 진달래밭대피소 통제, 15:30 이후 사라오름 통제 **대피소** 속밭대피소(무인), 진달래밭대피소(유인) **화장실** 성판악사무실, 속밭대피소, 진달래밭대피소

힘든 만큼 보장받는 보람

관음사탐방로 [8.7km, 삼각봉대피소 3시간 20분, 정상 5시간]

관음사지구 야영장 —3.2km/1시간→ 탐라계곡 —1.7km/1시간 30분→ 개미등 —1.1km/50분→ 삼각봉대피소 —2.7km/1시간 40분→ 정상

다섯 개의 탐방로 중 가장 힘든 코스이다. 탐방로 길이는 성판악코스보다 짧지만 해발 고도 차이가 크기 때문이다. 이 말은 계곡이 깊고 산세가 험하다는 것을 의미하기도 한다. 그래서 많은 사람이 성판악에서 올라 관음사로 내려오는 코스를 선택한다. 그렇다고 관음사탐방로를 일부러 피할 필요는 없다. 힘든 만큼 오르는 내내 기암괴석과 계곡, 웅장한 산새 등 수려한 자연경관을 감상할 수 있는 코스가 바로 관음사탐방로이다.

관음사지구 야영장을 출발해 30분이면 제주도에서 가장 높은 동굴이자 박쥐의 집단서식지인 구린굴이 모습을 드러내고, 탐라계곡을 건너는 다리는 멈춰 서서 사진을 찍게 한다. 이후부터 삼각봉대피소까지 이어진 길은 가파르므로 이곳에서 숨을 돌리는 것도 좋다. 어느 구간 하나 쉬운 구간은 없지만 특히 왕관바위(왕관릉) 부근은 최고의 경사를 자랑할 정도로 힘겨운 구간이다.

문의 064-756-9950 입산 통제시간 3~4월, 9~10월 12:30 이후 삼각봉대피소 통제 대피소 탐라계곡대피소(무인), 삼각봉대피소(무인) 화장실 관음사 야영장, 탐라계곡대피소, 삼각봉대피소

한라산의 대안

어승생악탐방로 [1.3km, 정상 30분]

평소 등산을 싫어하거나 장시간 등산이 힘들다면 좋은 대안이 있다. 작은 한라산이라 불리는 어승생악이 그 대안이다. 어리목탐방안내소 뒤편으로 어승생악으로 오르는 탐방로가 시작된다. 정상까지 1.3km로 왕복 1시간 정도면 충분히 다녀올 수 있다. 구간이 짧다고 우습게 봤다가는 큰코다친다. 만만하게 보여도 해발 1,169m의 높이이기 때문에 등산화를 신고, 겨울에는 아이젠을 꼭 착용한 후에 올라야 한다. 정상에 오르면 한라산 정상과 어리목탐방로의 계곡이 한눈에 들어온다. 날씨가 맑은 날이면 멀리 추자도와 비양도까지 손에 잡힐 듯 가까이 보인다. 정상에는 1945년 만들어진 일제 군사시설인 토치카가 남아 있다.

입산 통제시간 입산 통제시간 3~4월, 9~10월 17:00 이후 통제 대피소 없음 화장실 어리목광장

Special 02 한라산과 주변 명소

한라산 주변에는 이름난 관광지가 없고, 길이 잘 닦여 있지도 않아 마음먹고 가지 않는 이상 접근이 쉽지 않은 편이다. 하지만 제주의 숨겨진 진짜 매력은 바로 한라산 주변, 중산간에 있다. 태고의 제주 모습을 그대로 보여주는 까닭에 중산간 지역은 감춰두고 싶은 보물 같은 곳이다.

조용히 그리고 천천히 걷기,
한라산 관음사

한라산 등반 시 주로 하산코스로 많이 선택하는 관음사탐방로. 이름은 익숙하지만 정작 관음사를 방문하는 사람은 많지 않다. 덕분에 관음사는 접근이 쉬우면서도 깊은 산사의 고요함을 느끼기에 좋은 사찰이다. 제주도에 불교 전파는 탐라국시대에 이루어졌고, 관음사는 고려시대에 창건되었다고 전해진다. 하지만 조선시대의 억불정책으로 모두 폐사되면서 실제 제주도에 불교와 사찰의 역사가 이어진 것은 1900년대로 들어선 이후부터이다. 그나마 새롭게 지은 건물들도 제주4.3사건 과정에서 모두 불에 타 없어졌고, 현재의 관음사 건물은 모두 그 이후 지은 것이다.

자그마한 도량이지만 관음사는 경내로 들어서는 길이 특히 예쁘다. 일주문과 사천왕문 사이 80여 개의 좌불상이 줄지어 있는데, 제각각 표정과 자세가 다르므로 유심히 살펴보자. 사천왕문을 지나면 관음사를 창건한 안봉려관스님이 3년간 기도를 했다는 토굴인 해월굴과 대웅전, 삼성각, 미륵불을 차례로 만날 수 있다.

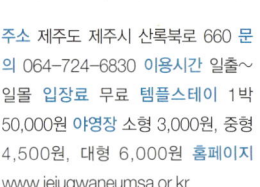

주소 제주도 제주시 산록북로 660 **문의** 064-724-6830 **이용시간** 일출~일몰 **입장료** 무료 **템플스테이** 1박 50,000원 **야영장** 소형 3,000원, 중형 4,500원, 대형 6,000원 **홈페이지** www.jejugwaneumsa.or.kr

지계(持戒)의 길

걷기를 좋아한다면 선인들이 걸었던 관음정사부터 관음사까지 이어진 지계의길을 걸어 봐도 좋다. 고즈넉한 제주의 자연을 느낄 수 있는 마을안길, 물길, 숲길을 지나 한라산을 향해 걷는 길로, 옛 선인들이 풍류를 위한 등산로로 애용했던 길이다. 연동의 관음정사를 출발해 제주아트센터와 방선문, 고다시마을을 지나 소산오름을 거쳐 관음사까지 이어진 총 14.2km의 코스이다.

사부작 사부작 걷는 숲길,

사려니숲길

제주도에서 걷기 좋은 길에 빠지지 않고 등장하는 사려니숲길. 제주의 숨은 비경, 걷기 좋은 길, 비가 내리면 가봐야 할 곳 등 수많은 수식어가 따라다닌다. 그만큼 사려니숲길이 가지고 있는 매력이 많기 때문일 것이다. 비자림로에서 시작한 숲길은 물찻오름(현재는 자연휴식제 기간이라 오를 수는 없다)을 지나 사려니오름까지 이어지는 코스로 총 15km나 되는 구간이다. 여유가 된다면 모두 걸어보아도 좋지만 렌터카로 여행 중이라면 차를 세워둔 곳으로 다시 되돌아가야 하는 번거로움이 있어 시간이 허락하는 곳까지만 갔다 되돌아오는 것이 좋다. 모두 걷고 싶다면 반대편 입구에서 콜택시(10,000~15,000원)를 이용하면 된다.

사려니숲길로 들어설 수 있는 입구는 총 3군데로, 어느 길로 들어서도 울창한 나무가 우거진 숲 속에서 화산송이가 깔린 길을 거닐 수 있다. 다만 분위기는 다소 다른 편이다. 봉개동 쪽에서 진입 시 활엽수가 울창한 반면, 붉은오름 쪽 출입구는 삼나무숲길이 이어진다. 태초의 자연을 느낄 수 있는 숲길에서 제주의 자연을 느껴보자. 길을 걷는 것만으로도 온몸이 치유되는 기분이 든다. 숲길 양쪽으로 졸참나무, 서어나무, 산딸나무, 삼나무 등 많은 나무가 동행하고 이따금 새들의 지저귐이 말동무를 해준다.

주소 제주도 제주시 명림로 584 **문의** 064-710-6762 **이용시간** 일출~일몰 **입장료** 무료 **자동차** 5.16도로 교차로에서 1112번 도로로 진입 후 3분 거리 또는 1118번 도로 붉은오름 자연휴양림 입구 지나 1분 거리

산림욕의 정석,

절물자연휴양림

맑은 공기를 마시며 숲 속을 걷는 것만으로 힐링이 되는 삼림욕을 즐길 수 있는 곳이다. 피톤치드는 잎이 넓은 활엽수보다 소나무나 잣나무 같은 침엽수에서 더 많이 방출되는데, 그중 으뜸은 삼나무이다. 절물자연휴양림에는 이 삼나무가 전체 수림의 90%나 차지한다. 특히 이곳의 삼나무는 지역 주민이 심었다는 데 의미가 있다. 물론 삼나무 외에도 소나무, 때죽나무, 산뽕나무 등 다양한 종류의 나무가 식재되어 있음은 물론이다.

절물오름으로 오르는 길을 제외하고 휴양림 내 대부분의 산책로는 경사가 낮아 걷기 편하다. 말발굽 모양의 절물오름 전망대에 오르면 동쪽으로 성산일출봉이 그림처럼 펼쳐진다. 산림욕을 마치면 연못 뒤에 자리한 약수터에도 들러보자. 아무리 가문 날이 이어져도 마르지 않고 신경통에도 효과가 있다고 알려진 샘물로 사시사철 깨끗하다. 매주 월요일에는 숲을 보호하기 위해 장생의숲길과 절물오름으로 오르는 길은 통제되니 피하는 것이 좋다.

주소 제주도 제주시 명림로 584 **문의** 064-728-1510 **이용시간** 하절기(3~10월) 07:00~18:00, 동절기(11~2월) 07:00~17:00 **입장료** 성인 1,000원, 청소년 600원, 어린이 300원 **주차료** 경차 1,500원, 중소형 3,000원, 대형 5,000원 **숙박시설** 40,000원~ **홈페이지** http://www.foresttrip.go.kr/indvz/main.do

말과 친구가 되어보는 시간, 제주마방목지

제주시에서 5.16도로(1131번)를 달리다 한라생태숲을 지나면 왼쪽에 넓은 주차장이 모습을 보인다. 아무런 볼 것 없는 곳에 웬 주차장인가 싶지만 5.16도로를 이용하는 사람들이 오가며 잠시 휴식을 취하는 곳이자, 한라산 중턱 넓은 들판에서 말들이 한가롭게 풀을 뜯는 모습을 관찰할 수 있는 제주마방목지이다. 이곳에 뛰어놀고 있는 말들은 순수한 혈통의 제주마(馬)로 천연기념물(제347호)로 지정되어 있다.

멀리서 한가롭게 쉬다가도 한주먹 풀을 뜯어 유혹하면 어느새 옆으로 다가와 애교를 부린다. 한여름에도 이곳에 오르면 사방에서 선선한 바람이 불어와 서늘함을 느낄 수 있다. 주차장에 커다란 곰솔이 있어, 돗자리 하나 가지고 가면 이곳 만한 소풍 장소도 없다. 해 질 녘이면 마방목지에 자라는 나무 그림자가 푸른 초원 위로 드리워지면서 더욱 멋진 풍경이 펼쳐진다. 하얀 눈이 소복이 쌓이는 날에는 비어 있는 공간이 눈썰매장으로 변신한다.

주소 제주도 제주시 용강동 산 14-10 **이용시간** 일출~일몰 **입장료** 무료 **자동차** 5.16도로 서귀포 방면 한라생태숲을 지나 1km 전방 왼편

작은 한라산,
한라생태숲(숫모르숲길)

한때는 국유림이었던 땅이 가축들을 방목해서 기른 탓에 많이 훼손되어 제 모습을 잃어가자 1997년부터 십 년이 넘게 가꾼 후, 2009년에 새롭게 문을 연 한라생태숲. 오랜 시간 동안 이곳이 버려진 땅이었다는 사실을 알기 어려울 정도로 지금은 나무가 빽빽이 들어선 숲이 되었다. 5.16도로를 따라 제주시가지를 벗어나자마자 모습을 보이는 한라생태숲은 난대성식물과 한대성식물까지 모두 만날 수 있는 까닭에 작은 한라산이라 불린다. 수생식물원, 야생난원, 구상나무숲 등 여러 테마의 숲이 있지만 한라생태숲에서 꼭 걸어봐야 할 길은 숫모르숲길이다. '숲을 굽는 동산'이라는 뜻을 가진 옛 지명인데, 한라생태숲의 둘레를 따라 4.2km 이어진 숲길이다. 머리 아픈 일은 모두 내려놓고 터벅터벅 걷기만 해도 좋은 길로, 이 길마저 짧게 느껴진다면 편백숲길까지 거닐어보자. 편백숲길은 입구에서 2.5km 정도 들어가 단풍나무숲을 지나면 샛개오리오름과 족은개오리오름으로 갈 수 있는 숨은 길이다. 사람이 많이 찾지 않는 곳이므로 편백나무가 뿜어내는 피톤치드를 받으며 오롯이 힐링의 시간을 갖기에 좋다. 이 길은 절물휴양림까지 이어지지만 왕복 2시간은 족히 걸리기 때문에 따로 방문하는 것이 낫다. 생태숲 내의 식물과 동물 등에 대한 자세한 정보를 얻고 싶다면 하루에 2번 진행하는 숲해설프로그램을 이용하자.

주소 제주도 제주시 516로 2596 **문의** 064-710-8688 **이용시간** 하절기 09:00~18:00, 동절기 09:00~17:00 **입장료** 무료 **숲해설프로그램** 1일 2회 (10:00, 14:00) 운영, **홈페이지**에서 예약 **자동차** 5.16도로 → 서귀포 방면 제주국제대학교 지나 4km 직진 **홈페이지** http://www.jeju.go.kr/hallaecoforest/index.htm

Section 06
알고 가면 좋은 제주 이야기

자연이 아름다운 제주도는 아무런 계획 없이 홀연히 떠나도 좋은 곳이다. 하지만 '아는 것이 힘이다'라는 말도 있지 않은가. 같은 곳을 가더라도 언제 가면 더 좋은지, 제주에는 어떤 이야기가 있는지, 육지와는 다른 먹거리에는 어떤 것이 있는지, 알고 가면 더 많은 것을 즐길 수 있다. 이왕 여행을 떠나기로 결심했다면 조금이라도 더 알고 제주도로 향해보자.

제주의 사계

제주처럼 사계절이 뚜렷한 곳이 우리나라에 또 있을까 싶을 정도로 제주도는 계절별로 보여주는 매력이 확실하다. 때문에 계절별로 제주를 방문하는 것이 가장 좋다. 봄, 여름, 가을, 겨울 제주의 사계가 보여주는 매력에 흠뻑 빠져보자.

봄 우리나라에서 봄을 가장 빨리 만날 수 있는 곳이 바로 제주이다. 겨우내 내린 눈이 채 녹기도 전에 복수초와 동백꽃이 피어나고, 3월이 되면 지천으로 노란 유채가 물결을 이루며 뒤이어 벚꽃과 매화가 꽃망울을 터트린다. 비단 꽃만 새롭게 태어나는 것이 아니다. 5월에는 한라산 자락에 철쭉이 피어나 온통 분홍 옷으로 갈아입는다. 온 세상이 새롭게 태어나는 제주의 봄을 만나러 가보자.

여름 여름의 제주는 무엇보다 바다와 함께할 수 있어서 가장 즐거운 계절이다. 크고 작은 해변마다 해수욕을 즐기는 사람으로 가득 차서 바다는 더욱 붐빈다. 해수욕뿐 아니라 다양한 해양레포츠도 즐길 수 있다. 다만 우리나라 전체가 최근 열대기후의 특징을 나타내는데, 특히 제주도는 여름철이면 동남아처럼 덥고 습해 활발하게 돌아다니기 힘든 편이다.

제주도여행 준비

가을

제주의 가을은 온통 금빛 물결로 뒤덮는 억새와 형형색색 물드는 단풍이 주인공이다. 지천으로 억새가 자라지만, 이왕이면 끝없이 펼쳐진 억새를 만나고 싶다면 오름을 찾아가는 것이 좋다. 산굼부리와 오름의 여왕이라 불리는 따라비오름은 가을 억새를 만나기에 가장 좋은 오름이다. 제주의 단풍은 한라산의 영실기암을 빼놓을 수 없다. 영실휴게소부터 시작해 병풍바위와 윗세오름, 남벽분기점까지 이어진 길은 제주의 가을이 가장 아름다운 곳이다.

겨울

다른 계절에도 제주에서는 사방에서 불어오는 바람을 온몸으로 마주할 수 있지만, 겨울바람은 유독 더욱 강하고 차갑게 느껴진다. 최근에는 제주 전역에 걸쳐 눈이 내리긴 하지만 아무래도 해변보다는 중산간지역이 눈을 만나기 더 좋은데, 바람으로 인해 커다란 나무 기둥에도 눈이 쌓인다.

세계적인 자연유산, 제주

섬 전체가 화산박물관이라 해도 손색없을 정도로 다양하고 독특한 지형인 제주도는 2002년 생물권보존지역으로 선정되었고, 2007년에는 세계자연유산으로 등재됐다. 그리고 2010년에는 드디어 세계지질공원으로 선정되면서 유네스코 3관왕을 차지했다. 여기에 그치지 않고 2011년에는 세계 7대 자연경관으로 뽑히면서 명실상부 세계 최고의 관광지라는 사실을 다시 한 번 입증하였다.

먼저 생물권보전지역은 생물 다양성 보전과 자연자원이 지속 가능한 지역을 의미하는데, 제주도에서는 한라산과 서귀포 지역(효돈천, 영천, 문섬, 범섬, 섶섬 일대)이 선정되었다. 세계지질공원은 시각적으로도 아름다우면서 생태, 역사, 문화적으로도 가치가 있어 보전할 필요성이 있는 곳이다. 제주도에서는 한라산, 성산일출봉, 만장굴, 서귀포 패류화석층, 산방산, 용머리해안, 수월봉 화산쇄설층, 중문 대포해안주상절리대, 천지연폭포, 우도, 비양도, 선흘곶자왈 등이 선정되었다.

천지연폭포

산방산

성산일출봉

대포해안주상절리대

다른 무엇보다 눈여겨볼 점은 유네스코 세계자연유산으로 선정된 점이다. 2007년 대한민국 최초로 거문오름과 만장굴, 김녕굴 일대를 아우르는 거문오름 용암동굴계를 비롯해 한라산, 성산일출봉 등이 세계적으로 평가받은 것이다. 거문오름 용암동굴계는 다른 곳보다 상대적으로 덜 알려졌는데 거문오름에서 분출된 용암류가 지표를 흘러가면서 형성한 벵뒤굴, 만장굴, 김녕굴, 용천동굴, 당처물동굴 등의 동굴을 한데 묶어 부르는 말이다.

아쉽게도 거문오름 용암동굴계의 모든 곳을 방문할 수 있는 것은 아니고, 만장굴과 거문오름만 볼 수 있다. 그나마도 거문오름은 예약을 해야지만 입장이 가능하다. 동굴 중에서 유일하게 개방되는 만장굴은 3개의 입구가 있는데, 제2입구만 개방되어 있다. 내부로 들어서면 20~30만 년 전 거문오름에서 분출한 용암이 해안까지 이동하면서 만든 동굴을 볼 수 있다. 어느 곳이든 알고 가는 것과 알지 못하고 가는 것은 하늘과 땅 차이다. 최소한 제주도가 어떻게 만들어졌는지, 어떤 가치가 있는지 알고 가면 제주를 보고 이해하는 데 도움이 될 것이다.

믿거나 말거나, 제주의 신화

곰이 쑥과 마늘을 먹고 사람이 되어 단군을 낳았고, 단군왕검이 훗날 고조선을 건국했다는 단군신화. 알에서 태어난 박혁거세가 신라를 건국했다는 신라건국신화 등 우리에게 익숙한 신화가 있다. 제주에도 역시 흥미로운 신화가 여럿 있으며, 이 신화를 뒷받침하는 관련 지역과 유물이 있다.

설문대할망

태초에 탐라에는 키가 크고 힘이 센 설문대할망이 살고 있었다. 이 여인이 제주를 창조한 장본인으로, 치마폭에 흙을 담아 날라다 바다에 부어 섬을 만든 것이다. 제주의 많은 오름은 설문대할망이 흙을 날라 제주를 만들 때 치마폭에 난 구멍으로 흘러내린 흙이 쌓여 만들어진 것이다. 섬을 만들고 보니 밋밋하게 느껴져 섬 한가운데에 한라산까지 만들었다. 한라산을 깔고 앉기 위해 한라산의 봉우리를 잘라 바닷가로 던져버렸는데, 잘린 봉우리가 날아가 산방산이 되었다. 설문대할망은 한라산을 깔고 앉아 빨래를 했는데 한쪽 다리는 관탈섬에, 다른 한쪽 다리는 지귀섬이나 마라도에 놓고 우도를 빨래판으로 썼다.
키가 너무 커 옷을 제대로 입기 힘들었던 선문대할망은 어느 날 제주도에 사는 사람들에게 흥미로운 제안을 했다. 명주로 자신의 속옷을 만들어주면 대가로 육지와 연결된 다리를 놓아주겠다고 한 것이다. 사람들은 속옷을 만들기 위한 명주 100필을 모으기 위해 열심히 노력했지만 결국 모두 모으지 못해 결국 무산되고 말았다.

탐라개국신화

세 개의 모홍혈에서 고을나, 양을나, 부을나 삼신이 나왔다. 삼신은 거친 제주의 산야에서 수렵생활을 하며 지냈다. 어느 날 바닷가에 자줏빛 흙으로 봉해진 커다란 나무상자가 떠내려와 열어보니 세 명의 공주와 망아지, 송아지 그리고 오곡 씨앗이 있었다. 심신인은 각각 공주와 혼례를 올리고 거처를 정했다. 그리고 말과 소를 기르며 씨앗을 뿌려 풍요로운 탐라국을 이루었다. 삼신인이 용출한 삼성혈과 결혼식을 올린 혼인지 등은 이 신화를 뒷받침하는 곳이다.

제주도의 먹거리

제주도는 다양한 음식을 맛볼 수 있는 곳이다. 바다에서 갓 잡은 싱싱한 해산물을 생으로 먹기도 하고, 오랜 시간에 걸쳐 입맛에 맞춰진 향토음식도 많다. 최근에는 제주의 신선한 재료를 활용한 고급 레스토랑까지 많이 생겨나 제주도에 가면 입이 즐거워진다.

흑돼지
제주도에서 마을 잔치 때 빠지지 않는 것이 바로 돼지고기이다. 일명 똥돼지라 부르는 흑돼지는 과거에는 돗통(화장실)에서 인분을 먹여 키웠다. 제주 어디를 가나 쉽게 맛볼 수 있는 음식으로 일부러 맛있다는 곳을 찾아갈 필요까지는 없다. 흑돼지만 전문적으로 판매하는 식당도 있지만 일반 돼지와 흑돼지의 맛 차이가 크지는 않은 편이니 저렴하게 먹고 싶다면 일반 돼지를 먹어도 된다.

돔베고기
육지의 수육처럼 푹 삶아 도마 위에 올려 내놓는 음식을 돔베고기라 한다. 도마를 제주에서는 돔베라 부르기 때문이다. 삶아서 기름기를 빼내어 담백한 돼지고기를 맛볼 수 있다.

돗괴기국
돼지고기를 제주에서는 돗괴기라 부른다. 쉽게 돼지고깃국이라 할 수 있는데, 시원한 무와 메밀이 들어가 돼지의 잡내를 잡아주어 의외로 담백한 맛이다.

두루치기
제주에서는 아무 곳이나 가도 맛있는 돼지고기를 맛볼 수 있을 정도로 돼지가 맛있다. 두루치기는 그냥 먹어도 맛있는 돼지고기를 콩나물, 파무침 등과 함께 고추장양념을 해서 철판에 구워 먹는 음식이다. 두루치기도 두루치기지만, 다 먹은 뒤 양념에 볶아먹는 볶음밥도 예술이다.

고기국수
제주에서 고기는 돼지고기를 가리킬 정도로 돼지가 많이 쓰인다. 고기국수는 돼지를 잡은 후 남은 뼈와 고기를 처리하기 위해 푹 삶아 면을 넣어 먹었던 음식이다. 담백하고 맛있다는 의견과 느끼하고 돼지 특유의 냄새 때문에 못 먹겠다는 의견으로 나뉘지만 제주도에서 한 번쯤 먹어볼 만한 음식이다.

보말국
보말은 제주사투리로 고둥을 뜻한다. 삶은 고둥을 미역과 함께 끓여 내면 다른 반찬은 필요 없을 정도로 훌륭하다. 보말국에 면을 넣어 보말칼국수, 수제비를 넣어 보말수제비로 즐기기도 한다.

몸국

갈조류에 속하는 해초 중 하나인 모자반을 제주에서는 몸이라 부른다. 된장 등 기본적인 양념만 해서 무쳐 먹기도 하지만 돼지 뼈를 우려낸 국물에 모자반을 넣고 푹 끓여 몸국으로 즐겨 먹는다. 취향에 따라 밥이나 국수와 함께 먹을 수 있다.

제주도여행 준비

해물뚝배기
제주에서 잡은 닭새우, 소라, 떡조개(오분자기), 조개 등 싱싱한 해산물을 뚝배기에 넣고 된장을 풀어 끓인 시원하고 담백한 국이다. 다른 반찬이 필요 없을 정도로 알찬 한 그릇을 즐길 수 있다.

말고기
제주하면 말을 떠올리는 사람도 많다. 하지만 제주도에서 말고기를 맛볼 수 있다는 사실을 아는 사람은 많지 않다. 말 특유의 잡내가 심할 것 같아 거부감이 들지만 한번 맛본 사람들은 찾을 때마다 빼놓지 않고 먹을 정도로 매력적인 음식이다. 육회나 구이로 즐겨 먹는 편이지만, 갈비찜이나 샤부샤부로도 즐길 수 있고 다져서 함박스테이크로도 먹을 수 있다.

물회
여름철 별미로 즐겨 먹는 물회는 일반적으로 새콤한 양념장이나 동치미국물 등을 사용하지만, 제주의 물회는 된장으로 국물을 내는 것이 특징이다. 여기에 보리밥을 발효하여 만든 쉰다리식초를 넣어 새콤한 맛이 더해진다. 자리돔과 한치를 물회의 재료로 가장 많이 사용하지만 소라나 황놀래기(어렝이), 전복을 넣어 먹기도 한다.

생선회
바다로 둘러싸인 섬이다 보니 사시사철 싱싱한 생선이 많이 잡힌다. 자연스레 제주를 여행하면서 먹어야 할 음식 1순위로 생선회를 꼽는 사람이 적지 않다. 제주에서는 흔한 생선인 돔을 비롯해 겨울철 살이 통통하게 오른 방어, 싱싱하지 않으면 회로 먹기 힘든 갈치와 고등어 등 맛볼 수 있는 회의 종류도 다양하다.

생선조림
넓적한 냄비에 싱싱한 생선과 무, 대파를 큼직하게 썰어 넣고 국물을 자작하게 끓여 먹는 생선조림 역시 제주에서는 즐겨 먹는 음식이다. 갈치와 고등어가 생선조림의 주재료이지만 쥐치 등 다른 생선을 넣기도 한다.

밀면
밀면하면 으레 부산을 떠올리지만, 제주 역시 밀면으로 유명한 곳이다. 밀가루를 사용해서 면이 굵다는 것과 수육 몇 점을 밀면 위에 올려내는 것이 제주 밀면의 특징이다. 처음 제주에서 밀면을 맛보면 다소 밋밋하다 느낄 수도 있지만 먹으면 먹을수록 빠져든다. 좀 더 자극적인 맛을 원한다면 매콤새콤한 양념장이 더해진 비빔밀면으로 주문하자.

꿩메밀국수
제주에서는 출산하고 나면 미역국 대신 메밀수제비를 먹었을 정도로 많은 음식에 메밀을 사용하였다. 또한 고단백 재료인 꿩은 해녀들이 보양식으로 즐겨 찾던 재료였다. 꿩메밀국수는 두 가지 재료로 맛을 낸 토속음식으로 담백한 맛이 일품이다.

사부작 사부작 걷기 좋은 제주의 숲길

섬 가운데 우뚝 솟은 한라산과 기생하고 있는 400여 개의 오름, 바라보는 것만으로도 가슴이 확 트이는 푸른 바다와 때 묻지 않은 숲길까지 제주도의 매력은 끝이 없다. 결국 제주의 가장 큰 매력은 제주 그 자체인 자연이다. 올레길과 오름으로도 채워지지 않는 무언가가 있다면 한적한 제주도의 숲길을 걸어보자. 자연 그대로의 모습이지만 걷기 좋게 조성된 제주의 아름다운 숲길을 소개한다.

머체왓숲길(소룡콧길)

머체왓은 돌을 뜻하는 '머체'와 밭을 뜻하는 '왓'이 합쳐진 합성어로 '돌로 이루어진 밭'을 말한다. 서귀포시 한남리에 위치한 머체왓숲길은 50여 년간 사람의 흔적 없이 소와 말이 뛰어 놀던 장소였으나 2012년 주민들이 숲길로 조성한 이후 일반인들에게 개방되었다. 아직은 널리 알려지지 않은 곳이라 하천을 따라 이어진 원시림, 목장과 맞닿은 넓은 들판 등 어찌 보면 제주의 가장 흔한 모습을 보여준다.

안내센터를 시작으로 길은 머체왓숲길(6.7km, 2시간 30분)과 편백나무, 삼나무, 소나무 등이 우거져 마치 작은 용을 닮았다 해서 붙여진 소룡콧길(6.3km, 2시간 30분) 두 갈래로 나뉜다. 어느 길을 선택해도 숲길을 누리기 부족함이 없고, 중간에 교차되는 지점이 있기 때문에 시간만 충분하다면 두 길을 모두 걸어도 좋다.

처음부터 숲길이 시작되는 것은 아니다. 숲길 입구는 사진 찍기 좋은 공간으로 나즈막한 동산과 넓은 초원, 오름이 한눈에 들어온다. 붉은 동백꽃이 피는 동백낭길, 계절별로 다양한 야생화가 피는 야생화길 등이 이어지면서 이 길의 하이라이트인 울창한 편백나무 숲길이 반긴다. 소룡콧길과 교차하는 지점으로 빛 한 줄기 들어오기 힘들 정도로 편백나무가 빽빽한데, 숲길을 걸으면 마치 다른 세상으로 넘어온 듯 온몸이 반응한다. 곳곳에 쉴 수 있는 공간도 있으므로 잠시 세상과 떨어져 자연이 뿜어내는 에너지를 맘껏 누려보자. 좀 걷다보면 물이 마른 서중천을 만나는데, 먼 옛날 용들의 놀이터였을 것 같은 기암괴석들의 웅장한 모습을 볼 수 있다.

주소 제주도 서귀포시 남원읍 서성로 755 문의 064-805-3113 이용시간 일출~일몰 입장료 무료

고살리숲길

한라산 남쪽에 자리 잡은 하례2리는 자연생태우수마을로 지정된 곳이다. 이 마을에는 평소에는 고인 물이 있는 건천이지만 비가 오면 내를 이뤄 흐르는 효돈천이 가로지르는데, 효돈천을 따라 2km에 걸쳐 조성된 숲길이 있다. 바로 고살리숲길인데 한때 마을의 식수원이기도 했던 고살리샘에서 유래한 이름이다. 조성된 숲길은 하천을 끼고 걸을 수 있어 제주의 날 것을 그대로 느끼기 좋은 탐방로이다.

고살리숲길의 입구는 두 곳이다. 선덕사 주차장에서 동쪽으로 약 100m 정도 이동한 후 횡단보도를 건너면 고살리숲길 안내표지판을 만날 수 있고, 남쪽으로 약 2km 지점 하례입구삼거리에서도 숲길 탐방을 시작할 수 있다. 어느 곳에서 출발하든 길은 이어져 있지만 접근성을 고려한다면 선덕사 주차장 방향이 더 효율적이다.

숲길은 원시림이 잘 보존되어 있고, 개발이 덜 된 탓에 조심해서 걸어야 한다. 왕복 2시간 정도 걸리는데, 하늘이 보이지 않을 정도로 무성한 나무숲에서 삼림욕을 제대로 즐길 수 있다. 발걸음을 천천히 옮기다 보면 한란, 으름난초, 제주무엽란 등 이 지역에서 자생하는 희귀식물도 만날 수 있다. 비가 많이 와야 흐르는 건천 지역이라 평소에는 중간중간 물이 고인 소(沼) 여러 곳 만날 수 있는데, 가장 눈길을 끄는 곳은 속괴이다. 숲길 중간쯤에 자리하는데, 웅덩이가 깊어 사시사철 물이 마르지 않고, 주변 풍경마저 신비로워 토속신앙이 빈번하게 행해지던 곳이다. 오늘날도 무속인들이 많이 찾는 곳으로 곳곳에 제를 올린 흔적을 볼 수 있다. 비가 내리고 수량이 풍부해지면 Y자 바위틈으로 폭포가 장관을 이루며, 온갖 풍파를 견뎌냈을 바위 위 적송 한 그루가 속괴에 비치면 그야말로 한 폭의 그림이 된다.

주소 제주도 서귀포시 남원읍 하례리 산54-2 **문의** 064-733-8009 **이용시간** 일출~일몰 **입장료** 무료

동백동산

선흘리 동쪽 용암이 흘렀던 대지 위에 언덕이 생겼고, 온도와 습도가 일정하게 유지되면서 식물들이 자라기 좋은 환경을 만들어졌다. 시간이 흐르면서 자연스럽게 울창한 숲을 이뤘는데, 이곳이 바로 선흘곶이다. 상록활엽수 천연림으로 10여만 그루의 동백나무가 있어 동백동산이라는 이름이 붙었지만 동백나무 외에도 종가시나무, 후박나무 등 난대성식물들이 혼재되어 있다. 난대성 상록활엽수로는 제주도에서 가장 넓은 면적이라 제주도 기념물로 지정되었고, 습지보호지역, 람사르습지, 세계지질공원 등으로도 지정되어 학술적 가치가 매우 높은 곳이다.

숲길 입구에는 동백동산 습지센터가 자리하는데, 동백동산에 대한 다양한 정보를 제공하며, 오전 10시와 오후 2시 숲해설사와 함께 숲을 둘러볼 수 있다. 걷기 좋게 조성된 숲길을 따라 약 5km의 코스인데, 어느 방향으로 걸어도 상관없다. 시계 반대방향으로 숲길을 탐방한다면 가장 먼저 만나는 곳은 도틀굴이다. 천연동굴로 4.3사건 당시 군인을 피해 몸은 숨긴 은신처이자 학살의 현장으로 가슴 아픈 역사가 서려 있다.

길은 빈 공간을 찾기 어려울 정도로 나무들로 가득한 숲길인데, 온도와 습도가 일정한 덕분에 여름에는 선선하고, 겨울에도 그리 춥지 않아 사계절 언제라도 걷기에 좋다. 탐방로의 중간쯤에는 마을에서 멀리 떨어진 '끄트머리'라는 뜻을 가진 먼물깍습지를 만나게 된다. 습지보호구역으로 다양한 희귀생물을 볼 수 있고, 쉴 수 있는 정자도 마련되어 있으니 잠시 쉬었다 가도 좋다.

주소 제주도 제주시 조천읍 동백로 77 **문의** 064-784-9445 **이용시간** 9시~18시 **입장료** 무료

화순곶자왈 생태탐방 숲길

제주도 면적의 약 6%를 차지하는 곶자왈(곶은 숲을 뜻하며, 자왈은 나무와 덩굴이 엉클어진 곳을 의미한다.)은 돌무더기로 인해 농사도 짓지 못하는 쓸데없는 땅이지만 지하수와 동식물 등 생태분야로 보면 보전가치가 높은 곳이다. 제주에는 구좌-성산곶자왈, 조천곶자왈, 교래-한남곶자왈, 애월곶자왈, 한경-안덕곶자왈 등 크게 다섯 곳이 있는데, 화순곶자왈은 한경-안덕곶자왈에 속한다. 멀지 않은 대정읍에 곶자왈도립공원으로 지정된 곳이 있지만 좀더 호젓한 숲길 탐방을 원한다면 화순곶자왈 숲길이 제격이다.

탐방로 초입부터 화산이 폭발할 때 점토가 타 돌숯이 된 화산송이들이 지천으로 깔려 있어 이곳이 곶자왈임을 알려준다. 또한 실타래처럼 엉킨 덩굴식물과 언제나 초록으로 맞이해주는 양치식물이 원시적인 아름다움을 더하고, 마치 자신의 힘줄을 자랑하듯 고스란히 드러난 나무뿌리는 척박한 환경에서 어떻게 살아남았는지 자신의 인생을 얘기해준다. 마치 제주도민들의 애달픈 삶을 자연으로 그려낸 것 같다.

이끼와 콩짜개덩굴이 나뭇가지와 돌담을 타고 이어져 길을 전망대로 안내해준다. 숲길도 좋지만 역시 어디서나 전망대는 항상 반갑다. 화순곶자왈 전망대가 더욱 특별하게 다가오는 이유는 손에 잡힐 듯 보이는 산방산의 모습과 전망대 아래로 방목된 소가 만들어 내는 풍경 때문이다. 화순곶자왈은 전망대까지 모두 둘러봐도 1시간 30분 정도면 충분할 정도로 크지 않은 곳이다.

주소 제주도 서귀포시 안덕면 화순리 2045 **이용시간** 일출~일몰 **입장료** 무료 **귀띔 한마디** 주차는 입구 건너편 갓길을 이용하면 된다.

Special 04

제주 면세점 이용하기

제주를 여행한다면 면세점을 이용할 수 있다. 제주에서 다른 지역으로 이동하는 내국인, 외국인 모두 이용할 수 있으며 연간 이용횟수가 6회로 제한되어 있다. 상품의 종류가 다양한 편은 아니지만 화장품, 향수, 패션, 문구, 시계, 주얼리, 선글라스, 홍삼, 초콜릿, 주류, 담배 등의 카테고리가 마련되어 있어 필요한 상품을 저렴하게 구입할 수 있다.

면세점 이용 조건

국적, 연령에 상관 없이 면세점을 이용할 수 있으며 연간 이용횟수가 6회로 제한되어 있다. 1회 구매한도는 미화 600달러이며 주류는 1인 1회 1병, 담배는 1인 1회 1보루로 제한되어 있다. 관광지 입장권에는 면세점 할인권이 붙어있는 경우가 있으니 꼼꼼하게 챙겨 혜택을 받도록 하자.

오프라인면세점

제주에서 다른 지역으로 이동하는 비행편을 이용할 때는 제주공항면세점을, 배편을 이용한다면 제주항 또는 성산항 면세점을 이용할 수 있다. 또한 제주도 내에 위치한 중문면세점은 여행 중에 이용할 수 있는 면세점이다.

1. 제주공항면세점(JDC)

제주공항 국내선 출발장 대합실에 위치한 면세점으로 300여 개의 브랜드, 30,000여 개의 상품을 판매하고 있다. 제주공항 확장과 함께 면세점도 확장되어 입점 브랜드가 늘어나 이전에 비해 다양한 상품을 만나볼 수 있다. 면세점은 2층 5번 탑승구 앞에 위치하며 탑승수속 후 신분증과 탑승권을 확인받고 면세점으로 들어갈 수 있다.

주소 제주도 제주시 공항로2 제주국제공항 여객청사 1층 탑승관리동 **문의** 064-740-9900 **이용시간** 06:20~21:20, 연중무휴 **홈페이지** www.jdcdutyfree.com

2. 중문면세점(JTO)

제주의 남쪽 중문에 위치한 국내 최초의 내국인지정 면세점으로, 제주국제컨벤션센터 1층에 위치한다. 제주공항면세점보다 할인행사가 잦은 편이며, 돌아가는 비행기나 배편의 표를 발권하지 않았더라도 날짜와 시간을 알고 있다면 상품을 구매할 수 있다. 입구로 들어서는 길에는 간단하게 요기할 수 있는 먹거리 매장들이 있다.

주소 제주도 서귀포시 중문관광로 224 제주국제컨벤션센터 1층 **문의** 064-780-7700 **이용시간** 10:00~20:00(하절기에는 연장운영), 연중무휴 **홈페이지** www.jejudfs.com

3. 제주항1면세점, 제주항2면세점(JDC)

제주 국제여객터미널 내의 JDC지정 면세점으로 출항 전 승선검색 후 면세점을 이용할 수 있다. 단, 추자도로 출발하는 배편을 이용할 경우 같은 제주도이므로 면세점을 이용할 수 없다. 화장품과 잡화, 주류, 담배 등을 구입할 수 있다.

- **제주항1면세점** **주소** 제주도 제주시 임항로 169 연안여객터미널 내 **문의** 064-740-9934 **이용시간** 승선 전 **홈페이지** www.jdcdutyfree.com
- **제주항2면세점** **주소** 제주도 제주시 임항로 115 국제여객터미널 내 **문의** 064-740-9935 **이용시간** 승선 전 **홈페이지** www.jdcdutyfree.com

온라인면세점

제주 온라인면세점은 2곳으로, 각각 제주관광공사와 JDC에서 운영하고 있다. 면세점에서 구매한 상품은 제주에서 국내 다른 지역으로 이동할 때 제주국제공항 혹은 제주항 내의 인도장에서 수령할 수 있다. 신분증, 교환권, 탑승권을 가지고 구매한 본인이 상품을 수령해야 한다. 면세품을 인도받기 위해서는 여유롭게 공항이나 항만에 도착하는 것이 좋다.

1. 제주관광공사면세점(중문면세점, JTO)

홈페이지에서 바로 결제가 가능하며, 제주도를 떠날 때 제주공항 및 항만에 위치한 인도장에서 상품을 수령할 수 있다. 제주도를 떠나는 날을 기준으로 15일 전부터 당일 3시간 전(항만은 4시간 전)까지 인터넷면세점에서 상품을 구입할 수 있다. 온라인 구매 시 10% 이상 할인(일부품목 제외)받을 수 있다. 제주국제공항 인도장은 9번 탑승구 앞에 위치하며 항만 인도장은 제주연안여객터미널 2부두와 7부두, 선상포항에 위치한다.

홈페이지 www.jejudfs.com

2. 제주공항면세점(JDC)

홈페이지에서 구입할 상품을 예약한 후 제주공항과 제주항만에 위치한 JDC면세점 안내데스크에서 결제하고 상품을 수령할 수 있다. 제주도를 떠나는 날을 기준으로 10일 전부터 전일 오전 10시(항만은 9시)까지 인터넷면세점에서 상품을 구입할 수 있다. 온라인 예약 시 전 품목을 10% 추가 할인(일부품목 제외)받을 수 있다. 제주국제공항 인도장은 5번 탑승구 앞에 위치하며 항만 인도장은 제주연안여객터미널 2부두와 6부두에 위치한다.

홈페이지 www.jdcdutyfree.com

상품 수령 절차

- 공항 : 공항 도착 → 3층 탑승수속 → 국내선 입장 및 보안검색 → 인도장에서 물품 수령/안내데스크에서 결제 및 물품 수령 → 탑승
- 항만 : 항만 도착 → 승차권 구입 및 개찰구 입장 → 인도장에서 물품 수령/안내데스크에서 결제 및 물품 수령 → 탑승

Part 02

제주 북부지역
(제주시)

Section01. 제주 북부지역에서 반드시 둘러봐야 할 명소
Section02. 제주 북부지역에서 반드시 먹어봐야 할 먹거리
Section03. 제주 북부지역에서 반드시 들러봐야 할 카페
Special05. 제주, 꽃이 되다

NORTH

1 도두봉에 올라 제주시내 한눈에 바라보기

2–3 제주시내의 유일한 해안도로인 용담해안도로를 따라 달리며 바다 감상하기

4 이호테우해변에서 빨간목마등대와 하얀목마등대 사이로 넘어가는 일몰 감상하기

5 탐라국의 개국신화가 시작되는 삼성혈의 울창한 숲에서 한가한 산책 즐기기

1

2 4

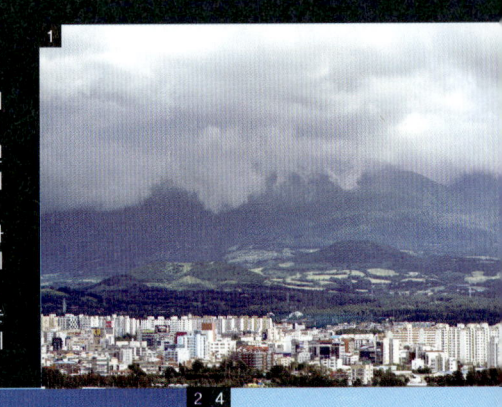

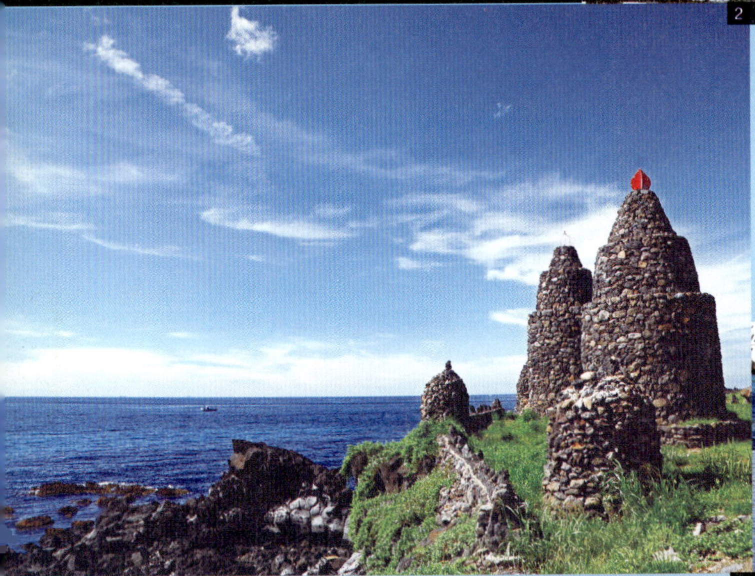

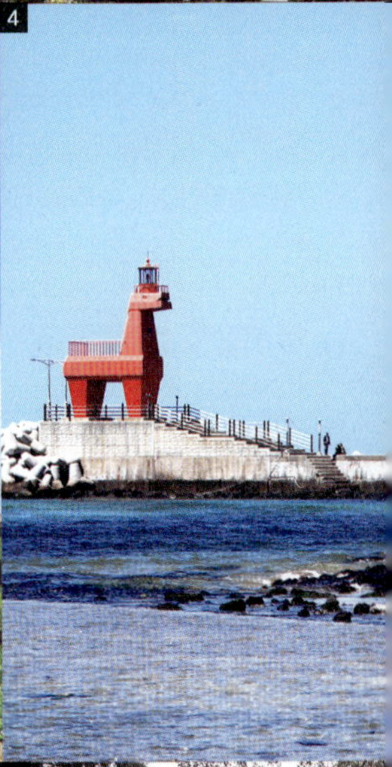

3 5

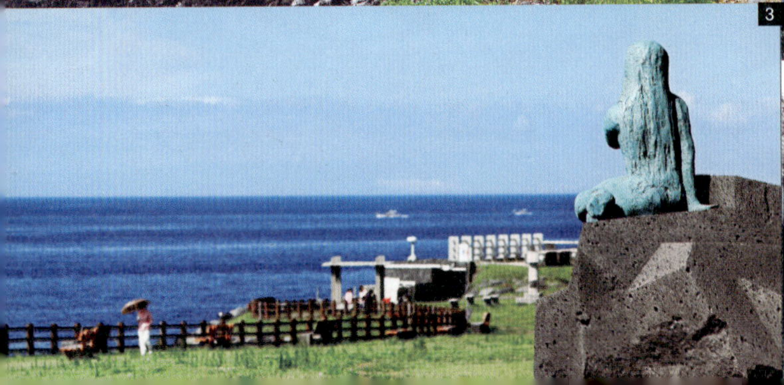

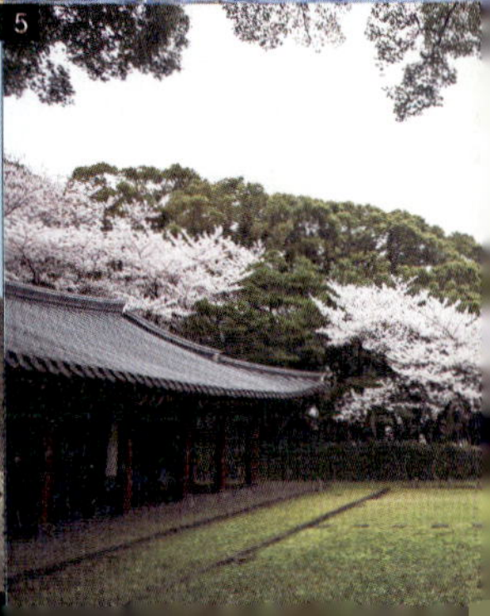

JEJU BEST

제주 북부지역(제주시)에서 놓치지 말아야 할 추천 베스트

6 용의 머리를 닮은 용두암 구경하기

7-8 전통시장에 들러 현지인들의 생활 엿보기

9-10 아름다운 낙조로 이름난 사라봉(산지등대)에서 일몰 바라보기

제주 북부지역 (제주시) 핵심 가이드

★★★★☆
★★★★★
★★★★☆
★★★☆☆

제주시는 크게 구제주와 신제주로 나뉜다. 정확한 경계는 없지만 제주시청을 중심으로 주변 지역이 구제주, 제주도청을 중심으로 주변 지역(노형동, 연동)이 신제주라 보면 된다. 제주의 역사와 문화 등을 보고 싶다면 삼성혈, 제주민속사박물관 등이 있는 구제주로, 제주의 현재를 느끼고 싶다면 신제주로 향하자. 대형 마트를 비롯해 개성 가득한 카페, 베이커리 전문점 등 하루가 달리 변화하는 제주를 만날 수 있다.

제주 북부지역(제주시)

제주 북부지역을 이어주는 교통편

제주공항이나 제주항에 첫발을 디디면 이용할 수 있는 교통편으로는 크게 3가지가 있다. 첫 번째 교통편인 렌터카를 이용한다면 렌터카 사무실로 가서 차량을 픽업하여 직접 원하는 목적지까지 가면 된다. 하지만 렌터카를 빌리지 않는다면 버스나 택시를 이용해야 한다. 공항에서는 315, 316번 버스, 제주항에서는 315번 버스를 탑승하면 버스여행을 시작할 수 있는 제주시외버스터미널까지 갈 수 있다. 하지만 2인 이상이고, 목적지가 제주시외버스터미널이나 제주시내라면 버스편보다는 택시를 이용하는 것이 더 편리하고 저렴할 수 있다. 공항에서 택시로 단거리를 이동할 경우 도착층(1층)보다는 출발층(3층)에서 탑승하는 것이 더 편하다.

제주 북부지역에서 이것만은 꼭 해보자

1. 도두봉에 올라 제주시내와 끊임없이 비행기가 뜨고 내리는 공항, 제주시를 감싸고 있는 한라산을 한 눈에 담기.
2. 제주오일장(2일, 7일), 동문시장, 서문시장에서 현지인들의 생활 엿보기.
3. 이호테우해변이나 사라봉(산지등대)에서 일몰 바라보기.

한눈에 살펴보는 제주 북부지역 베스트코스

제주시(제주북부)는 좋든 싫든 제주도를 여행하기 위해 지나칠 수밖에 없는 지역이다. 때문에 제주도에 머무는 시간이 짧다면 제주시에서 시간을 보내는 것이 효율적이다. 제주도에 도착하는 시간 또는 제주도에서 출발하는 시간에 따라 접근성이 좋은 공항 주변의 명소 위주로 일정을 잡고 움직여 보자.

1 놓치면 안 되는 명소 둘러보기 (예상 소요시간 8시간)

Go!

- 도두봉 일출 — 1시간 코스
- 5분
- 용담해안도로 — 1시간 코스
- 5분
- 용두암 — 30분 코스
- 15분
- 제주 동문시장 — 2시간 코스
- 10분
- 삼성혈과 민속자연사박물관 — 2시간 코스
- 15분
- 이호테우해변 일몰 — 1시간 코스

제주 북부지역 (제주시)

N
S
어영소공원
용담해안도로
널모리동동
용담해안도로
도두동무지개 해안도로
도두봉
도두항
순옥이네명가
제주국제공항
간세라운지
1131
벨로인커피
로치아
이호테우해변
내도 알작지
제주마당
제주시민속오일시장 2, 7일
해오름식당
돌담너머바다
1132
1132
제주시외버스터미널
제주김만복
제주종합경기장
그라벨호텔
어머니빵집
롯데시티호텔
두루두루 식당
올레국수
대원가
도새기샤브마을
지지지제주흑돼지
은희네해장국 분점
이호운동장
드림타워(그랜드하얏트)
국수만찬
제주시
스테이크하우스
신라스테이제주
제주오름공원
제주센트럴시티호텔
에스프레소라운지
보엠
아라파파
늘봄흑돼지
1139
컴플리트커피
민오름
넥슨컴퓨터박물관
커피99.9
한라수목원
그러므로Part2
1136
광령1리사무소
1136
윈드스톤
제주도립미술관
제주러브랜드
신비의도로
오라CC
1135
1139
검은오름 (금오름)
한울누리공원
1117

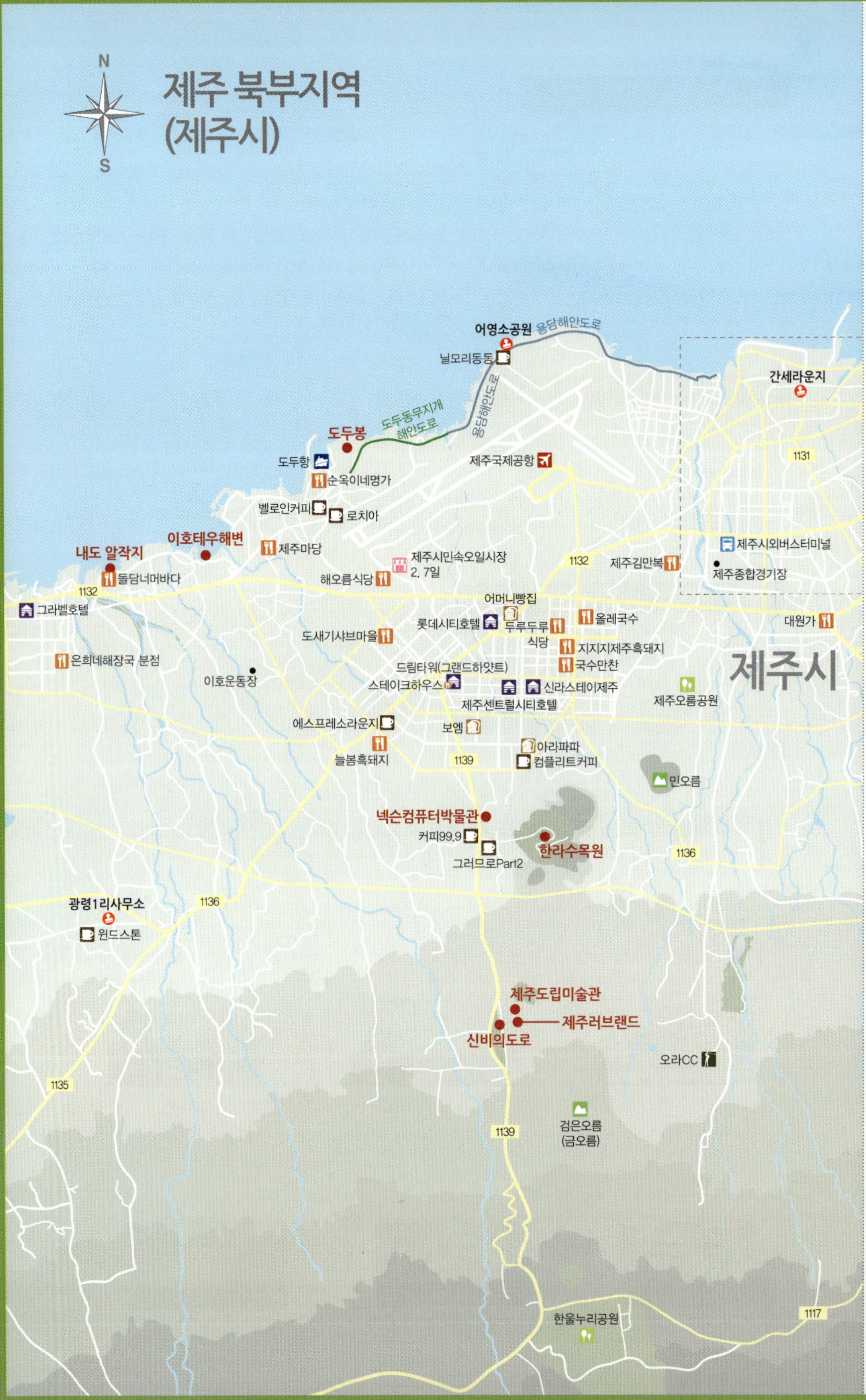

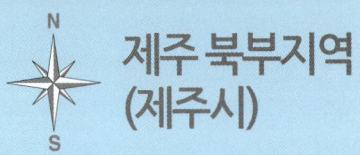

Part 02

Section 01
제주 북부지역에서 반드시 둘러봐야 할 명소

제주도에 도착하면 렌터카를 빌린 뒤, 동쪽으로든 서쪽으로든 제주시를 벗어나기에 바쁘다. 다른 곳부터 둘러본 후 시간이 남으면 둘러보자는 생각이라면 정작 제주시에서 보낼 시간은 없을 것이다. 짧더라도 제주시에서 보내는 시간을 투자한다면 더욱 알찬 제수여행을 할 수 있을 것이다.

 섬의 머리 ★★★★☆
도두봉

용담해안도로 도두항 옆 낮은 언덕인 도두봉은 67m의 높지 않은 언덕이지만 주변이 낮은 덕분에 정상에 오르면 제주시가 시원하게 펼쳐진다. 도두항 옆 주차장에 주차한 뒤 천천히 걸어 올라도 10분이면 정상에 오를 수 있는데, 이 길은 평소 인근 주민들이 산책 장소로 즐겨 찾는 곳이기도 하다.

정상에 오르면 뒤로는 이호테우해변을, 정면으로는 바닷가에 옹기종기 터를 잡은 제주시의 모습을 전망할 수 있다. 무엇보다 제주공항의 활주로를 눈앞에서 볼 수 있는데, 제주도를 드나드는 항공기의 이착륙 장면을 가까이에서 만날 수 있다. 올레17코스에도 포함된 코스로, 오르내리는 길은 비교적 쉬운 편이지만 가끔 뱀이 나타날 수 있으니 주의하자. 도두봉에서 내려온 뒤에는 도두항에도 들러보자. 빨간등대와 하얀등대가 양쪽 방파제에 자리하고 있어 파란 바다를 배경으로 사진 찍기에 제격이다.

주소 제주도 제주시 도두항길 18(제주해양경찰서 도두출장소), 제주도 제주시 서해안로 224(도두봉펜션 건너편) **이용시간** 24시간 **입장료** 무료

 특산품 사려거든 오세요! ★★★★★
동문재래시장

동문재래시장은 갖출 것은 모두 갖춘 상설시장으로, 좁은 골목을 따라 구경하는 재미가 쏠쏠하다. 무엇보다 날마다 장이 서는 상설시장이기 때문에 날짜를 맞추지 않고 일정 중 시간이 될 때면 아무 때고 찾으면 된다.

옥돔, 자리돔, 갈치, 고등어 등 생선은 물론이고 한치, 전복 등 제주에서 잡히는 해산물도 쉽게 만날 수 있다. 수산시장에서 횟감만 구입해 시장에 있는 식당으로 가져가면 저렴한 가격으로 회를 맛볼 수 있다. 또한 오메기떡, 감귤초콜릿, 한라봉, 천혜향 등 제주 특산품과 기념품도 쉽게 구입할 수 있다. 제주에서 장기여행중이라면 반찬가게들도 있으니 가끔 엄마의 손맛이 그리울 때면 들러도 좋다. 먹고 싶은 반찬을 얘기하면 만들어 주기도 한다. 동문로터리 쪽 입구에는 호떡집이 여럿 있는데, 특히 유라이모네에서는 쑥호떡, 야채호떡, 씨앗호떡 등 저렴하고 맛있는 호떡을 맛볼 수 있다.

주소 제주도 제주시 관덕로14길 20 문의 064-752-3001 이용시간 08:00~21:00(상점마다 상이) 입장료 무료 주차 동문재래시장 공영주차장 최초30분 무료, 1시간 1,500원, 2시간 4,500원 홈페이지 jejudongmun.modoo.at

밤에 가기 좋은 곳 ★★★☆☆
동문시장 야시장

제주시에 숙소를 정하고 밤에 갈만한 곳을 찾으려고 하면 생각보다 많지 않다. 이럴 때 가기 좋은 곳이 바로 동문시장 야시장이다. 동문재래시장 공영주차장 쪽에 2018년 개장한 야시장은 제주도로 여행 온 사람들이 모두 이곳으로 몰려든 것처럼 인산인해를 이룬다. 전복김밥, 흑돼지꼬치 등 제주의 신선한 식재료로 만든 다양한 요리가 가득하다. 간단히 즐길 수 있는 주전부리도 많아서 저녁식사를 해결하기 위해 또는 식사 후 산책 겸 소화시키기 위해 구경해도 좋다.

주소 제주도 제주시 관덕로14길 20 문의 064-752-3005 이용시간 18:00~24:00 입장료 무료 주차 동문재래시장 공영주차장 이용 시 가장 가깝다(최초30분 무료, 1시간 1,500원, 2시간 4,500원)

붉게 물들어가는 제주 ★★★★
사라봉(산지등대)

영주(瀛州)는 제주도 옛 지명으로, 아름다운 12곳을 선정해 '영주 12경'이라 이름 붙였다. 사라봉에서 바라보는 아름다운 낙조란 뜻의 사봉낙조도 영주 12경에 꼽힐 정도로 아름답다. 148m로 낮은 언덕이지만 정상에 오르면 제주 시가지를 비롯해 제주항과 제주공항, 한라산이 파노라마로 펼쳐진다. 사라봉은 제주 앞바다와 한라산을 동시에 전망할 수 있어 더욱 매력적이다. 사라봉공원 내에는 조선시대 흉년이 들자 사재를 털어 백성을 구한 김만덕묘비와 만덕기념관, 보림사 등이 있어 함께 둘러볼 만하다. 또한 모충사 앞 주차장에서 우당도서관 옆으로는 별도봉으로 연결된 걷기 좋은 산책로가 있다.

사라봉 북쪽에는 우도등대, 마라도등대와 더불어 제주도 3대 등대로 꼽히는 산지등대가 자리한다. 1905년 우도, 1915년 마라도에 이어 1916년 지어져 모두 100년이 넘은 오래된 등대이다. 매일 해가 질 때면 이곳에서 일몰을 보기 위해 찾는 사람들의 발길이 이어진다.

주소 모충사 - 제주도 제주시 사라봉길 75/산지등대 - 제주도 제주시 사라봉동길 108-1 **문의** 064-722-8083 **이용시간** 24시간/산지등대는 18:00까지 출입 가능 **입장료** 무료

제주도민의 산책로 ★★★★★
한라수목원(제주방어사령부 산책로)

1993년 지방 수목원으로는 최초로 개원한 한라수목원은 광이오름과 남조순오름 기슭에 위치한다. 1,100여 종의 식물 10만여 본을 보유하고 있어 일 년 내내 꽃이 지지 않는다. 봄에는 벚꽃과 목련이, 여름에는 한 다발의 수국이 피어난다. 가을에는 노란털머위꽃과 울긋불긋 단풍이 한데 어우러지고, 겨울에는 하얗게 내려앉은 눈 사이로 복수초와 동백이 꽃망울을 터트린다. 사계절 꽃이 피는 화목원을 비롯해 교목원, 수생식물원, 희귀특산수종원 등 총 10개 원으로 구성된 수목원은 도심 속에 자리한 공간이라고는 믿기 어려울 정도로 나무가 빽빽하게 들어차 있다.

한라수목원의 특별함은 하늘을 찌를 듯 솟은 소나무들이 담을 이루는 산책로에 있다. 약용식물원을 지나 왼쪽으로 접어들면 산책로가 시작되는데, 1km 남짓한 길은 제주방어사령부까지 이어진다. 숲길 자체가 남조순오름을 거치는 코스로 일부러 찾지 않는 이상 알기 어려운 구간이다. 제주도민이 걷는 길로 한적한 공간에서 풋풋한 풀내음 맡으며 걷기 아주 좋은 길이다. 욕심을 부려 수생식물원을 지나 광이오름 산책로까지 거닐어 보는 것도 좋다. 아픈 과거가 서려 있는 일본군진지동굴도 볼 수 있고, 운이 좋다면 야생 노루도 만날 수 있다.

주소 제주도 제주시 수목원길 72 **문의** 064-710-7575 **이용시간** 24시간 연중무휴/자연생태체험학습관 09:00~18:00/명절 당일 휴관 **주차료** 경차 500원, 중소형 1,000원(기본 2시간) **입장료** 무료 **홈페이지** sumokwon.jeju.go.kr

삼성혈
제주를 세운 삼신인이 태어난 곳 ★★★☆☆

제주의 옛 이름은 탐라국. 탐라국을 세웠다는 전설이 시작되는 곳이 바로 삼성혈이다. 전해지는 이야기에 의하면 고씨, 양씨, 부씨 등 삼신인이 3개의 모흥혈에서 용출했고, 수렵생활을 하다 삼공주와 혼례한 뒤 각각 부족국가를 세웠다고 한다. 성산의 연혼포와 혼인지, 안덕의 산방굴은 이러한 이야기를 뒷받침하는 흔적으로 남아 있다. 각종 자료는 삼성혈 내 전시실에서 확인할 수 있다.

전해오는 이야기에 관심 없다 하더라도 삼성혈은 울창한 숲 속에서 산책을 하기에 더 없이 좋은 장소이다. 봄이면 입구부터 한가득 벚꽃이 피어나는데, 특히 삼성전과 전사청 주변에 있는 벚나무는 벚꽃의 무게를 이기지 못할 정도로 흐드러지게 핀다. 사방의 나무는 모두 절을 하듯 삼성혈을 향해 있다. 한 가지 아쉬운 점은 정작 삼신인이 이용했다는 구멍을 먼발치에서만 바라봐야 한다는 것이다.

주소 제주도 제주시 삼성로 22 **문의** 064-722-3315 **이용시간** 09:00~18:00(매표마감 17:30, 명절 당일 10:00~18:00) **이용요금** 성인 4,000원, 청소년 2,500원, 어린이 1,500원 **주차료** 1시간 2,000원(삼성혈 관람객 1시간 30분 무료) **홈페이지** www.samsunghyeol.or.kr

해수욕보다 찜질 ★★☆☆☆
삼양 검은모래해변

삼양 검은모래해변에 도착하면 오른쪽에 위치한 공장이 눈에 먼저 들어오기 때문에 바다에 뛰어들고 싶은 마음이 쉽게 생기지 않는다. 실제로 삼양 검은모래해변에서 해수욕을 즐기는 사람은 그리 많지 않다. 가까운 곳에 함덕 서우봉해변이 있어서이기도 하지만, 정식으로 관리하는 해변이 아니기 때문에 탈의실이나 샤워실 등 편의시설이 제대로 갖춰져 있지 않아서이기도 하다.

그럼에도 불구하고 삼양 검은모래해변에 사람이 몰려드는 이유는 바로 모래찜질을 하기 위해서이다. 화산의 영향을 받아 철분이 함유된 모래는 검은색을 띠는데 신경통에 효과적이라고 한다. 소문이 난 탓에 일본인들과 중국인들까지 모래찜질을 하기 위해 찾을 정도이다. 모래찜질을 끝내면 해변 한쪽에서 솟아나는 용천수에 몸을 씻어보자. 한여름에도 뼛속까지 찬 기운이 스며들 정도로 시원하다. 복잡함을 피하고 싶다면 해변 왼쪽 끝에 자리한 삼양감수탕을 지나 자리한 아담한 해변을 이용하면 된다.

 주소 제주도 제주시 삼양동 **문의** 064-728-8174 **이용시간** 일출~일몰 **입장료** 무료 **자동차** 내비게이션에 삼양 검은모래해변, 삼양감수탕으로 검색

고기 먹으러 갑시다! ★★★☆☆
서문공설시장

한때는 제주민속오일장, 동문시장과 함께 제주 3대 시장이었던 서문공설시장은 이제는 제주를 대표하는 시장은 아니다. 몇 년 전만 하더라도 주요 관공서와 학교 등이 주변에 있었지만 다른 곳으로 옮겨가면서 자연스레 활기찼던 옛 모습은 사라지고, 몇몇 상인만이 자리를 지키고 있다.

지금은 규모가 많이 줄긴 했지만 서문시장만의 매력은 여전하다. 여행자의 귀를 솔깃하게 하는 것은 신선한 제주도의 청정한우와 흑돼지를 저렴한 가격에 맛볼 수 있다는 것이다. 정육점에서 고기를 구입한 후 시장 안

제주 북부지역(제주시)

식당에서 상차림비용만 별도로 내면 된다. 제주 흑돼지의 경우 일반 식당보다 절반 이상 저렴한 편이다. 시장 한쪽에는 〈아빠 어디가〉에 나왔던 치킨집도 있다. 인기가 많아 한참 기다려야 하니, 먼저 들러 주문한 뒤 식사하고 찾으러 가면 엇비슷하다.

주소 제주도 제주시 서문로 4길 13-2 **문의** 064-752-3650 **이용시간** 점포마다 다름 **가격** 제주 한우 2인 기준 30,000~40,000원, 한 상 기준 상차림비용(4인까지) 10,000원, 치킨 15,000원

제주에서 가장 오래된 건물 ★★★★☆
제주목관아(관덕정)

600여 년의 시간이 흐르도록 자리를 지키고 있는 관덕정은 제주도에 있는 건물 중 가장 오래된 건물로 세종 30년에 병사들을 훈련시키기 위해 세운 건물이다. 제주의 역사를 홀로 지켜온 역사의 산증인이기도 하다. 관덕정과 함께 자리하는 목관아는 탐라국 시대부터 관아시설이 있던 곳으로 추정되는데, 이후 화재와 일제강점기를 거치면서 없어진 것을 2002년 최종 복원하였다.

목관아 내 중심건물이라 할 수 있는 망경루에 오르면 목관아가 한눈에 보이고, 멀리 제주시가지까지 시야에 들어온다. 우련당 앞 연못에는 여름이면 연꽃이 피어나 정형화된 관아 속에서 볼거리를 제공한다.

주소 제주도 제주시 관덕로 25 **문의** 064-710-6714 **이용시간** 09:00~18:00(입장은 17:30까지)/연중무휴 **이용요금** 성인 1,500원, 청소년 800원, 어린이 400원 **홈페이지** culture.jejusi.go.kr

85

Part 02

공항과 바닷길이 펼쳐지는 ★★★★★
용담해안도로

제주 곳곳에 많은 해안도로가 있지만 제주시내에는 단 한 군데만 있다. 용두암과 이호테우 해변을 잇는 용담해안도로가 유일한데, 다행히도 바다를 감상하며 달리기에 충분하다. 뿐만 아니라 쉴 새 없이 뜨고 내리는 비행기를 보기에도 이곳만한 곳이 없다. 바다를 보며 달리기 좋은 방향은 용두암에서 도두봉으로 향하는 방향이다.

7km 남짓 구간이지만 횟집과 카페가 즐비하고 다끄내, 용담, 소수 등의 포구와 연기를 피워 소식을 전했던 수근연대, 액운을 막기 위해 쌓은 방사탑, 물이 샘솟는 용천수인 엉물, 동물, 섯물 등이 다양한 매력을 뽐낸다. 특히 바다에서 소금을 만들었던 어영마을 앞 돌염전인 어염(어염이 어영으로 바뀌어 마을 이름이 어영마을이 됐다.)은 구엄마을의 돌염전과 더불어 이곳에서만 볼 수 있는 독특한 풍경이다. 해안도로를 달리다 잠시 멈춰 세우고 바다를 바라보며 커피 한 잔 즐길 곳도 많은데, 바다와 좀 더 가까워지고 싶다면 카페에서 테이크아웃을 해서 어영공원으로 향해보자. 화장실 건물 위는 전망대 역할을 하고, 옆으로는 아이들이 놀기 좋은 작은 놀이터도 있다.

주소 제주도 제주시 용담3동 **이용시간** 24시간 **자동차** 제주공항에서 용담사거리 방면으로 가다가 용담사거리에서 좌회전

바다를 지키는 바위 ★★★☆☆
용두암

한 번쯤 들어봤을 듯한 제주도의 대표적인 바위, 용두암. 용의 머리를 닮은 10m가량의 바위로 오랜 시간에 걸쳐 파도와 바람에 의해 다듬어져 한 마리의 용이 바다에서 솟아난 듯한 모습을 하고 있다. 이곳은 단체관광객이 주로 찾는 곳이지만 그렇다고 제주도의 대표적인 바위인데 안 보자니 섭섭하다.

다행히 공항 근처에 위치하여 제주여행 시작에 앞서, 혹은 제주여행을 끝내고 공항으로 가기 전 잠깐 들러볼 수 있다. 숙소를 제주시에 잡았다면 일몰시간에 맞춰 용두암을 찾아보자. 다소 한산한 분위기에서 용두암 뒤로 지는 해를 감상할 수 있고, 여름철이라면 바다에서 한치잡이 배들의 아름다운 불빛이 너울대는 모습까지 볼 수 있다.

주소 제주도 제주시 용두암길 15 **문의** 064-711-1022 **이용시간** 24시간 **입장료** 무료 **주차** 30분 500원, 이후 추가 15분마다 300원

붉은 목마가 삼킨 태양 ★★★★☆
이호테우해변

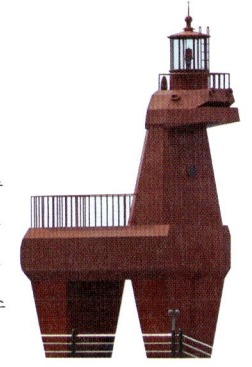

제주시내에서 가까운 이호테우해변은 해수욕보다는 바닷가 정취를 즐기기 위해 찾는 사람이 더 많은 곳이다. 입구의 아카시아 숲을 지나 해변으로 들어서면 250m의 자그마한 해변이 펼쳐지는데, 제주의 다른 해변에 비하면 아담하다. 다양한 해양스포츠는 해변에서 즐길 수 있지만 이호테우해변만의 매력을 즐기려면 해변 끝으로 향하면 된다. 해변에 둥그렇게 돌담이 쌓여 있는데, 연인들이라면 그 안에 다시 하트 모양으로 쌓은 돌담에 걸터앉아 발장구를 치며 낭만적인 시간을 보내기 좋다. 해 질 녘이면 방파제로 향해보자. 이호테우해변의 마스코트인 빨간목마와 하얀목마등대가 낭만적인 모습으로 서 있다. 여름철에는 두 등대 사이로 해가 져서 아름다운 일몰을 감상하기에 제격이다.

주소 제주도 제주시 도리로 20 **문의** 064-728-4923 **이용시간** 24시간 **입장료** 무료 **주차** 이호테우해수욕장 주차장 이용(말등대 인근 주차는 제주시 이호일동 374-4로 검색)

한 지붕 아래 세 가족 ★★★★☆
원당봉(불탑사, 원당사, 문강사)

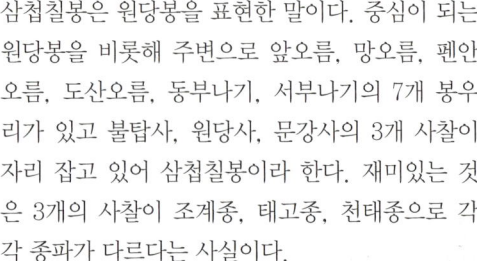

삼첩칠봉은 원당봉을 표현한 말이다. 중심이 되는 원당봉을 비롯해 주변으로 앞오름, 망오름, 펜안오름, 도산오름, 동부나기, 서부나기의 7개 봉우리가 있고 불탑사, 원당사, 문강사의 3개 사찰이 자리 잡고 있어 삼첩칠봉이라 한다. 재미있는 것은 3개의 사찰이 조계종, 태고종, 천태종으로 각각 종파가 다르다는 사실이다.

먼저 세계에서 유일하게 현무암으로 축조된 오층석탑이 자리한 불탑사(보물 제1187호)를 둘러보자. 이어서 원당사는 가볍게 둘러보고 문강사로 향하자. 오름 내 분화구에 자리한 문강사는 길이 잘 정비되어 있어 편안하게 오를 수 있다. 문강사에서는 분화구 둘레를 따라 한 바퀴 산책할 수 있는데, 위에서 바라보는 문강사는 아늑하여 이곳이 오름이라는 사실조차 잊게 한다. 둘레길에는 야생화가 피어 있고, 과거 봉수대(봉화를 올리기 위한 설비)가 있었다는 터도 볼 수 있다. 왠지 어울리지 않은 시비를 지나면 조천읍이 한눈에 내려다보인다.

주소 제주도 제주시 원당로16길 41 **문의** 064-710-3314 **이용시간** 일출~일몰 **입장료** 무료 **자동차** 내비게이션에 문강사나 불탑사로 검색/원당봉 입구에서 왼쪽이 불탑사와원당사 가는 길이고, 오른쪽 오르막길이 문강사로 가는 길이다.

알록달록 옷을 입은 ★★★★☆
도두동 무지개해안도로

도두동 무지개해안도로는 제주공항과 가까워 제주도에 도착 후 또는 제주도를 떠나기 전에 드라이브하기 좋은 도로이다. 용담해안도로의 끝부분, 도두봉 아래 위치한 곳으로 차량 추락을 막기 위해 설치한 방호벽에 주민들의 의견이 더해져 알록달록 예쁘게 탄생한 포토존이다. 파란 바다를 배경으로 무지개색 방호벽에서 아름다운 사진을 찍으려는 사람들의 발길이 끊이지 않는다. 곳곳에 해녀상 등 여러 조각상도 있어서 둘러보

제주 북부지역(제주시)

는 재미도 있다. 차량 통행이 잦은 도로인 만큼 사진을 찍을 때에는 주변 차량의 움직임에도 주의해야 한다.

주소 제주도 제주시 도두일동 1734 **문의** 064-740-6000 **이용시간** 24시간 **입장료** 무료 **주차** 도두봉 입구 주차장 이용(제주시 도두일동 1727-1로 검색)

 아픈 역사를 돌아보는 ★★★★★
제주4.3평화공원

1947년 3월 1일 경찰의 발포로 시작되어, 1948년 4월 3일 이에 항의하는 민간인들과 충돌이 있었는데 과잉진압으로 인해 무고한 사람들이 무참히 희생당했다. 정부는 이 4.3사건을 진압하기 위해 죄 없는 사람들을 무력으로 잡아들이고 가혹하게 탄압했다. 말 그대로 제주도 자체가 감옥이자 학살터로 변해버린 것이었다. 무려 당시 제주도민의 1/9이나 희생되었고, 없어진 마을도 84곳이나 되었다. 4.3평화공원은 이 사건을 추모하기 위해 제주시 봉개동에 지은 공원으로 기념관과 위령탑, 위령제단 등이 설치되어 있다. 엄숙한 마음가짐으로 기념관에 들어서면 4.3사건의 전말을 1~6관까지 둘러보며 확인할 수 있다. 얼마나 잔인하고 무참한 광경이었을지 상상조차 되지 않을 정도로 비극적인 모습에 더욱 숙연해진다. 지금껏 알지 못한 제주도의 다른 면을 새롭게 볼 수 있는 좋은 기회가 되는 곳이다.

주소 제주도 제주시 1100로 2894-72 **문의** 064-723-4344 **이용시간** 09:00~18:00/매월 첫째, 셋째 주 월요일 휴관 **입장료** 무료 **홈페이지** www.jeju43peace.or.kr

건물부터 예술품 ★★★★☆
제주도립미술관

1100도로 노형교차로를 지나면 도깨비도로라고 불리는 신비의도로가 곧 모습을 드러낸다. 이 신비의도로를 만난다는 설렘에 들떠서 지나치기 쉬운 곳이 제주도립미술관이다. 이곳은 미술에 관심 없는 사람이라도 꼭 한 번 들러보면 좋은 곳이다. 이유는 바로 미술관 건물 때문이다. 건물 앞 연못이 거울이 되어 미술관 건물과 멀리 한라산까지 그대로 비춰, 그대로 액자에 담아두고 싶을 만큼 아름답다.

전시관 내부로 들어서면 커다란 창틀을 통해 제주도의 비경이 차례차례 들어와 눈에 보이는 모든 것이 예술작품이 된다. 미술관 뒤편에 조성된 옥외정원은 한라산 백록담 모형으로 음악회 등 다채로운 문화공연의 공간이 되기도 한다.

주소 제주도 제주시 1100로 2894-78 문의 064-710-4300 이용시간 09:00~18:00(종료 30분 전 매표 마감), 매주 월요일, 1월 1일, 설날, 추석 휴관 입장료 성인 2,000원, 청소년 1,000원, 어린이 500원, 전시준비기간 무료 귀띔 한마디 작품설명을 들을 수 있는 도슨트 투어는 코로나 일시 중단 중이다. 홈페이지 jmoa.jeju.go.kr

제주 유일의 몽돌해변 ★★★☆☆
내도 알작지

내도 알작지는 자그마한 내도해변이라 불리는 곳으로 '작지'는 제주방언으로 자갈을 뜻한다. 검은색, 초록색, 회색 등 다채로운 색을 띤 몽돌이 해안선을 따라 깔려 있다. 파도가 연주하는 오케스트라 연주에 조용히 귀 기울여 보자. 주변이 조용해 파도의 노래를 감상하기에 더할 나위 없이 좋다.

다양한 색의 돌을 하나하나 정성스레 올려 돌탑을 쌓아도 재미있다. 돌이 예쁘다고 가져오는 것은 곤란하다. 적발되면 벌금이나 징역 등의 형벌이 있으니 눈으로만 즐기자. 일부러 찾아가

기보다는 올레17코스를 걷는 길에 잠시 들러도 좋고, 이호테우해변과도 사이이 있으니 본격적인 제주여행에 앞서 가벼운 마음으로 들러도 좋다.

주소 제주도 제주시 테우해안로 60 이용시간 24시간 입장료 무료 자동차 내비게이션에 알작지, 내도바당횟집으로 검색

차가 뒤로 간다? ★★★☆☆
신비의도로

신비의도로에 물을 부으면 물이 위로 올라간다. 또한 차를 멈춘 상태에서 기어를 중립에 두면 언덕 위로 올라간다. 일명 도깨비도로라고 불리는 신비의도로는 주변 지형 때문에 실제로는 내리막길이지만 오르막길로 보이는 착시현상이 일어나는 곳이다. 제주시내를 벗어나자마자 1100도로 입구에 있는 신비의도로는 교통체증과 사고위험 때문에 우회도로가 생겼음에도 불구하고 여전히 많은 사람이 한 번쯤 들렀다 가는 곳이다.

상대적으로 덜 알려졌지만 신비의도로가 하나 더 있다. 제주시에서 5.16도로를 타고 가다 산천단 입구를 지나 관음사 방면으로 우회전하여 1km만 더 들어가면 왼쪽으로 다른 신비의도로가 모습을 보인다. 일명 '관음사 신비의도로'로 차량통행이 잦지 않아 비교적 여유롭게 신기한 현상을 볼 수 있다.

주소 제주도 제주시 노형동 291-16 문의 064-728-2114 이용시간 24시간 입장료 무료

제주의 전통과 역사가 한자리에 ★★★★☆
제주민속자연사박물관

2박 3일, 3박 4일의 짧은 일정으로 제주도의 자연경관을 모두 둘러보기란 어렵다. 민속자연사박물관은 1984년 개관한 박물관으로 주제를 제주의 민속, 자연, 해양으로 구분해 다양한 자료를 전시하고 있다. 대한민국 최초로 유네스코 세계자연유산으로 등재된 제주도의 화산과 용암동굴을 비롯해, 제주에서만 만날 수 있는 다양한

지질암석을 전시하고 있어 여러 곳을 방문하지 않아도 제주의 절반을 볼 수 있는 셈이다. 민속전시실은 2개의 관으로 나뉘어 있는데, 제주사람들이 오랜 시간에 걸쳐 어떻게 살아왔는지 상세하게 기록되어 있어 제주도여행 전 들러보면 제주를 이해하는 데 도움이 된다.

주소 제주도 제주시 삼성로 40 **문의** 064-710-7708 **이용시간** 09:00~18:00(종료 30분 전 매표 마감), 매주 월요일, 신정, 명절 당일과 다음날, 훈증소독 기간(별도 공지) **입장료** 성인 2,000원, 청소년 1,000원 **주차료** 시간당 1,000원 **홈페이지** museum.jeju.go.kr

비나이다, 비나이다! ★★★★★
산천단

산천단은 한라산신제를 올리는 곳이다. 매년 2월 한라산 백록담에 올라 산신제를 지냈는데, 길도 험하고 날씨도 추워 사람들이 얼어 죽는 일이 빈번하자 1470년부터 이곳에 제단을 마련한 후 지금까지 산신제를 지내고 있다. 돌을 다듬어 만든 제단이 곳곳에 보이지만, 여행자가 일 년에 한 번 올리는 산신제를 보기란 쉽지 않다. 그래도 산천단을 그냥 지나칠 수 없는 이유가 따로 있다.

하늘을 찌를 듯 높이 솟은 소나무가 그 주인공인데, 수령이 500~600년 정도 되는 곰솔 8그루로, 이들은 천연기념물(제160호)로 지정되어 있다. 높이만 해도 20m에 달해 더운 여름에는 커다란 그늘이 되어준다. 산천단에 들렀다면 그냥 가지 말고 뒤쪽의 카페 '바람'에 들러 커피 한 잔 마셔보자. 직접 내려주는 핸드드립 커피 맛이 꽤 좋은 편이다.

• **신천단 주소** 제주도 제주시 516로 3041-24 **이용시간** 일출~일몰 **입장료** 무료
• **카페 바람 주소** 제주도 제주시 516로 3041-15 **문의** 070-7799-1103 **영업시간** 11:00~23:00

제주 북부지역(제주시)

아침미소목장
제주시 근교 목가적인 풍경 ★★★★☆

한라산을 배경으로 푸른 초목 위에 한가로이 젖소들이 풀을 뜯는 풍경. 제주도에서는 왠지 상상하기 힘든 모습 같지만 아침미소목장이라면 언제든 볼 수 있다. 1978년 설립된 후 2008년 낙농체험목장으로 선정되어 송아지 우유주기, 아이스크림과 치즈 만들기 등을 체험할 수 있다. 송아지 우유주기와 동물 먹이주기는 자판기에서 먹이를 구매한 후 자유롭게 이용할 수 있지만, 아이스크림이나 치즈 만들기는 사전에 예약부터 해야 한다. 굳이 체험을 하지 않아도 푸른 들판과 파란 하늘을 배경으로 예쁜 사진을 남길 수 있고, 이곳에서 생산되는 우유로 만든 치즈와 요구르트 등 다양한 유제품을 맛볼 수도 있다.

주소 제주도 제주시 첨단동길 160-20 문의 064-727-2545 이용시간 10:00~17:00(화요일 휴무) 입장료 무료(수제 요구르트 2,000원~, 우유아이스크림 4,000원 홈페이지 morningsmile.modoo.at

넥슨컴퓨터박물관
컴퓨터의 역사를 한눈에 ★★★☆☆

게임회사 넥슨이 만든 컴퓨터 관련 박물관으로 컴퓨터와 게임의 역사를 만나볼 수 있는 곳이다. 스티브잡스가 처음 만든 애플1을 비롯한 1세대 컴퓨터부터 주변기기까지 다양하게 전시되어 있으므로 아이들에게는 컴퓨터의 역사를 배울 수 있는 기회고, 부모세대들은 추억의 컴퓨터를 만날 수 있어 더욱 반갑게 느껴진다. 단순히 과거만 전시하는 것이 아닌 최첨단 VR 게임도 접할 수 있다. 키보드 모양의 물품 보관함이나 지하 카페에서 맛볼 수 있는 키보드와플 등 곳곳에서 만나는 컴퓨터 관련 아이템도 놓치지 말아야 한다.

주소 제주도 제주시 1100로 3198-8 문의 064-745-1994 이용시간 10:00~18:00(월요일 휴관) 입장료 성인 8,000원, 청소년 7,000원, 어린이 6,000원 홈페이지 nexoncomputermuseum.org

Section 02
제주 북부지역에서 반드시 먹어봐야 할 먹거리

제주에 도착하는 날 또는 제주를 떠나는 날에만 잠시 들러 식사를 하기에는 먹어야 할 음식의 종류가 무척이나 다양한 곳이 바로 제주시이다. 오랜 시간 도민의 사랑을 받아온 동네 골목의 자그마한 식당부터 이곳이 제주라고는 믿기지 않는 시대를 앞서가는 식당까지, 제주시에 있는 식당만 잘 골라도 일부러 제주도 곳곳을 찾아다닐 필요가 없을 정도로 먹거리가 풍성하다.

제주를 한 상에 옮겨 내오는 ★★★★★
고집돌우럭

갓 지어낸 밥과 제주산 신선한 식재료로 조리한 제주스러운 한 상 차림을 맛볼 수 있는 식당이다. 시래기가 듬뿍 들어가 간이 적당히 밴 우럭조림과 육질이 탱글탱글 담백한 맛의 옥돔구이는 제주의 바다를 느낄 수 있고, 제주 해녀들의 식사 낭푼밥(양푼밥)은 여럿이 둘러앉아 먹었던 제주의 공동체 문화까지 경험해볼 수 있다.

부모님과 함께 여행한다면 고민 없이 일정에 넣어야 하고, 아이와 함께 방문하더라도 아이를 위한 식판이 따로 제공되므로 엄마들이 더 좋아한다. 제주도에 공항점(제주항과 가까움), 함덕점, 중문점이 있고, 세 곳 모두 영업시간과 메뉴는 동일하니 일정에 맞춰 가까운 곳을 이용하면 된다.

- **제주공항점 주소** 제주도 제주시 임항로 30 **문의** 064-722-1008
- **함덕점 주소** 제주도 제주시 조천읍 신북로 491-9 **문의** 064-783-6060
- **중문점 주소** 제주도 서귀포시 일주서로 879 **문의** 064-738-1540

대표메뉴 런치 A세트 1인 19,000원, 디너 알뜰 상차림 29,000원 **영업시간** 10:00~21:30(15:00~17:00 브레이크타임)

캠핑 나온듯한 기분 ★★★★☆
지지지제주흑돼지

지지지(ZZZ)는 고기가 지글지글 익어가는 소리를 본떠 이름 지은 곳이다. 들어서면 넓은 주차장과 건물 크기에 우선 만족하지만 내부로 들어서면 ㅁ자 구조 건물 가운데 아이들이 뛰 놀 수 있는 공간이 있어 더욱 만족스럽다. 입구부터 숙성되고 있는 흑돼지를 직접 눈으로 확인할 수 있는데, 오겹살, 목살, 가브리살, 항정살, 덜미살이 함께 나오는 모둠세트로 주문이 가능하다. 오겹살과 목살, 생갈비는 추가로 주문이 가능하고 기본으로 제공되는 반찬 외에 추가로 필요하다면 셀프바를 이용하면 된다.

공항과 가까워 제주를 드나들 때 들르기에 좋은데, 저녁시간에만 영업한다. 좌석이 꽤 많지만 제주도민 사이에 입소문이 나면서 예약하는 것이 좋다.

주소 제주도 제주시 신대로 104 **대표메뉴** 모둠세트 58,000원, 오겹살/목살 20,000원 **문의** 064-747-7222 **영업시간** 17:00~22:00

도민에게 사랑받는 고기국수 ★★★☆☆
골막식당

오래전부터 관광객보다는 제주도민에게 사랑받는 고기국수 전문점이다. TV프로그램 〈삼대천왕〉에 소개되면서 최근 관광객도 많이 찾지만 식사시간에는 여전히 현지인이 많다. 관광객이 많이 찾는 고기국수집은 비빔국수도 함께 판매하지만 이곳은 계절메뉴인 콩국수를 제외하면 식당의 이름을 딴 골막국수가 유일하다.

면발이 다소 두꺼운 편으로, 분위기가 전체적으로 투박하게 느껴질 수 있지만 진한 국물을 들이켜면 이 맛이 고기국수구나 하는 생각이 절로 든다. 반찬도 김치 단 한 가지뿐이지만 진한 육수의 고기국수와 찰떡궁합이다. 보통도 양이 적지는 않지만 부족하다 싶으면 곱빼기를 주문하자. 고기 맛을 잘 살린 수육도 먹을 만하다.

주소 제주도 제주시 천수로 12 **대표메뉴** 고기국수 7,000원(곱빼기 8,000원), 수육 20,000원 **문의** 064-753-6949 **영업시간** 06:30~18:00(매주 일요일 휴무)

비주얼 테러 ★★★★☆
제주마당

제주도에서 꼭 먹어봐야 하는 갈치는 회나 국, 구이 등으로 다양하게 즐길 수 있는데, 역시 조림이 으뜸이다. 제주마당은 통갈치조림의 원조집이다. 특별히 제작한 120cm의 대형 조림철판에 1m가 넘는 거대한 갈치가 통으로 들어가 시선을 압도한다. 4명이 먹어도 남을 정도인데, 인원이 많다면 여기에 문어와 전복이 들어간 6~8인용으로 주문하면 된다. 갈치 외에도 제주산 무, 감자, 호박, 버섯 등이 함께 들어가 칼칼하면서 달짝지근한 맛이 더해진다.
다만, 통갈치조림은 판매할 수 있는 양이 한정되어 있고, 예약도 불가능하니 꼭 먹어야 한다면 이른 점심으로 먹는 것이 좋다. 인원이 적어 통갈치조림을 먹지 못하더라도 갈치조림과 구이 등 다른 메뉴도 있으니 걱정하지 않아도 된다.

주소 제주도 제주시 도리로 50 **대표메뉴** 철판통갈치조림 2인 90,000원, 4~5인 145,000원, 6~7인 195,000원 **문의** 064-749-5501 **영업시간** 09:00~21:00(14:40~15:30 브레이크 타임, 저녁 주문 마감 20:00)

부들부들 고사리 육개장 ★★★☆☆
우진해장국

제주 관덕정 인근에 자리해 제주도민들이 즐겨 찾는 해장국집이었는데, 〈수요미식회〉에 소개된 이후 찾는 사람이 부쩍 많아졌다. 지금은 식사 시간을 피해서 가더라도 항상 대기번호를 받고 기다려야 할 정도이다.
보통 육개장은 소고기와 파, 양파, 고사리 등을 넣고 고춧가루를 넣어 빨갛게 끓인 것을 떠올리지만, 제주도의 육개장은 다르다. 제주도의 특산품 중 하나인 고사리를 이용해 육개장을 끓이는데 재료의 형태가 보이지 않을 정도로 푹 끓여 걸쭉한 스타일이다. 고사리죽이라는 표현이 더 어울리는 모습인데, 보기보다 칼칼한 맛이 해장으로도 손색이 없다. 고사리의 씹는 맛을 좋아하는 사람에게는 다소 아쉬울 수 있지만 제주도의 방식이라 생각하자. 비교적 맑은 스타일의 몸국도 있지만, 다소 호불호가 갈린다. 주문하면 바로 갈아서 부쳐주는 빈대떡은 맛은 있지만 다소 비싸다는 느낌을 지울 수 없다.

주소 제주도 제주시 서사로 11 **대표메뉴** 고사리육개장 10,000원, 빈대떡 15,000원 **문의** 064-757-3393 **영업시간** 06:00~22:00(연중무휴)

동문시장에서 즐기는 꿩메밀국수 ★★★★★
골목식당

꿩요리 전문점인 골목식당은 동문시장을 평정한 곳이다. 대표메뉴는 꿩으로 육수를 내어 담백한 맛이 일품인 메밀국수이다. 제주도에서는 메밀을 많이 먹었나. 보릿고개 시절에도 메밀대를 삶아 먹으며 허기를 달래고, 아이를 낳고 미역국 대신 메밀수제비를 즐겨 먹었다. 토속음식에도 메밀가루가 빠지지 않는다.

투박한 식당 내부에는 세월의 흔적이 고스란히 묻어나 있다. 40년 동안 한 자리를 지키고 있는 곳인 만큼 믿고 먹을 수 있다. 입맛에 따라 심심하다고 느낄 수도 있지만 자극적이지 않아 오랜 시간동안 제주도민에게 더 사랑받는 집이다.

주소 제주도 제주시 중앙로 63-9 **대표메뉴** 꿩메밀국수 9,000원, 꿩구이 30,000원 **문의** 064-757-4890 **영업시간** 10:30~20:00

제주에서 맛보는 새로운 맛, 객주리조림 ★★★★☆
두루두루식당

제주도 서쪽 바다에서 바다낚시를 경험해 봤다면 쥐치라는 생선을 한 번쯤은 본 적이 있을 정도로 제주도에서 많이 잡히는 생선이다. 하지만 쥐치로 만든 요리를 접하기란 쉽지 않은데, 두루두루식당에서는 쥐치로 만든 요리를 맛볼 수 있다. 바로 객주리조림인데, 객주리는 쥐치의 제주 사투리다. 제주에서는 갈치조림이나 고등어조림을 주로 먹지만, 객주리조림을 한 번 맛보고 나면 매력에 빠질 수밖에 없다. 살결이 살아 있어 발라먹는 재미도 있고 식감도 독특한 편이다. 가시가 샌 편이니 먹을 때 조심하자.

주소 제주도 제주시 삼무로 3길 14 **대표메뉴** 객주리조림 40,000원 ~ , 객주리회 60,000원 **문의** 064-744-9711 **영업시간** 16:00~24:00/비정기적 휴무

가성비 좋은 정식 ★★★★☆
늘봄흑돼지

한라대학교 옆 커다란 외관 덕분에 쉽게 찾을 수 있는 흑돼지 전문점이다. 다양한 부위의 흑돼지를 맛볼 수 있는 곳이지만, 굳이 흑돼지만 먹기 위해서 일부러 찾아갈 정도는 아니다.

하지만 점심시간이라면 얘기가 달라진다. 점심시간에만 누릴 수 있는 늘봄정식 때문이다. 흑돼지는 물론이고 돌솥밥까지 제공되어 저렴한 금액에 든든한 한 끼를 해결할 수 있다. 채소가 담긴 대접이 함께 나오는데 강된장에 비벼 노릇노릇 구운 흑돼지와 함께 먹으면 그만이다.

주소 제주도 제주시 한라대학로 12 대표메뉴 늘봄정식 15,000원, 삼겹살·목살 20,000원 문의 064-744-9001 영업시간 11:00~23:30 홈페이지 www.jejuneulbom.co.kr

두툼한 따돔회 한 접시 ★★★★★
백선횟집

관광객들 사이에서보다 제주도민들에게 사랑받는 횟집이다. 오로지 제대로 된 회를 맛보기 위해 주로 찾는 곳. 여느 횟집처럼 이것저것 해산물이 나오지는 않지만 두툼하게 썬 자연산 회는 한번 맛본 사람을 단골로 만들어 버린다.

메뉴를 따로 고를 수 있는 것이 아니라 그때그때 잡은 생선을 내놓다 보니 선택의 여지가 없지만, 대신 싱싱한 회를 맛볼 수 있다. 주로 광어, 우럭, 방어, 황돔을 내어놓지만 지느러미에 독이 있고 가시가 있는 독가시치과의 따돔(따치) 맛이 특히 좋다. 회를 먹은 후에는 수제비가 들어간 매운탕도 별미이다.

주소 제주도 제주시 도남로 10 대표메뉴 생선회 小 50,000원, 大 60,000원 문의 064-751-0033 영업시간 17:00~22:00(화요일 휴무)

제주 북부지역(제주시)

줄 서서 먹는 국숫집 ★★★★☆
올래국수

제주에서 꼭 먹어봐야 하는 음식인 고기국수를 파는 올래국수는 TV프로그램 '수요미식회'에서도 소개될 정도로 유명하다. 공항 근처에 위치한 자매국수와 더불어 가장 잘 알려진 곳이기도 하다. 실내좌석은 30석 남짓으로 명성에 비해 자그마해 어느 때 찾더라도 항상 줄을 서서 대기해야 한다. 공항과 가까운 곳에 위치해 있어 제주에 도착한 뒤 첫 식사 또는 제주를 떠나기 전 마지막 식사를 하기에 좋다.

메뉴는 돼지 사골을 푹 우려낸 국물에 국수가 푸짐하게 들어간 고기국수 단 한 가지. 대기할 때는 미리 카운터에 주문부터 해 놓으면 된다. 생각보다 양이 많아 평소 먹는 양이 많지 않다면 굳이 인원수대로 주문하지 않아도 될 정도이다.

주소 제주도 제주시 귀아랑길 24 대표메뉴 고기국수 8,500원 문의 064-742-7355 영업시간 08:30~15:00(일요일 휴무)
• 서귀포점 주소 제주도 서귀포시 태평로353번길 22-5 대표메뉴 고기국수 8,500원 문의 064-732-7355 영업시간 10:00~15:00(일요일 휴무)

제주공항 근처 고기국수 ★★★★☆
자매국수

민속자연사박물관 앞 국수문화거리에서 라마다프라자호텔 인근으로 이전한 자매국수는 예나 지금이나 한결같이 인기 있는 곳이다. 대기 줄이 있다면 출입구에 비치된 패드를 통해 핸드폰 번호와 인원수를 누르고 기다리면 자리를 안내받을 수 있다. 고기국수, 비빔국수, 멸치국수 등 다양한 메뉴가 있지만 역시 인기 있는 메뉴는 감칠맛 나는 고기국수와 오겹살수육이 올라간 비빔국수이다. 양이 부족하다면 돔베고기나 물만두를 추가해도 좋고, 1인 1메뉴를 주문하면 리필이 가능하다.

주소 제주시 탑동로11길 6 대표메뉴 고기국수 8,500원, 비빔국수 8,500원, 돔베고기 17,000원~ 문의 064-746-2222 영업시간 09:00~19:40(14:20~16:00 브레이크 타임, 수요일 휴무)

먹음직스러운 모둠꼬치 ★★★★☆
해오름식당

목살, 항정살, 갈매기살, 갈비 등 특수 부위와 버섯, 양파, 단호박, 피망까지 꼬치 하나에 나오는 모둠꼬치가 이 집의 주메뉴이다. 일단 자태부터 먹음직스럽고, 양도 4명이 먹어도 넉넉할 정도이다.
고기를 다 먹은 뒤에는 꼭 해피볶음밥(해오름 피자 볶음밥)을 먹어줘야 한다. 양갈비처럼 등장하는 옛날식 갈비도 맛있고, 걸쭉한 국물이 도가니탕을 연상하게 하는 접짝뼛국도 별미이다.

주소 제주도 제주시 오일장서길 21 **대표메뉴** 모둠꼬치 90,000원, 오겹살 17,000원, 갈매기살, 항정살, 가브리살 20,000원 **문의** 064-744-0367 **영업시간** 10:30~22:30(월요일 휴무)

돼지 뼈와 모자반의 만남 ★★★★★
신설오름

몸국은 해초류의 일종인 모자반을 돼지 뼈를 우린 국물에 넣고 끓인 제주 전통음식이다. 제주시에 몸국으로 이름난 곳이 두 곳이 있는데, '아빠, 어디가'에 나와 이름을 알린 김희선몸국과 제주도민 사이에서 유명한 신설오름이다.
김희선몸국은 관광객의 입맛에 맞췄다면 신설오름의 몸국은 심심한 듯하면서 깊은 맛이 난다. 신설오름의 몸국은 밥과 국수 중에 선택이 가능하다. 면을 좋아한다면 몸국수로, 밥을 좋아한다면 몸국으로 주문하면 되는데 국수보다는 밥이 더 낫다는 평가가 많다.

주소 제주도 제주시 고마로 17길 2 **대표메뉴** 몸국 8,000원, 몸국수 8,000원, 고기국수 8,000원, 돔베고기 20,000원 **문의** 064-758-0143 **영업시간** 08:00~04:00(월요일 휴무) **주차** 골목이나 건물 뒤편의 공영주차장 이용. **홈페이지** sinseol.fordining.kr

전복물회 맛집 ★★★★☆
순옥이네명가

도두봉 인근에 자리한 순옥이네명가는 전복물회로 잘 알려진 곳이다. 40년 경력의 해녀가 직접 따온 전복과 성게, 오분작 등으로 요리하는 곳으로 싱싱한 해산물을 맛볼 수 있다. 제주 현지인들만 알음알음 찾다가 수요미식회에 방영되면서 여행자들도 많이 찾는 물회 맛집이 되었다. 가장 인기 있는 메뉴는 소라, 전복, 고동 등이 듬뿍 들어간 순옥이네 물회. 새콤한 양념장의 맛이 시원해 누구나 좋아하는 맛이다. 함께 제공되는 전복내장으로 만든 게우밥도 별미이다.

주소 제주도 제주시 도공로 8 대표메뉴 전복물회 15,000원, 전복회 30,000원~, 전복죽 12,000원 문의 064-743-4813 영업시간 09:00 ~ 21:00(15:30~17:00 브레이크 타임, 2,4주 화요일 휴무)

싱싱한 전복이 한가득 ★★★★★
대원가

꽃게, 문어, 바지락, 키조개만으로도 얼큰한 국물을 내기 충분하지만 대원가는 여기에 그치지 않는다. 싱싱한 활전복이 해물탕 전체를 뒤덮을 정도로 인심이 후하다. 끓이면 끓일수록 진한 맛이 우러나오고, 적당히 익힌 전복의 식감은 입맛을 사로잡는다. 해물을 모두 먹은 후 먹는 라면사리도 별미이다.

주소 제주도 제주시 도남로 16길 15 대표메뉴 활전복해물탕 65,000원~, 전복뚝배기 15,000원 문의 064-753-3030 영업시간 09:00~21:00(16:00~17:00 브레이크 타임, 수요일 휴무) 홈페이지 www.대원가.kr

양 하나는 최고 ★★☆☆☆
국수만찬

고기국수는 돼지사골을 우린 육수에 국수를 말아 먹는 제주 전통음식이다. 이름난 식당 대부분은 관광객들이 주로 찾는 곳이지만, 국수만찬은 제주도민들에게 더 알려진 곳이다. 맛도 맛이지만 국수만찬의 국수는 어디 내놔도 양 하나는 뒤지지 않는다. 평소 많이 먹는 사람이라도 이곳 국수 한 그릇이면 배가 가득 찬다. 그래도 부족할 것 같다면 곱빼기로 주문하자.

모든 국수 종류에 올라가는 고기는 선택할 수 있다. 고기국수는 기본이고 멸치국수, 비빔국수가 있는데 멸치국수에 고기가 올라가면 멸고국수(멸치+고기), 비빔국수에 고기가 올라가면 비고국수(비빔+고기)라고 한다. 여름(5월 초~9월 말)에만 판매하는 검은콩국수와 열무국수도 별미이다.

주소 제주도 제주시 은남3길 1 **대표메뉴** 고기국수, 멸고국수, 비고국수 7,500원, 멸치국수, 비빔국수 6,000원 **문의** 064-749-2396 **영업시간** 목~월요일 11:30~19:00(14:00~17:00 브레이크 타임), 화요일 11:30~14:00, 수요일 휴무 **주차** 가게 앞 주차공간이 협소하다. 자리가 없으면 주변 골목에 주차해야 한다.

소풍 가고 싶은 비주얼 ★★★☆☆
제주시새우리

딱새우를 활용해 만든 김밥으로 유명한 집이다. 딱새우 패티가 두툼하게 들어가는 김밥으로 양배추절임을 함께 넣어 심심한 맛을 잡아줘 담백하다. 좀 더 자극적인 맛을 좋아한다면 딱새우꼬막무침을 함께 먹는 것이 좋다. 가게에서 먹고 가도 되지만 예쁜 비주얼 덕분에 대부분 포장해서 바다를 배경삼아 먹는 편이다.

주소 제주도 제주시 무근성7길 24 **대표메뉴** 딱새우김밥 6,500원, 새우리해물라면 8,500원 **문의** 064-900-2527 **영업시간** 09:00~19:30(재료 소진 시 마감) **주차** 건너편 골목 주차장(제주시 삼도이동 1104) 이용

제주 북부지역(제주시)

돼지와 산삼의 만남 ★★★★☆
도새기샤브마을

도새기는 제주사투리로 돼지를 뜻한다. 제주시 주공3단지 앞에 위치한 도새기샤브마을은 샤부샤부용 고기로 소고기가 아닌 돼지고기를 사용한다. 더불어 산삼 배양근까지 더해 맛뿐만 아니라 건강까지 함께 챙길 수 있다. 얇게 썬 돼지고기는 먹는 순간 소고기가 아닌가 싶을 정도로 부드럽다.

주소 제주도 제주시 달마루길 22 **대표메뉴** 도새기샤브샤브 15,000원, 모둠스페셜샤브 30,000원, 런치샤브샤브 9,000원 **문의** 064-772-8000 **영업시간** 11:00~22:00(월요일 휴무) **홈페이지** www.jejudosegi.com

마가린 넣고 쓱싹쓱싹 ★★★☆☆
대우정

제주 종합경기장 인근에 위치한 대우정은 색다른 전복돌솥밥을 맛볼 수 있는 곳이다. 잘게 자른 전복을 돌솥밥 위에 수북하게 올려주는데, 보기만 해도 군침이 돈다. 이곳만의 특징은 마가린과 간장이 함께 나오는데 함께 넣으면 고소함이 더해진다. 주차장이 별도로 없어 인근 골목에 주차를 해야 하는데, 바로 옆 한라일보 주차장은 특히 피해야 할 자리다.

주소 제주도 제주시 서사로 152 **대표메뉴** 전복돌솥밥 14,000원, 소라성게돌솥밥 15,000원 **문의** 064-757-9662 **영업시간** 09:00~19:20(일요일 휴무)

소박한 한상차림 ★★★★★
홍소반

제주시에서 깔끔한 정식을 맛보고 싶다면 고민 말고 홍소반으로 향하자. 단, 점심때만 식사가 가능하다. 홍소반은 깔끔한 정식을 맛보기 위해 찾는 사람들로 예약하지 않으면 식사하기 힘들다.

가짓수는 많지 않아도 하나하나 정성이 들어간 음식은 정갈하여 누구나 만족해한다. 생선구이와 돔베고기, 계란찜과 제철 채소로 만든 반찬들까지 한 상 차려 나온다. 정식도 1인분 주문이 가능하여 일행이 있다면 정식과 전복뚝배기를 주문해 더 푸짐하게 즐길 수 있다.

주소 제주도 제주시 천수로6길 36 **대표메뉴** 정식 14,000원, 전복뚝배기 20,000원 **문의** 064-723-5567 **영업시간** 11:00~15:00/매주 일요일 휴무 **귀띔 한마디** 주인아주머니 허리가 좋지 않아 점심에만 영업한다. **주차** 식당 앞 주차가 어렵다면 제주학생문화원 주차장을 이용하면 된다.

김밥과 오징어무침의 조화 ★★★☆☆
제주김만복

전국 각지에서 최고급 식재료들만 엄선해 간단하면서도 건강하게 한 끼를 해결할 수 있는 곳이다. 전복내장이 들어간 밥에 탱글탱글한 계란을 넣어 만든 김밥으로 SNS에서 인기를 끌며 제주여행 중 필수 방문코스가 된 곳이다. 김밥은 자극적인 맛보다는 슴슴한 편이라 오징어무침을 함께 먹으면 더욱 맛있게 즐길 수 있다. 너무 큰 기대보다는 요깃거리 정도로 생각하고 방문하는 것이 좋다.

공항과 가까운 본점 외에도 동문시장, 애월, 성산, 함덕, 서귀포 등 여러 곳에 지점이 있으니 일정 중 가까운 곳으로 방문하면 되고, 시간에 쫓겨 매장 방문이 어렵다면 공항까지 배달도 가능하니 제주를 떠나기 전 배달서비스를 이용해도 좋다.

주소 제주도 제주시 오라로 41 **대표메뉴** 만복이네김밥 7,500원, 오징어무침 5,000원 **문의** 064-759-8582 **영업시간** 08:00~20:30t

구름 위에서 즐기는 한 끼 ★★★☆☆
스테이크하우스

드림타워 38층에 위치해 있어 제주도에서 가장 높은 곳에서 한 끼 식사를 즐길 수 있는 곳이다. 실내로 들어서면 커다란 창 너머로 제주 도심과 한라산을 마주할 수 있어 전망대 부럽지 않은 레스토랑이다. 테이블에서 직접 만들어주는 시저샐러드, 점심에만 맛볼 수 있는 드림버거, 제주의 특색을 살린 흑돼지 토마호크 등 훌륭한 전망과 함께 즐길 수 있다.

여행 일정 중 특별한 날이라면 스테이크하우스에서 와인과 함께 분위기를 잡아 보는 것도 좋다. 창가 좌석을 원하는 경우 사전에 예약 후 방문하는 것을 권한다.

주소 제주도 제주시 노연로 12 타워2, 38층 **대표메뉴** 시저샐러드 28,000원, 드림버거 36,000원, 스테이크 68,000원~ **문의** 1533-1234 **영업시간** 점심 11:30~15:00, 저녁 17:00~22:00 **홈페이지** www.jejudreamtower.com/kor/dine/SteakHouse.jdt

해장국 하나로 제주를 평정하다 ★★★☆☆
은희네해장국

제주도민들 사이에서 유명하다 점차 관광객들에게도 이름을 알린 곳이다. 메뉴는 오로지 딱 하나, 소고기해장국이다. 얼큰한 빨간 국물과 아삭아삭 씹히는 콩나물이 해장에는 물론이고 든든한 한 끼로도 그만이다.

선지가 들어 있으니 못 먹는 사람은 미리 빼달라고 말하자. 소고기해장국을 맛보려면 오후 3시 전까지는 가야한다. 여유부리고 저녁에 갔다가는 헛걸음하게 되므로 유의하자. 제주시와 서귀포시에 분점이 있다.

• **본점 주소** 제주도 제주시 고마로13길 8 **대표메뉴** 소고기해장국 10,000원 **문의** 064-726-5622 **영업시간** 월~금요일 06:00~15:00, 토~일요일 06:00~14:00/매주 목요일 휴무 • **제주시 분점 주소** 제주도 제주시 우정로15길 42-8 **문의** 064-751-0920 • **서귀포 분점 주소** 제주도 서귀포시 동홍남로 82번길 1 **문의** 064-767-0039

갈치요리의 모든 것 ★★★★☆
물항식당

제주도민 사이에 소문 난 집이 여행자들에게까지 알려진 식당이다. 바다에서 나는 모든 음식을 맛볼 수 있는 곳으로 생선회와 무침은 물론이고 조림과 물회, 생선구이 등 다양한 요리를 맛볼 수 있어 생선을 좋아하는 사람에게는 천국 같은 곳이다.

비려서 못 먹을 것 같은 갈치국이 유명한데, 한 번 맛을 보면 '갈치국이 이렇게 맛있는 음식이었어?'하는 생각이 절로 든다. 두툼한 갈치와 호박, 배춧잎을 넣고 맑고 칼칼하게 끓인 갈치국은 전혀 비리지 않고 담백하여 밥 한 공기는 게 눈 감추듯 사라진다.

주소 제주도 제주시 임항로 37-4 대표메뉴 갈치조림 55,000원, 갈치국 13,000원, 한치물회 13,000원, 자리물회 13,000원 문의 064-755-2731 영업시간 08:00~21:00(매주 화요일 휴무)

가성비 최고, ★★★★☆
솔참치

제주도에서 웬 참치냐 싶겠지만 제주도도 관광객만 있는 것이 아니라 엄연히 사는 사람도 많은 곳이다. 솔참치는 제주 현지인들 사이에서 참치회가 맛있다고 소문난 집이다. 이곳에서 먹는 양과 질의 참치를 육지에서 맛보려면 더 비싸니 참치 좋아하는 사람들이라면 놓칠 수 없는 곳이다. 참치에 대한 자부심도 대단해 질 좋은 참치가 아니면 아예 받지 않을 정도라고 한다.

메뉴는 따로 없고 코스요리인데, 참치 종류에 따라 금액대가 다르다. 마를 갈아 넣어 한결 부드러운 해삼 내장부터 참치 초밥, 부위별 참치회 순으로 나온다. 조림과 식사까지 제공되는데 특히 구이는 쫀득한 식감 덕에 참치회보다 더 기억에 남는다. 방문하려면 예약하는 것이 좋고, 저녁 시간만 영업한다.

주소 제주도 제주시 연동8길 32 대표메뉴 스페셜(1인) 30,000원~ 문의 064-747-7447 영업시간 18:00~22:00/매주 일요일 휴무 주차 건너편 주차장(제주시 연동 273-50) 이용, 식사 시 2시간 무료주차

제주 북부지역(제주시)

Section 03
제주 북부지역에서 반드시 들러봐야 할 카페

밥은 대충 끼니를 때운다는 생각으로 먹어도, 식사 후 마시는 커피는 아무거나 마시지 않는 사람이 늘어날 정도로 커피나 차가 우리 생활에 차지하는 비중은 상상 그 이상이 되었다. 제주도에서만 구할 수 있는 재료를 이용해 차를 만드는 곳, 경치가 아름다운 곳, 직접 재료를 공수해 커피를 내리는 곳 등 많은 카페가 곳곳에 들어서 있어 이제 제주에서 카페를 찾는 것은 더 이상 선택이 아닌 필수가 되었다.

이국적인 분위기가 물씬 풍기는 ★★★☆☆
에스프레소라운지 Espresso Lounge

미국의 주요 커피회사를 통해 수입한 생두를 직접 로스팅하여 내놓는 에스프레소라운지. 커피도 특별하지만 처음 마주하는 순간 제주 시내에 있을 것 같지 않은 규모에 먼저 놀라게 된다. 카페 전용 주차장까지 갖추고 있고, 영업시간 또한 여유로워 아침에나 늦은 밤에도 방문이 자유롭다.

입맛에 맞는 커피를 선택해 마실 수 있음은 물론이고, 다양한 종류의 베이커리까지 갖추고 있다. 아래층이 훤히 내려 보이는 2층 자리에 앉으면 이국적인 느낌마저 가득한 곳이다.

주소 제주도 제주시 한라대학로 1 **대표메뉴** 아메리카노 4,800원, 핸드드립 6,000원 **문의** 064-712-5151 **영업시간** 09:00~24:00

모던함 그 자체 ★★★★☆
그러므로 Part2

이름에서 알 수 있듯 제주시에서 유명한 카페 그러므로의 2호점이다. 주택가에 위치해 자그마한 본점과는 달리 한적한 주변 풍경에 흡사 미술관에 온 것 아닌가 하는 착각을 불러일으킨다. 건물을 감싸고 있는 푸른 잔디밭이 그런 기분을 더욱 부추긴다. 시그니처 메뉴는 메리하하로 첫 모금은 길게 쭉 마셔야 하는 것이 포인트다. 두 면이 통유리로 된 구석진 자리는 예쁜 사진을 남기기 좋은 곳인 만큼 경쟁이 치열하다. 자리가 비어있지 않아도 걱정하지 말자. 날씨가 좋은 날이면 야외 좌석도 못지않게 예쁜 사진을 찍을 수 있다.

주소 제주도 제주시 수목원길 16-14 대표메뉴 메리하하 6,000원, 아메리카노 5,000원 문의 070-8844-2984 영업시간 10:30~21:00(월요일 휴무)

프랑스식 디저트 ★★★★☆
모앙(Moang)

제주 아라동 주택가 골목에 위치한 모앙은 관광객들보다 제주도민 사이에서 더 유명한 디저트 카페다. 에끌레어, 밀푀유, 타르트 등 프랑스식 디저트부터 크로와상, 마들렌, 까눌레 등의 베이커리까지 맛볼 수 있다. 맛은 둘째치더라도 비주얼부터 너무 예뻐 어떤 걸 먹어야 하나 한참을 고민하게 만든다. 카페 옆 주차공간이 있지만 넓지 않아 인근 공영주차장을 이용해야 하는 점은 불편하다.

주소 제주도 제주시 인다5길 12-4 대표메뉴 모앙쇼콜라 4,500원, 카페꼰빠냐 4,000원 문의 064-726-0320 영업시간 11:00~21:00(일요일 휴무)

99.9%의 퀄리티 ★★★★★
커피99.9 COFFEE 99.9

한라수목원 앞 사거리에 위치한 커피 99.9는 편안하고 선한 인상의 사장 이름이 '순금'이라 지어진 이름이다. 더불어 99.9% 퀄리티를 제공한다는 의미도 함께 남겨 있다. 넓은 창을 통해 밖을 시원하게 내다 볼 수 있는 실내 공간은 아기자기한 소품으로 꾸며져 있다.

바리스타 이전에 디자이너인 사장의 센스를 실내 곳곳에서 만나게 된다. 꼭 먹어봐야 하는 메뉴로는 새콤달콤한 자몽과 꿀이 만나 보기만 해도 침이 고이는 꿀몽과 입맛에 따라 만들어 먹는 빙수, 금가루가 더해진 진한 초콜릿 맛의 골드퐁당쇼콜라가 있다.

주소 제주도 제주시 1100로 3173 2층 **문의** 064-745-9909 **영업시간** 10:00~23:00 **대표메뉴** 꿀몽 8,000원, 우유빙수 12,000원~, 골드퐁당쇼콜라 12,500원 **블로그** bygold.co.kr

Special 05 제주, 꽃이 되다

일 년 내내 온화한 날씨가 이어지는 섬 제주. 이른 겨울인 11월부터 피기 시작하는 동백을 비롯해 봄을 알리는 매화, 벚꽃, 유채꽃 등이 있고, 초여름부터 수국 등 다양한 꽃이 우리나라에서는 가장 먼저 피어나는 곳이다. 겨울 날씨도 상대적으로 온화하기 때문에 사계절 내내 꽃놀이를 누릴 수 있어 여행하는 시기에 큰 제약을 받지 않는다.

붉은 눈물이 우수수 떨어지는 동백꽃

제주의 동백군락지로 가장 이름난 곳은 남원읍이다. 위미리 동백군락지는 거친 바람을 막기 위해 동백나무를 심기 시작한 현맹춘할망의 수고로부터 오늘에 이른다. 감귤밭 돌담 위에 꽃송이가 하나하나 떨어지는 모습은 초창기 이곳을 일구던 할망의 굵은 땀방울처럼 슬프게 아름답다. 동백군락지와 멀지 않은 곳에 위치한 동백수목원은 애기동백이 군락을 이루고 있어 동백꽃이 피는 시기(11월 중순~2월 중순)에는 사람들의 발길이 끊이지 않는다.

위미리와 멀지 않은 신흥2리는 동백마을로 불릴 정도로 수많은 동백나무가 군락을 이루고 있다. 1706년 동백나무를 처음 심었다고 알려지는데, 규모는 크지 않지만 '아름다운 숲 전국대회'에서 숲지기상을 수상했을 정도로 아름다운 곳이다. 신례리에 위치한 동백포레스트는 카페지만 동백꽃이 피면 아담한 야외 정원은 작은 식물원이 된다.

일 년 내내 다양한 동백을 만나기 좋은 곳은 카멜리아힐. 6만여 평의 부지에 가을부터 봄까지 80여 개국의 500여 품종의 동백이 피고 진다. 이 외에도 조천의 동백동산, 한라수목원, 휴애리, 허브동산 등에서도 겨울이 되면 동백의 붉은 꽃망울을 만날 수 있다.

- 위미리 동백군락지 **주소** 제주도 서귀포시 남원읍 위미리 904-1
- 신흥2리 동백마을 **주소** 제주도 서귀포시 남원읍 신흥리 1756-1
- 제주동백수목원 **주소** 제주도 서귀포시 남원읍 위미리 927
- 동백포레스트 **주소** 제주도 서귀포시 남원읍 생기악로 53-38
- 카멜리아힐 **주소** 제주도 서귀포시 안덕면 병악로 166

봄의 전령사 매화

봄을 알리는 꽃 중에서 매화를 빼놓을 수 없다. 추위가 채 가시기도 전에 피기 시작하는 매화는 봄의 전령사 역할을 한다. 특히 제주도에 피어나는 매화는 이르면 1월부터 피어나기 시작한다. 제주에서 매화를 만날 수 있는 대표적인 두 곳은 노리매공원과 휴애리공원이다. 노리매공원은 정성을 들여 조성한 정원에서 수선화, 유채 등의 봄꽃과 함께 산책을 즐길 수 있으며 전통 배인 테우체험도 즐길 수 있다. 휴애리공원은 흑돼지공연 등의 다양한 볼거리가 있다. 두 곳 모두 입장료가 있어 매화만 보는 것이 목적이라면 굳이 찾지 않아도 된다.
한림공원 역시 봄이 되면 다양한 꽃이 피어난다. 특히 한림공원의 매화는 수선화와 어우러져 피어나 꽃잔치를 벌인다. 20년 이상 된 백매화뿐 아니라 홍매화, 청매화 등 형형색색의 매화도 만나볼 수 있다. 무료로 매화를 즐기기 좋은 곳은 서귀포 칠십리시공원와 인근의 걸매생태공원이다. 시인의 작품을 시비로 만든 산책길 사이로 자리한 매화동산에는 300여 그루의 매화나무가 자라고 있어 한라산을 배경으로 활짝 핀 매화를 감상하기에 좋다.

- 노리매공원 **주소** 제주도 서귀포시 대정읍 구억리 654-1
- 휴애리공원 **주소** 제주도 서귀포시 남원읍 신례리 2081
- 한림공원 **주소** 제주도 제주시 한림읍 현재리 2487
- 서귀포 칠십리시공원 **주소** 제주도 서귀포시 서홍동 2565
- 걸매생태공원 **주소** 제주도 서귀포시 서홍동 470

봄바람 휘날리며 벚꽃

제주의 벚꽃 명소는 대부분 제주시에 몰려 있다. 가장 유명한 곳은 남성오거리부터 KAL호텔 사거리를 지나 자연사박물관까지 이어지는 전농로와 삼성로이다. 2차선도로 양옆으로 벚꽃이 터널을 이뤄 차에서 내리지 않고 드라이브하는 것만으로도 황홀하다. 제주종합경기장 인근에도 왕벚꽃이 피어 매년 축제가 펼쳐진다. 처음 왕벚꽃축제는 전농로에서 개최되었지만 2007년부터는 종합경기장으로 장소를 옮겼다. 야구장 뒤편에도 벚나무가 줄지어 있지만 벚꽃놀이를 즐기기 가장 좋은 곳은 종합경기장 입구부터 한천을 따라 벚꽃이 가득 들어찬 공간이다. 하늘이 보이지 않을 정도로 빽빽하게 꽃망울을 터트려 장관을 이룬다.

벚꽃과 함께 젊음을 느끼고 싶다면 제주대학교로 향하자. 제주대학사거리부터 학교까지 이어진 진입로는 벚꽃로라 불러도 손색이 없다. 주말보다는 평일이 좀 더 한산한 분위기에서 벚꽃놀이를 즐기기 좋고, 도시락을 준비해 교정나들이를 즐기는 것도 좋다. 제주의 역사가 시작된 삼성혈도 잘 알려지지 않은 벚꽃 명소. 입구에는 단 몇 그루의 벚나무만 지키고 있지만 실망하기엔 이르다. 숲길을 지나 사당인 삼성전에 이르면 하얀 지붕을 씌워 놓은 것처럼 활짝 핀 벚꽃을 만나게 된다. 벚나무가 많지는 않지만 강한 인상을 주는 곳이다. 제주시에서 산책하기 좋은 한라수목원도 벚꽃 명소이다. 진입로는 좁고 주차할 공간이 없으니 수목원 주차장에 주차한 후 갓길을 따라 거닐며 꽃놀이를 즐겨야 한다.

서귀포에도 벚꽃놀이를 즐길 수 있는 곳이 많다. 예래동주민센터 앞을 지나는 도로인 예래로와 천제연폭포를 지나 중문초등학교까지 이어진 천제연로가 대표적이다. 사람이 많지 않아 한적하게 꽃놀이를 즐기기 좋은 편이지만 일반 도로이다 보니 주차공간이 마땅치 않다.

- **제주종합경기장** 주소 제주도 제주시 오라1동 1163-4
- **제주대학교** 주소 제주도 제주시 아라1동 66
- **전농로~삼성로** 주소 제주도 제주시 전농로~삼성로
- **삼성혈** 주소 제주도 제주시 이도1동 1313
- **한라수목원** 주소 제주도 제주시 연동 1000

온통 노란 물결 *유채꽃*

봄이 되면 어느 곳에서나 유채꽃을 쉽게 만날 수 있는 제주는 노란 색으로 물이 든다. 달리다 노란 꽃이 바람에 춤추고 있다면 적당한 곳에 차를 세우고 유채꽃놀이를 즐기면 된다. 하지만 이것만으로 부족하다면 일부러 찾아가는 수밖에 없다. 성산일출봉에서 고성리 방면으로 향하면 대규모 유채꽃재배단지를 만난다. 성산일출봉과 광치기해안을 배경으로 아름다운 유채꽃이 가득 피어 있는 곳이다. 항상 많은 사람이 추억을 남기기 위해 사진을 찍고 있어 보자마자 '이곳이 구나' 싶다.

조금만 더 남쪽으로 내려가면 닿는 섭지코지도 빼놓을 수 없는 유채꽃 명소이다. 검색사이트에서 제주도 유채꽃과 관련해서 검색을 하면 가장 많이 보게 되는 사진은 따로 있다. 우뚝 솟은 바위산을 뒤로하고 피어 있는 유채꽃인데, 이곳은 바로 신빙신 앞 유채꽃단지이다. 하지만 앞서 소개한 장소들은 일부러 돈을 받기 위해 유채꽃을 심어 놓은 곳이다. 섭지코지는 별도로 입장료가 있다.

무료로 많은 유채꽃을 즐기기 가장 좋은 곳은 정석항공관부터 가시리사거리까지 이어진 녹산로이다. 운만 좋으면 노란 유채와 하얀 벚꽃이 함께 피어 있는 절경을 만날 수 있는 곳으로 드라이브 명소이기도 하다. 단, 이곳은 차들이 빨리 달리고 아무 곳에나 차를 세우면 안 되기 때문에 안전에 유의해야 한다. 그 외에도 중문해변 주차장에서 롯데호텔로 이어진 엉덩물계곡과 대정항교 앞 푸른 들판 사이로 자라는 유채꽃도 아름답다.

- 성산일출봉 앞 **주소** 제주도 서귀포시 성산읍 일출로 284-6(성산일출봉 주차장)~고성리 방면 광치기해안 옆
- 섭지코지 **주소** 제주도 서귀포시 성산읍 고성리 57
- 산방산 앞 **주소** 제주도 서귀포시 안덕면 사계리 117(산방산랜드 옆)
- 녹산로 **주소** 제주도 서귀포시 표선면 녹산로(정석항공관)~가시리 사거리

형형색색 아름다운 꽃, 수국

여름을 알리는 수국은 토양이 산성일 경우 파란색, 알칼리성일 경우 빨간색에 가까워지는 특성을 가지고 있어 제주 사람들은 도깨비꽃이라고 부르기도 하는 꽃이다. 보통 6월이 되면 제주도 어디에서나 화려하게 피어있는 수국을 쉽게 만날 수 있다. 제주 탐라의 시초인 삼신이 혼례를 올렸다는 전설이 깃든 혼인지에는 전통 건물과 돌담을 가득 채울 정도로 다양한 수국이 피어난다. 무료 입장에 주차장도 있고, 산책로도 잘 조성되어 있어 여유롭게 수국과 함께 사진을 남기기 좋다.

마을에 살고 계신 노부부께서 돌담에 심어 놓은 수국이 장관을 이룬 안성리 수국길은 수국을 좋아하는 사람들 사이에서는 비밀스런 장소였지만 소셜미디어에 입소문이 돌면서 금세 유명해졌다. 귤농장이지만 수국이 피는 시기에는 일시적으로 수국밭으로 변신하는 답다니수국밭은 입장료를 지불하면 수국 한송이를 주는데, 덕분에 여행하는 내내 기분이 좋아진다. 크지 않지만 포토존이 다양해 수국과 함께 예쁜 사진을 남기려는 사람들이 많이 찾는 곳이다. 다만 입구쪽 찾아가는 길이 좁은 편이니 조심해서 운전해야 한다.

바다 풍경이 아름다워 평소에도 많은 사람들이 찾는 종달리 해안도로는 6월이 되면 다양한 색의 수국이 피어난다. 주차 공간이 마땅치 않으니 조금 멀더라도 안전한 곳에 주차한 후 수국과 함께 사진을 찍는 것이 좋다. 그 외에도 과거 비밀의 숲이라 부르기도 한 송악산 수국 군락, 종달리와 가까운 김녕 수국길, 다양한 포토존이 있는 노리매공원과 휴애리자연생활공원에서도 수국을 만날 수 있다.

- 혼인지 **주소** 제주도 서귀포시 성산읍 혼인지로 39-22
- 안성리 **수국길 주소** 제주도 서귀포시 대정읍 평화로69번길 150
- 답다니수국밭 **주소** 제주도 서귀포시 월평로50번길 17-30
- 종달리 **수국길 주소** 제주도 제주시 구좌읍 종달리 112-4

Part
03

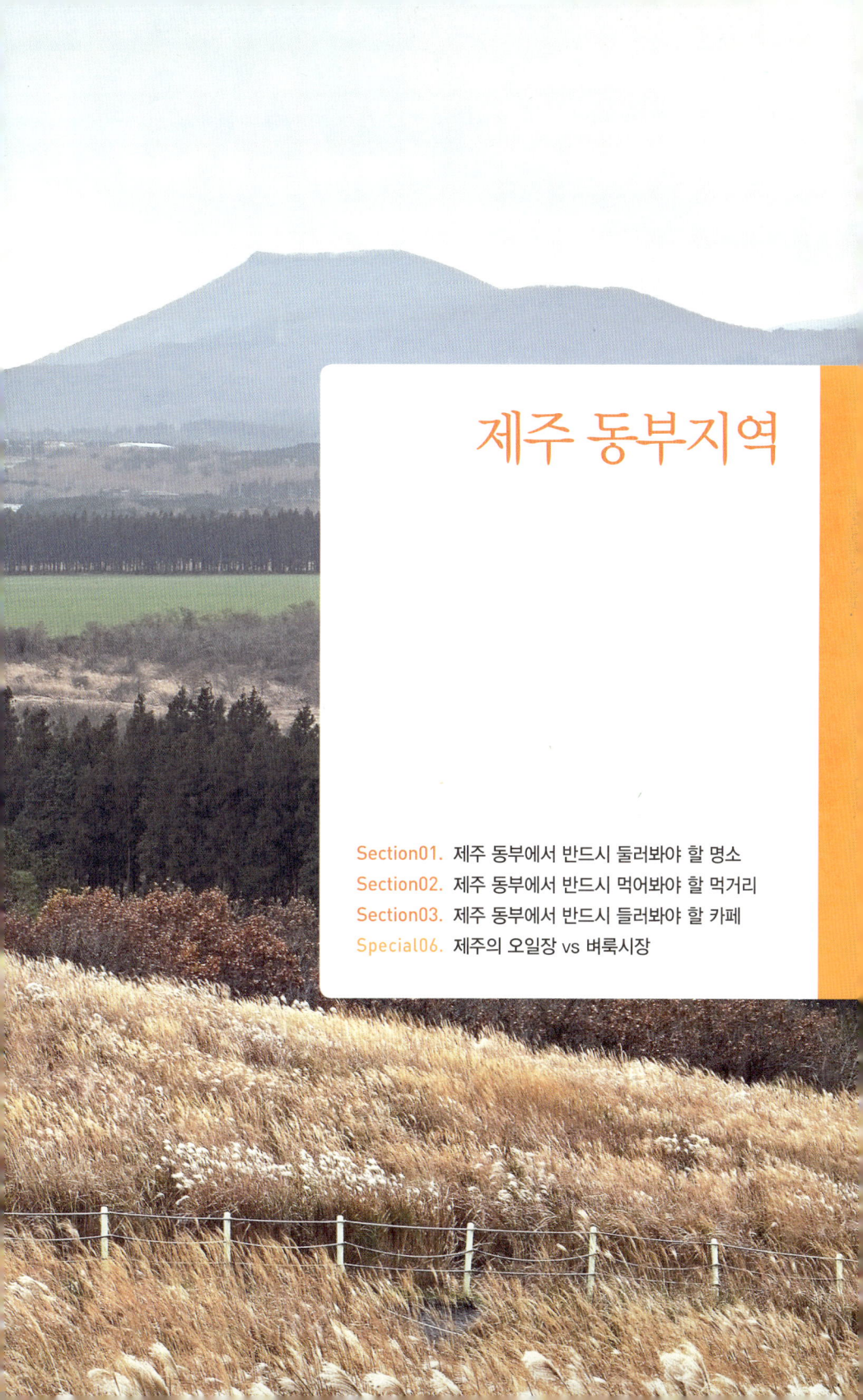

제주 동부지역

Section01. 제주 동부에서 반드시 둘러봐야 할 명소
Section02. 제주 동부에서 반드시 먹어봐야 할 먹거리
Section03. 제주 동부에서 반드시 들러봐야 할 카페
Special06. 제주의 오일장 vs 벼룩시장

EAST

1 함덕–조천, 김녕–성산, 표선–남원 해안도로 드라이브 즐기기

2 봄이라면 유채꽃과 벚꽃을 동시에 볼 수 있는 녹산로 드라이브 즐기기

3-4 가을이라면 황금빛 억새 물결을 만날 수 있는 산굼부리에 올라보기

JEJU BEST

제주 동부지역에서 놓치지 말아야 할 추천 베스트

5-6 동부지역의 지미오름,
　　 용눈이오름, 다랑쉬오름 등에 올라보기

7　우리나라 최초의 유네스코 세계자연유산,
　　거문오름 용암동굴계 방문하기

8　황홀한 경관을 자랑하는 섭지코지에서
　　거친 바람과 마주하기

제주 동부지역 핵심 가이드

제주 동부지역의 하이라이트는 이국적인 분위기를 자아내는 새파란 바다이다. 바다라고 다 같은 바다라고 생각했다면 큰 착각이다. 제주시를 벗어나 시계방향으로 발길을 옮기면 함덕 서우봉해변, 김녕 성세기해변, 월정리해변, 평대해변, 세화해변, 하도해변 등 저마다의 색과 풍경을 보여주는 매력 넘치는 바다가 이어진다. 바다와 더불어 놓칠 수 없는 것이 해변을 끼고 있는 아담한 마을로, 제주의 옛것에 육지에서 넘어간 이주민들의 문화가 오묘하게 조화를 이루고 있다.

제주 동부지역

제주 동부지역을 이어주는 교통편

제주시에서 동부 어디로 가느냐에 따라 타야 하는 버스가 다르다. 제주시를 출발해 서귀포시외버스터미널까지 가는 동일주버스 101번은 가장 오랜 시간이 걸리지만, 동쪽 해안을 따라 달려 아름다운 바다를 눈에 담을 수 있다. 제주도의 동쪽 끝, 성산까지 가장 빠르게 가는 노선은 번영로를 거쳐 성산까지 가는 110번 버스이다. 또한 표선까지 가장 빠르게 가는 노선은 번영로를 거쳐 표선까지 가는 120번 버스이다. 그 외에 동쪽의 숭산간으로 향하고 싶다면 남조로를 거쳐 서귀포까지 가는 130번 버스를 이용하면 된다.

제주 동부에서 이것만은 꼭 해보자

1. 함덕-조천, 김녕-성산, 표선-남원해안도로 드라이브하기
2. 한라산의 기생화산인 오름 올라보기
3. 우리나라 최초의 유네스코 세계자연유산, 거문오름 동굴계 방문하기
4. 섬 속의 섬, 우도 들어가기

한눈에 살펴보는 제주 동부 베스트코스

동부를 여행하면서 꼭 지나야 하는 도로는 동일주도로와 번영로이다. 동일주도로와 해안도로를 적절히 섞어 달리다 보면 바다를 마주하며 펼쳐지는 절경이 끊임없이 이어진다. 번영로를 따라 표선과 성산까지 향하는 길에서는 숨은 보석 같은 내륙 풍경을 만날 수 있다.

1. 동부의 푸른 바다를 만끽하는 코스 (예상 소요시간 6시간 이상)

Go! → 성산일출봉 일출 (2시간 코스) → 20분 → 고망난돌쉼터 (20분 코스) → 30분 → 월정리해변 (1시간 코스) → 10분 → 만장굴 (1시간 코스) → 10분 → 김녕해변 (1시간 코스)

2. 걸으며 만나는 제주 동부의 자연 (예상 소요시간 9시간 이상)

Go! → 에코랜드 (2시간 코스) → 5분 → 산굼부리 (2시간 코스) → 20분 → 비자림 (1시간 코스) → 15분 → 용눈이오름 (2시간 코스) → 25분 → 섭지코지 (1시간 코스)

Part 03

Section 01
제주 동부에서 반드시 둘러봐야 할 명소

천천히, 느리게 여행하려고 마음먹더라도 정작 아름답고 신비로운 제주 동부의 자연을 마주하면 마음이 급해지기 일쑤이다. 때문에 미리 갈 곳을 잘 파악해야 길에서 허비하는 시간이 줄고, 알찬 일정을 소화할 수 있다.

 최고의 드라이브코스 ★★★★★
녹산로

한국의 아름다운 길 100에 선정된 녹산로는 제주도에서 가장 드라이브하기 좋은 길 중 하나이다. 조천읍 교래리부터 표선면 가시리까지 이어진 2차선의 작은 도로지만, 차량통행이 잦지 않고 도로 양쪽으로 큰사슴이, 따라비 등 많은 오름이 있어 주변 풍경도 아름답다. 특히 정석항공관에서부터 가시리마을까지 7km에 이르는 길은 봄이 되면 제주도에서도 드물게 유채꽃과 벚꽃이 동시에 피어나 장관을 이룬다 달리는 것만으로도 행복한 기운이 여행자의 온 몸을 휘감는다.

여기에 그치지 않고 가을에는 유채꽃이 진 자리에 코스모스가 피어나 같은 길이 맞나 싶을 정도로 다른 모습을 보여준다. 코스모스가 지면 억새가 바람에 춤을 추니 이만하면 사계절 내내 우리나라에서 가장 아름다운 도로라 불러도 손색이 없다. 좁은 도로이다 보니 길이 아름답다고 아무 곳에나 정차하면 위험하다. 도로 곳곳에 정차할 수 있는 곳이 있으니 잠시 차를 세워놓고 사진을 찍자.

주소 제주도 서귀포시 표선면 가시리 이용시간 24시간 자동차 내비게이션에 정석항공관으로 검색해서 찾아가서 가시리 방면

 제주의 돌문화에 관한 모든 것 ★★★★☆
제주돌문화공원

예부터 삼다도라 불린 제주도. 그중에 '돌'을 주제로 조성한 돌문화공원은 한라산 영실에서 오래전부터 내려온 제주도의 수많은 전설 중 하나인 '설문대할망과 오백장군'을 주제로 꾸민

공간이다. 자연은 최대한 활용하고 인공적인 것은 최소한으로 사용하면서 조성한 테마공원이다. 입구에 들어서면 오백장군을 상징하는 거대하고 형상 없는 바위들이 세워져 있고, 한쪽에는 설문대할망이 빠져 죽었다는 물장오리가 모습을 보인다. 돌문화공원의 하이라이트는 이곳을 지나면 나타난다. 설문대할망의 죽솥과 물장오리를 상징화하여 만든 하늘연못인데, 뒤편에 자리한 지그리오름과 조화를 이루고 있다. 연못이 있는 공간은 돌박물관의 옥상이기도 하다. 이곳은 예전에 쓰레기 매립장이었는데, 침출수기 발생히지 않아 박물관을 지을 수 있었다고 한다. 낮은 구릉지이기 때문에 지하 1, 2층을 전시관으로 만들고도 옥상을 지면과 같게 맞출 수 있었다.

전시관 내부에는 학창시절 지구과학 시간에 배운 한반도 지질을 비롯해 제주도의 화산활동, 오름, 동굴 등에 대한 자료가 차례로 전시되어 있어 교육에도 좋다. 이어지는 야외 전시관에는 제주의 돌문화인 돌하르방을 비롯해 돌담, 맷돌, 옹기 등이 차례대로 전시되어 있다. 돌문화공원을 나서기 전 마지막으로 볼 수 있는 용암석은 신기할 정도로 설문대할망과 오백장군에 대한 전설을 고스란히 담고 있다.

주소 제주도 제주시 조천읍 남조로 2023 **문의** 064-710-7731 **이용시간** 09:00~18:00(매표 1시간 전 마감), 월요일 휴무 **입장료** 성인 5,000원, 청소년 3,500원, 어린이(12세 이하) 무료 **홈페이지** www.jeju.go.kr/jejustonepark

설문대할망과 오백장군에 대한 5가지 전설

- 설문대할망이 망망대해 한가운데에 섬을 만들기 위해 치마폭 가득 흙을 퍼 날라 지금의 제주가 탄생하게 됐다. 한라산이 너무 높아 봉우리를 잘라내 던진 것이 지금의 산방산이 되었고, 흙을 계속 나르다 구멍 난 치마 사이로 흙이 떨어진 것이 쌓여 360여 개의 오름이 생겨났다.
- 키가 큰 설문대할망이 자신의 키를 자랑하기 위해 용연에도 들어가 보고, 홍리물에도 들어가 보다 나중에는 결국 물장오리에 들어섰다가 빠져 죽었다.
- 설문대할망은 백록담에 걸터앉아 빨래를 했는데 한쪽 다리는 제주시 앞바다 관탈섬에, 다른 한쪽 다리는 서귀포 앞 지귀섬에 담고, 우도를 빨랫돌 삼아 빨래를 했다.
- 설문대할망은 몸이 워낙 커 옷을 제대로 입지 못해 사람들에게 명주 옷감으로 옷을 만들어 주면 육지까지 다리를 하나 놓아주겠다고 했다. 할망의 옷 한 벌을 만드는 데에는 명주 100동이 필요했지만 1동이 모자라 옷을 만들지 못해 결국 다리를 놓지 못했다.
- 설문대할망이 아들 오백형제와 살다가 흉년이 들었다. 할망은 아들들이 먹을 것을 구하러 간 사이 죽을 끓이다 죽솥에 빠져 죽었다. 돌아온 아들들은 그 사실을 모르고 죽을 먹다가 막내아들이 솥에서 큰 뼈를 발견하여 사실을 알게 되었다. 막내아들은 충격에 빠져 어머니를 그리워하며 차귀섬으로 가서 바위가 되었고 나머지 형제들도 바위가 되었는데, 이 바위가 한라산 영실의 기암절벽이다.

유네스코 세계자연유산
만장굴 ★★★★★

거문오름 용암동굴계 중 유일하게 일반인이 들어갈 수 있는 동굴이다. 3개의 입구 중 현재는 하나의 입구만 이용할 수 있는데, 바로 제2입구이다. 약 20~30만 년 전 거문오름에서 분출한 용암이 흐르면서 길이만 7.4km에 이르는 거대한 만장굴이 생겼다.

만장굴에서는 종유석, 석주 등을 볼 수 있는데 특히 입구에서 30여 분 정도 들어가야 만날 수 있는, 동굴 가장 끝에 자리한 거대한 용암석주는 꼭 보고 와야 한다. 전 세계에서 규모가 가장 큰 용암석주로 실제로 보면 입이 다물어지지 않는다. 입구와 용암석주 중간쯤 위치한 돌거북도 독특한데, 모양이 제주도와 비슷해서 더욱 눈길을 끈다. 말 그대로 동굴 속에는 용암이 만든 자연예술품이 가득 차 있다. 공개된 구간을 왕복하는 데에는 50분가량이 걸린다.

주소 제주도 제주시 구좌읍 만장굴길 182 **문의** 064-710-7903 **이용시간** 09:00~18:00(매표마감 17:00), 매월 첫째 주 수요일 휴무 **입장료** 성인 4,000원, 청소년 2,000원, 어린이 2,000원 **주차료** 무료 **귀띔 한마디** 동굴 내부는 춥게 느껴질 수 있으니 겉옷을 챙기자.

유네스코 지정 세계자연유산(세계지질공원) 한라산, 용암동굴계, 성산일출봉

제주도는 섬 전체가 화산박물관이라 불릴 정도로 독특한 화산지형을 자랑한다. 지하에는 태고의 신비를 간직한 160여 개의 용암동굴이 자리하고, 땅 위로는 360여 개의 오름이 솟아 있다. 이 중 가장 대표적인 화산지형을 보이는 곳이 한라산과 성산일출봉 그리고 거문오름 용암동굴계이다.

거문오름 용암동굴계로는 거문오름에서 분출한 용암이 흘러 만들어진 벵듸굴, 만장굴, 김녕굴, 용천동굴, 당처물동굴 등이 있는데, 모두 천연기념물로 지정되어 있을 정도로 신비한 곳이다. 현재는 거문오름과 만장굴만 입장이 가능한데, 거문오름은 예약을 통해서만 방문이 가능하다.

천 년의 숲 속에서 힐링을 ★★★★★
비자림

비자나무는 열대성 식물로 우리나라에서는 제주도와 일부 남부지방에서만 자라기 때문에 만나기 어렵다. 비자나무의 비(非)를 닮은 잎은 사계절 내내 떨어지지 않아 겨울철에도 가지만 앙상히 남은 나무로 가득한 다른 숲에서는 만날 수 없는 녹음을 느낄 수 있다. 살충작용이 있어 건강에도 좋은 비자나무 열매. 가을이면 비자나무 열매를 한가득 만날 수 있는 비자림에는 비자나무 2,570그루가 군락을 이루고 있다. 구좌읍 평대리를 비자나무로 가득 메우는 이곳은 단일 군락지로는 세계 최대 규모이다. 이곳에서 자라는 비자나무는 수령이 500~800년에 이르며, 10m가 넘는 나무도 부지기수이다. 그래서 '천 년의 숲'이라는 또 다른 이름으로도 불린다.

비자림 산책 코스는 2곳이 있다. 짧은 코스는 40분 정도 걸리며 길이 잘 닦여 있다. 긴 코스는 1시간 30분 정도가 걸리는데, 돌이 깔려 있어 걷기가 수월하진 않지만 숲길의 매력을 제대로 느낄 수 있다. 긴 코스의 가장 큰 볼거리는 누가 뭐래도 1,189년 식재되어 800년 수령이 훌쩍 넘은 '새천년 비자나무'이다. 높이 14m에 둘레도 15m에 이르는 이 나무는 보는 이를 압도한다. 나오면서 만나는 돌담과 나란히 걷는 길은 차분하게 이어진다.

주소 제주도 제주시 구좌읍 비자숲길 55 **문의** 064-710-7912 **이용시간** 09:00~18:00(매표마감 17:00) **입장료** 성인 3,000원, 청소년 및 어린이 1,500원

산굼부리
억새 물결을 만나는 오름 ★★★★☆

영화 〈연풍연가〉의 배경이었던 산굼부리는 천연기념물(제263호)로 지정된 곳이다. 산굼부리에는 한라산 백록담보다 더 깊은 마르Maar형 분화구(둘레 950m, 깊이 132m)가 있다. 이렇게 움푹 팬 산굼부리 분화구는 많은 비가 와도 물이 고이지 않는다.

산굼부리의 산책로는 잘 닦여 있어 크게 힘들이지 않고 거닐 수 있다. 가을날 산굼부리를 찾는다면 황금빛 억새 물결을 만날 수 있고, 정상에 오르면 둘레 2km의 산굼부리 분화구와 맞닿는다. 정상에서는 주변의 구두리오름, 붉은오름 등과 마주할 수 있다. 입구에는 화산이 폭발하면서 흘러나온 용암이 나무를 덮어 굳어진 뒤, 나무만 없어져서 만들어진 속이 뻥 뚫린 용암수형석을 만날 수 있다. 구멍에 얼굴을 들이밀고 재밌는 사진도 찍어보자.

주소 제주도 제주시 조천읍 비자림로 768 **문의** 064-783-9900 **이용시간** 3~10월 09:00~18:00, 11~2월 09:00~17:00 **입장료** 성인 6,000원, 청소년 및 어린이 4,000원 **귀띔 한마디** 굼부리는 화산체의 분화구를 가리키는 제주사투리이다. **홈페이지** www.sangumburi.net

섭지코지
거친 바람과 마주하다 ★★★★★

섭지코지는 '좁은 땅'을 뜻하는 섭지와 부리 모양으로 뻗은 땅을 뜻하는 코지가 합쳐진 말이다. 진입 도로를 제하면 사방이 바다로 둘러싸여 제주도에서도 바람이 무척 거친 곳이다. 연기로 신호를 보내던 조선시대 협자연대가 있는 것으로 보아 지리적으로 중요한 곳이었지만, 지금은 천혜의 자연경관에 멋스러운 건축물이

제주 동부지역

어우러진 대표관광지가 됐다. 바다에 우뚝 솟은 선돌바위와 현무암에 부딪히는 파도가 장관이다. 섭지코지에 왔다면 방두포등대에는 꼭 올라가 보자. 바람은 거세지만 사방으로 펼쳐진 황홀한 경관을 볼 수 있다.

주변으로 건축가 안도타다오의 글라스하우스와 지니어스로사이(유민미술관)가 자리한다. 글라스하우스는 전시 공간이며, 2층에는 레스토랑 민트가 있어 통유리창 너머 제주의 자연을 마주하며 식사를 할 수 있다. 지니어스로사이는 제주 돌담과 노출콘크리트 공법이 조화로운데, 성산일출봉을 새로운 시각에서 볼 수 있는 공간이다.

주소 제주도 서귀포시 성산읍 섭지코지로 107 **문의** 064-782-2810 **이용시간** 일출~일몰(유민미술관 09:00~18:00, 화요일 휴관) **입장료** 무료(유민미술관 12,000원) **주차** 섭지코지 공영주차장 30분 1,000원, 당일 최대 3,000원, 휘닉스 섭지코지 해안관광단지 무료 주차장 이용 가능(서귀포시 성산읍 고성리 174)

그랜드스윙(Grand Swing)
글라스하우스 건물 뒤편으로 가면 자연 속에 만들어진 작은 정원이 있다. 민트가든에 섭지코지 그네라고도 불리는 그랜드스윙이 요즘 핫하다. 제주에서 예쁜 사진을 남기기 좋은 장소로 손꼽히는데, 성산일출봉이 바다에 떠 있는 모습을 볼 수 있어 사진을 남기려는 사람들로 항상 긴 줄이 서 있다.

 해 뜨는 언덕 ★★★★★
성산일출봉

산일출봉은 5,000년 전 바다에서 폭발한 해발 182m의 화산이다. 3번의 화산폭발로 인해 형성된 성산일출봉은 처음 폭발할 때만 해도 육지와 분리된 섬이었지만, 분출물들로 육지와 연결되었다. 입구부터 정상까지 30분 정도 걸리는데, 나무데크를 설치하여 누구나 쉽게 오를 수 있다. 오르는 내내 저마다의 전설을 가진 처녀바위, 등경돌바위, 초관바위, 곰바위, 코끼리바위 등 생김새가 독특한 바위가 있어 구경하다 보면 어느새 정상에 도착한다.

정상에 오르면 99개의 바위로 둘러싸인 분화구가 모습을 보이는데, 그 모습이 꼭 성처럼 보인다. 그래서 성산이라 이름 붙이게 되었고, 해돋이를 보기 좋은 곳이다 보니 일출봉이 이름에 자연스레 따라붙었다. 매년 마지막 날이면 성산일출 축제가 열려 일출을 보며 소원을 빌려는 사람들로 인산인해를 이룬다. 또한 성산일출봉 남쪽으로 길게 이어진 광치기해변은 성산일출봉을 배경으로 해 뜨는 모습을 담을 수 있어 사진가들이 즐겨 찾는다.

주소 제주도 서귀포시 성산읍 일출로 284-12 **문의** 064-783-0959 **이용시간** 07:00~19:00(매표마감 17:50, 매월 첫째 주 월요일 휴관) **입장료** 성인 5,000원, 청소년 및 어린이 2,500원

기적소리 울리며 곶자왈을 달리는 기차 ★★★★★
에코랜드

기차역도 기찻길도 없는 제주도지만, 에코랜드로 가면 신비의 숲 곶자왈을 가로지르는 기차를 탈 수 있다. 에코랜드에는 총 8대의 기차가 운행중이며 기차마다 레드샌드, 그린포레스트 등의 이름도 가지고 있다. 기차는 수시로 운행되며 주요 지점마다 설치된 역에 내려 주변을 둘러본 후 다시 기차를 타고 이동하면서 에코랜드를 즐길 수 있다.

기차를 타고 가장 먼저 도착하는 에코브리지역에 내리면 호수를 가로지르는 수상데크를 따라 거닐게 된다. 아름다운 경치를 바라보며 걷다 보면 곧 이국적인 풍차가 모습을 드러내고, 이곳에서 다시 기차를 탈 수 있다. 피크닉가든역에는 화산송이를 밟으며 곶자왈을 직접 밟을 수 있는 에코로드가 기다린다. 제주도에서만 느낄 수 있는 자연 속에서 잠시 힐링의 시간을 가져보자. 수~일요일 11시, 14시에는 몸과 마음의 피로를 푸는 숲 힐링 프로그램을 운영하니 관심이

제주 동부지역

있다면 시간에 맞춰 피크닉가든역 에코로드로 가면 된다. 숲이 잠드는 겨울에는 하얗게 눈이 쌓인 설국을 증기기관차로 달리는 특별한 경험을 할 수 있다.

주소 제주도 제주시 조천읍 번영로 1278-169 **문의** 064-802-8000 **이용시간** 11~2월 첫차 08:30, 막차 16:30 / 3~10월 첫차 09:00, 막차 16:50(막차 출발 1시간 후 폐장, 매표는 마지막 기차 출발 10분 전까지 가능) **입장료** 성인 14,000원, 청소년 12,000원, 어린이 10,000원 **홈페이지** theme.ecolandjeju.co.kr

허브 향에 취하다 ★★★★☆
제주허브동산

제주허브동산은 온몸을 허브 향으로 채워주는 힐링의 장소이다. 봄에는 라벤더, 재스민, 캐모마일의 은은한 향기가, 여름에는 빙카꽃, 아기범부채의 아름다운 꽃잎이, 가을에는 구절초, 쑥부쟁이, 티보치나의 화사함이, 겨울에는 천리향, 겨울복수초, 수선화가 빛을 발한다. 복잡하고 머리 아픈 일상에서 벗어나 편안한 휴식을 즐길 수 있는 곳으로, 잘 조성된 산책로를 따라 걸으며 수많은 허브와 야생화를 만날 수 있다.

이곳에서 제대로 허브 향에 취하기 위해서는 허브동산 내의 숙박시설에서 하룻밤 묵는 것이 좋다. 이른 시간, 맑은 공기가 맞이하는 허브동산에서의 시간을 오롯이 느낄 수 있기 때문이다. 산책을 즐긴 후에는 피로를 말끔히 풀어주는 황금족욕 허브체험을 경험해 보자.

주소 제주도 서귀포시 표선면 돈오름로 170 **문의** 064-787-7362 **이용시간** 09:00~22:00 **입장료** 성인 12,000원, 청소년 10,000원, 어린이 9,000원 **숙박시설** 힐링하우스 100,000원~ **홈페이지** www.herbdongsan.com

📷 달도 머물다 가는 곳 ★★★☆☆
월정리해변

월정리해변은 하루가 다르게 변하는 제주에서 가장 변화가 빠른 곳 중 하나이다. 몇 해 전까지만 해도 이곳은 아는 사람들만 알음알음 찾는 조용한 해변이었다. 하지만 카페 하나가 생기고, 카페 벽의 작은 구멍을 통해 바라보는 바다의 모습이 사람들의 마음을 꿰뚫었던 모양이다. 입소문이 나고 사람들이 찾기 시작하면서 해변에는 새로운 건물이 하나씩 들어섰고 지금은 카페거리가 형성될 정도로 카페가 많아졌다.

아담한 해변에서는 추억을 남기려는 사람들이 백사장을 밟고 카페에 앉아 바다를 바라보며 차를 마신다. 맑은 날이면 하얀 해변과 파란 바다 그리고 하늘이 살아있는 작품이 되어 여행자의 마음을 잔잔하게 한다.

주소 제주도 제주시 구좌읍 월정리 33-3 **이용시간** 24시간 **입장료** 무료

월정리해변의 카페

- **카페머문** 2층 높이의 커다란 창문을 통해 월정리 앞바다를 바라보기 좋은 곳이다. 특히 2층 공간은 성인 전용 공간으로 운영되므로 조용한 분위기에 바다를 보며 시간을 보내기 좋은 공간이다.
  주소 제주도 제주시 구좌읍 해맞이해안로 460 2층 **대표메뉴** 아메리카노 6,000원, 당근케이크 7,500원 **문의** 010-3134-3519 **영업시간** 10:00~20:30

- **월정리로와** 월정리의 쪼인게스트하우스와 함께 운영되는 곳이다. 커다란 창문을 통해 바다를 바라볼 수 있으며, 2층 옥상에는 탁 트인 전망에서 바다를 바라볼 수 있는 좌석을 마련해 놓아 이국적인 분위기를 즐길 수 있다. 카페의 아기자기한 소품은 덤.
  주소 제주도 제주시 구좌읍 해맞이해안로 472 **대표메뉴** 로와크림라떼 6,500원, 한라봉라떼 7,000원 **문의** 064-783-2240 **영업시간** 09:00~21:00(하절기는 23시까지)

- **우드스탁** 월정리 해변에 과거 고래가 될 카페 자리에 새롭게 들어선 카페. 오후 8시 이후로는 2층 공간이 펍으로 변신하고, 3층 옥상으로 올라가면 월정리 해변을 한 눈에 바라볼 수 있다.
  주소 제주도 제주시 구좌읍 월정7길 52 **대표메뉴** 아메리카노 4,500원 **문의** 064-782-6948 **영업시간** 09:00~24:00

아는 사람만 찾아오는 ★★★☆☆
김녕 성세기해변

거대한 빌레용암 위에 모래가 쌓여 생긴 성세기해변은 한적하게 해수욕을 즐기고 싶을 때 찾으면 좋은 해변이다. 다른 해변에 비해 편의시설이 부족하지만 평균 수심이 1~2m로 안전하고 한적하여 해수욕이나 해변에 누워 일광욕을 즐기기에 좋다. 해변에 누우면 멀리 풍력발전기가 돌아가는 모습과 요트가 떠다니는 이국적인 풍경이 바라다보인다.

주소 제주도 제주시 구좌읍 해맞이해안로 9 **문의** 064-728-7752 **이용시간** 일출~일몰 **입장료** 무료

제주의 품에 잠들다 ★★★★☆
김영갑갤러리(두모악)

사진작가 고(故) 김영갑의 갤러리로 그가 루게릭병으로 세상을 떠나기 전까지 사진에 몰두하던 곳이다. 2002년 폐교를 고쳐 갤러리로 문을 연 뒤 지금까지 사진전을 열고 있다. 두모악관, 하날오름관으로 나뉜 전시관에서는 제주의 오름, 중산간, 마라도, 해녀 등 제주의 모습을 만날 수 있다.

또한 그의 작업실에는 제주의 자연과 바람을 사랑한 김영갑의 유품이 가지런히 햇빛을 받으며 빈자리를 지키고 있다. 전시관 뒤편으로는 따스한 햇볕이 내리쬐는 무인카페가 자리하니 차 한잔을 마시며 누군가에게 글을 써 보는 것도 좋다.

주소 제주도 서귀포시 성산읍 삼달로 137 **문의** 064-784-9907 **이용시간** 3~6월 09:30~18:00, 7~8월 09:30~18:30, 9~10월 09:30~18:00, 11~2월 09:30~17:00 **입장료** 성인 4,500원, 청소년 3,000원, 어린이 1,500원 **홈페이지** www.dumoak.co.kr

인생사진은 여기 ★★★★☆
보롬왓

보롬왓은 제주한울영농조합에서 경작하는 대규모 메밀밭으로 2015년 일반에게 개방되었다. 바람을 뜻하는 '보롬'과 밭을 뜻하는 '왓'이 합쳐져 바람부는 밭이라는 의미를 가진다. 오름을 배경으로 팝콘처럼 피어난 메밀밭은 인생사진을 남기기 더 없이 좋은 조건이다. 메밀 외에도 넓은 밭에는 다양한 식물을 경작하고 있어 언제 찾아도 아름다운 모습을 만날 수 있다. 3월에는 튤립과 유채, 4월은 보라유채와 삼색버드나무, 6월에는 라벤더, 수국이 피어난다. 9월이 되면 맨드라미, 10월에는 핑크뮬리가 이곳의 아름다움을 더한다. 실내정원인 비밀의 화원과 커피와 베이커리가 있는 카페도 있으니 함께 시간을 보내면 좋다.

주소 제주도 서귀포시 표선면 번영로 2350-104 **문의** 010-7362-2345 **이용시간** 09:00~18:00 **입장료** 성인, 중고생 5,000원, 어린이 3,000원 **홈페이지** www.instagram.com/boromwat_

누가 먼저 찾을까? ★★★☆☆
메이즈랜드

세계 최대의 미로공원 메이즈랜드는 미로 속에서 헤매는 사람들에게 길을 알려주는 우렁찬 목소리로 활기차다. 미로는 크게 3가지로 돌하르방 모양의 겹돌담으로 조성된 돌미로, 나선형의 바람미로, 물허벅을 지고 있는 해녀 모습의 여자미로가 있다.

현무암을 이용해 겹돌담으로 길을 이은 돌미로는 길이 2,261m로, 길을 한 번 잘못 들면 반나절이 고스란히 지나가기도 한다. 미로 속을 걷다가 붉은 돌이 보이면 잠시 멈춰서 손을 가만히 대어보자. 흑석분말과 송이 등을 함유하여 원적외선과 음이온이 방출된다고 한다. 바람미로와 여자미로는 각각 서양측백나무와 애기동백이 벽 역할을 하고 있어, 다량의 피톤치드가 나와 자연스레 치유의 공간이 된다. 전망대로 오르면 미로 뒤로 다랑쉬오름과 돝오름, 둔지오름이 감싸고 있어 아늑한 분위기가 연출되니, 먼저 미로를 빠져나왔다면 전망대로 올라가 보자.

주소 제주도 제주시 구좌읍 비자림로 2134-47 문의 064-784-3838 이용시간 09:00~18:00(2~3월, 10월), 09:00~18:30(4~5월), 09:00~19:00(6~9월), 09:00~17:30(11~1월) 입장료 성인 11,000원, 청소년 9,000원, 어린이 8,000원 홈페이지 www.mazeland.co.kr

다섯 가지 색을 가진 바다 ★★★★☆
함덕 서우봉해변

제주시 동쪽으로 10km만 달리면 백사장 한가운데가 튀어 나와 멀리서 보면 하트 모양을 하고 있는 서우봉해변을 만날 수 있다. 얕고 파도가 잔잔해 해수욕과 해양스포츠를 즐기기 좋은 이곳은, 근방에 자리한 물에서 기어 올라가는 소를 닮은 서우봉(110m)에서 이름을 따왔다.

서우봉에 오르면 하늘빛부터 쪽빛까지 다양한 푸른빛의 매혹적인 바다색을 볼 수 있다. 바다가 얕아지면서 생긴 하얀 패사층이 매혹적인 바다색을 더욱 돋보이게 한다. 특히 해 질 녘 붉게 물

드는 해변은 장관을 이루며, 해변 왼쪽의 아치형 다리는 이국적인 분위기를 연출한다. 백사장은 1km 남짓으로 한참을 바다로 들어가도 허리를 넘지 않아 아이들과 함께 물놀이를 즐기기 제격이다. 좀 더 조용한 분위기를 원한다면 해변 양 옆의 아담한 해변을 이용하자.

주소 제주도 제주시 조천읍 함덕리 1008 문의 064-728-3989 이용시간 24시간 입장료 무료

📷 사랑이 시작되는 곳 ★★★☆☆
혼인지

혼인지는 삼성혈에서 태어난 고, 양, 부 삼신인이 세 공주와 혼례를 올린 곳이다. 수렵생활을 하다 온평리마을에 이른 3명의 삼신인은 바닷가에서 나무상자를 발견했는데, 그 안에 3명의 공주와 송아지, 망아지, 오곡 씨앗이 있었다. 이곳의 연못에서 혼례 전 목욕재계를 하였으며, 신방굴에 신방을 차렸다고 전해진다. 신비스럽게도 작은 동굴 안은 세 갈래로 나뉘어 있으며 신석기유적도 발견되어 전해져 오는 신화를 뒷받침한다.

걷기 좋은 데크가 설치된 연못과 신방굴 외에는 특별한 볼거리가 있는 것은 아니지만 삼신인의 혼례 이후 제주에 사람이 늘고 농사가 시작된 곳으로 의미가 있는 곳이다. 매년 가을에는 축제가 열려 전통혼례와 특별한 결혼식도 열리니 축제기간에 방문하면 더욱 의미 있는 추억을 남길 수 있다.

주소 제주도 서귀포시 성산읍 혼인지로 39-22 **문의** 064-782-2766 **이용시간** 일출~일몰 **입장료** 무료
귀띔 한마디 혼인지를 이해하기 위해서는 제주시의 삼성혈부터 다녀오는 것이 좋다.

📷 여행자를 달래주는 쉼터 ★★☆☆☆
고망난돌쉼터

특별한 볼거리가 있는 것은 아니지만 잔잔한 바다와 벤치가 여행자의 마음을 달래주는 곳이다. 성산-세화해안도로를 달리다보면 내내 바다를 곁에 두게 되는데, 고망난돌쉼터를 만나면 바다가 보이지 않는다. 잠시 달리는 것을 멈추고, 언덕 너머 바다를 만나러 가자.
이름처럼 고망(구멍)난 돌은 찾기 쉽지 않지만 바다를 바라보며 외롭게 벤치가 기다리고 있다. 야트막하고 자그마한 언덕에서 바다를 바라보는 시간은 여행자에게 위로가 되기도 한다. 무더위가 시작되기 전부터 추위가 시작되

기 전까지는 도로 양 옆을 뒤덮을 정도의 화려한 수국이 피고, 수국이 지고나면 쑥부쟁이가 그 뒤를 이어 피어난다.

주소 제주도 제주시 구좌읍 종달리 112-4 **이용시간** 24시간 **입장료** 무료 **귀띔 한마디** 올레길을 걷는 것이 아니라면 대중교통 이용 시 많이 걸어야 한다.

해녀의 모든 것 ★★☆☆☆
해녀박물관

2016년 11월 30일 유네스코 인류무형문화유산으로 등재된 제주의 해녀에 대해 좀 더 알고 싶다면 해녀박물관으로 향하자. 올레20코스와 21코스가 만나는 지점에 위치한 해녀박물관은 일제강점기에 약탈하는 일제에 맞서 항일운동을 펼친 해녀의 생명력과 강한 정신을 기리기 위해 제주해녀항일운동기념공원과 함께 조성되었다.

전시실은 3개로 나뉘어 있는데 제1전시실에서는 해녀의 생활모습을, 제2전시실에서는 일터와 역사, 작업도구 등을, 제3전시실에서는 해녀의 다양한 삶의 모습을 살펴볼 수 있다. 어린이해녀관에서는 다양한 체험을 통해 해녀와 제주의 바다를 느껴볼 수 있다. 3층 전망대에 오르면 하도리와 세화 앞바다까지 내려다보인다.

주소 제주도 제주시 구좌읍 해녀박물관길 26 **문의** 064-782-9898 **이용시간** 09:00~18:00(매표마감 ~17:10) / 1월 1일, 설날, 추석, 매주 월요일 휴관 **입장료** 성인 1,100원, 청소년 500원 **귀띔 한마디** 홈페이지를 통한 사전 예약 필수 **홈페이지** www.jeju.go.kr/haenyeo/index.htm

비밀의 화원 ★★★★★
교래자연휴양림

제주만의 독특한 지형에 나무와 돌이 뒤섞여 있는, 오직 제주에서만 만날 수 있는 곶자왈. 오래도록 사람의 손이 닿지 않아 자연 그대로의 모습을 만날 수 있다. 제주도에는 화순과 애월, 구좌, 성산 등 몇 군데에 곶자왈이 있는데, 교래자연휴양림은 2011년 5월 일반인들의 접근이 가능하게 된 곶자왈이다.

에코랜드 입구 맞은편에 있어 찾아가기도 쉬운 편이지만, 아직 많이 알려지지 않아서인지 한산하다. 주차장에서 매표소까지 향하는 길은 걷기 좋게 다듬었지만 양옆으로는 자연의 모습이 그대로 남아 있다. 제주의 전통 가옥을 본떠 지은 매표소를 지나면 오름산책로와 생태관찰로로 나뉘는데, 그 전에 곶자왈생태체험관부터 들러보자. 앞으로 걷게 될 곶자왈에 대한 설명이 잘 되어 있다. 가볍게 곶자왈을 느끼고 싶다면 생태관찰로를, 속살을 보고 싶다면 오름산책로를 선택하면 된다. 생태관찰로는 40분쯤, 오름산책로는 2시간 30분 정도 소요된다. 오름산책로를 따라가면 큰지그리오름까지 다녀오게 되는데 오름 입구에 도달하기 전까지 원시림을 걷게 된다. 오름 입구부터는 양옆으로 빼곡히 들어선 삼나무가 반겨주고, 오름 정상에 오르면 가슴까지 시원한 전망이 반겨준다.

짧게 머물다 가는 것이 아쉽다면 숲속에서의 하룻밤을 경험해보자. 상상 이상으로 훌륭한 시설에 저렴한 비용으로 휴양림 내 숙박시설을 이용할 수 있다. 단, 예약하기 힘든 편

제주 동부지역

이니 여행 일정이 잡혔다면 홈페이지를 통해 가능 여부부터 확인하자.

주소 제주도 제주시 조천읍 남조로 2023 **문의** 064-783-7482 **이용시간** 07:00~16:00(동절기 ~15:00) **입장료** 성인 1,000원, 청소년 600원, 12세 이하 무료 **숙박료** 야영데크 6,000원~, 초가동, 휴양관 67,000원~(예약 : www.foresttrip.go.kr/indvz/main.do) **귀띔 한마디** 숙박시설 예약은 이용 전달부터 가능(2월 이용이라면 1월 1일 오전 9시부터 예약 가능)하다.

스위스의 여유로움 ★★★☆☆
조천 스위스마을

처음 제주도에 스위스마을이 들어선다는 소식을 들었을 때는 알프스의 전원적인 풍경이 가장 먼저 떠올랐다. 하지만 막상 이곳을 방문했을 때 만난 모습은 치즈, 갈대, 감귤, 국기 등 제주도와 스위스 하면 떠오르는 색으로 건물을 칠하는 등 눈에 보이는 부분도 있지만 머릿속에 떠올렸던 그런 모습이 아니었다. 그도 그럴 것이 스위스마을은 스위스의 협동조합운영과 안정된 노후시스템을 모티브로 함께 살아간다는 주제 아래 만들어진 외면보다는 내면을 더 중시하는 곳이기 때문이다. 그래서 마을 곳곳에서는 '동행' 이라는 단어를 쉽게 만날 수 있다. 방송인 허수경씨도 이곳에 둥지를 틀고 TV에 소개되면서 점차 알려지기 시작했는데, 알록달록한 건물의 색감 덕분에 사진 찍기 좋은 곳이라는 입소문이 나면서 찾는 사람도 늘었다.

블록처럼 생긴 3층 건물이 다닥다닥 붙어 있는데, 1층은 상가, 2층은 숙소, 3층은 조합원들의 집으로 이용된다. 마을을 만든 취지에 맞게 1층에 자리 잡은 상가는 같은 메뉴를 파는 곳이 없다. 같은 카페라도 주메뉴나 테마가 달라 서로 공생할 수 있도록 한 것이다.

주소 제주도 제주시 조천읍 함와로 566-27 **문의** 064-744-6060 **이용시간** 일출~일몰 **입장료** 무료

Section 02
제주 동부에서 반드시 먹어봐야 할 먹거리

장거리 운송을 거치치 않고 그 지역에서 생산되는 재료를 가지고 요리한 음식을 로컬푸드라고 한다. 동부지역에는 특히 그 지역에서 생산되는 재료를 이용해 요리한 음식을 내놓는 곳이 많은 편이다. 맛과 함께 건강까지 챙길 수 있는 제주 동부에서 마음껏 식도락을 즐겨보자.

새롭게 단장했지만 맛은 여전한 ★★★★☆
나목도식당

허름했던 슬레이트지붕이 말끔한 2층짜리 건물로 변했지만 합리적인 가격으로 돼지고기와 두루치기를 맛볼 수 있어 여전히 현지인뿐만 아니라 여행자들에게 사랑받는 식당이다. 처음 양념이 버물어진 고기가 나오면 빈약한 비주얼에 다소 실망할 수도 있지만 콩나물과 파절임이 더해지면 양은 물론 맛까지 풍성해진다. 두루치기 양념은 다 먹지 말고 조금 남겨둬야 하는데, 유채나물과 김치를 잘게 잘라 함께 볶아 먹는 볶음밥 때문이다. 두루치기가 아니라도 나목도식당의 삼겹살과 목살은 가성비가 좋기로 유명한 곳이니 생고기를 구워 먹고 싶을 때 방문하면 좋다. 이곳에서만 맛볼 수 있는 순대국수는 걸쭉한 국물의 순댓국에 면이 들어 있어 별미로 즐기기 좋은 메뉴이다.

주소 제주도 서귀포시 표선면 가시로613번길 6 **대표메뉴** 삼겹살·목살 12,000원, 두루치기 7,000원 **문의** 064-787-1202 **영업시간** 09:00~20:00(첫째, 셋째 주 수요일 휴무)

호랑이 기운이 솟아나요 ★★★☆☆
명진전복

평대해수욕장에서 세화항 쪽으로 가다가 우측에 유독 주차된 차량이 많이 보인다면 그곳이 바로 명진전복이다. 단호박과 당근이 들어가 고소하고 달큰한 밥 위에 얇게 썬 전복이 들어간

전복돌솥밥을 맛보기 위해 많은 사람이 찾는 곳이다. 따끈한 돌솥 한 그릇 먹고 나면 기운이 솟아나는, 원기회복을 위한 최고의 선택이다. 밥을 덜어내고 물을 부어 누룽지를 만들어 전복구이와 함께 먹으면 세상 부러울 것이 없다.

주소 제주도 제주시 구좌읍 해맞이해안로 1282 **대표메뉴** 전복죽 12,000원, 전복돌솥밥 15,000원, 전복구이 30,000원 **문의** 064-782-9944 **영업시간** 09:30~21:30(20:30 주문마감)/매주 화요일 휴무

딱새우의 변신은 무죄 ★★★★☆
평대앓이

지금은 유행처럼 번진 딱새우를 다양한 방법으로 요리하는 식당이다. 1인 셰프로 운영하다 보니 예약이 불가하고, 한 팀당 최대 4인까지만 식사가 가능하다. 여유 있는 식사를 위해 한 팀이 입장하고 나면 15분 뒤에 다음 팀을 입장시키기 때문에 사람이 많을 때에는 대기시간이 길어질 수밖에 없

다. 그러므로 가급적 오픈시간, 브레이크타임이 끝나는 시간에 맞춰 가는 것이 좋다. 노키즈존은 아니지만 아기의자를 별도로 구비해 놓지 않은 곳이므로 아이를 동반한다면 미리 준비해야 한다. 비밀스러운 실내공간으로 들어서면 주인장이 직접 꾸민 화려한 인테리어 덕분에 시간 가는 줄 모른다. 주메뉴는 신선한 딱새우사시미이고, 딱새우가 들어간 파스타, 딱새우장을 올린 덮밥 등 딱새우를 주재료하는 다양한 요리를 차례로 맛볼 수 있다. 딱새우사시미를 다 먹고 나면 딱새우 라면까지 끓여주므로 양도 부족하지 않다.

주소 제주도 제주시 구좌읍 비자림로 2718-3 **대표메뉴** 딱새우사시미 28,000원, 앓이덮밥 16,000원 **문의** 064-783-2470 **영업시간** 11:30~20:00(15:00~17:00 브레이크타임, 화, 수요일 휴무)

줄을 서도 먹기 힘든 갈치조림 ★★★★☆
맛나식당

성산 골든튤립호텔 앞에 자리한 이 집은 이미 입소문이 자자하다. 아침 일찍부터 가게 앞은 생선조림을 먹으려는 사람들이 모여들면서, 문을 열기 바쁘게 대기줄이 늘어선다. 오전 8시 30분부터 오후 2시까지만 영업하지만 그마저도 준비한 재료가 떨어지면 영업 마감 시간 전이라도 문을 닫기 때문이다.

메뉴는 갈치조림과 고등어조림 두 가지뿐인데, 인원수에 맞춰 주문해야 한다. 선착순 10팀만 한 가지 메뉴로 주문이 가능하고, 이후부터는 갈치와 고등어를 섞어서 주문할 수 있다. 음식은 모두 조리되어 나오기 때문에 시간이

좀 걸리지만 칼칼한 국물이 자작하게 담긴 갈치조림은 보기만 해도 침샘을 자극한다. 무엇보다 갈치조림을 저렴하게 맛볼 수 있어 가성비가 좋은 편이다.

주소 제주도 서귀포시 성산읍 동류암로 41 **대표메뉴** 갈치조림 12,000원, 고등어조림 10,000원 **문의** 064-782-4771 **영업시간** 08:30~14:00(재료 소진시 조기 마감)

진한 국물의 보말칼국수 ★★★★☆
당케올레국수

표선해수욕장에서 물놀이를 하다가 배가 고프면 달려가야 하는 곳이다. 당케올레국수는 보말칼국수 전문점으로 현지인과 관광객 모두에게 인기가 좋아 아침부터 줄을 서야 할 때도 있다. 걸쭉한 국물이 일품인 이곳의 국수는 다른 곳과는 좀 다른 맛을 즐길 수 있다. 보말을 많이 넣어 색도 진하고, 수저로 떠보면 칼국수인데도 밥이 함께 들어가 있다. 아쉽

지만 공깃밥을 별도로 판매하지 않아 국물에 밥을 말아 먹을 수 없다. 생각보다 칼칼한 맛이니 아이와 함께 먹으려면 미리 주방에 덜 맵게 해달라고 얘기해야 한다.

주소 제주도 서귀포시 표선면 표선당포로 4 **대표메뉴** 보말칼국수 10,000원, 보말죽 12,000원, 성게칼국수 12,000원 **문의** 064-787-4551 **영업시간** 08:00~17:00(매월 2·4째 주 목요일 휴무)

에메랄드빛 바다를 보며 먹는 버거 ★★★★☆
무거버거(MGBG)

자연과 가까운 버거를 만든다는 무거버거는 매일 아침 유기농 밀가루로 번을 만든 후 신선한 채소를 곁들여 버거를 완성한다. 겉보기에는 평범해 보이지만 이름에서 알 수 있듯 당근, 마늘 등 지금까지 버거에서 쉽게 접하지 못한 재료를 사용한다. 어떤 버거를 선택할지 고민된다면 그림으로 버거 재료를 친절히 설명하고 있으니 참고하면 된다. 테이블은 2층 창가석이 좋다. 에메랄드빛 바다를 바라보며 버거를 맛볼 수 있어 먹는 즐거움이 두 배가 된다. 다만 바다를 바라볼 수 있는 좌석이 많지 않아 행운이 따라야 한다. 날씨가 따뜻하다면 야외 테이블을 이용하거나 포장해서 바닷가에서 자연과 함께 먹는 것도 좋다.

주소 제주도 제주시 조천읍 조함해안로 356 **대표메뉴** 마늘버거, 당근버거 9,500원(세트메뉴 13,000원~) **문의** 010-9622-5076 **영업시간** 10:00~20:00(마지막 주문은 19시)

회 반, 국수 반 ★★★☆☆
촌촌해녀촌

싱싱한 회와 채소, 국수를 한데 담아 새콤한 양념장을 올린 회국수는 제주도에서만 맛볼 수 있는 별미이다. 촌촌해녀촌은 계절을 가리지 않고 일 년 내내 줄 서서 먹는, 회국수의 원조라 불리는 곳이다.

소면이 아닌 중면을 사용하기 때문에 탄력이 있고 푸짐하다. 관광객의 입맛에 맞추지 않아 자극적이지 않은 맛으로 호불호가 갈리지만 오랫동안 같은 메뉴로 꾸준히 사랑받는 곳이다. 구수하고 감칠맛 나는 성게국수도 또 다른 별미이다.

주소 제주도 제주시 구좌읍 동복로 35 **대표메뉴** 회국수, 전복죽 각 10,000원, 성게국수 12,000원 **문의** 064-783-5438 **영업시간** 09:00~19:00/둘째, 넷째 주 화요일 휴무

흑돼지 두루치기 ★★★☆☆
성산흑돼지두루치기식당

성산일출봉 인근에는 흑돼지를 맛볼 수 있는 곳이 생각보다 많지 않은데, 흑돼지를 먹고 싶다면 이 집이 제격이다. 다만 구이가 아닌 두루치기로 고추장양념이 더해진 흑돼지를 불판에 먼저 익히고, 매콤한 무채, 아삭한 콩나물, 쫄깃한 당면까지 함께 익힌 후, 기호에 따라 쌈에 싸 먹으면 호불호가 없는 맛이다. 일반 흑돼지 두루치기도 있지만 다양하게 먹고 싶다면 전복과 오징어가 추가된 흑돼지 삼합두루치기를 주문하면 된다.

주소 제주도 서귀포시 성산읍 한도로 255 **대표메뉴** 흑돼지 삼합두루치기 14,000원, 흑돼지 두루치기 9,000원 **문의** 064-782-9295 **영업시간** 11:00~21:00(15:30~17:00 브레이크타임, 1, 3째 주 화요일 휴무)

정성 한가득 ★★★☆☆
선흘방주할머니식당

직접 농사지은 콩으로 만든 두부가 일품이다. 조미료를 넣지 않아 자극적이지 않은 다른 음식도 맛있지만 담백한 해수두부는 꼭 맛보자.

함께 나오는 곰취에 두부를 싸 먹으면 씁쓸한 향과 두부의 탱탱함이 입안에 가득 퍼진다. 직접 채취한 고사리가 들어간 소박한 고사리비빔밥도 인기메뉴. 인근의 거문오름 탐방을 끝내고 건강한 영양식으로 기운을 채울 수 있는 곳이다.

주소 제주도 제주시 조천읍 와선로 254 **대표메뉴** 검정콩국수 10,000원, 고사리비빔밥 9,000원, 두부한접시 9,000원 **문의** 064-783-1253 **영업시간** 여름 10:00~19:00, 겨울 10:00~18:00/매주 일요일 휴무

소박한 국수 한 그릇 ★★★☆☆
춘자멸치국수

표선면 사거리에 자리한 간판도 없는 국수 전문점이다. 주인의 이름을 따서 춘자멸치국수라는 이름으로 알려졌다. 가게만큼 메뉴도 소박하다. 양은냄비에 특별한 고명도 없이 나오는 멸치국수가 메뉴의 전부이다. 모든 것이 소박하지만 맛은 소박하지 않다. 담백하고 진한 국물 맛에 금세 반하게 된다. 보통으로 주문해도 푸짐하지만 더 푸짐하게 먹고 싶다면 곱빼기로 주문하자.

주소 제주도 서귀포시 표선면 표선중앙로 76 **대표메뉴** 멸치국수 4,000원, 멸치국수 곱빼기 5,000원 **문의** 064-787-3124 **영업시간** 08:00~18:00

걸쭉한 닭칼국수 ★★★☆☆
교래손칼국수

삼다수마을로 불리는 교래리에는 토종닭을 맛볼 수 있는 식당이 모여 있다. 많은 식당이 토종닭을 코스로 팔기 때문에 간단하게 끼니를 해결하려는 사람에게는 부담스러울 수밖에 없다. 교래손칼국수는 푹 삶은 토종닭과 칼국수를 함께 끓여 낸 닭칼국수 전문점으로 혼자 가도 부담스럽지 않다. 마감시간 전이라도 재료가 떨어지면 맛 볼 수 없다.

주소 제주도 제주시 조천읍 비자림로 645 **대표메뉴** 닭칼국수 9,000원, 메밀야채전 10,000원 **문의** 064-782-9870 **영업시간** 10:50~18:30(매주 화요일 휴무) **귀띔 한마디** 생면을 직접 뽑아내므로 조리하는 데 시간이 걸리는 편이다.

회가 먼저 나오는 횟집 ★★★★★
다미진횟집

횟집에 가서 회를 먹기도 전에 배가 불러 정작 회는 제대로 먹지 못한 경험이 한 번쯤은 있을 것이다. 표선 해비치호텔 후문에 위치한 다미진횟집은 회가 가장 먼저 나오기 때문에 회 맛을 제대로 느낄 수 있다. 회를 먹고 난 뒤에야 구이, 튀김, 조림, 탕 등 익힌 음식이 나온다. 표선에 횟집은 많으나 갈치조림을 하는 식당은 많지 않으니 두툼한 갈치조림도 괜찮다. 단품을 주문해도 튀김이나 해산물 등이 함께 나오기 때문에 여러 음식을 맛볼 수 있다.

주소 제주도 서귀포시 표선면 민속해안로 578-1 **대표메뉴** 싱글벙글코스 2인 120,000원, 갈치조림 62,000원~ **영업시간** 11:30~22:30(브레이크 타임 14:30~16:30) **문의** 064-787-5050 **귀띔 한마디** 이색적인 후식도 준비되어 있다.

해녀가 따온 전복으로 만든 전복죽 ★★★★☆
오조해녀의집

오랜 시간 전복죽으로 사랑받는 오조해녀의집은 해녀들이 직접 채취한 해산물을 맛볼 수 있는 곳이다. 성산일출봉 근처에서 숙박한다면 이곳에서 든든한 아침식사를 하기 좋다. 전복죽은 내장을 넣어 고소함을 더했다. 전복죽의 양이 생각보다 많으니 인원수보다 부족하게 주문하자. 갓 잡아 삶은 소라나 문어를 함께 주문하면 다양한 바다의 맛을 느낄 수 있다.

주소 제주도 서귀포시 성산읍 한도로 141-13 **대표메뉴** 전복죽 12,000원, 소라, 문어 각 10,000원 **문의** 064-784-7789 **영업시간** 07:00~19:00

제주 동부지역

토종닭백숙의 원조 ★★★☆☆
성미가든

한라산 동쪽 중산간에 위치한 교래리는 많은 토종닭 전문식당이 몰려 있어 토종닭특구로 지정된 마을이다. 성미가든은 그중 원조격인 식당이다. 유명세와 친절은 반비례하는 경우가 많은데, 이곳 역시 불친절하다는 평이 높은 편이다. 그럼에도 성미가든에서는 토종닭을 코스로 즐길 수 있는 까닭에 여전히 많은 사람이 찾는다. 닭가슴살을 살짝 데쳐 먹는 샤부샤부와 보기만 해도 건강해질 것 같은 백숙이 차례대로 나오고, 녹두죽이 마지막으로 제공된다.

주소 제주도 제주시 조천읍 교래1길 2 대표메뉴 샤브샤브 대 70,000원, 소 60,000원 문의 064-783-7092 영업시간 11:00~20:00/둘째, 넷째 주 목요일 휴무

아는 사람만 찾아가는 국밥집 ★★★★☆
고성장터국밥

간판도, 전화번호 하나 없던 허름한 국밥집이었던 이곳은 2010년 기존 가게 터에 건물을 새로 지으면서 그나마 소박한 간판이 생겼다. 건물은 새로 지었지만 맛은 여전하다.

메뉴는 따로국밥과 고기국수, 몸국, 모듬순대가 전부이다. 대부분 따로국밥을 주문하는데, 콩나물을 넣어 개운한 순대국밥이다. 관광객들이 주로 지나다니는 길이 아니기 때문에 일부러 찾아가야 한다.

주소 제주도 서귀포시 성산읍 고성동서로45번길 19 대표메뉴 따로국밥 7,000원 문의 064-783-3233 영업시간 07:30~17:00

해물라면의 원조 ★★★☆☆
경미네집

성산일출봉 앞에 위치한 경미네집은 제주도 해물라면의 원조라 불릴 만한 곳이다. 처음에는 해물라면이 아닌 문어라면으로 유명했지만 지금은 해물라면만 맛볼 수 있다.

지금이야 제주도에 해물라면을 파는 곳이 많이 생겼지만 몇 년 전만 해도 이곳 하나였으니 원조인 셈이다. 기대를 많이 하면 실망할 수 있으니 별 기대 없이 가는 것이 좋다. 싱싱한 문어를 살짝 데친 문어숙회도 막걸리 한잔과 곁들이면 더없이 좋다.

주소 제주도 서귀포시 성산읍 일출로 259 **대표메뉴** 해물라면 8,000원, 문어숙회 20,000원~ **문의** 064-782-2671 **영업시간** 07:00~18:30

50년 전통을 자랑하는 ★★★☆☆
가시식당

표선면 보건소 근처의 기사식당은 돼지고기를 주재료로 만든 음식을 파는 식당이다. 50년 전통을 자랑하는 이곳은 1960년대 초 처음 문을 열 때만 해도 식육점이었다가 지금은 식당으로만 운영한다.

원래 동네 주민들만 찾는 곳이었지만 입소문이 난 후 여행객들도 많이 찾는다. 돼지를 삶은 국물에 모자반을 넣고 끓인 몸망국이라 부르는 몸국과 가스버너 위에 돼지고기와 콩나물, 무생채, 파채를 넣고 볶아 먹는 두루치기가 주메뉴이다.

주소 제주도 서귀포시 표선면 가시로565번길 22 **대표메뉴** 두루치기 9,000원, 몰망국(몸국) 9,000원, 순대백반 9,000원 **문의** 064-787-1035 **영업시간** 08:30~20:00(15:00~17:00 브레이크타임, 매달 2, 4째 주 일요일 휴무)

어느 유럽의 작은 시골마을 풍경. ★★★★☆
그림상회화덕피자

나무재질의 느낌을 그대로 살린 희끗희끗한 천장과 노출된 목재 기둥이 빈티지스러운 분위기를 자아내는 곳으로 그림상회를 들어서면 마치 알려지지 않은 유럽의 작은 마을 카페에 들어선 듯한 기분이 든다. 곳곳에 배치된 소품과 책자 그리고 커다란 창문을 통해 스며드는 따스한 햇살까지 카메라 셔터를 잠시도 멈출 수 없을 정도이다. 사장님 혼자서 운영하는 곳이다 보니 음식을 주문하면 다소 시간이 걸리지만, 내부를 둘러보는 것만으로도 기다리는 시간이 조금도 지루하지 않다. 피자와 파스타, 우리밀로 만든 몇 가지 종류의 빵이 메뉴의 전부이지만 이마저도 어떤 걸 먹어야 할지 고민스럽게 만든다.

화려하지 않은 소박한 멋 그래서 더욱 정감 가는 플레이팅은 이곳과 딱 어울리는데, 맛 역시 자극적이지 않고 담백한 편이다. 유일하게 아쉬운 건 사장님이 개인적인 작업이 있어 월요일부터 수요일까지만 영업을 한다는 것이다.

주소 제주도 서귀포시 표선면 중산간동로5570번길 9 **대표메뉴** 나폴리피자 23,000원, 파스타(토마토, 크림들깨) 12,000원 **문의** 064-787-7607 **영업시간** 12:00~17:00(목~일요일 휴무)

Section 03
제주 동부에서 반드시 들러봐야 할 카페

둘러볼 곳이 많다고 마음마저 바빠지면 여행이 끝나고 나서도 여행지에서 바삐 다녔던 기억만 남게 된다. 빡빡한 일정이라도 아름다운 바다를 바라보며 커피 향 그득한 카페에 앉아 잠시나마 여유로운 시간을 즐기자.

월정리는 로와 열풍 ★★★★☆
월정리로와 LOWA

월정리로와는 읽는 것에 따라 월정리에 위치한 로와카페가 되기도, 월정리로 오라는 뜻이 되기도 한다. 월정리가 카페촌으로 변하는 데 큰 일조를 한 월정리로와는 많은 카페 중에서도 가장 인기가 좋은 곳이다.

어디에서든 바다를 바라보며 음료를 마실 수 있는 기존의 공간에다 뒷공간을 확장해 뒷뜰로와, 온실로와까지 만들어 재미까지 더했다. 하지만 가장 인기 있는 자리는 옥상에서 바다를 바라보는 좌석이다. 월정리 바다를 바라보며 한라봉차 한잔을 마시노라면 이곳이 제주도인지 동남아의 어느 휴양지인지 헷갈릴 정도이다.

주소 제주도 제주시 구좌읍 해맞이해안로 472 대표메뉴 아메리카노 4,000원, 한라봉차 6,000원, 한라봉치즈통식빵 7,000원 문의 064-783-2240 영업시간 09:00~21:00(하절기 23시까지)

바람벽에흰당나귀

바다 위에 두둥실 떠 있는 것처럼 ★★★★☆

녹슨 철에 어렴풋하게 쓰인 카페 이름을 확인하고 나서야 카페라는 확신이 드는 이곳은 휴게소로 쓰던 건물을 오래된 나무로 장식하여 빈티시한 옷을 입은 곳이나.

입구에 버려진 듯한 나룻배도 북한에서 떠내려온 배이다. 문을 하나 열고 들어왔을 뿐이지만 먼바다를 항해하는 배에 올라탄 기분이다. 창문의 높이가 수평선을 마주하고 있기 때문이다. 독특한 인테리어가 무척 인상적인데 넓은 실내 구석구석, 어디 하나 손길이 닿지 않은 곳이 없어 보인다.

투박하지만 따듯한 이곳의 인기메뉴는 직접 만든 녹차아이스크림이 올라간 말차빙수이다. 밖에는 푸른 바다를 가만히 감상할 수 있는 낡은 의자가 놓여있다. 시간이 맞는다면 다려도 위로 떨어지는 일몰을 볼 수 있다.

주소 제주도 제주시 구좌읍 동복로 11 **대표메뉴** 아메리카노 5,000원, 말차빙수 13,000원 **문의** 064-782-8611 **영업시간** 10:00~21:00

함덕해변이 한눈에 ★★★★☆
까사델마레 Casa Del Mare

요즘 SNS에서 사진 찍기 좋은 곳으로 알려진 조천의 스위스마을. 알록달록한 건물 1층에는 상가, 2층에는 숙소가 자리하고 3층에는 주인이 살고 있다. '바다의 집'이라는 의미의 까사델마레는 경사진 스위스마을에서도 위쪽에 위치한다. 카페 내부로 들어서면 한쪽 벽면은 소녀 감성이 잔뜩 묻어나는 인테리어가, 그 옆으로는 주인 내외분이 소장하고 있는 LP가 벽면을 가득 채우고 있다. 평생소원이 전원주택을 지어 음악 들으며 사시는 것이라는데, 어찌 보면 이 카페가 그 꿈의 시작인 셈이다.

테라스로 나가면 까사델마레라는 이름의 뜻을 이해할 수 있다. 함덕해변과 서우봉이 한눈에 내려다보이고, 날씨가 좋으면 멀리 육지까지도 볼 수 있다. 커피와 주스 등 마실 것도 있지만 이곳의 **대표메뉴**는 바로 호두파이와 마들렌 등의 베이커리. 제주산 토종유채꿀 등 좋은 재료만 이용해 만들어 너무 달지 않고 맛있다.

주소 제주도 제주시 조천읍 함와로 566-27 1단지 115호 **대표메뉴** 호두파이 5,500원, 유자마들렌 3,500원, 한라봉차 6,000원 **문의** 010-9288-1098 **영업시간** 09:30~20:00

제주에 오길 참 잘했다 ★★★☆☆
카페공작소

월정리가 처음 알려진 건 벽에 난 자그만 구멍을 통해 바다를 바라보는 사진 때문이었다. 뒤이어 방파제에 의자를 올려놓고 바다를 배경으로 사진을 찍고 SNS에 공유하는 것이 유행처럼 번졌다. 카페공작소는 방파제 위에 테이블과 의자를 놓아 업그레이드 시켰는데, 소품만 업그레이드된 것이 아니라 카페 안에서 유리에 프레임을 그려 더욱 특별한 사진을 찍을 수 있게 만들었다. 프레

제주 동부지역

임과 함께 '바다가 참 아름답다. 보고 싶다…'라는 문구가 들어가 이곳에서 찍은 사진은 한 장의 엽서가 된다. 덕분에 카페를 찾는 사람들의 발길이 끊이지 않는다. 카페 내부에는 문구류과 엽서, 양초 등 소품도 함께 판매하고 있는데, 엽서를 구입해 편지를 써 100일 우체통에 넣어보자. 100일 뒤 적힌 주소로 엽서가 도착한다.

주소 제주도 제주시 구좌읍 해맞이해안로 1446 **대표메뉴** 아메리카노 5,500원, 한라봉차 5,500원, 당근케이크 6,000원 **문의** 070-4548-0752 **영업시간** 08:00~20:00

창밖의 목가적인 풍경 ★★★☆☆
카페동백

카페동백이 이름을 알리게 된 건 커다란 창문 뒤로 보이는 제주의 목가적인 풍경 덕분이다. 카페에서 유일한 자리이다 보니 이 자리에서 인증사진을 찍으려는 사람들이 주로 찾는다. 나란히 두 채의 건물이 있는데, 하나는 카페로 다른 하나는 주인의 보금자리로 이용되는 곳이다. 처음 이곳을 마주하면 이런 곳에 집 지어 놓고 살고 싶다는 생각이 자연스럽게 든다. 실내는 천고가 높고 테라스 쪽이 폴딩도어라 그리 넓진 않아도 답답한 기분이 들지 않는다. 다른 자리보다 창가 소파좌석의 인기가 높은 편이지만 어느 정도 운이 따라 줘야 앉을 수 있다. 카페가 자리한 곳 바로 옆에는 선흘리의 곶자왈인 동백동산도 있으니 함께 산책을 즐겨도 좋다.

주소 제주도 제주시 조천읍 동백로 68 **대표메뉴** 아메리카노 5,000원, 카페봉봉 6,000원, 티라미수 6,000원 **문의** 070-4232-3054 **영업시간** 10:00~17:00(일~월요일 휴무) **귀띔 한마디** 반려동물 및 5인 이상 입장 불가

바다 보여요? ★★★☆☆
바다는안보여요

주인이 제주에 카페를 차렸다고 했을 때, 주변에서 하나같이 묻던 말이 '바다 보여요?'였단다. 바다는 보이지 않지만 이곳에는 바다 못지않은 아름다움을 볼 수 있다. 옥상에서는 종달리마을과 지미오름이, 창밖으로는 주민들의 여유로움이 보인다. 위치를 찾기 어렵다면 종달리민회관으로 찾아가면 된다.

주소 제주도 제주시 구좌읍 종달리5길 31-1 **대표메뉴** 핸드드립커피 6,000원, 당근주스 6,000원 **문의** 064-782-4518 **영업시간** 10:00~22:00 **주차** 골목보다 큰 길에 하는 것이 편리하다.

창고형 온실카페 ★★★★☆
그계절

동쪽의 많은 카페가 바닷가에 위치한 것과 달리 카페 그계절은 한동리 마을 안쪽에 자리하고 있다. 덕분에 한적한 주변 풍경이 카페와 잘 어우러지는 느낌이 든다. 카페는 창고형 온실카페로 실내에 많은 화분이 있어 저절로 힐링까지 되는 기분이고, 여기저기 빈티지한 소품들이 여성스러운 분위기를 물씬 풍긴다. 바다를 볼 수 없지만 한쪽 벽면이 유리로 되어 있어 채광도 좋고, 창밖으로 제주의 푸른 하늘을 바라보고 있으면 마음까지 차분해진다. 메뉴는 커피류와 자몽, 딸기 등의 계절 음료, 토스트가 전부이다. 커피보다는 라떼에 유채꿀과 향신료가 더해진 '마지막유채', 여러 가지 과일을 넣은 에이드 '언젠가여름' 등 이 곳만의 시그니처 메뉴와 함께하면 왠지 카페 분위기와 더욱 어우러지는 기분이 든다.

주소 제주도 제주시 구좌읍 한동로 119 **대표메뉴** 아메리카노 5,500원, 마지막유채 6,500원 **문의** 010-3140-3121 **영업시간** 11:00~17:30(휴무일 인스타 공지(https://www.instagram.com/he_season)

동남아 분위기가 물씬 풍기는 ★★★★☆
브라보비치

이국적인 느낌으로 2021년 오픈하자마자 핫플레이스로 떠오른 곳이다. 입구를 들어서는 순간 제주도인지, 동남아인지 착각이 들 정도이다. 푸른 잔디밭과 야자수, 이국적인 느낌 물씬 나는 파라솔과 의자들 덕분에 휴양지에 온 듯한 느낌이 든다. 날씨가 좋지 않거나 춥다면 실내좌석도 있다. 2층 창가석에서 앉으면 멀리 성산일출봉도 한눈에 보여 여느 바다전망 카페 부럽지 않다. 분위기는 좋지만 음료 가격이 다소 비싼 건 아쉽다.

주소 제주도 서귀포시 성산읍 해맞이해안로 2614 **대표메뉴** 아메리카노 8,000원, 브라보버거 18,000원 **문의** 064-782-8448 **영업시간** 10:00~21:00

함덕해수욕장이 한눈에 보이는, ★★★★☆
델문도

제주에서도 아름답기로 손꼽히는 해변인 함덕해수욕장 한쪽에 자리한 카페이다. 해수욕장이 처음 문을 열었을 때부터 있었던 게 아닌가 싶을 정도로 해수욕장과 가깝게 자리한다. 덕분에 1층과 2층 테라스 좌석은 에메랄드빛 바다를 가까이에서 만날 수 있다. 음료 종류도 다양하고, 베이커리와 젤라또 등도 있어 가족 단위라도 방문하기 좋다. 또한 풍경이 좋아 바다를 바라보며 맥주 한 잔 마시는 것도 추천할 만하다.

주소 제주도 제주시 조천읍 조함해안로 519-10 **대표메뉴** 아메리카노 6,500원, 싱글오리진 8,000원 **문의** 064-702-0007 **영업시간** 07:00~24:00

육지까지 진출한 ★★★☆
도렐커피

대부분의 프랜차이즈는 육지에서 시작해 제주도로 진출하지만 도렐커피는 제주에서 시작해 육지까지 진출한 특별한 케이스이다. 서귀포 본점 외에도 아모레퍼시픽 본사와 성수동, 잠실에 지점을 운영하고 있다. 성산 일출봉 앞 숙박단지 플레이스캠프에 자리 잡은 도렐커피는 개방감이 돋보이는 실내공간이 특히 매력적이다. 이곳의 시그니처 메뉴는 너티클라우드이다. 달달한 땅콩크림이 에스프레소와 어우러져 깊고 진한 맛을 낸다.

주소 제주도 서귀포시 성산읍 동류암로 20 **대표메뉴** 너티클라우드 7,000원 **문의** 064-766-3008 **영업시간** 08:30~20:30

표선해변 옆 빙수전문점 ★★★★☆
커피가게 쉬고가게

수심이 깊지 않고 넓은 백사장 덕분에 물놀이를 즐기기 좋은 표선해변 옆에 자리한다. 둥근 모양의 범상치 않은 건물이 눈에 띄는데, 이곳이 커피가게 쉬고가게이다. 1층은 카페, 2층은 숙소로 운영되는데, 작은 기계로 직접 로스팅해서 내려주는 커피도 맛있지만 커피 외 메뉴도 인기가 좋다.

주스나 요거트, 스무디, 빙수도 있으며, 제주산 애플망고를 사용한 애플망고빙수가 특히 맛있다. 가격이 부담스럽지만 한 입 먹어보면 그 맛을 잊지 못할 정도. 카페 한쪽에는 쪽물로 염색한 다양한 제품을 판매하는 곳이 있는데 주문한 메뉴가 나오기 전 한 번 둘러봐도 좋다.

주소 제주도 서귀포시 표선면 민속해안로 593 대표메뉴 애플망고빙수 24,000원, 블루베리요거트 6,500원 문의 064-787-6098 영업시간 10:00~21:00

테마파크에 놀러온 듯한 ★★★☆☆
드르쿰다 in 성산

드르쿰다는 표선에 목장형 카페와 성산에 테마파크 카페, 두 곳이 운영 중이다. 넓은 초원에서 승마, 카트 등 액티비티를 원한다면 표선 드르쿰다, 예쁜 사진을 원한다면 성산 드르쿰다를 선택하면 된다.

테마파크 카페 드르쿰다 in 성산은 1인 1음료를 구매해야 입장 가능한 티켓을 받을 수 있다. 꽃거울, 숲, 자작나무 등 20여 개의 포토존이 있어 셔터만 누르면 아름다운 사진을 남길 수 있다. 하루 두 차례 운행되는 회전목마와 대여가 가능한 카라반도 있어 아이들과 함께 방문해도 좋다.

주소 제주도 서귀포시 성산읍 섭지코지로25번길 64 대표메뉴 아메리카노 6,000원, 일출망고주스 8,500원, 피자 19,800원 문의 064-901-2197 영업시간 09:00~23:00

엽서에 그리는 세화해변, ★★★★★
카페 라라라

구좌읍은 당근이 유명한 동네이다. 그러다 보니 구좌에는 당근주스, 당근케이크가 맛있는 곳들이 많은데, 카페 라라라는 특히 당근주스가 맛있기로 유명한 곳이다. 세화해변 앞이라 바다 풍경도 예쁘지만 우체통, 액자 등 다양한 포토존도 있어 예쁜 사진을 남길 수도 있다.

당근주스와 당근케이크를 받아들었으면 세화해변이 보이는 좌석에 자리를 잡고 해야 할 일이 있다. 언제 받을지 모르는 엽서를 작성해 보는 것이다. 눈앞에 펼쳐지는 장면을 그림으로 남겨도 좋다. 언제인지 기억도 가물가물해질 때쯤 추억을 배달 받는다면 그 또한 멋진 추억으로 남게 된다.

주소 제주도 제주시 구좌읍 해맞이해안로 1430 **대표메뉴** 당근주스 8,000원, 당근케이크 7,000원 **문의** 064-783-0464 **영업시간** 10:00~21:00

Special 06
아이와 함께하는 제주여행

아이에게 좋은 것만 보여주고 다양한 경험을 쌓아 주고 싶은 것이 부모의 마음이다. 1시간의 비행만으로도 해외여행 부럽지 않은 풍경을 볼 수 있는 제주도. 부모와 아이 모두 즐거운 체험활동에는 어떤 것들이 있을까? 어느 지역이나 시장 분위기는 비슷하지만 제주의 시장은 제주의 향이 강하게 풍긴다. 감귤과 한라봉, 천혜향, 레드향 등 제주에서 생산되는 과일들로 온통 노란색 물결이다. 또한 지역 주민들의 삶을 엿볼 수 있고, 풀빵과 국수, 국밥 등 먹거리도 풍부하다. 투박한 듯 넉넉한 인심은 시장에서만 받을 수 있는 덤이다.

스릴을 즐기는 액티비티

다양한 해양생물은 아쿠아리움에서도 만날 수 있지만 잠수함을 타고 직접 바닷속을 구경하는 것과는 비교할 수 없을 것이다. 함덕잠수함은 한 가족만 탑승할 수 있는 반잠수함으로 깊은 바다까지 들어가지 않아도 전면과 양측면의 투명 창을 통해 바다 속 해양생물을 만날 수 있다. 선상 위에서 바닷물에 발을 담그고 물고기 밥 주는 체험까지 할 수 있어 아이와 함께 즐길 수 있는 체험활동으로는 최고의 선택이 된다.

윈드1947테마파크는 한라산 높이인 1,947m와 동일한 길이의 코스를 카트를 타고 온몸으로 바람을 가르며 스릴을 즐길 수 있다. 특히 한라산 남쪽에 위치해 있어 카트를 타고 달리면서 아름다운 풍경을 감상할 수도 있다. 1인용은 신장 150m 이상이어야 탑승 가능하지만 30개월 이상이라면 보호자와 함께 탑승이 가능하다. 테마파크 내에는 카트 외에도 사격장(10세 이상)과 계절에 따라 다양한 꽃들이 피어나는 정원, 식당 등의 편의시설도 갖추고 있어 반나절 정도의 시간을 보내기 좋다.

- 함덕잠수함 **주소** 제주도 제주시 조천읍 조함해안로 378 **문의** 064-783-1334 **이용시간** 09:30~17:30 **입장료** 성인 25,000원, 어린이 20,000원(24개월 미만 무료)
- 윈드1947테마파크 **주소** 제주도 서귀포시 토평공단로 78-27 **문의** 064-733-3500 **이용시간** 10:00~18:30 **입장료** 2인용 기본형 35,000원

노는 게 젤 좋아! 테마파크

제주신화월드 내 신화테마파크는 아이들이 좋아하는 캐릭터 라바를 주인공으로 하여 조성한 놀이공원이다. 아이뿐만 아니라 어른들도 함께 즐길 수 있는 놀이기구도 다양하다. 멀지 않은 곳에 자리한 뽀로로앤타요 테마파크는 아이들이라면 누구나 좋아하는 뽀로로와 타요로 꾸며진 테마파크이다. 야외뿐만 아니라 실내 놀이시설도 갖추고 있어 계절과 날씨에 크게 구애받지 않는다. 캐릭터정원에서는 타요와 뽀로로에 출연하는 여러 캐릭터와 사진도 찍을 수 있고, 통통이관람차를 타고 제주의 중산간을 한눈에 살펴볼 수 있다.

- 신화테마파크 **주소** 제주도 서귀포시 안덕면 신화역사로 304번길 98 **문의** 1670-1188 **이용시간** 10:00~20:00 **입장료** 자유이용권 40,000원
- 뽀로로앤타요 테마파크 **주소** 제주도 서귀포시 안덕면 병악로 269 **문의** 064-742-8675 **이용시간** 10:00~18:00 **입장료** 자유이용권 어른 30,000원, 어린이 40,000원

제주 하면 감귤, 감귤 따기 체험

제주 하면 빼놓을 수 없는 것이 바로 감귤이다. 제주의 많은 농장에서 보통 11~12월에 감귤 따기 체험이 가능하다. 최근에는 감귤 따기 체험뿐 아니라 예쁜 사진을 찍을 수 있는 포토존을 설치해 놓거나 귤밭에서 피크닉을 즐길 수 있는 곳도 있다.

서귀포 월라봉 기슭에 자리한 감귤박물관은 감귤의 기원과 전래, 제주감귤의 유래 등 제주감귤의 역사, 효능과 쓰임 등에 대한 내용을 상설전시하고 있다. 또한 세계 각국에서 수집한 12종의 감귤나무가 식재되어 있으며, 아열대식물인 파파야, 바나나, 망고 등의 나무도 만날 수 있다. 감귤 따기는 주로 겨울시즌으로 한정되지만 이곳에서는 6월 하귤따기 체험도 가능하다.

- 서귀포 감귤박물관 주소 제주도 서귀포시 효돈순환로 441 문의 064-760-6400 이용시간 09:00~18:00 (7~9월 19:00까지) 입장료 어른 1,500원, 청소년 1,000원, 어린이 800원(체험료 5,000원)
- 어린왕자감귤밭 주소 제주도 서귀포시 대정읍 추사로 36번길 45-1 문의 010-7547-1605 이용시간 09:30~20:00 이용요금 한 바구니(2인) 15,000원
- 하례감귤체험농장 주소 제주도 서귀포시 남원읍 중산간동로 6596-3 문의 010-3699-4755 이용시간 09:30~17:00 체험료 5,000원

다양한 가축을 만나는 목장 체험

자연을 좋아하는 아이라면 동물들과 교감할 수 있는 목장이 최선의 선택이다. 양떼목장은 양, 말, 꽃사슴 등의 동물을 만나고 숙박도 가능한 체험형 목장이다. 잔디마당을 실컷 뛰어다니며 동물들과 시간을 보낼 수 있다. 젖소와 한우를 키우는 아침미소목장은 별도 입장료 없이 사진 찍기 좋은 곳으로 입소문 난 곳이다. 송아지에게 우유를 주며 동물과 교감할 수 있고, 목장에서 짠 우유로 만든 유제품도 맛볼 수 있다. 푸른 초원에서 풀을 뜯는 양을 가까이에서 만날 수 있는 바램목장&카페도 가볼만 하다. 대부분 목장이 우리에 갇힌 동물을 만나지만 이곳은 목장 내부로 들어가 양에게 먹이를 줄 수 있다.

- 제주양떼목장 주소 제주도 제주시 애월읍 도치돌길 289-13 문의 064-799-7346 이용시간 10:00~18:00(월요일 휴무) 입장료 어른 5,000원, 청소년 및 어린이 4,000원
- 아침미소목장 주소 제주도 제주시 첨단동길 160-20 문의 064-727-2545 이용시간 10:00~17:00(화요일 휴무) 입장료 무료(수제 요구르트 2,000원~, 우유 아이스크림 4,000원)
- 바램목장&카페 주소 제주도 서귀포시 안덕면 신화역사로 611 문의 010-2098-6627 대표메뉴 아메리카노 6,000원 영업시간 10:00~18:00(우천 시 휴무, 인스타 참고 www.instagram.com/baalamb_jeju)

Part
04

제주 서부지역

Section01. 제주 서부지역에서 반드시 둘러봐야 할 명소
Section02. 제주 서부지역에서 반드시 먹어봐야 할 먹거리
Section03. 제주 서부지역에서 반드시 들러봐야 할 카페
Special07. 베이커리 in 제주

WEST

1-2 바다를 만끽하며 애월한담 해안산책로
  천천히 걸어보기

3 추사 김정희를 기리며 그의 발자취 찾아보기

4 협재해변에서 비양도 바라보며
  바닷물에 발 담가보기

JEJU BEST

제주 서부지역에서 놓치지 말아야 할 추천 베스트

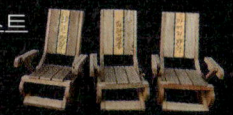

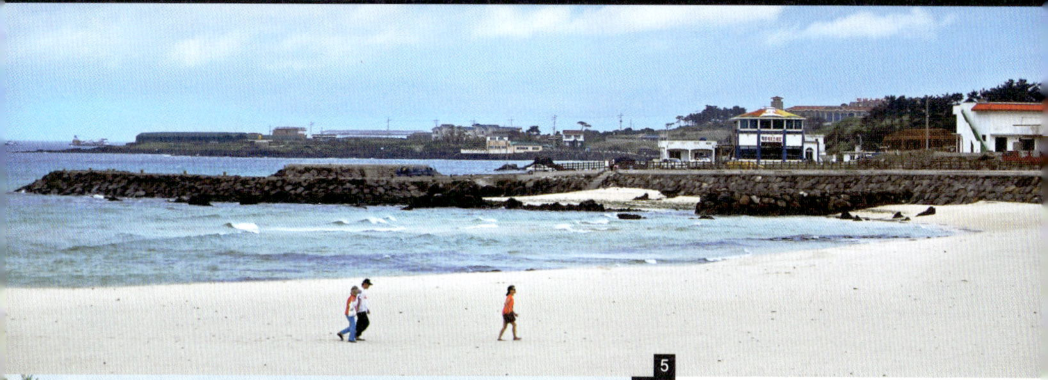

5

6 7

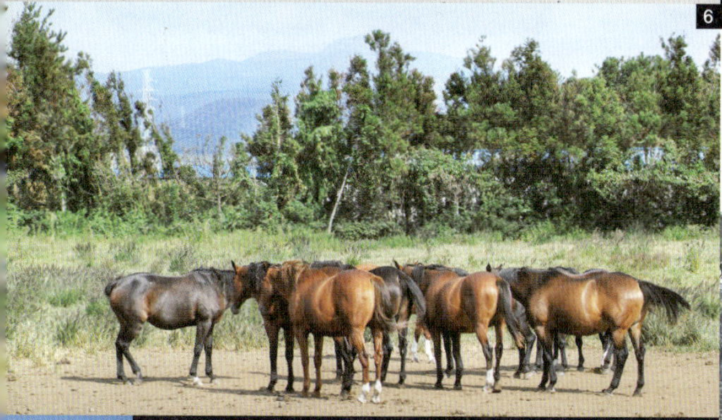

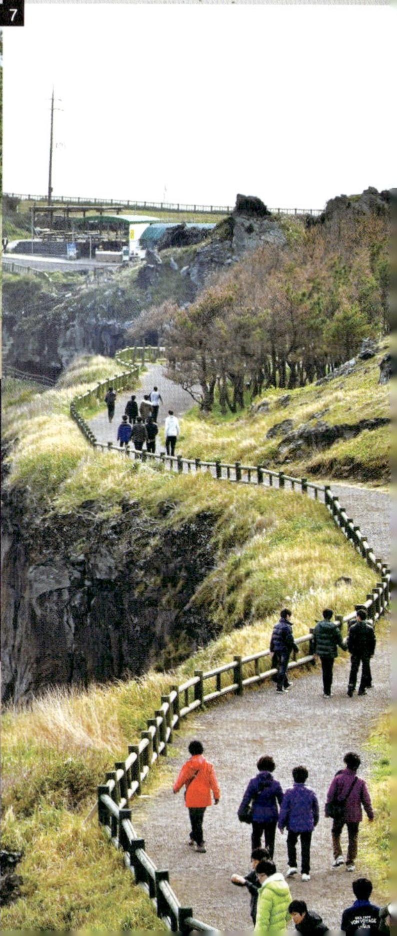

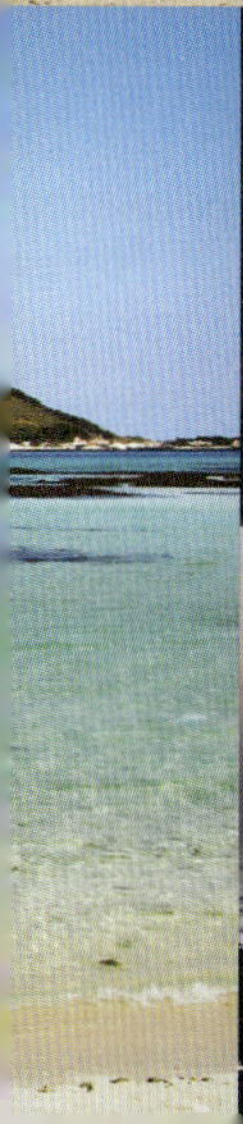

5 곽지 과물해변에서 느긋한 시간 보내기

6 성이시돌목장에서 한가로이 풀을 뜯는 말과 오름이 어우러진 풍경 감상하기

7 제주도의 최남단 송악산에서 환상적인 전망 감상하기

8 수월봉에 올라 차귀도 너머로 지는 일몰 바라보기

8

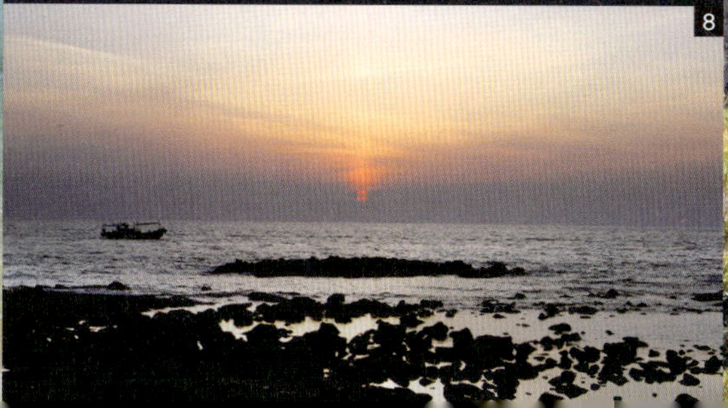

제주 서부지역
핵심 가이드

★★★★★
★★★★☆
★★★★☆
★★☆☆☆

바다와 산이 적절하게 조화를 이루는 서부지역은 제주의 자연을 있는 그대로 느끼기에 좋은 곳이다. 이호테우해변을 뒤로 하고 반시계방향으로 달리면 이내 알작지와 협재해변, 금능해변, 곽지해변 등이 이어지고, 비양도가 멀어질 때쯤이면 어느새 차귀도가 눈앞에 와 있다. 수월봉과 송악산은 그 어느 전망대보다 훌륭한 풍광을 보여준다.

제주 서부지역

제주 서부지역을 이어주는 교통편

서부지역으로 이동하는 교통수단으로 102번 서일주버스 만한 것이 없다. 일주도로와 해안도로를 번갈아 가며 달리기 때문에 급하지만 않다면 서일주버스를 타고 원하는 곳에 내려보자. 색다른 제주여행을 경험하게 될 것이다. 모슬포까지 빠르게 이동하려면 평화로를 가로지르는 151번, 152번 버스를 이용하자.

제주 서부지역에서 이것만은 꼭 해보자

1. 협재 해변에서 비양도 바라보며 바닷물에 발 담가보기
2. 수월봉에 올라 차귀도 너머로 지는 일몰 바라보기
3. 추사 김정희를 기리며 그의 발자취 찾아보기

한눈에 살펴보는 제주 서부지역 베스트코스

제주 서부지역은 1132번 도로인 일주도로와 1135번 도로인 평화로로 나눠진다고 봐도 무방하다. 제주가 처음이라면 일주도로를 따라, 한두 번 제주를 방문했다면 평화로를 따라 여행해보자.

1 해안도로를 따라 절경을 감상하는 코스 (예상 소요시간 6시간 이상)

Go!
- 하귀-애월 해안도로 1시간 코스
- 애월 한담해안산책로 1시간 코스 (10분)
- 곽지해변 1시간 코스 (5분)
- 협재해변 1시간 코스 (30분)
- 신창용수해안도로 1시간 코스 (20분)
- 수월봉 일몰 30분 코스 (30분)

2 제주 서부에서 꼭 만나봐야 할 명소 (예상 소요시간 9시간 이상)

Go!
- 항몽유적지 1시간 코스
- 성이시돌목장 1시간 코스 (25분)
- 저지문화예술인마을 2시간 코스 (15분)
- 오설록티뮤지엄 1시간 코스 (15분)
- 추사관 1시간 코스 (15분)
- 송악산 2시간 코스 (15분)

Section 01
제주 서부지역에서 반드시 둘러봐야 할 명소

바다를 곁에 두고 달리기만 해도 아름다운 해변과 자그마한 포구, 전망 좋은 쉼터 등이 끊임없이 이어져 몸과 마음이 절로 바빠진다. 하지만 바쁠수록 돌아가라는 말도 있듯, 같은 장소라도 시시때때로 보여주는 모습이 다른 제주의 매력에 빠질 수 있도록 여유를 가져보자.

귀한 것일수록 쉽게 모습을 드러내지 않는 법 ★★★★★
용머리해안

용머리해안은 쉽게 볼 수 있는 곳이 아니다. 먼저 물때가 맞아야 볼 수 있는데, 물이 빠진 후에야 산책로가 생기기 때문이다. 또한 바람이 거세 파도가 높은 날에는 출입이 통제된다. 때문에 물때와 날씨가 잘 맞아야 볼 수 있는 귀한 곳이다. 대게 기대가 크면 큰 감동이 없거나 실망하게 되는 경우가 많지만 용머리해안은 기대를 저버리지 않는 비경을 선사한다.
산방산 앞에서 바라보면 용이 바다로 들어가는 모습이라고 해서 이름 붙여진 용머리해안은 수천만 년 동안 층층이 쌓인 사암층의 암벽, 응회암층이 해변을 따라 600m 정도 이어진다. 이 지형은 한라산이 폭발하기 전부터 만들어진 것으로 인정받아 세계지질공원에 등재되어 있다. 켜켜이 쌓인 사암층 그리고 파도와 바람의 침식작용이 만들어낸 해안절경을 바라보면 자연의 위대함을 여실히 느낄 수 있다.
용머리해안은 한때 태풍의 영향으로 인해 일부 구간은 출입이 통제되어 온전한 모습을 만나기 어려웠다. 하지만 이제 태풍으로 유실된 구간에 새로 다리를 놓아 바다에서 해안절경을 다시 바라볼 수 있게 되었다. 다만 아쉬운 점은 기존의 모습과 이질적으로 만들어 놓은 다리 때문에 용머리해안과 전혀 어울리지 않는다는 것이다.

용머리해안으로 들어가는 길목에는 커다란 배 한 척을 만날 수 있는데, 조선시대 풍랑을 만나 모슬포 부근에 표류한 하멜의 선박을 복원해 놓은 것이다. 13년 후 다시 고국으로 돌아가 썼던 책이 바로 우리가 잘 아는 「하멜표류기」이다.

주소 제주도 서귀포시 안덕면 산방로 218-10 **주차** 산방산 주차장 이용 **문의** 064-794-2940(용머리해안 탐방안내소) **이용시간** 09:00~17:00 **입장료** 성인 2,000원, 청소년 및 어린이 1,000원 **귀띔 한마디** 방문 전 입장이 가능한지 확인하고 가야 헛걸음을 하지 않는다.

물빛에 취하는 ★★★★★
협재해변

제주도를 찾을 때마다 빠지지 않고 들르지만 단 한 번도 실망시킨 적이 없는 협재해변. 물빛 하나만으로 여행자를 매료시키는 이곳은 바라보는 것만으로도 쉼표를 찍을 수 있게 하는 아름다움을 가진 곳이다. 맑은 날은 맑은 날대로, 흐린 날은 흐린 날대로, 비가 내리면 또 그 나름대로 다른 분위기를 연출한다. 수온이 따뜻해 봄가을에도 해수욕을 즐길 수 있지만 아름다운 바다색이 흐트러질 것만 같다. 해수욕을 즐기려면 인근의 금능으뜸원해변으로 향하자.

주소 제주도 제주시 한림읍 현재리 2497-1 **문의** 064-796-2404 **이용시간** 24시간 **입장료** 무료

용천수가 샘솟는 ★★★★★
곽지 과물해변

화산섬인 제주도는 지표와 지하 대부분이 화산암으로 이루어져 있어 물이 고이지 않고 바닷가에 이르러서야 솟아나는데, 이렇게 솟아나는 물을 용천수라 부른다. 일종의 우물 역할을 했던 용천수로 주민들은 빨래를 하거나 멱을 감고 식수로도 이용했다. 많은 용천수 중에 가장 유명한 용천수가 바로 곽지 과물해변에 있는 과물노천탕이다. 이곳의 용천수는 2천 년 전부터 솟아나, 수온이 일 년 내내 18도로 일정하여 여름에도 꽤 차갑다. 모래가 고운 곽지 과물해변에서는 해수욕이 아니더라도 모래를 밟으며 시간을 보내기에도 좋다.

주소 제주도 제주시 애월읍 곽지리 **문의** 064-728-8884 **이용시간** 24시간 **입장료** 무료 **귀띔 한마디** 해변 주차장에 위치한 '카페태희'는 피시앤칩스로 유명한 카페인데, 주말이면 외국인이 더 즐겨 찾는 곳으로도 유명하다.

한라산 서쪽의 상징 ★★★★☆
산방산(산방굴사)

동쪽에 성산일출봉이 상징처럼 우뚝 솟아 있다면 서쪽에는 어디에서나 우뚝 솟은 모습을 볼 수 있는 산방산이 있다. 산방산은 이름은 산이지만 정체는 산이 아니라 거대한 화산암이다. 즉, 395m의 거대한 용암 덩어리인 셈이다. 바다와 인접해 있어 종종 구름모자를 쓴 모습이나 안개에 휩싸여 몽롱한 모습을 연출하기도 한다. 등산이 불가능한 것은 아니지만 어렵기 때문에 일부러 찾아가지 않아도 좋다. 안덕과 사계를 다니다 보면 자연스레 볼 수 있어 제주여행 중 한 번은 마주치기 때문이다.

제주 서부지역

정상까지 오르기는 힘들지만 해발 150m쯤에 있는 자연해식동굴인 산방굴사(길이 10m, 높이 5m, 너비 5m)까지는 다녀올 수 있다. 오르는 길은 계단으로 되어 있어 힘은 들지만 비교적 수월하게 오를 수 있다. 오르는 중간 전망대에서 바라보면 용머리해안과 형제섬, 송악산, 멀리 마라도까지 내다보일 정도로 경치가 좋아 오르는 수고로움을 보상해 준다.

주소 제주도 서귀포시 안덕면 사계리 산16 문의 064-760-6321 이용시간 산방산 24시간/산방굴사 일출~일몰 입장료 산방산 무료/산방굴사 성인 1,000원, 청소년 및 어린이 500원

 제주의 녹차를 맛보자 ★★★★★
서광다원(오설록티뮤지엄)

1983년 황무지였던 땅에 차나무를 심기 시작했는데 지금은 24만여 평의 넓은 면적에 녹차가 자라고 있다. 제주도의 청정자연이 만들어 낸 녹차는 향이 은은하고 깊은 맛이 난다. 사실 이곳은 녹차밭보다 오설록티뮤지엄이 더 유명하다. 그래서 사람들도 도착하자마자 박물관으로 향한다.
박물관은 차 문화 체험공간으로, 세계의 찻잔들이 전시된 공간을 지나면 녹차를 맛볼 수 있는 티하우스와 녹차를 볶는 덖음차공간이 이어진다. 저마다 손에는 녹차아이스크림을 쥐고 있다. 실내 전망대로 오르면 넓은 녹차밭 전경이 한눈에 들어오는데, 멀리 한라산까지 내다보이는 풍경이 꽤 훌륭하다. 홈페이지에서 티스톤을 예약하면 차 전문가에게 차에 대한 정보와 맛있게 녹차를 마시는 방법 등을 배울 수 있는 프로그램에 참여할 수 있다.

주소 제주도 서귀포시 안덕면 신화역사로 15 문의 064-795-5312 이용시간 09:00~18:00 입장료 무료 티스톤 그린티 클래스 20,000원, 프리미엄 클래스 30,000원 귀띔 한마디 서광다원 뿐만 아니라 서귀포 도순다원, 남원 한남다원도 아모레퍼시픽에서 운영하는 녹차밭이다. 홈페이지 www.osulloc.co.kr

아이들의 꿈이 피어나는 ★★★★☆
더럭초등학교

알록달록 무지개 빛깔의 건물. 한 통신사 광고에 등장하면서 이름을 알린 더럭초등학교는 실제로 있는 곳인지 의문이 들 정도로 아름다운 곳이다. 아이들의 마음속을 아담한 학교 건물로 표현해 놓은 듯 순수한 색으로 칠해져 있다.

폐교 위기에 몰렸던 시골 마을의 작은 학교가 이름이 알려지면서 건물도 증축하고, 2018년 더럭분교에서 더럭초등학교로 승격됐다. 학교를 찾는 방문객도 늘어나면서 학생들의 수업에 방해되지 않도록 수업시간 이후에만 개방되기 때문에 방문 전 미리 시간을 확인해야 한다. 7~8월이라면 더럭초등학교 근처 하가리 연화못에 들러 활짝 핀 연꽃을 둘러봐도 좋다.

주소 제주도 제주시 애월읍 하가로 195 **문의** 064-799-0515 **이용시간** 월~금요일 18:00~일몰, 토요일 및 공휴일 09:00~일몰 **입장료** 무료

말을 타고 펼치는 야외 공연 ★★★☆☆
라온더마(馬)파크

순우리말로 '즐거운'을 뜻하는 더마파크는 말(馬) 테마공원으로 승마체험은 물론, 말을 타고 펼치는 한 편의 드라마를 볼 수 있는 곳이다. 칭기즈칸Jinghis Khan의 일대기를 표현한 '칭기즈칸의 검은 깃발'이 4년간 공연되었고, 현재 고구려 주몽을 주제로 한 '천 년의 제국, 아! 고구려'가 진행되고 있다. 58명으로 구성된 몽골 기마공연단이 공연을 펼치는데, 우리에게 익숙한 역사를 주제로 하여 공감대를 형성할 수 있다.

하지만 무엇보다 아슬아슬하게 말을 타고 서커스에 가까운 곡예 연기를 펼치는 장면이 압권이다. 말을 탄 상태에서 물구나무를 서고, 활을 쏘는 등 드라마에서나 나올법한 장면을 눈앞에서 볼 수 있어 흥미롭다. 승마체험은 단거리코스

제주 서부지역

와 장거리코스로 나뉜다. 단거리코스는 말을 처음 타보는 아이(36개월 이상)도 체험할 수 있어 온 가족이 추억을 남기기에도 좋다.

주소 제주도 제주시 한림읍 월림7길 155 **문의** 064-795-8080 **이용시간** 09:00~18:00/연중무휴 **공연시간** 3~10월 10:30, 14:30, 17:00/11~2월 10:30, 14:00, 16:30 **승마이용시간** 3~10월 09:00~17:50/11~2월 09:00~17:00 **공연요금** 성인 20,000원, 청소년 18,000원, 어린이 15,000원 **승마요금** 12,000원~ **카트** 1인용 25,000원, 2인용 35,000원 **홈페이지** www.mapark.co.kr

제주에서 소금이 난다? ★★★☆☆
구엄리 돌염전(소금빌레)

온통 현무암이라 물이 고이기 힘든 제주에 무려 23개의 염전이 있었다는 것은 놀라운 사실이다. 바닷가 넓고 평평한 돌 위에 두렁을 쌓고 바닷물을 퍼 날라 간수를 만들어 돌소금을 만들었다. 이러한 돌염전을 '빌레'라 불렀는데, 구엄리 구엄포구 인근 1,500여 평의 평평한 소금빌레가 특히 유명하다. 이곳 소금밭에서는 1950년대까지도 소금을 생산했으며, 땅이 아님에도 개인소유가 인정되었고 상속도 가능했다.

구엄리 돌염전 한편에는 간물을 보관한 혹의 모습도 볼 수 있다. 또한 돌염전 너머로 해가 질 때는 그 어디서도 볼 수 없는 독특한 풍경을 만날 수 있다. 파도가 높은 날이면 커다란 거북이가 바다에서 떠올랐다 내려갔다 하는 듯싶다.

주소 제주도 제주시 애월읍 구엄리 **이용시간** 일출~일몰 **입장료** 무료 **주차** 하귀-애월해안도로를 따라 달리다 구엄포구에 주차

제주도의 옛 등대, 도대불(도대뿔)

전기가 들어오기 전 포구를 밝혀 주던, 지금의 등대 역할을 했던 것이 도대불이다. 현무암으로 아래쪽을 쌓아 올리고, 그 위에 작은 지붕을 만들어 불을 켤 수 있게 만들었다. 지금 구엄포구 한쪽에 남아 있는 도대불은 많이 훼손된 것을 1950년대에 이전 모습으로 복원한 것이다. 제주도에는 총 21개의 도대불이 있었다고 전해지지만, 지금은 구엄리를 포함해 신엄리, 김녕리, 애월리 등에 13개만 남아 있다.

생각하며 만든 정원 ★★★★☆
생각하는정원

세계에서 가장 아름다운 정원. 많은 언론이 생각하는정원을 이렇게 표현했다. 정원의 모습도 그러하겠지만, 정원을 가꾼 사람의 마음을 표현한 것이 아닐까 싶다. 좋아하는 나무를 심고 그 속에서 평생을 살고 싶다는 소망을 가진 성영범씨. 척박한 땅을 개간하여 나무를 심고, 돌담을 쌓고, 연못을 만들었다. 설계도도 없이 혼자 생각하며 만들어서 이름도 '생각하는정원'이라 붙였다.

정원은 테마별로 나뉘어 있지만 굳이 순서대로 둘러볼 필요는 없다. 전망대에 올라 정원을 한눈에 내려다보고, 담팔수 아래에 앉아 차 한잔 음미하는 것만으로도 좋다. 이곳의 처음 이름은 분재예술원이었는데, 그 정도로 많은 분재를 볼 수 있다. 그림 같은 자태를 뽐내고 있는 분재에서 가꾼 사람의 땀

방울을 느낄 수 있다. 내부에는 통갈치 요리를 맛볼 수 있는 식당과 전망대 카페도 있으니 함께 이용해도 좋다.

주소 제주도 제주시 한경면 녹차분재로 675 **문의** 064-772-3701 **이용시간** 09:00~18:00 **입장료** 성인 12,000원, 청소년 10,000원, 어린이 7,000원 **홈페이지** www.spiritedgarden.com

아는 사람만 찾는 비밀스러운 해변 ★★★★★
애월 한담해변산책로

사방이 바다로 둘러싸인 제주에서 바다를 따라 걷는 길을 찾는 것은 어려운 일이 아니다. 어딜 가나 바다를 따라 거니는 길이 있지만, 애월 한담해변산책로는 많은 해변산책로 중에서도 으뜸이다. 해안도로를 빠르게 달리기만 한다면 이 길은 못 보고 그냥 지나치기 쉽다.

하귀-애월해안도로를 달리다 해안도로가 끝나는 지점에서 애월 한담해변산책로가 시작된다. 이 산책로는 곽지해수욕장까지 1.2km 정도 이어진다. 바다를 만끽하며 천천히 걸어도 한 시간이 걸리지 않는 짧은 길이지만 제주도의 숨은 아름다움을 느낄 수 있다.

꼬불꼬불 해안선을 따라 걷다 보면 해안가에 쌓여 있는 현무암 위로 파도가 밀려와 또 다른 장관을 연출한다. 산책로 입구에는 아담한 해변이 있는데, 아는 사람만 찾는 비밀스러운 해변으로 한가로이 해수욕을 즐기려는 외국인들도 즐겨 찾는다.

주소 제주도 제주시 애월읍 애월로 11 **이용시간** 일출~일몰 **입장료** 무료

백년초 향기 가득한 ★★★☆☆
월령리 선인장군락지

백 가지 병을 고친다는 백년초(손바닥선인장) 군락지이다. 제주의 백년초는 인위적으로 심은 것이 아니라 자생하는 것으로, 쿠로시오 난류를 타고 멕시코에서 건너왔다는 설이 가장 설득력 있다. 이곳 월령리 선인장군락지는 2001년 천연기념물(제429호)로 지정될 만큼 보존가치뿐 아니라 학술적인 가치 또한 높다.

선인장은 바다를 시작으로 하여 내륙으로 군락을 이루고 있어 올레14코스를 걷다 보면 심심치 않게 만날 수 있다. 파란 바다 옆 데크를 따라 자라는 선인장부터 마을 안길 돌담과 어우러진 선인장까지, 손바닥을 닮아 '손바닥 선인장'이라고 이름 붙여진 백년초로 가득하다. 봄에는 노란 꽃을 피우고 꽃이 진 자리에는 보랏빛 백년초 열매가 자란다.

주소 제주도 제주시 한림읍 월령3길 **이용시간** 24시간 **입장료** 무료 **귀띔 한마디** 2008년 해안가를 따라 나무데크를 조성해 휠체어와 유모차를 끌고도 가까이에서 선인장을 볼 수 있다.

Part 04

바다, 바람 그리고 산 ★★★★★
송악산

시원한 바다가 펼쳐지는 사계해안도로를 달리면 송악산을 만난다. 섬을 제외한 우리나라 국토 최남단이 해남 땅끝마을이라면 제주도에서는 송악산이 최남단이다. 해남 땅끝마을에는 남해를 내려다볼 수 있는 전망대가 있지만 송악산에는 따로 전망대가 없다. 대신 해안절벽 위의 모든 길이 전망대가 된다. 경사가 완만해 등산이라 하기 민망할 정도의 길을 따라 들어가면 정상인 두 개의 분화구에 닿는다. 움푹 팬 분화구 둘레를 따라 걷다 보면 이곳이 최고의 전망대인가 싶다.

남쪽으로 파란 바다가 펼쳐지고, 가파도와 마라도가 손에 잡힐 듯 가까이 보인다. 고개를 돌리면 형제섬과 산방산, 한라산이 차례로 시야에 들어온다. 파도가 넘실대는 바다에는 고기잡이배가 둥둥 떠다닌다. 되돌아 나오면 바로 주차장으로 향하지 말고 해안으로 향해보자. 일제가 2차 세계대전 말 중국침략을 목적으로 만든 해안참호동굴 15개가 있다.

주소 제주도 서귀포시 대정읍 송악관광로 421-1 **문의** 064-794-2302 **이용시간** 일출~일몰 **입장료** 무료

목장과 오름이 어우러진 풍경 ★★★★★
성이시돌목장

넓은 초원, 한가로이 풀을 뜯는 말, 뒤로 그림처럼 펼쳐진 아름다운 능선. 한림읍 금악리로 가면 이 세 가지 장면이 한데 어우러진 곳을 만날 수 있다. 곳곳에 봉긋한 오름이 솟아있고, 오름 사이의 넓은 들판에는 목장들이 자리하고 있다. 많은 목장 중에서도 성

이시돌목장은 이라크 바그다드 인근 테쉬폰지역의 건축양식을 한 건축물 때문에 너 인기 있다. 성이시돌목장은 아일랜드출신 맥그린치신부가 한국전쟁과 4.3사건으로 인해 거의 폐허가 된 제주도가 목축업을 통해 자립할 수 있도록 하기 위해 만들었다. 지금은 젖소와 경주마만 남아 있지만 한때는 수천 마리의 소와 양이 꼴을 뜯었다고 하니 지금의 제주도가 있기까지 밑거름 역할을 톡톡히 했다고 볼 수 있다.

주소 제주도 제주시 한림읍 금악동길 35 문의 064-796-0396 이용시간 일출~일몰 입장료 무료 귀띔 한마디 이국적인 분위기 덕분에 드라마의 배경으로도 종종 등장한다. 예쁜 배경덕분에 셀프웨딩을 찍는 사람도 간혹 보인다.

금악리목장길

1135번 도로인 평화로를 따라 달리다 그리스신화박물관 옆길로 들어서면 금악리목장길이 이어진다. 성이시돌목장으로 가는 길목으로, 이곳에서부터 이어지는 길은 옆으로 빼곡하게 들어선 삼나무 덕분에 달리기 좋은 드라이브코스가 된다. 짧은 코스이지만 넓은 초원 뒤로는 새별오름, 누운오름, 밝은오름, 정물오름 등이 자리하고 있어 전망이 훌륭하다. 중산간지역이다 보니 비가 오거나 안개가 끼는 날도 많은데, 몽환적인 분위기가 연출되니 일부러 찾아가도 좋다.

우리나라에서 가장 작은 교회 ★★☆☆☆
순례자의교회

성인 네다섯 명만 들어가면 꽉 차는 작은 교회. 제주도에는 4.3사건이 일어날 당시 무장대에 복음을 전파하다 순교한 이종도목사의 순교터 등 기독교순례코스가 있는데, 순례자의교회는 2코스에 속한 용수리저수지 인근에 자리한다. 8㎡ (2.4평) 규모의 좁은 실내는 무릎을 꿇고 앉으면 서로 무릎이 맞닿는다. '길 위에서 묻다'라고 쓰인 종탑도 5m 높이인 무척 작은 교회이다.

날로 크고 화려한 교회가 늘어나고 있지만 욕심이라곤 찾아볼 수 없는 이 교회가 더 아름답고 귀하게 느껴진다. 올레길이나 순례자의길을 걷는 이들의 쉼터이자 깨달음을 얻는 장소가 되기 바라는 마음에서 세운 교회는 돌담과 어우러진 모습이 아름답다.

주소 제주도 제주시 한경면 일주서로 3960-24 문의 070-7569-0460 이용시간 일출~일몰 입장료 무료

제주도의 대표 일몰 포인트 ★★★★☆
수월봉

제주도의 가장 서쪽 지점이 바로 수월봉이다. 바로 앞의 차귀도를 제외하면 제주 본섬에서는 가장 서쪽이다. 그렇다 보니 이곳은 자연스레 제주도의 대표 일몰 포인트가 되었다. 77m의 높지 않은 언덕이지만 해안가 절벽 위에 전망대가 있어 시원한 풍광을 볼 수 있다. 정상에 서면 멀리 신창해안도로와 자구내포구, 차귀도가 한눈에 들어와 가슴 속까지 시원하다. 특히 해 질 녘에 수월봉을 찾으면 차귀도 너머로 지는 아름다운 일몰을 감상할 수 있다.

수월봉부터 자구내포구까지 해안절벽이 2km 정도 이어지는데, 해안절벽을 엉알이라 부르고, 해안을 따라 이어진 길을 엉알해안산책로라 부른다. 이 길은 올레12코스에도 포함되는데, 녹고물이라 부르는 샘물이 솟아올라 약수터로도 이용된다. 이 샘물에 얽힌 슬픈 전설이 있다. 수월이와 녹고라는 남매가 홀어머니의 병을 고치기 위해 수월봉에 오갈피를 캐러 갔다가 여동생 수월이가 절벽에서 떨어져 죽자 녹고가 17일 동안 울었다는 것이다. 녹고가 흘린 눈물이 고여 이룬 샘물을 녹고물이라 부르고, 수월봉은 녹고물오름이라고도 한다.

주소 제주도 제주시 한경면 노을해안로 1013-70 **이용시간** 24시간 **입장료** 무료

수월봉 화산쇄설암 퇴적구조

수월봉 아래 바닷가에 절벽을 이루고 있는 퇴적층을 비롯해 자구내포구까지 이어진 엉알해안산책로를 걷다 보면 화산쇄설암 퇴적구조를 관찰할 수 있다. 살아 있는 지질박물관이라 불러도 좋을 정도로, 화산쇄설암에서 만들어질 수 있는 온갖 퇴적구조를 모두 볼 수 있다. 특히 화산쇄설물이 수증기와 뒤섞여 사막의 모래폭풍처럼 빠르게 지표면 위를 흘러가는 현상인 화쇄난류가 쌓아 만든 거대한 연흔사층리구조는 이곳이 왜 세계지질공원으로 지정되었는지 고개를 끄덕이게 한다.

제주표착기념관(용수성지)
용수리 바닷가에 불어오는 김대건신부의 숨결 ★★☆☆☆

한국 최초의 신부이자 고난과 핍박에도 꿋꿋이 신앙을 전파한 성인(聖人) 김대건신부. 제주표착기념관은 1845년 라파엘호를 타고 조선으로 향하던 중 표류 끝에 제주 용수리해안에 표착한 김대건신부의 기념관이다. 김대건신부 동상이 세워진 입구를 지나면 연못 너머 복원한 라파엘호를 볼 수 있다. 라파엘호를 본떠 만든 기념관에서는 천주교박해의 현장을 살펴볼 수 있다.

기념관 옥상은 좋은 전망대이다. 한없이 포근한 용수포구를 바라보며 순례자들의 평안을 빌어 보자. 표착기념관 바로 앞으로는 달리기 좋은 해안도로가 이어지고, 바다에서 조난한 남편을 기다리다 바닷가 절벽에서 스스로 목숨을 끊었다는 고씨부인의 절부암도 자리하고 있어 함께 둘러보기에 좋다.

주소 제주도 제주시 한경면 용수1길 108 **문의** 064-772-1252 **이용시간** 10:00~18:00 **입장료** 무료

모슬포항
최남단 방어 축제가 열리는 ★★★★☆

대정읍에 위치한 제주 서쪽의 대표적인 포구로 아직도 활발하게 조업하는 항구다. 보통 모슬포항을 일부러 방문하기보다는 항구 주변에 맛있는 식당이 많아 식당을 방문하면서 들르거나, 마라도나 가파도로 가기 위해 배를 타러 가는 편이니 여유롭게 시간을 가지고 항구 주변을 산책해 봐도 좋다. 특히 해 질 녘에 방문하면 항구에 정박한 배 사이로 지는 일몰도 감상할 수 있다.

매년 11월 말이면 '최남단 방어축제'가 열린다. 방어는 가을이 되면 캄차카반도에서 마라도로 이동하는데, 이 시기에 모슬포를 찾으면 저렴하게 맛있는 방어를 맛볼 수 있고 방어낚시, 방어경매 등 다양한 체험도 즐길 수 있다. 꼭 축제기간이 아니어도 항구에는 신선한 해산물을 맛볼 수 있는 식당도 줄지어 있으니 1년 어느 때나 방문해도 좋다.

주소 제주도 서귀포시 대정읍 하모항구로 **이용시간** 일출~일몰 **입장료** 무료

세계 야생화 천국 ★★★☆☆
방림원

30여 년 동안 야생화작품을 만들어온 방한숙대표가 제주도 특색을 살려 문을 연 야생화전문 박물관으로, 박물관이라기보다는 식물원이라는 칭하는 것이 더 잘 어울린다. 만 제곱미터 공간에 피어있는 3천여 종의 소박하고 수수한 야생화들을 볼 수 있다.

입구부터 고란초과의 여러해살이풀인 손고비를 가장 먼저 만나게 된다. 공사 중 우연히 발견했다는 방림굴은 음이온을 느끼기에 좋다. 방림원 마스코트인 개구리 조형물을 곳곳에서 찾아보는 재미도 쏠쏠하다.

주소 제주도 제주시 한경면 용금로 864 **문의** 064-773-0090 **이용시간** 3~10월 09:00~18:00, 11~2월 09:00~17:00(입장마감은 폐장 1시간 전까지) **입장료** 성인 7,000원, 청소년 및 어린이 5,000원 **홈페이지** www.banglimwon.com

호박마차 타고 곶자왈 놀러 가자 ★★★★☆
유리의성

유리로 만든 세상을 만나보자. 유리의성은 이탈리아, 체코, 일본, 중국 등 세계 각국에서 온 유리작품이 전시된 곳으로, 실내와 실외 공간으로 나뉘어 있다. 단순히 유리작품만 전시된 공간이 아니라 유리의 발전과정과 역사, 제조기법 등도 친절히 설명하고 있어 교육에도 도움이 된다. 형형색색의 유리로 아기자기하게 꾸며져 있는 유리의성 안으로 들어서면 마치 동화 속에 들어와 있는 듯한 기분이다.

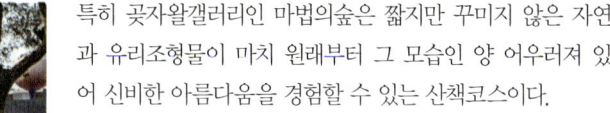

특히 곶자왈갤러리인 마법의숲은 짧지만 꾸미지 않은 자연과 유리조형물이 마치 원래부터 그 모습인 양 어우러져 있어 신비한 아름다움을 경험할 수 있는 산책코스이다.

주소 제주도제주시 한경면 녹차분재로 462 **문의** 064-772-7777 **이용시간** 09:00~19:00(7월 중순~8월 말에는 22:00까지 야간개장)/매표 1시간 전 마감 **입장료** 성인 11,000원, 청소년 9,000원, 어린이 8,000원 **유리공예체험** 5,000원~ **홈페이지** www.jejuglasscastle.com

 제주의 헤이리마을 ★★★☆☆
저지문화예술인마을

갤러리, 박물관, 전시관 등 예술인들의 창작 주거공간인 헤이리마을. 규모 면에서는 차이가 있지만 제주도의 저지문화예술인마을도 예술인들이 거주하며 작품활동을 하는 곳이다. IMF 당시 지역경제 활성화사업을 목적으로 택지조성공사가 시작된 이후, 제주현대미술관을 건립하고 예술인마을이 조성되었다.

진품명품에 출연했던 양의숙전문감정인, 방림원의 방한숙원장, 팝아트 평정지에화백 등 다양한 장르에 걸친 31인이 이웃사촌으로 머물며 새로운 예술작품을 만들어 나가고 있다. 아쉽게도 많은 공간이 개방되지 않아 마을 안길을 거니는 것에 불과할 수도 있지만, 한적한 산책을 즐기기에는 이만한 곳이 없다. 마을로 들어서기 위해서는 2007년 문을 연 제주현대미술관을 지나게 되는데 잠시 둘러보기에 좋다.

주소 제주도 제주시 한경면 저지14길 35 **문의** 064-710-7801 **이용시간** 일출~일몰 **입장료** 무료 **홈페이지** www.jejumuseum.go.kr

제주현대미술관

본관과 분관으로 나뉘어 상설전시와 기획전시가 이루어지고 있다. 특히 상설전시에서는 하모니즘 창시자인 김흥수화백의 작품과 서양화가인 박광진화백의 작품을 만나볼 수 있는데, 전혀 다른 성격이지만 작품에서 제주를 만날 수 있다는 공통점이 있다.

주소 제주도 제주시 한경면 저지14길 35 저지문화예술인마을 내 **문의** 064-710-7801 **이용시간** 10~6월 09:00~18:00, 7~9월 09:00~19:00/매주 월요일, 1월 1일, 추석 휴관 **입장료** 성인 2,000원, 청소년 1,000원, 어린이 500원 **홈페이지** www.jejumuseum.go.kr

제주초콜릿박물관
세계 10대 초콜릿박물관 ★★★★☆

제주초콜릿박물관은 아시아에서는 유일하게 세계 10대 초콜릿박물관에 당당히 이름을 올린 곳이다. 송이석으로 축조한 오래된 성 분위기의 건물 앞에는 트롤리가 있어 이색적인 분위기를 더한다. 이 트롤리는 실제로 샌프란시스코에서 가져왔다고 한다.

실내 전시공간에는 초콜릿의 역사부터 만드는 과정 등 초콜릿에 관한 모든 것이 전시되어 있다 해도 과언이 아니다. 2층 빈투바룸에는 초콜릿을 만드는 다양한 기계를 볼 수 있을 뿐 아니라 초콜릿폭포까지 만날 수 있다. 외부 전시관에서는 초콜릿의 주재료인 카카오나무를 실제로 볼 수 있다. 5~13세 어린이와 함께라면 초콜릿 체험도 가능하다. 일정 금액 이상의 초콜릿 구입 시 무료 체험권을 받을 수 있다.

주소 제주도 서귀포시 대정읍 일주서로 3000번길 144 **문의** 064-792-3121 **이용시간** 10:30~17:00(초콜릿 체험 11:00~16:00 매시 정각, 선착순) **입장료** 성인 7,000원, 어린이 5,000원 **홈페이지** www.chocolatemuseum.org

추사관과 추사유배길
추사에게 길을 묻다 ★★★★★

추사유배길은 조선 말기의 실학자이자 서화가인 추사 김정희(金正喜, 1786~1856)의 정신을 기리는 길이다. 추사체는 그의 제주 유배시절에 완성되었는데, 대정읍이 바로 추사가 유배기간에 지냈던 곳이다. 추사관 뒤편에는 귀양살이했던 초가를 복원해 놓아 유배기간의 생활을 엿볼 수 있다. 유배된 추사에게 중국을 오가며 귀한 책을 보내준 제자 이상적. 추사는 그에게 고

마음을 글과 그림으로 표현하여 선물하였다. 이것이 세한도인데, 추사관은 이 세한도에 그려진 집을 형상화하여 지었다. 추사관 주변을 감싸고 있는 대정읍성과 균형을 맞추기 위해 전시공간은 지하에 자리하였다. 전시공간에는 추사 김정희의 세한도를 비롯한 글씨와 서찰들이 전시되어 있다.

추사의 숨결이 살아 있는 이곳에 3개의 코스로 추사유배길이 만들어졌다. 추사유배길 1코스는 '집념의길'로 추사관, 송계순의 집, 정난주 마리아 묘, 대정향교를 잇는 8.6km의 길이다. 골목골목을 거닐 수 있는 코스로, 대정향교에는 추사가 쓴 현판 의문당(疑問堂)이 걸려 있다. 2코스는 '인연의길'로 추사관, 수월이못, 옹기박물관, 곶자왈을 지나 오설록까지 이어지는 8km의 길이다. 시간이 여의치 않아 하나의 길만 걸어야 한다면 3코스 '사색의길'을 추천한다. 10.1km로 가장 길지만 추사가 제자들과 안덕계곡까지 산책을 즐겼던 길이다. 추사의 낙관이 찍힌 돌과 추사가 좋아했던 수선화가 산방산까지 안내해준다.

주소 제주도 서귀포시 대정읍 추사로 44 **문의** 064-710-6801 **이용시간** 09:00~18:00(17:30 입장 마감), 매주 월요일, 1월 1일, 명절 당일 휴관 **입장료** 무료 **홈페이지** www.jeju.go.kr/chusa/index.htm

추사유배길 살펴보기

- 1코스 집념의길(8.6km, 3시간) : 추사관 – 송죽사 터(1차 적거지 터) – 드레물 – 동계 정온 유허비 – 한남의 숙 터 – 정난주 마리아 묘 – 남문지못 – 단산 – 세미물 – 대정향교 – 추사관
- 2코스 인연의길(8km, 2시간 30분) : 추사관 – 수월이 못 – 추사와 감귤 – 제주옹기박물관 – 곶자왈 – 편지 방사탑 – 서광승마장 – 오설록
- 3코스 사색의길(10.1km, 4시간) : 대정향교 – 완당인보 – 산방산 – 추사 아호 – 안덕계곡

Part 04

아이들과 함께라면 필수코스 ★★★★☆
공룡랜드

2009년 문을 연 공룡랜드는 단순히 공룡만 볼 수 있는 곳이 아니다. 100여 종, 230여 개의 공룡모형을 비롯해 공룡화석과 희귀광물이 전시되어 있고, 3D입체영상관과 자연사박물관 등에서는 아이들의 이목을 끌만한 다양한 전시도 하고 있다. 뿐만 아니라 조랑말 타기 체험이나 도자기 체험 등의 이색적인 체험도 즐길 수 있다.

입구에 들어서면 길옆으로 프로토케라톱스, 바리오닉스 등의 공룡을 만날 수 있고, 뒤이어 28m의 실물 크기 브라키오사우루스가 압도적인 모습을 드러낸다. 애니메이션주제관에는 동굴 속 모습을 재현해 놓아 공룡들의 번식과 생태 등을 관찰할 수 있고, 실감 나는 공룡 울음소리까지 들을 수 있다. 성인이 찾더라도 흔히 접하기 어려운 전시를 볼 수 있어 흥미로우며, 아이와 함께라면 더욱 좋다.

주소 제주도 제주시 애월읍 광령평화2길 1 **문의** 064-746-3060 **이용시간** 4~10월 09:30~18:30, 11~3월 09:30~18:00(1시간 전 매표 마감/연중무휴) **입장료** 성인 9,000원, 청소년 7,000원, 어린이 6,000원 **홈페이지** jdpark.kr

굿? 굿! ★★★☆☆
낙천리 아홉굿마을

아홉굿마을의 이름에는 아홉 개의 샘(굿)이 있다는 뜻과 함께, 아홉 개의 좋은 것(Good)이 있다라는 의미도 있다. 마을 입구에는 사람 키를 훌쩍 넘는 집채만 한 의자, 나스카의 문양을 닮은 듯한 의자, 떨어질 듯 이어진 의자 등 각양각색의 의자가 한자리에 모여 있다. 제각각 글귀가 적혀 있는 의자에 앉아 가만히 눈을 감아보자. 사방에서 새들의 지저귐이 들려오고, 시원한 바람이 불어와 마음이 평온해진다.

재미난 의자들 덕분에 낙천리 의자마을이라고도 불리지만, 아홉굿마을은 보리빵과 보리피자 만들기, 인공낚시 체험 등 다양한 체험을 즐길 수 있는 농촌 전통 테마마을이다. 온종일 다양한 체험을 경험해 볼 수 있지만 짧은 여행 일정에는 쉽지 않은 것이 사실이다. 아쉬운 대로 의자도 구경하고, 올레13코스 중 일부이며 수백 년 동안 마을 주민이 이용했던 잣길도 걸어보자.

주소 제주도 제주시 한경면 낙수로 97 문의 064-773-1946 이용시간 일출~일몰 입장료 무료 체험프로그램 7,000원~ 홈페이지 ninegood.go2vil.org

외세에 맞선 선조들의 혼이 담긴 ★★★☆☆
항파두리항몽유적지

강화도에서 진도, 다시 진도에서 제주도까지. 몽고의 침입에 맞서 싸운 삼별초의 일화는 선조의 용맹함을 엿볼 수 있는 자랑스러운 역사의 한 페이지이다. 항파두리성은 삼별초가 진도의 용장산성에서 여몽연합군에게 패하고 제주도로 옮기면서 성을 쌓고 자리를 잡은 곳이다. 끊임없는 외세의 공격을 막아내던 삼별초는 결국 여몽연합군에 의해 함락당하고 말았지만, 항몽유적지에는 아직도 삼별초의 숨결이 느껴진다. 지금은 이를 기념하는 항몽순의비와 항몽전시관에서 그 흔적을 찾아볼 수 있다.

항몽유적지 외곽에는 아직 형태가 남아 있는 항파두리성이 항몽유적지를 보호하기라도 하듯 감싸고 있다. 항파두리성은 흙으로 쌓은 토성으로, 성 위를 따라 거닐어 볼 수도 있는데, 고요한 제주도를 만날 수 있는 산책로의 역할도 한다. 토성 옆으로 이어진 올레16코스를 따라가면, 김통정장군이 성 위에서 뛰어내려 바위가 움푹 파이면서 맑은 샘물이 솟아났다는 전설이 얽힌 장수물이 조용히 흐른다. 수량이 많지는 않지만 사시사철 마르는 일이 없는 석간수로 신기하게도 파여 있는 모습이 발자국 모양이다. 과거에는 이 물을 마시면 장수한다고 했지만 지금은 마실 수 없는 물이다.

주소 제주도 제주시 애월읍 항파두리로 50 문의 064-713-1968 이용시간 08:30~18:00(동절기 ~17:00) 입장료 무료

Part 04

한림공원
제주도를 한눈에 모두 볼 수 있는 ★★★★★

처음부터 한림공원이 지금처럼 아름다운 모습은 아니었다. 1971년 협재해변 황무지 모래밭을 사들여 나무 한 그루 한 그루씩을 정성스레 심고 가꿔 현재의 모습을 만들었다. 창업자 송봉규씨의 고단한 노력이 없었다면 지금쯤 호텔이나 카페가 자리 잡았을지도 모른다. 이름은 공원이지만 제주도 자생식물과 더불어 2,000여 종의 아열대식물이 자라고 있어 식물원이라는 이름을 붙여도 전혀 어색하거나 부족함이 없다.

공원을 들어서면 세계 각국에서 수집한 3천여 종의 희귀식물이 먼저 반겨주고, 이내 이국적인 정취가 물씬 풍기는 야자수길로 안내한다. 호젓한 분위기로 걷기 좋은 산야초원을 지나면 천연기념물로 지정된 협재굴과 쌍룡굴을 차례로 지나게 되는데, 한라산 화산이 폭발하면서 형성된 용암동굴로 크지 않지만 자연석회동굴을 만난다는 것 자체가 신기할 따름이다. 제주석과 분재원은 제주의 돌과 분재를 소재로 조성되었는데 보는 즐거움이 더욱 크다. 특히 부모님과 함께라면 시선을 떼지 못하는 모습도 볼 수 있을 것이다. 재암민속마을은 사라져가는 제주도 중산간 지역의 전통가옥을 그대로 복원한 곳이다. 단순히 산책하기 좋은 공원이 아닌 공원 하나를 보는 것만으로 제주도 전체를 본 듯한 기분이 드는 곳이 바로 한림공원이다.

한림공원을 방문하면 빼 놓으면 안 되는 것이 있다. 1월에는 수선화, 2월에는 매화, 3월 왕벚꽃, 4월 튤립, 5월 산야초원에서 피어나는 다양한 종류의 야생화와 온실에서 만나는 부겐빌레아에 이어 6월에는 수국, 7~8월은 연꽃, 9월 꽃무릇, 10월 코스모스와 핑크뮬리 그리고 쌀쌀해지는 11월에는 국화에 이어 12월 애기동백까지 365일 꽃을 만날 수 있다.

주소 제주도 제주시 한림로 300 **문의** 064-796-0001 **이용시간** 3~8월 08:30~18:30, 9~10월 08:30~18:00, 11~2월 09:00~17:30 **입장료** 성인 12,000원, 청소년 8,000원, 어린이 7,000원 **홈페이지** hallimpark.com

무인도 산책 ★★★★★
차귀도

제주 서쪽 해안 차귀도는 본섬인 죽도, 와도, 지실이섬 3개의 섬과 작은 부속섬으로 이루어졌다. 1970년대 말까지는 7가구가 농사를 지으며 살았지만, 지금은 아무도 살지 않는 무인도이다. 천연보호구역(천연기념물 제422호)인 차귀도에 들어서면 오랫동안 사람의 손이 닿지 않은 자연 그대로의 섬을 만날 수 있다. 차귀도까지는 자구내포구에서 유람선을 타고 10여 분을 가야 한다. 차귀도선착장에 도착하면 1시간 정도의 시간이 주어지는데 자유롭게 둘러볼 수 있다.

섬을 본격적으로 탐방하기 위해 오르는 길 양쪽으로 대나무가 빽빽이 있어 죽도로 불리는 이유를 알 수 있다. 언덕을 오르면 과거 사람이 살았던 집터를 볼 수 있고, 시계 방향으로 섬을 산책하게 된다. 가을철이라면 끝없이 펼쳐진 억새도 볼 수 있어 더욱 특별하다. 집터에서 5분만 걸으면 바다 한가운데에 촛대처럼 솟은 장군바위를 만난다. 화구의 중심에 있던 마그마가 분출되지 않고 굳어져 암석이 된 것으로 장군바위 주변으로 차귀도의 형성 초기 모습을 관찰할 수 있다.

억새와 들꽃을 친구 삼아 언덕을 오르면 볼래기 동산 위에 하얀 차귀도등대를 마주하게 된다. 고산리 주민들이 손수 만든 무인등대로 1957년부터 불을 밝히고 있다. 등대를 등지고 바라보면 차귀도와 차귀도포구, 수월봉 등 제주의 서쪽 풍경이 한눈에 들어오는데, 그 어디에서도 만날 수 없는 제주도의 비경이다. 쉬엄쉬엄 한 바퀴 돌아도 1시간이면 충분하므로 서두르지 말고 언제 다시 찾을지 모를 차귀도의 구석구석을 구경해보자. 다시 배를 타고 나오는 길에는 독수리바위라 불리는 지실이섬과 와도를 만날 수 있다.

주소 제주도 제주시 한경면 노을해안로 1163 **문의** 064-738-5355 **요금** 성인 및 청소년 18,000원, 소인 13,000원 **이용시간(배편)** 09:30~17:30 (수시 운항이지만 기상 및 계절에 따라 달라지므로 사전 문의 필수)

Part 04

Section 02
제주 서부지역에서 반드시 먹어봐야 할 먹거리

제주시를 벗어나 애월, 협재에 이르기까지 해안을 따라 발길이 이끄는 대로 어디든 가도 될 정도로 다양한 종류의 음식을 맛볼 수 있는 식당이 줄을 잇는다. 핫한 레스토랑을 찾는다면 최근 퓨전 레스토랑이 많이 들어 선 애월읍과 한림읍으로 향하자. 또한 싱싱한 해산물을 맛보고 싶다면 모슬포로 향하자.

정갈한 한상차림 ★★★★★
어머니의 뜻을 담다, 단지

바다와 마주한 애월 한 마을 골목길에 돌담으로 둘러싸여 아늑한 분위기가 인상적인 곳이다. 입구를 들어서면 ㄷ자 모양으로 지어진 건축물이 다시 한 번 안뜰을 감싸는데, 넓은 창 너머로 애월 앞바다가 액자사진처럼 아름다운 풍광을 선사한다. 식당 내부도 한국 전통적인 이미지가 고스란히 묻어나고, 음식도 유기그릇에 담겨져 나와 정갈한 분위기를 더한다.

꽃게무침과 육회 등 단품을 제외하면 메뉴는 고기나 생선을 주재료로 사용한 상차림이다. 계절에 따라 꽃게무침 등을 추가로 주문할 수도 있다. 제철 나물과 장아찌 등이 곁들여져 만족스러운 한 끼 식사를 할 수 있는데, 부모님과 함께한다면 더욱 추천할 만하다.

주소 제주도 제주시 애월읍 하귀2길 66 **대표메뉴** 한우돼지고기완자 밥상 19,000원, 참조기조림 밥상 19,000원 **문의** 064-712-0108 **영업시간** 11:00~18:00(화요일 휴무)

제주 서부지역

산방식당
밀면 한 그릇과 고기 한 점의 행복 ★★★★☆

쫄깃한 면발과 깔끔하고 시원한 멸치육수로 맛을 낸 제주식 밀면을 맛볼 수 있는 곳이다. 제주에 제주도식 밀면을 파는 곳이 여러 군데 있지만 산방식당만큼 문전성시를 이루는 곳은 없다.

산방식당의 메뉴는 밀면과 비빔밀면, 수육이 전부이다. 밀면도 맛있지만 잡냄새 없는 수육이 더 낫다. 살코기와 비계가 적당히 섞인 수육은 함께 나오는 양념장에 찍어 먹으면 더 맛있다. 제주점을 비롯해 여러 곳에 분점이 있으므로 본점이 멀다면 다른 지점을 이용해도 좋다. 단 본점이 더 낫다는 평이 많다.

- 본점 주소 제주도 서귀포시 대정읍 하모이삼로 62 대표메뉴 밀냉면, 비빔밀냉면 각 8,000원, 수육 15,000원 문의 064-794-2165 영업시간 11:00~18:00/명절, 수요일 휴무
- 제주시 분점 주소 제주도 제주시 구남로8길 10-5 문의 064-722-2165 영업시간 11:00~20:00(화요일 휴무)

제주도 밀면으로 유명한 곳
- 관촌밀면 주소 제주도 서귀포시 서문로29번길 13 문의 064-732-5585 • 하르방밀면 주소 제주도 제주시 수덕9길 67 문의 064-712-5000 • 올레진밀면 주소 제주도 서귀포시 솔동산로21번길 17 문의 064-763-3313

협재해녀의집
싱싱한 해산물요리가 가득 ★★★☆☆

자그마한 협재포구에 자리한 협재해녀의집은 해녀가 직접 잡은 싱싱한 해산물요리를 맛볼 수 있는 곳. 음식은 물론이고, 협재포구와 비양도까지 내다보이는 풍경까지 만족감을 높여준다. 모둠해산물과 회, 구이, 뚝배기 등 모든 메뉴에는 해산물이 들어가는데, 해물라면이나 해물뚝배기 등은 부담스럽지 않은 가격이다. 2인 이상이라면 세트메뉴를 선택하여 저렴하게 즐길 수 있다.

주소 제주도 제주시 한림읍 협재 3길 19 대표메뉴 돌문어숙회+해물라면 29,000원, 해물모둠라면 10,000원, 전복해물뚝배기 15,000원 문의 064-796-7773 영업시간 09:30~20:00

제주 토속음식 접짝뼈국 ★★★★☆
일억조

생소한 이름의 접짝뼈국은 잔칫날 돼지의 갈비뼈 부위와 무, 메밀가루를 넣고 걸쭉하게 끓여먹는 제주의 토속음식이다. 고기가 야들야들하고 국물까지 있어 누구나 부담 없이 즐길 수 있다. 지금은 시각적인 부분까지 더해져 맑은 감자탕 느낌의 접짝뼈국을 판매하는 곳도 많아지고 있다. 한림에 위치한 이 집은 걸쭉한 국물의 접짝뼈국을 맛보기 위해 제주도민이 주로 찾는 식당이다. 얼큰한 걸 좋아한다면 차돌된장찌개와 함께 주문해도 좋다.

주소 제주도 제주시 한림읍 한림상로 140 **대표메뉴** 접짝뼈국 9,000원, 차돌된장찌개 9,000원 **문의** 064-796-2270 **영업시간** 09:00~19:30 (15:00~17:00 브레이크타임, 일요일 휴무)

연탄불에 구워 먹는 자투리 고기 ★★★★☆
명리동식당

녹차밭 오설록 인근 도로 옆 허름한 건물에서 연탄불에 구운 자투리 고기를 팔던 곳이었는데, 현지인들 사이에 맛집으로 입소문을 타면서 지금은 건물도 새로 짓고, 더욱 쾌적한 환경에서 예전 그대로의 고기를 맛볼 수 있다. 먹기 좋게 구워주기 때문에 편하게 고기를 먹을 수 있으며, 특히 이곳 멜젓은 한림항 앞 비양도 인근에서 잡은 싱싱한 멸치로 만들어 비린 맛이 없어 더욱 맛있게 고기를 즐길 수 있다. 자투리고기도 맛있지만 김치전골 또한 입소문이 자자하니 고기는 적당히 먹은 후 후식으로 김치전골도 함께 먹어보자.

주소 제주도 제주시 한경면 녹차분재로 498 대표메뉴 흑돼지 자투리고기 15,000원 문의 064-772-5571 영업시간 11:30~21:00(15:00~16:00 브레이크타임, 월요일 휴무) • **구좌직영점** 주소 제주시 구좌읍 일주동로 3010-17 문의 064-783-2225 영업시간 11:30~22:00(수요일 휴무) • **애월점** 주소 제주시 애월읍 애월해안로 384-8 문의 064-799-5888 영업시간 11:30~22:00(목요일 휴무)

보말 하나면 충분 ★★★★★
옥돔식당

보말은 제주도사투리로 고둥을 뜻한다. 제주도에서는 보말을 주로 미역과 함께 끓여 먹는데, 모슬포의 옥돔식당은 보말 하나로 제주도의 유명식당이 됐다. 메뉴도 보말칼국수 단 한 가지가 전부이다. 보말칼국수는 반찬으로 나오는 콩나물 무침을 함께 넣어 먹으면 더 맛있다.

TV프로그램 '수요미식회'에 옥돔식당의 보말칼국수가 소개된 후 찾는 사람이 더 많아져 보말국은 메뉴에서 제외했다. 보말칼국수는 2인분 이상부터 주문이 가능하다. 또한 오픈시간도 기존 10시에서 11시로 늦춰졌다. 기다리는 것이 싫다면 그나마 한적한 평일에 찾아가 보자. 영업시간은 오후 4시까지이지만, 재료가 떨어지면 문을 닫기 때문에 이곳을 방문하려면 일찍 찾아가야 하고, 점심시간이 지나서 간다면 전화로 확인하고 찾는 것이 그나마 헛걸음을 하지 않을 수 있는 방법이다. 대기인원이 많다면 인근의 모슬포를 가볍게 산책해 보자.

주소 제주도 서귀포시 대정읍 신영로36번길 62 대표메뉴 보말칼국수 10,000원 문의 064-794-8833 영업시간 11:00~ 16:00(매주 수요일 휴무)

모슬포항 조림 전문 ★★★★★
부두식당

매년 11월이 되면 모슬포항은 발 디딜 틈이 없다. 최남단방어축제 때문이다. 전국에서 제철을 맞은 방어를 맛보기 위해 찾아온 사람이 몰려들어 인산인해를 이룬다. 꼭 방어축제가 아니더라도 사시사철 사람들의 발길이 끊이지 않는 식당이 바로 부두식당이다. 주말에는 주변에서 토요시장이 열리니 시간이 맞다면 구경해볼 만하다.

부두식당에서는 주인아저씨가 직접 방어를 잡아 오기 때문에 저렴하게 방어회를 맛볼 수 있다. 관광객뿐 아니라 현지인들 사이에서도 이미 검증된 맛집이다.

주소 제주도 서귀포시 대정읍 하모항구로 62 대표메뉴 방어회 40,000원~, 갈치조림 45,000원~, 갈치구이 40,000원 문의 064-794-1223 영업시간 09:30~21:30(매주 목요일 휴무)

지역 주민들의 맛집 ★★★★★
영해식당

모슬포 인근을 여행하면서 지역 주민들에게 근처 식당을 추천해달라고 하면 하나같이 영해식당을 추천한다. 허름한 외관이 얘기해 주듯 40년 동안 이어져 온 식당으로 관광객들도 거부감 없이 먹을 수 있는 담백한 몸국과 투박하지만 옛날 시골에서 할머니가 끓여준 맛이 생각나는 소고기찌개가 인기메뉴이다. 여름에는 밀면을 찾는 사람이 많다.

주소 제주도 서귀포시 대정읍 하모상가로 34-2 대표메뉴 밀냉면 7,000원~, 소고기찌개 9,000원, 고기국수 7,000원 문의 064-794-2262 영업시간 10:50~19:00(비정기적 휴무)

제주 서부지역

곤밥보리밥
엄마의 손맛이 그리울 땐 ★★★★☆

객지생활을 오래 하다 보면 이따금 생각나는 음식이 있다. 거하게 차려진 한정식도 비싼 음식도 아니다. 갓 지은 고슬고슬한 밥에 구수한 된장찌개만으로도 행복해지는, 엄마가 해주는 집밥이다. 애월에 자리한 곤밥보리밥은 엄마가 해주는 집밥의 정취를 느낄 수 있는 곳. 곤밥은 제주방언으로 쌀밥을 뜻한다. 곤밥보리밥은 특별한 음식보다 보쌈정식과 보리밥정식이 주메뉴이다. 잘 삶은 보쌈과 자극적이지 않은 반찬들이 정갈하다.

주소 제주도 제주시 애월읍 애월로 70-2 **대표메뉴** 보리밥정식 10,000원, 보쌈정식 13,000원, 해물파전 15,000원 **문의** 064-799-0116 **영업시간** 10:30~21:00/첫째, 셋째 주 수요일 휴무

하갈비
노을을 바라보며 맛보는 흑돼지. ★★★☆☆

애월 카페거리 끝에 자리한 하갈비는 1층 고깃집, 2층은 국숫집으로 운영되는 곳이다. 한우와 흑돼지를 판매하는 정육식당이므로 정육코너에서 원하는 고기와 부위를 선택하면 된다. 점심부터 영업하지만 이곳은 가급적 해 질 녘에 찾는 것이 좋다. 마당에 펼쳐진 이국적 파라솔 아래에서 노을과 함께 고기를 맛볼 수 있기 때문이다. 고기 맛이야 다른 곳과 큰 차이는 없겠지만 황홀한 일몰과 함께라면 얘기가 달라진다.

주소 제주도 제주시 애월읍 애월북서길 52 **대표메뉴** 상차림비용 중학생 이상(1인 실내 6,000원/야외 7,000원), 초등생(실내/실외 1인 4,000원), 김치찌개 7,000원 **문의** 064-799-8585 **영업시간** 11:00~22:00

술 한잔 생각날 때면 여기가 딱 ★★★★★
닻

해가 지고 나면 제주의 밤은 길게만 느껴진다. 마땅히 갈만한 곳이 없기 때문이다. 그나마 제주시내나 중문이라면 사정은 나은 편이지만 그 외 지역이라면 꼼짝없이 숙소에서 시간을 보내야 한다. 숙소가 애월읍 쪽이라면 편안한 분위기에서 맛 좋은 안주와 함께 술 한잔 즐길 수 있는 닻으로 향해보자.

애월-하귀해안도로 가문동포구에 위치한 닻은 홍대에서 활동하던 DJ와 셰프가 문을 연 곳이다. 지금은 쉽게 만날 수 있는 딱새우회를 가장 먼저 만든 곳인 만큼 딱새우회와 술 한 잔 기울여보자.

주소 제주도 제주시 애월읍 가문동길 41-2 **대표메뉴** 딱새우 사시미 40,000원, 나가사끼 짬뽕탕 25,000원 **문의** 070-4147-2154 **영업시간** 11:30~23:00(15:00~17:00 브레이크타임, 수요일 휴무) **귀띔 한마디** 노키즈존(13세 이하 출입불가)

해물 가득한 칼국수 ★★★☆☆
협재칼국수

협재칼국수는 바다는 보이지 않지만 협재해수욕장에서 도보 3분 거리에 위치한다. 싱싱한 해산물이 푸짐하게 들어간 해물칼국수와 미네랄이 풍부하고 고단백질 식재료인 보말이 들어간 보말칼국수를 전문으로 하는 식당이다. 제주 여행 중 한 번은 들르게 되는 협재해수욕장에서 부담스럽지 않은 한 끼 식사를 하기 좋은 곳이다. 대기를 해야 한다면 식당 계산대에서 번호표를 받은 뒤 야외 대기 장소에서 기다리면 된다.

주소 제주도 제주시 한림읍 협재로 3 **대표메뉴** 해물칼국수 15,000원, 보말칼국수 10,000원 **문의** 064-796-8107 **영업시간** 09:00~20:00(16:00~17:00 브레이크타임, 휴무 부정기적, 인스타(hj_kalguksu) 공지

제주 서부지역

보말칼국수의 진한 매력 ★★★★☆
한림칼국수

제주도에는 보말칼국수를 잘하는 식당이 여럿 있는데, 한림 쪽에서는 단연 한림칼국수를 꼽는다. 한림항 선착장 입구에 자리하고 있어 섬 속의 섬 비양도 여행을 위해 배를 타려는 관광객은 물론 제주 현지인들에게도 사랑받는 곳이다. 이곳 보말칼국수는 보말 함량이 높아 다른 집에 비해 걸쭉함은 적은 대신 식감이 좋은 편이다. 칼국수를 다 먹은 뒤엔 공짜로 제공되는 공깃밥을 시켜 국물에 말아먹어도 좋다. 오후 4시까지만 영업하므로 일정을 잡을 때 참고하자.

주소 제주도 제주시 한림읍 한림해안로 139 **대표메뉴** 보말칼국수 9,000원, 닭칼국수 8,000원, 매생이보말전 8,000원 **문의** 070-8900-3339 **영업시간** 07:00~16:00(일요일 휴무)

비리다는 편견은 버려 ★★★★☆
만선식당

제주도에서 고등어회를 즐긴다는 사람들은 고민도 하지 않고 찾는 곳이 바로 만선식당이다. 주로 방어회를 먹기 위해 찾는 모슬포항구 바로 앞에 자리하고 있어 찾아가기도 쉬운 편이다.

국내산 고등어 회는 비리지 않고 담백하다. 고등어회도 회지만 이 집을 즐겨 찾는 이유 중 다른 하나는 바로 밥에 있다. 겉보기엔 평범한 흑미를 사용해 지은 밥과 별반 차이가 없어 보이지만 참기름과 깨를 넣은 밥은 고등어회와 함께 먹으면 더욱 고소한 향이 감돌아 입맛을 돋운다.

주소 제주도 서귀포시 대정읍 하모항구로 44 **대표메뉴** 고등어회 50,000원~, 고등어조림 30,000원~ **문의** 064-794-6300 **영업시간** 11:00~21:00(매주 화요일 휴무)

제주스러운 장소에서 즐기는 흑돼지 ★★★★☆
별돈별

제주 여행 중 한 번 이상은 흑돼지를 일부러 찾아서 먹게 된다. 맛도 맛이지만 제주 특산물처럼 취급되는 분위기도 한몫하기 때문인데, 이왕이면 분위기 좋은 곳에서 제대로 즐겨보자. 넓은 야외정원을 갖춘 별돈별에서는 해 질 녘 노을이 지는 풍경을 바라보며 흑돼지를 먹을 수 있다.

야외좌석이 제한적이기 때문에 오픈시간 전부터 대기는 필수이며, 실내 좌석에서 먹어도 야외 정원은 볼 수 있다. 제주도 흑돼지는 물론 백돼지도 맛볼 수 있고, 와인 1병이 포함된 세트 메뉴도 있다. 잘 구워진 두툼한 돼지고기는 그냥 먹어도 맛있지만 이곳에서만 제공되는 또띠아에 싸 먹으면 독특한 별미를 즐길 수 있다.

주소 제주도 제주시 한경면 고산로8길 21-15 **대표메뉴** 흑돼지 540g 54,000원, 백돼지 540g 46,000원, 김치찌개 6,000원 **문의** 064-772-5895 **영업시간** 12:00~22:00(매주 수요일 휴무)

일본식 두부요리 전문점 ★★★☆☆
신의한모

일본 센다이(仙臺) 지역에는 두부로 유명한 와쿠야(涌谷)라는 마을이 있는데, 이곳 두부공장에서 두부 제조과정부터 제대로 배워온 3명의 청년이 2015년 제주도 애월읍에 오픈한 일본식두부요리 전문점이다. 두부 한 모 한 모를 열심히 만들다 보면 언젠가 신이 만든 것 같은 맛있는 두부를 만들 수 있게 되지 않을까하는 마음으로 가게 이름을 신의한모라고 지었다고 한다. 메뉴는 대체로 일본식 두부요리가 많으며, 가격이 다소 비싼편이지만 막상 이 집의 두부요리를 먹어보면 두부가 이렇게 부드럽고 고소할 수 있구나 하는 생각이 든다. 두부만 맛볼 수 있는 단품요리부터 탕, 튀김 등 두부로 요리할 수 있는 다양한 메뉴를 선보이는데, 여러 가지를 맛보고 싶다면 세트메뉴도 좋은 선택이다.

주소 제주도 제주시 애월읍 하귀14길 11-1 **대표메뉴** 3종세트(2인기준) 47,000원, 모두부/오보로두부 5,500원, 아게다시도후(3개) 15,000원 **문의** 064-712-9642 **영업시간** 11:30~21:00(15:00~17:30 브레이크타임, 월요일 휴무)

제주의 특색을 살린 양식 메뉴 ★★★★☆
돌담너머바다

평생 사진과 요리에만 관심을 가졌던 주인장이 문을 연 양식 전문점이다. 방송에 나와 더욱 인기 있어진 로제크림 소스에 찍어먹는 현무암 모양의 치킨, 제주산 문어와 전복이 더해진 문어스파게티, 전복과 전복내장으로 만든 리조또 등 제주도의 특색을 살린 메뉴를 맛볼 수 있

다. 저녁식사에 한해 예약이 가능하므로 저녁시간에 방문할 예정이라면 꼭 예약을 하는 것이 좋다. 식사 후에는 바로 앞 몽돌해변 알작지에서 산책을 즐겨보자.

주소 제주도 제주시 태우해안로 44-1 **대표메뉴** 현무암치킨 21,000원, 문어스파게티 18,000원 **문의** 010-5344-5527 **영업시간** 11:30~20:30(15:30~17:30 브레이크타임, 수요일 휴무) 영업시간 및 휴무일은 유동적이니 전화나 인스타그램(dambada)에서 확인

Part 04

Section 03
제주 서부지역에서 반드시 들러봐야 할 카페

제주여행 중 향기 그득한 커피 한잔이 생각나면 자연스레 발길이 서부지역으로 옮겨진다. 서쪽 바다에서 커피 향이 유혹하기라도 하는 듯. 스테이위드커피, 카페봄날, 레이지박스 등은 탁 트인 바다를 바라보며 커피를 마시기에 더없이 좋은 곳이다.

유쾌한 망고셰이크 ★★★★☆
리치망고

2011년 망고레이로 시작해 2014년 리치망고로 이름을 바꾼 망고셰이크 전문카페이다. 하귀-애월해안도로를 달리다 보면 망고를 연상케 하는 노란색 건물 덕분에 한눈에 알아볼 수 있다.

실내좌석도 마련되어 있지만 간이휴게소 같은 느낌이다. 주문을 하면 진동벨 대신 '전지현', '정우성' 등 유명 연예인 이름이 적힌 팻말을 주는데, 이것이 진동벨 역할을 한다. 음료가 나오면 이름을 불러주는데, 다소 민망한 상황이 연출되기도 한다.

스페셜망고셰이크는 망고만 넣고 만들어 망고의 맛을 그대로 느낄 수 있다. 작은 페트병에 담겨져 나오기 때문에 부담 없이 들고 다니기에도 좋다. 제주도에만 서귀포 대정점, 하도리점, 쇠소깍점 등이 있고, 서울 홍대와 가로수길에도 지점이 있을 정도로 핫하게 인기 있는 곳이다.

주소 제주도 제주시 애월읍 애월해안로 272 **대표메뉴** 스페셜망고셰이크 7,500원, 망고밀크셰이크 6,000원 **문의** 070-4243-5959 **영업시간** 10:00~20:00(동절기 10:00~18:30) **홈페이지** richmango.com

치치숲
인디언텐트에서 잠봉뵈르 한 입. ★★★★★

제주도 서쪽 중산간에 위치한 치치숲은 다리가 불편하지만 성격 좋은 치치와 여름이라는 애견을 키우는 카페이다. 바닷가에 위치한 카페와는 달리 카페를 감싸고 있는 오름을 통유리 너머로 마주할 수 있는 곳이다. 실내는 좁지만 이곳을 찾는 사람 대부분이 야외 좌석을 선호하므로 큰 문제는 없다. 바로 인디언텐트 때문인데 카페에 온 느낌보다는 야외 소풍을 나온 듯한 기분이 든다. 치치숲 대표메뉴인 버터스카치크림라테, 토마토바질소다도 맛있지만 잠봉뵈르 샌드위치는 꼭 먹어봐야 한다. 제주산 흑돼지 뒷다리로 만든 햄, 잠봉(얇게 저민 햄), 프랑스산 뵈르(버터)가 들어간 샌드위치이다.

주소 제주도 제주시 애월읍 녹고메길 165 2층 **대표메뉴** 토마토바질소다 6,000원, 잠봉뵈르 샌드위치 10,000원 **문의** 010-2980-3699 **영업시간** 10:30~18:00(화~목요일 휴무)

카페봄날
사랑에 빠지지 않으면 죄 ★★★☆☆

카페 봄날에서 바라보는 풍경은 감탄사조차 나오지 않을 만큼 아름답다. 그리고 첫눈에 사랑에 빠지게 된다. 봄날에서의 커피 맛 따위는 중요하지 않다. 창밖으로 보이는 파란 바다만 있다면 무엇을 마셔도 좋을 것 같다.

카페봄날에서는 주문을 한 후 카페 내부로 들어갈 수 있다. 카페 밖에서 바라보는 풍경못지 않게 내부에서 바라보는 풍경 역시 비경이다. 창가석에 앉으면 바다 한 가운데 둥둥 떠 있는 기분이 들기도 한다. 좁은 골목에 위치하고 있으니 차량은 골목 입구 큰길에 세우고 가는 것이 좋다.

주소 제주도 제주시 애월읍 애월로 1길 25 **대표메뉴** 아메리카노 5,000원 **문의** 064-799-4999 **영업시간** 09:00~21:00

제주 구옥이 아늑한 카페로 변신, ★★★★★
벨진밧

벨진밧은 '별이 떨어진 밭'이라는 제주방언으로 기름진 땅을 의미한다. 오래된 옛집을 아늑한 카페로 리모델링했는데, 배우 박한별이 오픈한 것으로 알려지면서 박한별 카페라고도 불린다. 카페 마당으로 들어서면 작고 예쁜 공원에 놀러온 것 같은 느낌이 든다. 사과가 그려진 벽, 아이들이 좋아하는 그네, 돌을 쌓아 만든 아담한 공간까지 모두 촬영 스팟이 된다. 시그니처 메뉴는 별우유 얼음이 들어간 벨라떼로 고소함과 달달함이 조화로운 맛을 낸다.

주소 제주도 서귀포시 대정읍 보성구억로 220-1 **대표메뉴** 벨라떼 7,000원, 밧두렁 7,500원 **문의** 064-794-0121 **영업시간** 10:00~18:30 **주차** 대정읍 안성리 1985-6으로 검색

양과자 전문점 ★★★★★
마마롱

마마롱(Ma Marron)은 '나의 밤(栗)'이라는 뜻을 가진 양과자 전문점이다. 일본 유명 페스츄리숍에서 다년간 경험을 쌓고, 홍대 앞 카페 스노브에서도 경력을 쌓은 파티시에가 차린 디저트 카페이다. 처음에는 서귀포에 테이크아웃 전문 카페로 오픈했지만 현재는 애월에서 일반 카페로 운영 중이다. 제주산 당근을 넣은 당근케이크 등 케이크 종류도 맛있지만 이곳에서 꼭 맛봐야 하는 건 에끌레어(éclair)이다. 커스터드나 휘핑크림으로 속을 채운 길쭉한 형태의 패스트리로 프랑스를 대표하는 디저트 중 하나이다.

주소 제주도 제주시 애월읍 평화로 2783 **대표메뉴** 에끌레어 5,500원, 커피류 5,000원~ **문의** 064-747-1074 **영업시간** 10:00~19:00(매주 월요일 휴무)

제주 서부지역

폐공장의 변신, ★★★★☆
앤트러사이트 커피한림

서울 합정동 당인리 발전소 인근 오래된 신발공장을 개조해 카페로 재탄생한 앤트러사이트. 커피도 커피이지만 공간이 더 돋보이는 카페로 이미 입소문이 자자한 곳이다. 한림읍에 위치한 앤트러사이트 역시 과거 전분공장을 리모델링한 곳이다. 공장의 철문과 녹슬고 수명을 다한 기계들, 기계 사이로 자라나는 풀까지 고스란히 보존된 과거와 그 공간을 가득 메운 커피향이 조화를 이룬다.

주소 제주도 제주시 한림읍 한림로 564 **대표메뉴** 아메리카노 5,000원, 카페라테 5,500원 **문의** 064-7496-7991 **영업시간** 09:00~18:00

크림 가득 와토알프스, ★★★☆☆
와토커피

모슬포에서도 비교적 한적한 대정초등학교 옆에 자리한 와토커피는 본인의 할머니도 드실 수 있는 커피를 내리려는 손자의 사랑이 담긴 카페이다. 카페를 오픈하기 전부터 맛있는 커피 맛을 찾기 위해 열심히 노력한 결과 할머니도 가끔 와서 커피를 즐길 정도라고. 입맛에 따라 골라 마실 수 있는 아메리카노도 있지만 **대표메뉴**는 맛보지 않을 수 없는 시그니처메뉴인 와토알프스다. 라테 위로 헤이즐넛크림과 휘핑크림을 넘쳐흐를 정도로 가득 올려 먹기 아까울 정도다. 실내 좌석이 많지 않아 주말에는 대기해야 할 수도 있다.

주소 제주도 서귀포시 대정읍 동일하모로 238 **대표메뉴** 아메리카노 3,500원, 와토알프스 5,500원, 플랫오름 5,500원 **문의** 010-8324-1455 **영업시간** 08:00~18:30(매주 일요일 휴무)

세련된 인테리어와 맛있는 커피 ★★★★★
크래커스

특별한 볼거리가 없어 여행자 발길이 거의 닿지 않는 조수리에 기존 가정집을 주인장이 직접 리모델링하여 새롭게 문을 열었다. 실내로 들어서면 여기저기 주인장이 신경 쓴 흔적이 역력하다. 금빛으로 포인트를 준 따스한 실내는 한적한 마을 분위기와 잘 어울리고, 기존 미닫이문을 활용한 인테리어는 편안함을 더한다. 콜드브루와 드립커피 등 커피에 집중하고 있어, 맛있는 커피를 원한다면 일부러라도 찾아가볼 만한 집이다.

주소 제주도 제주시 한경면 낙수로 1 **대표메뉴** 아메리카노 5,000원, 콜드브루 6,000원 **문의** 064-773-0080 **영업시간** 10:00~18:00(매주 금요일 휴무)

창을 통해 바라보는 제주의 바다 ★★★☆☆
레이지박스

위치만 보면 제주도에서 손꼽을 정도로 명당에 자리 잡은 카페이다. 뒤로는 산방산이 지켜주고, 앞으로는 용머리해안과 바다가 보이는 자리. 제주올레 기획팀장이었던 주인장이 게스트하우스와 함께 운영하는 카페로(게스트하우스는 조금 떨어져 있다.) 산방산과 용머리해안을 여행할 때 쉬어 가기 좋은 곳이다. 창문을 통해 형제섬이 내려다 보이고, 날씨가 좋은 날이면 멀리 마라도까지 내다 보인다. 아담한 공간이지만 카페는 전시 공간이 되기도 하니 운이 좋다면 작품감상까지 할 수 있다.

주소 제주도 서귀포시 안덕면 산방로 208 **대표메뉴** 아메리카노 4,000원, 영귤에이드 6,500원, 당근케이크 4,000원 **문의** 064-792-7347 **영업시간** 하절기 10:00~19:00, 동절기 10:00~18:30

커피 내리는 파티시에 ★★★★☆
나비정원

그윽한 커피 향에 절로 발걸음이 옮겨진 나비정원. 제주에 정착한 중년의 부부가 운영하는 곳으로 봄을 좋아해서 나비정원이라 이름 붙였다. 가장 맛있는 커피가 탄생하는 과정을 눈앞에서 볼 수 있는데, 분과 초 단위까지 기록하며 로스팅한 커피를 곱게 갈아 정성스레 내려준다. 기호에 맞춰 원하는 커피를 내려주니 주문 전 꼭 맛보고 싶은 커피를 얘기하자. 우리나라에서 맛보기 힘든 세계 3대 커피인 코나커피도 맛볼 수 있다. 카페 곳곳에서 솜씨 좋은 주인아주머니의 도자작품도 감상할 수 있다.

주소 제주도 서귀포시 대정읍 하모리 1068-7 **대표메뉴** 하와이안 코나 15,000원, 핸드드립 5,000원~ **문의** 064-792-2688 **영업시간** 08:00~21:00(마지막 주문 20:00)

여유롭게 즐기는 ★★★☆☆
송훈파크 하이드브레드

기존 리조트가 있던 공간에 송훈파크라는 이름으로 새롭게 문을 열었다. 유명 셰프 송훈이 TV에 출연해 공사 과정부터 방송을 탔던 곳으로 흑돼지를 맛볼 수 있는 크라운돼지와 베이커리 카페인 하이드브레드를 운영하고 있다. 빵이 놓여있는 진열대와 카운터는 현무암으로 만들어져 있고, 내부도 곳곳에 작은 정원을 조성하여 자연친화적인 모양새이다. 사방을 통유리로 시공해 공간이 확 트여 있는 느낌이고, 뒤편에는 넓은 잔디밭이 있어 아이들이 뛰어 놀기에 좋다.

주소 제주도 제주시 애월읍 상가목장길 84 **대표메뉴** 아메리카노 6,000원, 흑임자아인슈페너 7,000원 **문의** 070-4042-5090 **영업시간** 11:00~20:30

폐창고의 변신 ★★★★☆
청춘부부

대정읍 안성리 귤밭 옆에는 감귤창고를 리모델링해 오픈한 카페 청춘부부가 있다. 카페 이름처럼 젊은 부부가 운영하는 카페로 입구부터 내부 곳곳이 포토존인 덕분에 오픈하자마자 SNS에서 유명해진 곳이다. 채광이 좋은 실내는 화이트와 우드톤으로 한결 밝은 분위기를 연출하는데, 곳곳의 아기자기한 소품들이 눈길을 잡는다. 입구를 들어서면 정면으로 보이는 좌석이 가장 인기 있는 자리라 눈치 싸움이 치열하다. 밤크림라떼에 아이스크림이 들어간 청춘의 밤, 상큼하게 터지는 감귤에이드가 이곳의 대표메뉴이다.

주소 제주도 서귀포시 대정읍 추사로38번길 181 **대표메뉴** 청춘의밤 6,500원, 제주감귤에이드 6,000원, 말차케이크 6,500원 **문의** 070-8887-1529 **영업시간** 08:30~18:00(주말은 10~17시까지, 부정기적 휴무) **홈페이지** www.instagram.com/jeju_booboo

추억이 방울방울 ★★★★☆
명월국민학교

1995년 이전에 초등학교를 다녔던 사람이라면 국민학교라는 이름이 익숙할 것이다. 일제 잔재 청산의 일환으로 지금은 사라진 이름 국민학교를 소환한 카페가 있다. 쉬는 시간이면 열심히 닦던 칠판, 왁스칠까지 해가며 광나도록 문질렀던 복도. 추억 속 앨범을 넘기듯 옛 추억을 끄집어내고 싶다면 폐교를 카페로 개조한 명월국민학교로 향해보자. 1993년 폐교 이후 버려졌던 학교를 25년만에 카페로 화려하게 변신시켰다. 사소한 것 하나하나 과거의 기억을 소환하는데, 교실 공간을 그대로 살려 카페반, 소품반, 전시반

으로 꾸며 놓은 실내는 추억의 정점을 찍는다. 복도쪽에 자리를 잡으면 창문 너머 멀리 한림 앞바다까지 보이고, 뒷마당에는 푹신한 빈백Beanbag이 놓여 있어 여유롭게 시간을 보낼 수 있다.

주소 제주도 제주시 한림읍 명월로 48 **대표메뉴** 명월커피 5,000원 **문의** 070-8803-1955 **영업시간** 11:00~19:00(부정기 휴무)

사진 찍으러 카페 가요 ★★★☆☆
마노르블랑

요즘엔 카페에 커피만 마시러 가지 않는다. 특색 있게 꾸며진 곳들이 많아 예쁜 사진을 남기기 위해 찾아가는 곳도 있는데, 마노르블랑이 바로 그렇다. 벽면 가득 예쁜 찻잔으로 꾸며놓은 실내도 좋지만 마노르블랑을 방문하는 사람들은 대부분 음료를 주문한 뒤, 야외정원으로 향한다. 산방산을 배경으로 확 트인 풍경이 한눈에 들어오는 넓은 정원에는 계절에 따라 동백, 수국, 핑크뮬리 등이 피어나 온통 사진 찍기 좋은 포토존이다.

주소 제주도 서귀포시 안덕면 일주서로 2100번길 46 **대표메뉴** 아메리카노 3,000원, 한라봉에이드 5,000원(야외정원만 이용 시 입장료 초등학생이상 4,000원, 미취학아동 2,000원) **문의** 064-794-0999 **영업시간** 09:00~18:30

할머니 댁에 놀러 온 것 같은 편안함 ★★★★☆
노고로시

한림읍 대림리 마을 안쪽에 자리한 카페 노고로시. 부족하지도 넘치지도 않는 마음의 여유와 편안함을 뜻하는 제주 방언이다. 제주 옛집을 리모델링해서 만든 카페지만 옛 분위기를 고스란히 살린 덕분에 할머니 댁에 놀러온 듯한 편안한 기분이 든다. 외관과 달리 내부는 우드톤의 따스함이 온몸을 감싸준다. 실내도 좋지만 문을 열고 나가면 뒷마당은 캠핑장 느낌도 나서 날씨만 좋다면 야외좌석에 앉아도 좋다. 쑥라떼도 많이 주문하지만 비주얼도 예쁘고 맛도 좋은 과일 요거트는 노고로시에서 꼭 먹어봐야 할 메뉴이다.

주소 제주도 제주시 한림읍 대림10길 76-3 **대표메뉴** 과일요거트 7,000원, 노고로시 토스트 8,000원 **문의** 064-796-4683 **영업시간** 12:00~18:00(매주 금~토요일 휴무) **귀띔 한마디** 노키즈, 노펫존, 4인까지 이용 가능

새별오름이 눈앞에 펼쳐지는 카페 ★★★★☆
새빌카페

제주의 수많은 오름 중 여행자들이 가장 많이 방문한다는 오름 중 하나인 새별오름. 오름 옆에는 유럽 중세시대 성 같은 분위기를 내뿜는 건축물이 있는데 이곳이 새빌카페로 기존 리조트를 리모델링해서 베이커리 카페로 오픈한 것이다. 대한민국 6대 이색 카페로도 선정됐을 만큼 웅장하고 고풍스러운 분위기를 연출하는데, 한편으로는 오래된 외관 탓에 을씨년스러운 분위기도 난다. 천장까지 확 트인 실내 공간은 커다란 유리를 통해 새별오름을 한눈에 볼 수 있어 좋다. 2층으로 오르면 카페의 웅장함을 경험할 수 있고, 테라스로 나가면 파노라마처럼 펼쳐진 제주의 전망을 마주하게 된다.

주소 제주도 제주시 애월읍 평화로 1529 **대표메뉴** 아메리카노 6,000원, 새빌라떼 8,000원 **문의** 064-794-0073 **영업시간** 09:00~19:00

Special 07
베이커리 in 제주

제주는 육지와 떨어져 있어 유행에 뒤처질 것 같지만 빵집만큼은 예외이다. 제주에서는 베이기리, 피티시에 등의 단어가 전혀 어색하지 않다. 제주 토박이라면 오랫동안 터줏대감 역할을 한 '어머니빵집'을 가장 먼저 떠올리지만, 이제 손가락으로 헤아리기도 어려울 만큼 많은 베이커리 전문점이 고소한 냄새를 풍기며 빵을 구워내고 있다. 심지어 '빵 먹으러 제주도 간다'는 여행자도 생겨날 정도이다.

건강을 생각하는 어머니의 마음으로
어머니빵집

제주에서 어머니빵집을 빼놓고는 빵집을 논할 수가 없을 정도로 절대적인 존재이다. 과거 어머니빵집은 빵만 사가는 가게 그 이상의 의미였다. 약속 장소를 정할 때도, 생일에 케이크를 살 때도 자연스레 어머니빵집으로 발길이 옮겨졌다.

한때 프랜차이즈 커피숍이 들어서면서 설 자리를 잃어 30년 전통이 추억 속으로 사라질 위기에 처했지만 우여곡절 끝에 새 보금자리를 찾게 됐다. 지금 제주도 곳곳에 있는 빵집 중에는 어머니빵집을 거쳐 간 제빵사가 문을 연 곳이 적지 않다. 가장 인기있는 빵은 어빵파(치즈대파빵)과 제주의 돌을 표현한 현무암빵. 선택장애가 올 정도로 다양한 빵이 있으니 입맛에 맞는 빵을 골라보자. 커피와 차 등의 음료도 함께 판매하며 한쪽에 좌석도 마련되어 있다.

주소 제주도 제주시 도령로 103 **대표메뉴** 치즈대파빵 6,500원, 현무암빵 3,500원 **문의** 064-752-1281 **영업시간** 07:00~23:00

마농바게트가 맛있는 빵지순례 필수코스

오드랑베이커리

2003년부터 함덕에 자리 잡은 오드랑 베이커리는 동네 주민들이 사랑하는 빵집이다. 2021 KCA 제과제빵 어워즈에서 제주시 1위를 차지하며 전국적으로 빵지순례 필수코스로 자리 잡았다. 다양한 빵이 있지만 겉은 바삭, 속은 촉촉한 마농바게트(마늘바게트)가 인기메뉴이다. 실내에도 자리는 있지만 빵만 구입해서 풍광 좋은 곳에서 먹는 것도 좋다.

주소 제주도 제주시 조천읍 조함해안로 552-3 **대표메뉴** 마농바게트 6,500원 **문의** 064-784-5404 **영업시간** 07:00~22:00

해비치호텔 내 빵집

마고

표선의 해비치호텔 1층에 위치한 베이커리 마고. 프랑스의 작은 매장을 닮은 외관부터 맛에 대한 기대감이 커진다. 호텔에 위치한 만큼 가격은 조금 비싸지만 빵 맛을 보면 제주도를 갈 때마다 방문하고 싶어진다. 대부분의 빵이 맛있지만 특히 인기 있는 메뉴는 카야브레드로 카야잼과 생크림이 듬뿍 들어 있어 부드럽고 달달하다. 다양한 종류의 홀케이크와 조각케이크도 판매하므로 특별한 날 이벤트 케이크를 구입하기 좋다. 베이커리 외에도 커피와 제철 과일 에이드도 인기 있다.

주소 제주도 서귀포시 표선면 민속해안로 537 해비치호텔 1층 **대표메뉴** 카야브레드 4,500원, 커피류 8,000원~ **문의** 064-780-8387 **영업시간** 08:00~22:00

빵 사러 갔다 잼 사서 나오는 곳
아라파파 (a la papa)

제주 3대 빵집으로 꼽힐만한 곳으로, 다양한 종류의 빵과 케이크 등을 만들어낸다. 아라파파는 프랑스어로 '여유로운'이라는 뜻인데, 내부의 분위기와 딱 어우러지는 느낌이다.

다양한 베리의 타르트도 유명하지만 아라파파를 나가는 사람들 손에는 하나같이 콩피츄르가 들려 있다. 아라파파에서는 다양한 재료로 잼을 만드는데, 콩피츄르는 가장 인기 있는 홍차밀크잼이다.

주소 제주도 제주시 국기로3길 2 **대표메뉴** 홍차밀크잼 콩피츄르 11,000원 **문의** 064-725-8204 **영업시간** 08:00~22:00

건강한 빵을 만드는
보엠 (Boheme)

서울의 유명한 제과점인 나폴레옹제과점 출신의 제빵사가 제주시 노형동의 아파트 상가에 자그맣게 문을 연 빵집이다. 보엠(Boheme)은 프랑스어로 '틀에 얽매이지 않는 자유분방함'을 의미한다. 현무암으로 진열장을 만들어 제주의 특색을 살린 작은 가게 안에는 온종일 빵을 구입하기 위해 찾은 사람들이 끊이지 않는다.

천연 발효종을 사용하고, 장시간 발효하여 빵을 만들기 때문에 건강한 빵을 맛볼 수 있다. 가게 내부에는 좌석이 없기 때문에 포장을 해 가야 하므로 제주여행을 시작하기 전에 들러 여행 중 먹으면 된다. 오전 10시에 나오는 블랙올리브와 치아바타를 시작으로 인기 있는 빵은 대부분 오전에 나오므로 원하는 빵을 구입하려면 오전에 가는 것이 좋다.

주소 제주도 제주시 원노형로 102 **대표메뉴** 보엠샌드빵 20,000원, 당근치아바타 2,500원 **문의** 064-711-9990 **영업시간** 10:00~19:00(매주 일요일 휴무)

늦으면 못 먹어요
버터모닝버터모닝

조용한 시골마을인 광령리에 오픈한 버터모닝은 대구에서 20년간 빵집을 운영하던 주인장이 제주도로 내려가 차린 카페이다. 카페지만 커피나 차를 마시려는 사람보다 빵을 구입하려는 사람들이 오픈 전부터 몰리기 시작한다. 아침 10시 30분에 문을 열지만 빵을 맛보려면 좀 더 부지런해야 한다. 방문 전날 오후 2시 30분~오후 4시 사이에 전화로 미리 예약을 해야 한다. 한 번에 성공했다면 운이 좋은 것이고, 인내심을 가지고 꾸준히 통화 버튼을 눌러야 한다.

버터향 가득한 버터모닝이 대표메뉴인데 뜯어 먹기 좋게 반죽을 이어 붙여 모양부터 먹음직스럽다. 결대로 자르면 버터 향이 코끝을 자극하고, 생크림과 우유와 함께 먹으면 입속에서 사르르 녹는다.

주소 제주도 제주시 애월읍 하광로 279 **대표메뉴** 버터모닝 6,000원, 치즈타르트 2,500원 **문의** 064-712-0461 **영업시간** 10:30~14:30(토~월요일 휴무)

착한 빵집
제일성심당

성산에 위치한 덕분에 다른 곳에 비해 입소문이 덜 나긴 했지만 오래전부터 성산 주민들에게 사랑을 듬뿍 받는 빵집이다. 버스정류장이 가게 앞을 막고 있어 외지인들은 지나치기에 쉽지만. 최근에는 이곳을 찾는 외부인도 많아졌다.

동네 빵집임에도 불구하고 가게 안으로 들어서면 많은 종류의 빵 덕

분에 저절로 행복해진다. 어떤 빵을 먹을까 고민하다 보면 착한 가격에 두 번 행복해지고, 제주시의 어머니빵집 오픈멤버인 주인장의 정성이 깃들어 있어 맛을 보면 세 번 행복해지는 곳이다.

주소 서귀포시 성산읍 고성리 322-8(서귀포시 성산읍 고성오조로 47) 대표메뉴 이불빵 3,500원, 마늘크림치즈빵 4,000원, 쑥찐빵 2,500원 문의 064-782-3125 영업시간 07:00~23:00(명절 연휴 휴무)

제주 파운드케이크 성지
이익세양과점

한림읍 빌라 건물에 아담하게 자리한 곳으로 테이크아웃만 가능한 빵집이다. 말차, 레몬, 리얼초코, 리얼치즈, 백년초, 제주당근 등 6개의 파운드케이크를 판매한다. 우유와 함께 먹지 않으면 퍽퍽해서 호불호가 나뉘는 파운드케이크만 판매하는 곳이지만 이 집의 파운드케이크는 부드러워 먹기 부담스럽지 않다. 3개까지는 종이봉투에 담아주므로 제주 여행하면서 아름다운 경치 보며 먹기 좋고, 4~6개는 박스에 넣어주기 때문에 선물용으로도 좋다.

주소 제주도 제주시 한림읍 명월성로 16 대표메뉴 파운드케이크 5,000원 문의 070-4134-2343 영업시간 10:00~18:00(재료소진 시 마감, 인스타(2_ikse_keki) 공지

Part
05

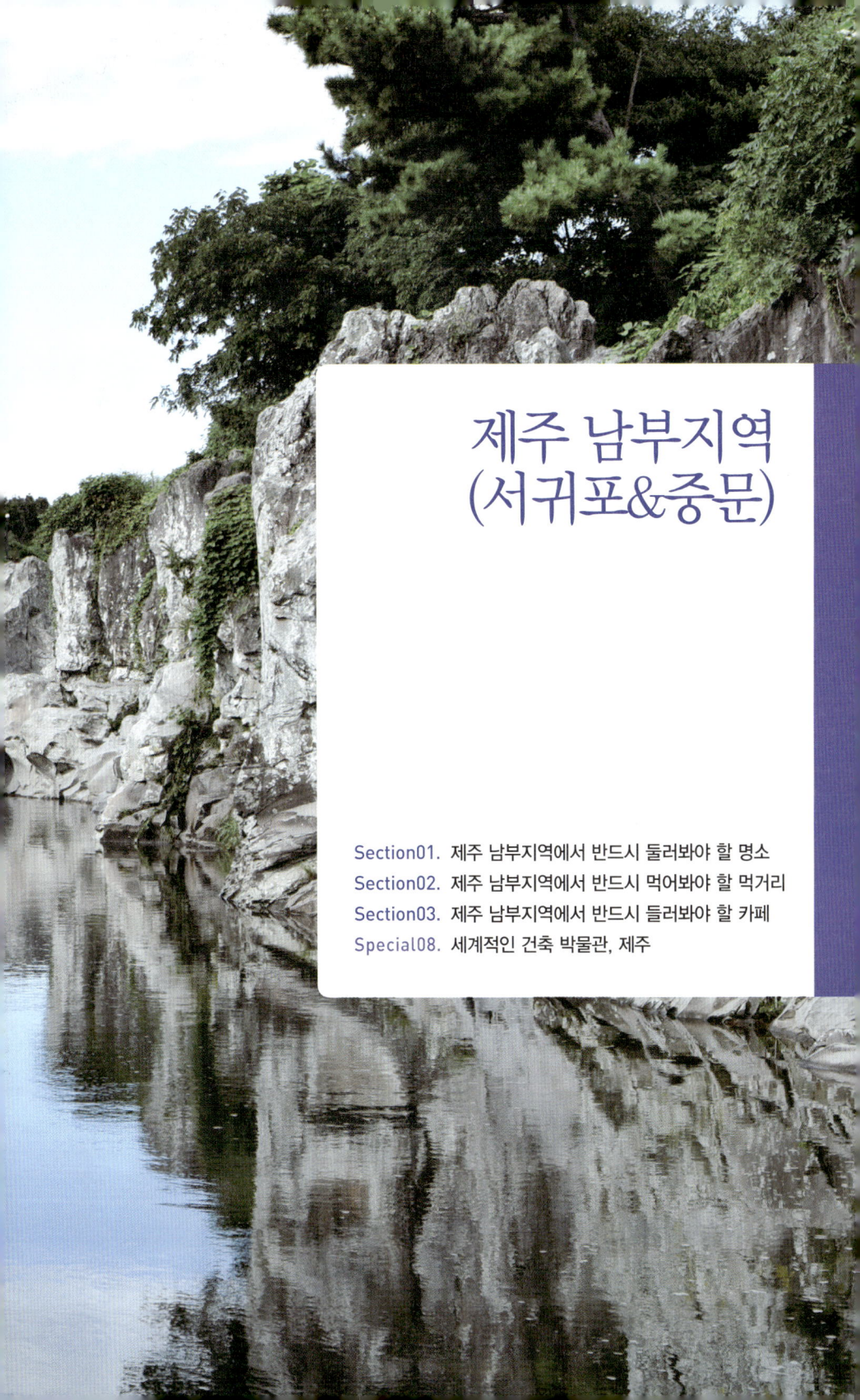

제주 남부지역
(서귀포&중문)

Section01. 제주 남부지역에서 반드시 둘러봐야 할 명소
Section02. 제주 남부지역에서 반드시 먹어봐야 할 먹거리
Section03. 제주 남부지역에서 반드시 들러봐야 할 카페
Special08. 세계적인 건축 박물관, 제주

SOUTH

1 고급 호텔에서 여유로운 시간 즐기기

2-3 새연교 야경 감상하기

4 비가 온다면 엉또폭포에 가보기

JEJU BEST

제주 남부지역(서귀포&중문)에서 놓치지 말아야 할 추천 베스트

5 6

5-6 바다를 따라 이어져 있는
    올레7코스 걷기

7-8 머체왓숲길, 고살리숲길 등
    숨겨진 숲길 트래킹

7 8

제주 남부지역 (서귀포&중문) 핵심 가이드

남부지역은 일 년 내내 온화한 기후가 이어지는 곳으로, 계절의 영향을 가장 받지 않는 지역이다. 동쪽의 남원읍부터 시작해 서귀포시내와 중문을 거쳐 안덕면까지, 여행자의 발길은 더욱 바빠질 수밖에 없다. 아무리 바쁜 일정이라도 하루쯤은 여유로움을 즐겨도 좋다. 신라호텔, 롯데호텔, 씨에스호텔, 포도호텔, 켄싱턴호텔 등 고급 호텔에서 뒹굴거리며 여유도 만끽해 보자.

제주 남부지역(서귀포&중문)

제주 남부지역을 이어주는 교통편

제주공항에서 중문이나 서귀포로 가려면 600번 공항리무진을 이용하는 것이 가장 빠르다. 제주시외버스터미널에서 출발한다면 5.16도로와 1100도로를 경유하는 181번, 182번 버스를 이용하면 된다.

제주 남부지역에서 이것만은 꼭 해보자

1. 고급 호텔에서 여유로운 시간 즐기기
2. 천지연폭포 야간관람과 새연교 야경 감상하기
3. 바다를 따라 이어져 있어 누구나 쉽게 거닐 수 있는 올레7코스 걷기
4. 비가 온다면 엉또폭포 가보기
5. 숨겨진 숲길 트래킹

한눈에 살펴보는 제주 남부지역 베스트코스

남부지역을 둘러보려면 적어도 2일 이상은 머무르는 것이 좋다. 하루는 남부의 해안과 비경을 만나고, 하루는 중문의 고급 호텔에서 시간을 보낸 뒤 예래해안로를 따라 대평리로 이동하여 박수기정 너머로 지는 해를 바라보며 하루를 마무리해 보자.

1 자연과 문화를 두루 둘러보는 코스 (예상 소요시간 8시간 이상)

Go! 남원 큰엉 30분 코스 — 25분 — 쇠소깍 2시간 코스 — 20분 — 서귀포 매일올레시장 1시간 코스 — 5분 — 이중섭거리 2시간 코스 — 5분 — 천지연폭포 1시간 코스 — 10분 — 새연교 야경 30분 코스

2 럭셔리하게 여유를 즐기는 일정 (예상 소요시간 8시간 이상)

Go! 호텔에서 휴식 2시간 코스 — 20분 — 중문 색달해변 30분 코스 — 10분 — 샹그릴라 요트투어 1시간 코스 — 15분 — 예래해안로 2시간 코스 — 20분 — 안덕계곡 30분 코스 — 10분 — 대평리 1시간 코스

Part 05

Section 01
제주 남부지역에서 반드시 둘러봐야 할 명소

쇠소깍, 외돌개, 주상절리 등 이름난 대부분의 관광지는 해안을 따라 자리한다. 이국적인 경치의 남쪽 해안만 따라 가도 남부지역을 여행하는 데 부족함이 없지만, 왠지 허전하다면 바다와 잠시 이별해 보자. 들렁모루, 원앙폭포 등 한적함이 묻어나는 제주의 숨겨진 여행지를 만날 수 있다.

자연과 혼연일체 ★★★★★
수·풍·석(水·風·石)박물관

잘 알려지지 않은 수·풍·석박물관은 비오토피아 내에 자리한다. 비오토피아는 건축가 이타미준이 설계한 휴양형 주택단지로 입주한 사람에게만 허락된 공간이다.

한때는 커뮤니티센터의 레스토랑을 이용하면 개인적으로 둘러볼 수 있었지만 지금은 입주민들의 불만이 커져 사전에 예약을 해야만 입장이 가능하다. 하루 두 차례 인솔자 인도하에 둘러볼 수 있으며, 박물관과 박물관 사이에도 정해진 셔틀버스를 이용해서만 이동이 가능하다. 디 아넥스 호텔 주차장 만남의 장소에 예약시간 10분 전까지 도착해 셔틀버스를 탑승하면 된다.

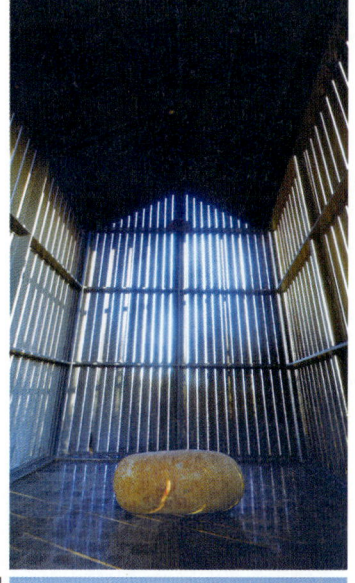

주소 제주도 서귀포시 안덕면 산록남로762번길 79 **문의** 010-7145-2366 **이용시간** 6/1~9/15 10:00, 16:00, 9/16~5/31 14:00, 15:30 **입장료** 성인 30,000원, 초등학생 15,000원 **홈페이지** waterwindstonemuseum.co.kr **귀띔 한마디** 예약은 홈페이지에서 이용 가능하다.

제주 남부지역 (서귀포&중문)

박물관 살펴보기

수(水)박물관

수박물관은 수면에 비친 자연을 느낄 수 있는 공간이다. 시간의 흐름에 따라 변화는 자연의 움직임을 몸소 체험할 수 있는 일종의 체험관이다. 이는 수박물관뿐 아니라 다른 박물관도 마찬가지이다. 왜 이타미준의 작품이 자연과의 조화를 그렇게 중시했는지 조금은 알 수 있을 것 같다.

풍(風)박물관

얼핏 버려진 창고로 보이는 풍박물관은 바람에 흔들리는 억새 사이에 조용하게 자리한 나무판을 이어 붙인 목재건물이다. 조심히 박물관 안으로 들어서면 우두커니 돌 하나만 놓여 있다. 하나의 미술품이자 객석의 역할을 하는 돌 오브제이다.
조용히 눈을 감고 바람이 들려주는 오케스트라의 연주를 들어보자. 나무 틈 사이로 불어오는 바람 소리는 마음속 깊은 곳까지 정화해 준다.

석(石)박물관

석박물관은 빛이 연출하는 공간이다. 동시에 상상력을 자극하는 공간이기도 하다. 차가운 느낌이 드는 외관과 달리 내부로 들어서면 어두운 공간 속에 한 줄기 빛이 들어와 따스한 분위기를 연출한다. 넓고 어두운 무대 한가운데에 선 떨림으로 가득한 주인공에게 용기를 북돋워 주는 한줄기 핀조명 같기도 하다.

두손지중박물관

수ㆍ풍ㆍ석박물관에 가려있지만 두손지중박물관도 놓쳐선 안 된다. 석(石)박물관과 나란하게 산방산을 바라보며 위치해 있는 박물관으로 이름 그대로 두 손을 모아 기도하는 형태로 지어졌다.

재일동포 건축가 이타미준(1937~2011)

재일교포인 이타미준(한국 이름 유동룡)은 제주도를 얘기하면서 빼놓을 수 없는 건축가 중 한 명이다. 일본에서는 도쿄의 '인디아잉크하우스'와 홋카이도의 '석채의교회' 등으로 이름을 알렸다. 제주 서쪽의 중산간 땅은 이타미준이라는 이름을 우리나라에 알릴 기회의 땅이었다. 생의 마지막 작업이기도 한 비오토피아 내 수ㆍ풍ㆍ석박물관과 두손지중박물관, 포도호텔, 방주교회는 제주도의 자연이 건축물에 스며들어 있다는 점에서 더욱 높이 평가받고 있다.

일 년 내내 꽃이 피는 수목원 ★★★★★
카멜리아힐

동백으로만 한정 지어 본다면 카멜리아힐은 동양에서 가장 큰 수목원이다. 6만여 평의 부지에는 가을부터 봄까지 수많은 종류의 동백이 피고 진다. 80여 개국, 500여 품종의 동백을 만날 수 있는 이곳은 커다란 미로 같다. 길 안내가 잘 되어 있긴 하지만 야생화길을 지나 유럽동백숲과 애기동백숲에 접어들 때면 어지럽게 피어 있는 동백꽃 덕분에 길을 찾기가 어렵다.

다시 길이 차분해지면 사진을 찍기 위해 분주해진다. 새소리바람소리길은 화장품 CF를 찍을 만큼 아름다운 곳이니 동백꽃을 배경으로 예쁜 사진을 남겨보자. 동백을 만나기 위해서는 겨울이 가장 좋지만, 여름의 카멜리아힐도 놓칠 수 없다. 여름에는 동백 대신 터널을 이룰 정도로 한가득 수국이 피어나 또 다른 아름다움을 선사한다.

주소 제주도 서귀포시 안덕면 병악로 166 **문의** 064-792-0088 **이용시간** 3~5월·9월~11월 15일 08:30~18:30, 11월 16일~2월 08:30~18:00, 6~8월 08:30~19:00(마감 1시간 전 발권 마감) **입장료** 성인 9,000원, 청소년 7,000원, 어린이 6,000원 **홈페이지** www.camelliahill.co.kr

제주의 바다를 내 품안에 ★★★★☆
샹그릴라요트투어

파도가 넘실대는 바다를 둥둥 떠다니며 남국의 햇살을 온몸으로 느끼는 낭만적인 시간. 제주도에는 여러 요트투어 업체가 있지만 퍼시픽리솜의 샹그릴라요트투어는 오랜 시간 변함없이 꾸준한 사랑을 받는 곳이다. 요트를 타면 앞으로 경험하게 될 시간에 대한 기대감과 설렘이 교차한다. 힘찬 엔진소리를 내고 출발하면 요트에 탑승했다는 즐거움을 느끼기도 전에 주상절리대 앞에 도착해 있다.

주상절리대를 바다에서 바라보는 것만으로도 특별한 경험이지만, 요트투어는 이제 시작이다. 엔진을 끄고 돛을 올리면 바람이 부는 대로, 파도가 일렁이는 대로 춤을 춘다. 바다 한가운데서 낚시체험이 진행되는데, 운이 좋으면 돌고래도 볼 수 있다. 좀 더 특별한 요트투어를 원한다면 해질 무렵 출항하는 선셋 요트투어가 제격이다.

주소 제주도 서귀포시 중문관광로 154-17 문의 1544-2988 요금 성인 및 청소년 60,000원, 어린이 40,000원(네이버 예매 시 할인 가능) 홈페이지 www.resom.co.kr/pacific

 계곡과 바다가 만나는 ★★★★★
쇠소깍

효돈마을을 뜻하는 쇠, 연못을 뜻하는 소, 끝을 의미하는 각. 이 세 단어가 합쳐져 이름 붙여진 쇠소깍은 한라산에서부터 흘러내려 온 효돈천이 바다와 만나는 지점이다. 물줄기가 흘러 바다와 만나기 전 마지막 지점에 넓은 소를 형성하고 있다. 쇠소깍은 한라산에서 물줄기가 흘러내리는 곳 중 가장 비경이 뛰어난 곳이기도 하다. 당장에라도 뛰어들고 싶을 만큼 투명한 쇠소깍의 에메랄드 물빛은 그 어디에서도 볼 수 없는 신비한 물빛이다.

쇠소깍에서는 전통 배인 테우와 전통 나룻배 체험이 가능하다. 전통 배를 타고 쇠소깍을 좀 더 가까이에서 만날 수 있다. 전통배는 직접 노를 저어야하기 때문에 힘들 것 같다면 테우를 이용하는 것이 좋다. 쇠소깍 옆으로 이어진 데크를 따라 산책을 즐기거나 검은모래해변에서 시간을 보내도 좋다.

주소 제주도 서귀포시 효돈로 170 문의 064-732-1562 이용시간 일출~일몰 입장료 무료
테우&전통 나룻배 이용요금 테우 8,000원, 소인 5,000원, **전통 나룻배** 성인 2인 이하 20,000원, 성인 2+소인 1인 25,000원
이용시간 09:00~일몰 30분전

Part 05

작가의산책길(유토피아로)
작가의 혼을 느끼며 걷는 서귀포 ★★★★★

서귀포의길, 해안도로, 공원 등 아름다운 자연경관에 작가들의 혼이 만나 탄생하게 된 작가의산책길(유토피아로). 곳곳에는 작가들의 예술작품이 '제주도'라는 하나의 주제로 설치되어 있어 이 길을 걷는 것만으로도 제주도를 느끼기에 충분하다.

작가의산책길은 이중섭미술관을 시작으로 기당미술관 – 칠십리시공원 – 자구리해안 – 서복전시관 – 정방폭포 – 소라의성을 거쳐 소암기념관까지 이어진 4.9km의 코스로, 여유롭게 자연을 느끼며 거닐면 3시간 정도가 걸린다. 자구리해안과 정방폭포 등의 자연은 물론이고 칠십리시공원에서는 정지용, 박목월시인의 시비도 만날 수 있다. 토요일에는 전문해설사의 설명을 들으면서 함께 거닐 수 있고, 이중섭미술관 앞쪽 거리에서는 아트마켓이 열려 더욱 볼거리가 풍성해진다.

주소 제주도 서귀포시 이중섭로 27-3 이용시간 일출~일몰 입장료 무료

이중섭거리(이중섭미술관)
문화와 예술이 더해진 거리,

역동적인 소(牛)의 모습을 그린 천재 화가 이중섭작가는 미술에 문외한이라 할지라도 이름은 익히 들어봤을 정도로 우리나라를 대표하는 작가 중 한 명이다. 이중섭작가는 1950년대 피난을 떠나 제주도에 자리 잡은 후 제주의 모습을 그렸다. 그의 삶과 작품을 만나기 위해 이중섭미술관으로 향해보자.

이중섭미술관으로 가는 길목은 이중섭거리로 조성되어 있다. 서귀포 매일올레시장에서 바다를 향해 이어진 내리막길로, 서귀포 구시가지의 핫플레이스답다. 높은 폴에 매달아 놓은 소의 모습은 작가의 작품

제주 남부지역 (서귀포&중문)

이 살아 움직이는 듯하다. 거리에는 자그마한 공방과 카페, 레스토랑들이 들어서 있고, 주말에는 아트마켓이 열린다. 아트마켓에서는 수공예품을 구입할 수 있고, 체험활동까지 할 수 있어 여행객들에게는 물론이고 인근 주민들에게도 나들이 장소로 인기 있다.

'소'를 주제로 그림을 그린 작품이 주로 알려졌지만, '섬섬이 보이는 풍경'은 이중섭작가의 새로운 면을 볼 수 있는 작품이다. 이 작품은 이중섭미술관에 들어서면 만날 수 있는데, 화가 이중섭이 아닌 '사람 이중섭'을 느끼길 수 있다. 미술관 전망대에 오르면 그의 작품이 눈앞에 펼쳐진다. 미술관 아래 아담하게 자리 잡은 초가집은 피난 왔을 당시 모습을 고스란히 보여준다. 가난하게 살았지만 행복했던 제주에서의 생활이 눈앞에 아른거린다.

주소 제주도 서귀포시 이중섭로 27-3 **문의** 064-760-3567 **이용시간** 09:30~17:30(월요일, 명절 휴관) **입장료** 성인 1,500원, 청소년 800원, 어린이 400원 **귀띔 한마디** 이중섭거리는 주말에 차량 통행이 금지된다. 홈페이지 사전 예약제(잔여 인원에 한해 현장발권) **홈페이지** culture.seogwipo.go.kr/jslee

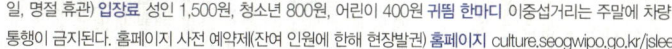

새연교(새섬)
밤이 되면 빛나는 ★★★★☆

하루에도 수많은 배가 드나드는 서귀포항. 하루 어업을 마친 배들이 항구에서 내일을 준비하느라 평온하게 쉬는 저녁이 되면 새연교가 빛을 발하기 시작한다. 새연교는 제주도와 새섬을 연결하는 다리로, 제주의 전통 배 테우를 형상화해 만들었다. 테우의 돛 모양을 한 아치형 다리는 낮에도 멋지지만 밝게 빛나는 밤에 더 아름답다. 해가 지기 시작하면 새연교의 조명이 하나둘씩 들어와 서귀포 앞바다를 로맨틱하게 물들인다.

새연교를 건너면 무인도인 새섬으로 들어서게 된다. 새연교를 만들면서 새섬도 걷기 좋게 단장해 배를 타지 않고도 섬 속의 섬을 거닐어 볼 수 있게 됐다. 해가 지기 전에 새연교에 도착했다면 일몰도 놓치지 말자. 붉은 태양이 일과를 마치고 범섬 너머로 사라지는 풍경은 어디 내놔도 빠지지 않을 만큼 아름답다.

주소 제주도 서귀포시 서홍동 707 **문의** 064-760-2673 **이용시간** 24시간 **입장료** 무료

서귀포층 패류화석산지

새연교를 건너기 전 오른쪽 바닷가에서는 우리나라에서 유일한 신생대 초기의 해양퇴적층을 볼 수 있다. 학술적 희귀성과 가치가 높아 천연기념물(제195호)로 지정되어 있는데, 얼핏 퇴적암이 여기저기 널브러져 있어 보여 많은 사람이 관심을 두지 않는다. 그러나 이곳은 연체동물화석을 비롯해 해양동물화석까지 발견될 정도이니 하나의 박물관인 셈이다. 이 서귀포층은 단단하여 지하수가 땅속으로 스며드는 것을 막아주기 때문에 물길이 남게 된다. 제주도의 많은 폭포가 북쪽이 아니라 남쪽에 모여 있는 것은 이 때문이다.

시장에 먹으러 가자 ★★★★★
서귀포매일올레시장

서귀포에서 가장 큰 시장으로, 2001년부터 차례로 아케이드가 설치되면서 사계절 내내 장이 선다. 원래 이름은 서귀포매일시장이었지만 올레6코스가 시장을 지나면서 매일올레시장이 됐다.

제주도에 사는 사람이라면 없는 것 없는 시장에서 장보기에 더없이 좋겠지만 관광객 입장에서는 구입할 것이 그리 많지 않다. 하지만 사람 사는 냄새가 나고, 시장 골목을 따라 분수가 흐르는 물길을 내어놓아 구경하는 재미도 그만이다. 시장 곳곳에는 이중섭의 그림이 걸려 있고, 시장 건너편에는 이중섭거리 등이 있어 함께 둘러보기에도 좋다. 시장의 먹거리도 빼놓을 수 없다. 몇 끼니는 시장에서 파는 음식만으로도 해결할 수 있으며, 기념품을 구입하기에도 좋다.

주소 제주도 서귀포시 중앙로 62번길 18 **문의** 064-762-1949 **이용시간** 하절기 07:00~21:00, 동절기 07:00~20:00 **입장료** 무료 **주차** 매일올레시장공영주차장(30분 무료, 1시간 1,500원) **귀띔 한마디** 서귀포시에는 5일에 한 번씩 장이 들어서는 향토오일장과 상설시장인 매일올레시장, 2개의 시장이 있다.

제주 남부지역(서귀포&중문)

서귀포매일올레시장의 대표 먹거리

우정회센터 — 꽁치김밥

꽁치 한 마리가 통째로 들어가 비릴 것 같지만 의외로 담백한 맛에 반하게 된다. 뼈를 발라내었기 때문에 먹기도 편하다. 1줄에 4,000원.

새로나분식 — 모닥치기

모닥치기는 모두 합쳤다는 뜻이다. 김밥과 달걀, 군만두, 김치전, 떡볶이, 어묵이 모두 한 접시에 담겨 나오는데, 종로의 김떡순이 생각난다. 소짜는 7,000원, 대짜는 9,000원.

옛날국화빵 — 국화빵

새로나분식 바로 맞은편에 긴 줄이 서 있다면 국화빵을 파는 곳이다. 한 번에 구워낼 수 있는 양이 16개뿐이라 오래 기다려야 하는 일도 생긴다. 하지만 팥이 아니라 흑설탕이 들어간 국화빵은 색다른 맛. 4개에 1,000원.

제일떡집 — 오메기떡

차조와 찹쌀, 팥, 쑥으로 만드는 오메기떡은 제주의 전통 떡이다. 제일떡집에서 파는 오메기떡은 팥과 견과류의 2가지 종류이다. 6개 4,000원

 솜반천 따라 걷는 동네마실 ★★★☆☆

걸매생태공원과 오솔길벽화마을

천지연폭포의 지류가 되는 솜반천은 인근 주민이 즐겨 찾는 여름철 피서 장소이다. 걸매는 물길이 막혀 메워져 있다는 뜻으로, 걸매생태공원은 천지연폭포의 원줄기인 중남소, 고냉이소 등 다양한 소(沼)가 있는 솜반천 옆에 조성되어 있다. 봄에는 매화와 유채가, 여름에는 다양한 수생식물이 소를 풍성하게 한다.

걸매생태공원 데크를 걷다 보면 건너편으로 연결된 다리가 있는데, 이 길을 따라 가면 공공미술프로젝트를 통해 예술마을로 변신한 벽화마을이 나타난다. 언덕 위 좁은 골목길을 따라 벽화가 그려져 있고, 서귀포의 과거와 현재 모습을 사진으로 만날 수 있다. 벽화골목의 이름인 '오솔길'이라는 이름과 잘 어울린다. 곳곳에 설치된 전망대에 서면 왼쪽으로는 서귀포 앞바다가, 오른쪽으로는 한라산이 그림처럼 펼쳐진다.

주소 제주도 서귀포시 서홍동 4-42 **문의** 064-710-3314 **이용시간** 일출~일몰 **입장료** 무료

청정 녹차공원 ★★★★☆
서귀다원

한라산 자락 해발 250m 청정지역에 펼쳐진 녹차밭으로 유기농 녹차를 만날 수 있다. 처음 이곳은 감귤밭이었지만 사업성이 떨어지면서 차밭으로 바뀐 곳이다. 제주도에는 알려진 차밭이 몇 군데 있지만 서귀다원은 상대적으로 덜 알려져 한적하게 차밭을 산책하거나 다도를 즐길 수 있다. 입장료가 있지만 다실에서 녹차나 황차를 마실 수 있으니 찻값이라 생각하면 된다. 다실에 앉아 녹차밭을 바라보며 마시는 차 한 잔은 마음에 평온을 가져온다. 최상급 차의 품질을 유지하기 위해 기계를 사용하지 않고 한 번만 수확하는 만큼 맛있는 녹차를 맛볼 수 있다.

주소 제주도 서귀포시 516로 717 **문의** 064-733-0632 **이용시간** 09:00~17:00(화요일 휴무) **입장료** 5,000원(찻값 포함)

건축과 작품 ★★★★☆
본태박물관

본래의 형태, 모습이라는 의미를 가진 본태박물관은 한국 전통공예품인 소반, 보자기 등을 현대적 감각으로 재해석해 놓은 공간이다. 2012년 처음 오픈할 당시에는 2관으로 구성되어 있었지만 현재는 5관으로 확장되었다. 다양한 전시물도 관심의 대상이지만 실제 안도타다오 安藤忠雄가 설계한 박물관 건물 자체가 워낙 유명해서 일부러 찾아오는 사람도 많다. 쿠사마요요이 草間彌生의 작품인 100개의 LED 전구와 거울로 이루어진 무한거울방, 호박 등은 많은 사람들이 인증사진을 남기는 작품이다. 옥상으로 오르면 산방산을 비롯해 사계해안과 마라

도, 가파도까지 한눈에 들어온다. 2관은 현대 미술작품을 비롯해 안도타다오, 백남준의 특별 공간이다. 실내전시공간을 모두 만난 이후에는 반영이 멋진 연못을 바라보며 커피 한 잔 즐겨도 좋다.

주소 제주도 서귀포시 안덕면 산록남로 762번길 69 **문의** 064-792-8108 **이용시간** 10:00~18:00 **입장료** 성인 20,000원, 학생 12,000원, 미취학아동 10,000원

 천연기념물의 보고 ★★★★★
천지연폭포

신이 내려와 목욕을 했다는 전설이 내려오는 천지연폭포. 22m 높이에서 떨어지는 폭포만으로도 제주 3대 폭포로 꼽기에 손색이 없지만 폭포보다 주차장에서 폭포까지 가는 길에 더 주목해야 한다. 유모차를 끌고도 산책이 가능한 천지연폭포로 향하는 길은 남녀노소 누구나 쉽게 걸을 수 있는 산책코스이다.

이 길은 일대 숲 전체가 난대림지대로, 천연기념물(제379호)로 지정되어 있고 세계에서 유일하게 가시딸기가 자라는 곳이다. 추위에 약해 우리나라에서도 제주도에서만 자라는 담팔수자생지도 있으며, 역시 천연기념물(제163호)로 지정되어 있다. 천지연폭포에 다다랐다면 물속을 자세히 들여다보자. 물속 수풀 사이로 꿈틀대는 장어를 만날 수 있는데, 이 역시 천연기념물(제27호)로 지정된 무태장어서식지이다. 큰 무태장어는 길이 2m, 무게 20kg에 이른다. 천지연폭포의 또 다른 매력은 해가진 후 찾아야 만끽할 수 있다. 곳곳에 조명이 설치되어 있고, 늦게까지 개방하기 때문에 저녁 식사 후 소화할 겸 거닐기 좋다. 특히 밤에 바라본 폭포는 낮에 바라보는 모습과는 달리 더욱 낭만적이다.

주소 제주도 서귀포시 천지동 667-7 **문의** 064-733-1528 **이용시간** 08:00~22:00(40분 전 입장 마감) **입장료** 성인 2,000원, 청소년 및 어린이 1,000원

화산과 파도의 작품 ★★★☆☆
대포해안주상절리

주상절리는 용암이 바다로 흘러 급격히 식으면서 수축작용으로 생긴 육각형 혹은 사격형 기둥이다. 중문단지 내에 있는 대포해안주상절리는 중문의 옛 이름을 살려 지삿개주상절리라 부르기도 한다. 제주도에서 가장 규모가 큰 주상절리로 데크를 설치해 놓아 가까이에서 볼 수 있다. 해안선을 따라 무려 1km에 이르는 대포해안주상절리는 천연기념물(제443호)로 지정되어 있으며 한라산, 만장굴, 성산일출봉 등과 함께 세계지질공원으로 선정되었다.

관람로를 따라 거닐면 가까이에서 주상절리를 볼 수 있지만 전체 모습은 볼 수 없다. 대포해안주상절리대를 한눈에 보기 위한 방법은 샹그릴라요트투어를 이용하는 것이다. 다른 방법으로, 입구의 소라모양 조형물 왼편으로 쭉 들어가면 자그마한 공원이 보이는데 이곳에서 나무 틈 사이로 주상절리의 전체 모습을 볼 수 있다. 이 길은 올레8코스에도 해당하는 길로, 한적하게 바닷가를 따라 거닐어 보는 것도 좋다.

주소 제주도 서귀포시 이어도로 36-30 **문의** 064-738-1521 **이용시간** 08:00~18:00(일몰 시간에 따라 변경) **입장료** 성인 2,000원, 청소년 1,000원, 어린이 1,000원 **주차료** 승용차 1,000원

샘물이 솟는 절벽 ★★★★★
박수기정

평온하기 그지없는 대평리를 가로질러 들어가면 바람도 쉬어갈 것 같은 대평포구가 모습을 보인다. 대평포구에서 바라보면 마실 수 있는 샘물이 솟아나는 기암절벽이라는 뜻의 박수기정이 바닷가를 배경으로 그림처럼 펼쳐진다. 박수기정 정상으로 오르는 길은 올레9코스에 포함되어 있는 길로, 수풀이 무성하게 우거져 있다. 멀리서는 파도소리가 들려오고 가까이에서는 새소리와 풀벌레소리가 재잘재잘 들려온다. 정상까지 멀지는 않지만 경사가 있는 편이라 숨이 턱밑까지 차오른다.

바닷가에 우뚝 솟은 박수기정 정상에 오르면 넓은 초원이 펼쳐지고, 절벽 위에 서면 대평포구와 대평리가 한눈에 펼쳐진다. 멀리 제주 남쪽의 해안선도 그림 같다. 지금은 흔적을 찾기

어렵지만 과거 이곳에서는 품질 좋은 조랑말을 키우기도 했다고 한다. 해 질 녘의 박수기정 정상은 훌륭한 일몰 포인트이기도 하다.

주소 제주도 서귀포시 안덕면 감산리 982-2 **이용시간** 24시간 **입장료** 무료 **귀띔 한마디** 최근 몇 년 사이 카페와 게스트하우스, 식당 등이 들어서면서 많이 바뀌었지만 아직도 마을은 평온하기 그지없다.

기암절벽이 병풍처럼 둘러싼 ★★★★☆
안덕계곡

드라마 '구가의 서' 촬영지로 알려진 안덕계곡은 옆으로 걷기 좋은 산책로가 조성되어 있어 물놀이 보다는 산책하기 좋은 곳이다. 사방으로 기암절벽이 감싸고 있는데 후박나무, 가시나무, 참식나무 등 천연기념물로 지정된 상록활엽수가 빼곡하게 뒤덮고 있어 한여름에도 계곡 내에는 서늘한 기운이 감돌 정도이다. 군데군데에는 동굴이 자리한 안덕계곡은 추사 김정희선생도 즐겨 찾았던 곳이라 알려진 곳이다. 계곡을 따라 안쪽으로 들어가면 신비로운 분위기가 돌아 사진작가들도 즐겨 찾는다. 졸졸졸 흐르는 계곡물이 고이는 곳에서 기암절벽과 상록수림이 우거진 반영까지 함께 담으면 멋진 작품이 탄생한다.

주소 제주도 서귀포시 안덕면 일주서로 1524 **문의** 064-794-9001 **이용시간** 일출~일몰 **입장료** 무료

비가 내려야만 만날 수 있는 ★★★★☆
엉또폭포

제주도는 지형적인 특성상 물이 땅으로 스며들다 보니 폭포가 많지 않은 편이다. 엉또폭포는 평소에는 기암절벽의 웅장한 모습을 보여주다 한라산 중산간에 비가 내려야만 비로소 폭포의 모습을 보여주는 곳이다. 어렵게 휴가를 내 제주까지 갔는데 내내 비가 온다면, 비가 오는 날만 볼 수 있는 엉또폭포로 달려가야 한다.

하지만 비가 온다고 해서 무조건 폭포를 볼 수 있는 것은 아니다. 중산간에 70mm 이상의 비가 내려야 비로소 폭포수가 떨어지는데, 50m 높이에서 약근천으로 떨어지는 물줄기가 꽤 멋스럽다. 주차장에서 내려가는 길에도 폭포 소리가 들릴 정도로 웅장하다. 수량이 많은 날에는 물보라가 전망대 부근까지 피어오르니 우의를 준비하는 것이 좋다.

주소 제주도 서귀포시 강정동 1587 **문의** 064-760-2650 **이용시간** 일출~일몰 **입장료** 무료 **자동차** 내비게이션에 동산위의 교회(강정동 1560)로 검색

> **비가 와야 만날 수 있는 제2의 엉또폭포, 녹산폭포**
> 제주도를 몇 번 찾았던 사람이라면 점점 알려지지 않은 곳을 찾게 된다. 녹산로를 따라 성읍민속마을에서 제주시 쪽으로 달리다 보면 아트랜드에 조금 못 미친 지점 도로 옆에 녹산원(綠山園)이라 적힌 작은 비석을 볼 수 있다. 그곳으로 빠져 천미천계곡을 따라 조금만 트래킹을 하면 중산간에 비가 많이 와야만 만날 수 있는 녹산폭포를 만날 수 있다. 깊은 숲으로 둘러싸인 곳이라 인적도 드물어 신비로운 제주의 모습을 만날 수 있다.

사시 사철물이 흐르는 사찰 ★★★☆☆
약천사

제주도의 자연경관과 이국적인 절의 모습이 조화롭다. 이를 증명하기라도 하듯 입구에서부터 높게 뻗은 야자수와 귤나무가 반겨준다. 앞마당에 올라서면 동양 최대 크기의 법당이 위엄을 뽐낸다. 고개가 아플 정도로 높은 법당

제주 남부지역(서귀포&중문)

때문에 상대적으로 절터가 좁게 느껴질 정도이다. 높이만도 25m로 3층 규모의 대적광전은 계단을 통해 2층이나 3층으로 올라가야 제대로 볼 수 있다. 4개의 기둥에는 황룡과 청룡이 조각되어 있고, 2층에는 불자들이 함께 만든 8만 개의 보살이 전시된 웅장한 모습이다. 절터에서는 서귀포 앞바다까지 내다보이는 풍경도 감상할 수 있다.

대적광전 옆에는 이 절의 이름이 탄생하게 된 배경이 된 약수터가 자리한다. 예부터 이 자리에는 약수가 끊이지 않고 흘렀다고 한다. 약수의 효과도 좋아 과거에는 병도 고쳤다고 알려졌을 정도니 잊지 말고 한 잔 마셔보자. 이국적인 사찰에서 하룻밤 머물며 제주도의 전통문화를 배울 수 있는 템플스테이를 운영하기도 한다.

주소 제주도 서귀포시 이어도로 293-28 **문의** 064-738-5000 **이용시간** 일출~일몰 **입장료** 무료 **템플스테이** 휴식형(성인 50,000원, 초중고생 40,000원, 토요일 외 가능), 체험형(성인 70,000원, 초중고생 60,000원, 토요일 가능) **홈페이지** www.yakchunsa.org

다정한 한 쌍의 연인처럼 ★★★★☆
원앙폭포

한라산 등반코스 중 가장 늦게 열린 돈내코코스. 과거 이 지역은 멧돼지가 많이 살았고, 멧돼지가 물을 먹었던 입구다 하여 돈내코라는 불렸다. 돈내코계곡을 따라 구실잣밤나무와 사스레피나무 등 난대성 상록수가 빽빽하게 들어차 있어 원시림에 들어온 듯한 느낌이다. 돈내코 유원지를 지나자마자 원앙폭포 주차장이 보인다. 폭포를 보려면 주차장에서 5분 남짓 걸어 들어가면 된다.

용암이 굳어 험한 지형이 형성되어 있고, 돌 사이를 두 갈래 물줄기가 아담하게 흐르는 원앙폭포. 낙폭이 6m로 높진 않지만 초록의 이끼와 주변 풍광이 한데 어우러져 아름답다. 물줄기가 떨어지는 넓고 맑은 소(沼)는 흡사 선녀들이 내려와 목욕할 것 같은 느낌으로, 여름철에는 인근 주민들의 알려지지 않은 피서지로 이용되기도 한다.

주소 제주도 서귀포시 돈내코로 114(돈내코 관리사무소) **문의** 064-733-1584 **이용시간** 일출~일몰 **입장료** 무료

📷 정방폭포
서귀포라는 이름이 탄생한 곳 ★★★☆☆

정방폭포는 우리나라에서 유일하게 물줄기가 바로 바다로 떨어지는 폭포이다. 입구에서 130여 개의 계단을 따라 내려가면 중간쯤 설치된 전망대를 만난다. 이 전망대에서 절벽 아래로 바로 자유낙하하는 정방폭포의 물줄기를 볼 수 있다. 맑은 날이면 무지개도 볼 수 있다. 23m의 높이에서 두 갈래의 물줄기가 사이좋게 떨어지는 정방폭포는 주변의 수직절벽과 노송들이 한데 어우러져 더욱 장관이다. 바라만 보고 있어도 온 몸이 정화되는 듯 시원함을 가까이에서 느낄 수 있다.

주소 제주도 서귀포시 칠십리로214번길 36 **문의** 064-733-1530 **이용시간** 08:30~18:00(일몰 시간에 따라 변경) **입장료** 성인 2,000원, 청소년 및 어린이 1,000원

서복전시관
중국 진시황의 명을 받아 서복이 불로초를 구하기 위해 서귀포까지 왔다고 전해진다. 정방폭포 암벽에 서복이 이곳을 방문했다는 뜻의 '서불과지(徐市過之)'라는 글귀를 새겼다고 하지만 지금은 흔적을 찾아볼 수 없다. 정방폭포 암벽 위에는 이와 관련된 다양한 자료를 전시하고 있는 서복전시관을 만들었다. 서귀포라는 이름도 '서복이 서쪽으로 돌아갔다'라는 뜻에서 비롯됐다고 전해진다.

주소 제주도 서귀포시 정방동 100-2 **문의** 064-763-3225 **이용시간** 08:30~18:00

중문 색달해변
최고의 수질을 자랑하는 ★★★★☆

중문관광단지의 유일한 해변이자 해양수산부가 전국최우수해수욕장으로 선정한 중문 색달해변. 신라호텔, 롯데호텔, 하얏트리젠시 등 호텔이 밀집한 지역으로, 여름에는 해수욕과 태닝을 즐기려는 사람으로 붐빈다. 신라호텔이나 롯데호텔을 가로질러 해변으로 접근이 가능하고, 퍼시픽랜드 옆 주차장을 통해서도 접근이 수 있다.

남국의 바다도 아름답지만 4가지 색을 띤 모래(진모살)로 이뤄진 해변은 더할 나위 없이 아름답다. 해변은 올레8코스에 속해 있기도 해서, 해변을 가로질러 하얏트호텔을 지나면 숨겨진 작은 해변인 조근모살이 빼꼼히 모습을 보인다. 갯깍주상절리와 어우러진 조근모살해변은 제주도의 숨은 비경 중 하나이니 꼭 이곳까지 다녀와 보자.

주소 제주도 서귀포시 색달동 2950-3 **문의** 064-760-4852 **이용시간** 일출~일몰 **입장료** 무료

바다와 함께걷는 길 ★★★☆☆
남원 큰엉해안경승지

남원읍 올레5코스에 속해 있기도 한 큰엉은 15~20m에 이르는 용암 덩어리들이 해안을 따라 성벽처럼 쌓여 있어 바다에서 불어닥치는 파도와 함께 그림 같은 풍경을 선사하는 곳이다. 큰엉이란 제주도 사투리로 큰 언덕을 뜻한다. 신영영화박물관과 금호리조트 뒤편, 기암절벽 위로 1.5km 길이의 산책로가 조성되어 있어 바다를 따라 거닐기에 좋다.
깎아지를 듯한 절벽 밑으로는 해안동굴이 바다를 집어삼킬 듯 입을 벌리고 있는데, 파도가 거센 날은 무서울 정도이다. 기암절벽 중에서는 재밌는 모양을 한 바위도 있으니 길을 거닐면서 찾아보는 재미도 놓치지 말자. 사나운 호랑이가 먹잇감을 낚아채듯 입을 벌리고 있는 모습을 닮은 호두암, 어머니의 젖가슴을 닮아 이름 붙여진 유두암이 대표적인 바위이다.
낚시를 하는 사람들도 즐겨 찾는 곳이라 갯바위 위에서 낚싯줄을 던지는 모습도 심심찮게 만나게 된다.

주소 제주도 서귀포시 남원읍 태위로 522-17 **문의** 064-760-4151 **이용시간** 일출~일몰 **입장료** 무료

외돌개

바다를 지키는 외로운 촛대바위 ★★★☆☆

서귀포를 여행하다 보면 칠십리원, 칠십리시비 등 유독 '칠십리'가 들어간 곳을 많이 보게 된다. 칠십리는 서귀포를 둘러싸고 있는 해안의 길이인데, 외돌개는 칠십리해안가 기암절벽 중 가장 아름답다고 손꼽히는 곳이다. 육지가 바다를 감싸 안은 곳에 등대처럼 홀로 바다를 지키는 바위가 외돌개이다. 150만 년 전 화산폭발로 인해 생성된 외돌개는 전해오는 전설에 따라 할망바위, 장군석이라고도 불린다.

바다 한가운데에 외롭게 서 있는 외돌개를 만나러 올레7코스에 포함된 길을 해안을 따라 걸어보자. 날씨가 맑은 날이면 서귀포 앞바다의 범섬과 문섬은 물론이고, 멀리 마라도까지 볼 수 있다. 코스 중간에

는 해안으로 내려가는 계단이 하나 있는데, 이 계단을 따라 내려가면 제주도에서도 아는 사람만 찾는다는 비밀스러운 해안인 황우지를 만날 수 있다.

주소 제주도 서귀포시 서홍동 791 문의 064-760-3031 이용시간 일출~일몰 입장료 무료

외돌개에 내려오는 전설

- 고기를 잡으러 나간 할아버지를 기다리던 할머니가 바위로 변했다고 하여 외돌개를 '할망바위'라 부르기도 한다. 자세히 들여다보면 할아버지를 부르는 할머니의 얼굴 윤곽이 드러나는 것 같기도 하다.
- 고려 말, 서귀포 앞바다 범섬 인근이 최대의 격전지였는데, 최영장군은 이 바위를 장수로 치장하여 왜군이 지레 겁을 먹게 하여 전쟁에서 승리했다고 한다. 그래서 외돌개의 또 다른 이름은 '장군석'이기도 하다.

제주동백수목원

애기동백이 붉게 물든 ★★★★☆

엄동설한을 이기고 피어나는 꽃, 동백. 11월부터 이듬해 2월까지 꽃을 피우다 보니 동백꽃을 좋아하는 사람은 겨울을 손꼽아 기다린다고 한다. 제주도에서 남원읍 위미리는 동백나무군락지로 유명한 곳이다. 특히 제주동백수목원은 우리나라에서 가장 큰

제주 남부지역(서귀포&중문)

애기동백나무숲이 있는 곳으로 애국가 영상 배경에도 등장한다. 수령 50여 년이 된 애기동백 500여 그루가 울창한 숲을 이루고 있는데, 수목관리가 잘되어 있어 어디를 봐도 아름답다. 동백나무숲을 걷다보면 애기동백 꽃잎들이 바닥까지 붉게 물들이고 있어 젊은 연인들의 인스타 사진촬영지로도 유명하다.

주소 제주도 서귀포시 남원읍 위미리 927 **문의** 064-764-4473 **이용시간** 09:30~17:00 운영시기는 인스타그램(jeju_camellia_arboretum) 참고 **입장료** 성인 5,000원, 어린이 3,000원 **귀띔 한마디** 위미리동백나무군락지는 현재 새롭게 조성 중에 있다.

 조개껍질 묶어 그녀의 목에 걸고 ★★★☆☆
세계조가비박물관

버려지는 조개껍데기가 예술로 다시 태어난 곳이다. 2011년 문을 연 박물관은 서양화가인 관장과 금속조형작가인 부관장이 오랜 시간 작품활동을 해온 끝에 탄생했다. 세계적으로도 조가비와 산호, 금속이 어우러진 작품은 찾기 힘들어 이색적이면서도 희소성이 넘친다.

3개 층으로 구성된 전시관에는 수년간 세계 각국에서 수집한 희귀 조가비와 산호로 만든 작품들로 빼곡하다. 다소 차가운 느낌의 금속과 따스한 조가비가 만나 아름다운 하모니를 만든다. 2층 계단에 걸린 서양화와 조가비가 어우러진 작품, 조가비를 받치고 있는 금속공예 작품 등은 놓치면 안 될 포인트. 1층 체험장에는 액세서리 만들기, 코르사주 만들기 등의 체험도 즐길 수 있고, 한쪽에는 카페도 있어 휴식을 취할 수 있다.

주소 제주도 서귀포시 태평로 284 **문의** 064-762-5551 **이용시간** 09:30~18:00(매표마감 17:00) **입장료** 성인 6,000원, 청소년 5,000원, 어린이 4,000원 **홈페이지** www.wsmuseum.co.kr

제주 난대림 사이로 흐르는 3단 폭포 ★★★★☆
천제연폭포

중문관광단지 깊은 계곡, 난대림 사이를 흐르는 천제연 폭포는 상, 중, 하 3개의 폭포로 이어진다. 폭포 주변 난대림 지대는 우리나라에서도 희귀식물인 송엽란과 담팔수 등이 자생하고 있어 천연기념물로 지정되었다. 폭포를 만나려면 계단을 따라 내려가야 하는 번거로움이 있지만, 각 폭포마다 매력이 다르니 어느 한 폭포도 놓칠 수 없다.

제1폭포는 높이 22m, 수심 21m로 평소에는 폭포수가 떨어지지 않지만 연못 푸른 물빛에 비친 주상절리가 장관이다. 제2폭포와 제3폭포는 비교적 폭포다운 모습을 볼 수 있는데 시간과 체력이 허락한다면 제2, 3폭포 모두 가보는 것이 좋지만, 힘들다면 제2폭포까지만이라도 다녀와 보자.

2, 3단 폭포 사이에는 선임교라는 아치형 다리가 있는데, 칠선녀가 옥피리를 불며 내려와

노닐다 갔다는 전설이 서려 칠선녀다리라고도 부른다. 선임교 위에 오르면 천제연폭포와 함께 난대림 지대, 서귀포 앞바다까지 한눈에 조망할 수 있어 그 어느 전망대보다 훌륭하다.

주소 제주도 서귀포시 천제연로 132 **문의** 064-760-6331 **이용시간** 09:00~18:00(일몰 시간에 따라 변동) **입장료** 성인 2,500원, 청소년 및 어린이 1,350원

투명한 물 위에 떠 있는 한 척의 배 ★★★★☆
방주교회

'조형은 자연의 바람을 거스르지 않아야 한다.' 세계적인 건축가 이타미준이 했던 말이다. 아직도 그의 숨결이 고스란히 살아 숨쉬는 건축물들은 단순하면서 자연과 어울리고 있다는 공통점을 가지고 있다. 제주에 있는 그의 작품인 비오토피아와 포도호텔, 방주교회 역시 마찬가지이다.

노아의 방주에서 영감을 받아 디자인한 방주교회는 연못 위에 배 한 척이 떠 있는 듯한 모습이다. 건물의 외관은 간결한 선으로 표현되어 있어 절제미를 엿볼 수 있다. 또한 교회임에도 불구하고 우뚝 솟은 십자가를 볼 수 없다. 방주교회의 십자가는 숨은그림찾기라도

하듯 건물에 자연스럽게 스며들어 있다. 물이 사방을 감싸고 있어 배가 항해하는 듯한 모습의 건물은 어디에서 바라보느냐에 따라 달라 보이는 묘한 매력을 가지고 있다. 실내도 들여다보고 싶다면 일요일 예배시간이나 평일 정해진 시간에 찾아가 보자.

주소 제주도 서귀포시 안덕면 산록남로762번길 113 **문의** 064-794-0611 **이용시간** 외부(하절기 08:00~19:00, 동절기 09:00~18:00), 내부(평일 09:00~17:00, 수요일 11:30~17:00, 토요일 09:00~13:00, 일요일 12:00~14:00, 15:00~17:00) **입장료** 무료

 세계의 자동차가 한 자리에 ★★★☆☆
세계자동차박물관

아시아 최초의 개인 소장 자동차박물관이다. 외국의 유명 자동차 회사들은 기본적으로 박물관을 운영하고 있어 생산된 자동차나 콘셉트카 등을 관람할 수 있지만, 우리나라는 아직 부족한 것이 현실이다. 그런 의미에서 세계자동차

박물관은 존재 이상의 가치가 느껴진다. 실제 세계의 다양한 클래식카 70여 대와 경비행기, 미니자동차 체험관까지 구비되어 있어 온 가족이 함께 방문하기에도 손색이 없다.
주차장에서 전시관까지 가는 길에는 영화에 출연한 자동차가, 실내에는 1900년대 초반에 만들어진 자동차부터 전 세계에 6대만 존재하는 희귀 목제자동차인 힐만스트레이트8, 영국 왕실의 차량인 롤스로이스 등 멋진 자동차가 기다리고 있다. 특히 1955년 드럼통을 펴서 만든 우리나라 첫 지프형 승용차인 시발택시는 한국 자동차 역사를 보여준다. 아이와 함께한 가족이라면 전시관을 둘러보고 어린이카트도 체험해 보자. 귀여운 전기자동차를 타고 교통체험을 해볼 수 있는데, 체험이 끝나면 어린이면허증도 발급해 주어 인기가 좋다.

주소 제주도 서귀포시 안덕면 중산간서로 1610 **문의** 064-792-3000 **이용시간** 09:00~18:00 **입장료** 성인 13,000원, 중고생 및 어린이 12,000원 **홈페이지** worldautopianomuseum.com

서귀포를 한눈에 바라볼 수 있는 숨은 비경 ★★★★★
들렁모루

봉우리로 둘러싸여 있어 화로 모양을 닮아 홍로라 부르기도 하는 서홍동. 제주도에 처음 들어온 감귤나무 14그루 중 현재까지 유일하게 남아 있는 온주 감귤나무가 있는 동네이다. 서홍동 뒷동산에는 들음돌(둥그렇고 넓은 바위)이 있는데, 속이 비어 있는 들음돌이라는 의미의 '들렁'과 동산이라는 의미의 '모루'가 더해져 들렁모루라 불리는 걷기 좋은 숲길이 숨어 있다.

들렁모루는 좁은 숲길로 한 바퀴 돌아보는 데 30분이면 충분할 정도로 길지 않은 곳이다. 다듬어지지 않은 자연의 모습을 고스란히 간직하고 있는데, 끊임없이 변하는 숲길의 매력을 느끼기에 충분하다. 한참 숲을 걷다 보면 시야가 탁 트인 들렁을 만나는데, 바위 위가 곧 전망대가 된다. 왼쪽부터 제지기오름, 섶섬, 문섬, 범섬 등 서귀포가 파노라마처럼 펼쳐진다. 사방에서 불어오는 시원한 바람을 맞으며 한참 시간을 보내도 좋다. 바위에 붙어 자라는 식물도 주의 깊게 보자. 외뿔석위, 마삭줄 등 쉽게 볼 수 없는 식물을 볼 수 있다.

주소 제주도 서귀포시 서홍동 2450 **이용시간** 일출~일몰 **입장료** 무료 **자동차** 내비게이션에 자연속으로펜션(서귀포시 서홍동 2442-6)을 검색해서 찾아가면 입구에 주차공간이 있다.

제주 남부지역(서귀포&중문)

화산섬이 만든 바다 수영장 ★★★★☆
황우지해안

외돌개, 주상절리 등 화산섬 제주에는 화산활동으로 인해 만들어진 자연비경이 많다. 황우지해안은 외돌개 옆에 위치한 숨은 명소로 좁은 계단을 내려가야 하기 때문에 마음먹고 찾아가야 한다. 1968년 무장간첩 섬멸을 기념하는 전적비 옆 계단을 따라 내려가면 비밀스럽게 숨겨져 있던 황우리해안이 모습을 드러낸다. 화산활동으로 인해 바다에는 돌기둥이 봉긋 솟아 거센 파도를 막아주고 있어 자연풀장에서 여름철 안전한 물놀이를 즐길 수 있다. 바다를 바라보고 왼쪽에는 일제강점기 일본군이 파놓은 해안진지동굴도 있으니 놓치지 말자.

주소 제주도 서귀포시 서홍동 **이용시간** 일출~일몰 **입장료** 무료 **귀띔 한마디** 주차는 서귀포시 서홍동 780-1로 찾아가면 된다.

4계절 축제와 다양한 체험 ★★★★☆
휴애리자연생활공원

한라산 자락에 자리 잡은 휴애리는 4계절 이용가능한 자연생활 체험공원이다. 봄을 가장 먼저 알리는 2~3월 매화축제를 시작으로 4~7월 수국축제, 9~11월 핑크뮬리축제가 열린다. 겨울시즌인 11~1월에도 온 세상을 붉게 물들이는 동백축제까지 일 년 내내 꽃축제이다. 공원 내에는 곳곳에 예쁜 포토존도 있어 사진을 찍다 보면 시간 가는 줄 모른다. 아이들과 함께 방문해도 좋은데, 매시간 정각 '흑돼지야 놀자' 공연이 펼쳐지는데, 흑돼지와 거위가 펼치는 공연을 만날 수 있다. 흑돼지 외에도 토끼, 제주마, 염소 등 다양한 동물들에게 먹이주기 체험도 할 수 있다.

주소 제주도 서귀포시 남원읍 신례동로 256 **문의** 064-732-2114 **이용시간** 09:00~18:00 **입장료** 성인 13,000원, 청소년 11,000원, 어린이 10,000원

Section 02
제주 남부지역에서 반드시 먹어봐야 할 먹거리

중문관광단지 내의 레스토랑은 비교적 깨끗한 시설에 맛도 좋지만 주머니 가벼운 사람들이 가기에는 다소 부담스러운 것이 사실이다. 구 서귀포버스터미널 인근에는 용이식당, 네거리식당 등 가성비 좋은 식당이 여럿 있으니 찾아가 보자. 또한 무엇을 먹을지 고민하기 싫다면 저렴한 금액에 다양한 먹거리가 있는 매일올레시장으로 향하자.

이건 사치가 아니야 ★★★★★
비오토피아레스토랑

이전에는 비거주자의 출입이 금지되어 있는 비오토피아 내의 수·풍·석박물관을 방문하기 위해 이곳을 찾았다. 하지만 지금은 레스토랑 이용 여부와 관계 없이 박물관은 별도로 예약을 해야 한다. 비오토피아 커뮤니티센터에 위치한 이곳은 넓은 창을 통해 제주의 자연을 마주하며 식사할 수 있는 공간이다. 레스토랑의 음식이 꽤 훌륭한 편이니 박물관을 둘러보기 전후에 들러볼 만하다.

가격이 저렴하진 않지만 때 묻지 않은 제주의 중산간 풍경을 바라보며 식사를 할 수 있으니 그리 터무니없는 가격도 아니다. 코스부터 단품까지 다양한 메뉴가 준비되어 있으므로 특별한 날이라면 품격있는 식사를 기대해도 좋다. 방문 전 예약은 필수이다.

주소 제주도 서귀포시 안덕면 상천리 796 **대표메뉴** 파스타 36,000원~, 피자 29,000원~ **문의** 064-793-6030 **영업시간** 점심 12:00~16:00, 저녁 17:00~21:00

대도식당
토박이들이 해장하러 찾는 복전문점 ★★★★★

천지연 폭포 입구에 위치한 복국 전문점으로 관광객보다는 현지분들에게 오랜 시간동안 사랑받아온 식당이다. 외관부터 내부까지 분위기만 봐도 맛이 없을 수 없겠다는 생각이 절로 드는데, 아침 일찍부터 해장하기 위해 찾는 사람들도 많은 편.
복 매운탕이나 복 지리도 있지만 **대표메뉴**는 김치복국이다. 칼칼한 맛의 김치는 맛이 강하지 않아서 잘 어울리고, 아삭한 콩나물, 신선한 미나리까지 한가득 들어가 든든한 한 끼 식사로도 제격이다. 술 좋아하는 분들이라면 술 생각이 절로 날 정도다.

주소 제주도 서귀포시 솔동산로 22번길 18 **대표메뉴** 복매운탕, 복지리, 김치복국 15,000원 **문의** 064-763-1033 **영업시간** 08:00~15:00(재료 소진 시 조기 마감, 일요일 휴무)

덕성원
꽃게짬뽕의 매력 속으로 ★★★☆☆

비가 추적추적 내리는 날이면 어김없이 생각나는 음식, 바로 짬뽕이다. 덕성원은 서귀포에 두 개 지점, 제주시에 두 개의 지점을 운영하고 있는 70년 역사의 중화요리 전문점이다. 이 집은 대표메뉴인 얼큰한 국물의 꽃게짬뽕이 유명하다.

• **본점 주소** 제주도 서귀포시 태평로401번길 4 **대표메뉴** 짜장면 6,000원, 꽃게짬뽕 10,000원, 탕수육 17,000원~ **문의** 064-762-2402(**중문점** 064-738-0750, **이도동점** 064-759-0010, **삼화점** 064-727-2402) **영업시간** 11:00~21:00(둘째 주 화요일 휴무) **귀띔 한마디** 서귀포의 아서원도 짬뽕이 맛있는 곳이고, 제주시 쪽의 금문도와 용담반점도 짬뽕으로 유명한 곳이다. **홈페이지** www.덕성원.com

갈치요리 전문점 ★★★★★
조림명가와 네거리식당

서귀포 아랑조을거리에 서로 마주 보고 자리한 조림명가와 네거리식당. 두 곳 모두 갈치요리를 전문으로 하는 식당이다. 먼저 이름을 알린 곳이 네거리식당이다 보니 항상 줄을 서서 먹어야 할 정도이다. 좀 더 한가한 분위기에서 식사를 하고 싶다면 조림명가가 더 나은 편이다. 두 곳 모두 갈치요리로 유명하고, 고등어구이가 서비스로 나온다는 점은 똑같다. 하지만 네거리식당의 갈치조림은 조리된 후 넓은 접시에 담겨 나오고, 조림명가는 국물이 넉넉하게 담겨 나와 계속 불 위에서 익히기 때문에 시간이 지날수록 깊은 맛이 우러난다. 각각의 장단점은 있으니 취향대로 선택하면 된다.

- 조림명가 주소 제주도 서귀포시 중앙로47번길 19 대표메뉴 갈치국(특) 15,000원, 갈치조림 1인 20,000원 문의 064-767-8562 영업시간 07:30~23:30
- 네거리식당 주소 제주도 서귀포시 서문로 29번길 20 대표메뉴 갈치국 15,000원~, 갈치조림 50,000원~ 문의 064-762-5513 영업시간 07:00~21:40

한라산을 닮은 메밀국수 ★★★★★
한라산아래첫마을

마을 공동체가 운영하는 이곳은 마을 주민들이 직접 재배하고 제분한 메밀을 이용해 요리를 한다. TV에 방송된 이후 찾는 사람들이 많아져 이제 대기는 필수가 되었다. 자리에 앉아 기다리면 향긋한 메밀차가 대기시간의 지루함을 덜어준다. 어린아이가 천진난만하게 낙서하듯 그리는 모양을 빗댄 제주방언 비비작작면이 이 집의 대표메뉴이다. 메밀면에 제철 나물과 들깨 등을 고명으로 올려 마치 한라산 모양으로 담았는데, 올린 모양새가 작

품에 가깝다. 함께 제공되는 들기름과 소스를 두른 뒤 먹으면 자극적이지 않은 고소함이 입 안 가득 퍼진다. 바로 옆에 카페도 함께 운영하므로 식사 후 메밀차나 메밀라떼 한 잔을 더해도 좋다.

주소 제주도 서귀포시 안덕면 광평리 211 **대표메뉴** 비비작작면 10,000원, 메밀전 7,000원 **문의** 064-792-8259 **영업시간** 10:30~18:30(15:00~16:00 브레이크타임, 월요일 휴무) **귀띔 한마디** 방문 전 테이블링 어플을 등록하면 대기시간을 줄일 수 있다.

토판염을 사용하는 ★★★☆☆
국수의전설

서귀포 주민에게 고기국수 맛있는 곳을 추천해 달라 하면 하나같이 국수의전설을 알려줄 정도로 현지인들의 입맛을 사로잡은 식당이다. 이곳은 대중적인 입맛 대신 건강을 생각했다. MSG를 쓰지 않고 전통 방식으로 생산되는 토판염을 사용하는 것이다. 그래서 감칠맛은 덜할 수 있지만 심심한 듯 담백하다. 메뉴 중 고기국수를 먹어야 하나, 비빔국수를 먹어야 하나를 고민하게 되는데 두 가지 국수와 돔베고기까지 나오는 세트 메뉴가 있어 실속 있게 즐길 수 있다.

주소 제주도 서귀포시 효돈로 108 **대표메뉴** 고기국수 9,000원, 보말칼국수 10,000원, 비빔국수 9,000원, 세트메뉴 32,000원 **문의** 064-733-7101 **영업시간** 09:30~15:30 **홈페이지** kugsu.fordining.kr

돗괴기국 한입 하실래예? ★★★★☆
마당갈비

돗괴기국은 제주향토음식으로 쉽게 말하면 돼지고깃국이다. 지금은 돗괴기국을 파는 곳이 거의 없어 여행자는 맛보기 힘든 음식 중 하나가 되었다. 비계가 잔뜩 붙은 돼지고기와 메밀, 채 썬 무를 함께 푹 삶은 돗괴기국은 비리고 느끼한 듯하면서도 담백한 맛이다.
쉽게 접할 수 있는 음식이 아니기 때문에 맛이 있다. 없다를 논하기는 힘들지만 별미인 것은 확실하다. 흑돼지 전문점이 아님에도 제주산 오겹살 맛이 일품이고, 간을 약하게 한 양념갈비 맛도 좋다.

주소 제주도 서귀포시 남원읍 남한로 1 대표메뉴 양념갈비 13,000원, 오겹살 14,000원, 돗괴기국 7,000원 문의 064-764-5989 영업시간 11:00 ~ 22:00

넓은 들판의 시골밥상 ★★★★★
용왕난드르

안덕면 대평리는 넓은 들을 가진 마을로, 난드르는 제주방언으로 넓은 들을 뜻한다. 농촌체험마을인 이곳의 용왕난드르는 마을에서 공동으로 운영하는 식당이다. 그래서 입구에도 향토음식체험장이라 쓰여 있다.
보말칼국수, 보말미역국, 보말죽 등 몸에도 좋은 보말이 들어간 메뉴가 대부분이다. 직접 반죽해 쫄깃한 보말수제비와 미역국이 함께 나오는 전복돌솥밥도 있다. 특별한 맛보다는 집밥을 먹는 것처럼 편안한 느낌이다.

주소 제주도 서귀포시 안덕면 대평감산로 8 대표메뉴 보말칼국수, 보말수제비 10,000원, 전복돌솥밥과 미역국 15,000원 문의 064-738-0715 영업시간 08:00~19:00

겉과 속이 다른 식당 ★★★★☆
고미횟집

고미횟집은 겉보기에는 그저 허름한 식당에 지나지 않는다. 하지만 허름한 겉모습과 달리 나오는 음식은 눈을 즐겁게 한다. 대부분 횟집은 메인 음식이 나오기 전 해산물 등이 먼저 나오고, 한참 뒤에서야 회가 등장하지만 이곳은 메인 음식이 일찍 나오는 편이다. 깻잎 위에 김과 날치 알밥을 올린 후, 갈치속젓과 함께 먹는 방법도 독특하다.

주소 제주도 서귀포시 서문로 46 **대표메뉴** 특모둠스페셜 2인 100,000원 **문의** 064-732-8501 **영업시간** 17:00~22:00(매주 수요일 휴무)

주연보다 빛나는 조연 ★★★☆☆
쌍둥이횟집

쌍둥이횟집은 제주도를 통틀어 가장 이름난 횟집 중 하나이다. 하지만 규모가 커지다 보니 아무래도 예전만 못하다는 평이 많은 편이다.

질 좋은 회를 맛보고 싶기보다는 푸짐하게 먹고 싶다면 가 볼 만하다. 본 메뉴가 나오기 전 나오는 곁들이찬(스키다시)의 종류와 양이 어디 내놓아도 빠지지 않기 때문이다. 직접 만들어 먹는 수제비매운탕과 함박스테이크 등 어린아이들이 좋아할 만한 음식도 함께 나오니 가족단위로 찾는 것이 더 좋다.

주소 제주도 서귀포시 중정로62번길 14 **대표메뉴** 4인 특 모둠스페셜 150,000원, 4인 모둠스페셜 120,000원, 2인 특 모둠스페셜 100,000원 **문의** 064-762-0478 **영업시간** 11:00~22:00

아는 사람은 다 아는 물회 전문점 ★★★★☆
어진이네횟집

이름은 횟집이지만 어진이네를 찾는 사람 중 열에 아홉은 회가 아니라 대부분 이 집의 대표메뉴인 물회를 먹기 위해 찾는다. 씹는 맛이 매력적인 자리물회와 담백한 한치물회, 해산물의 다양함을 맛볼 수 있는 전복해삼물회가 있다.
물회는 제주도 특유의 방식으로 된장을 풀어 만들기 때문에 구수한 뒷맛이 살아 있다. 보목포구에 자리하고 있어 운이 좋으면 바닷가 쪽 좌석에서 파도소리를 들으며 식사를 즐길 수 있다.

주소 제주도 서귀포시 보목포로 93 **대표메뉴** 자리물회 13,000원, 한치물회 13,000원, 전복해삼물회 16,000원 **문의** 064-732-7442 **영업시간** 10:00~20:00

철 따라 즐기는 물회 ★★★★☆
공천포식당

공천포구에 자리한 공천포식당은 물회와 회덮밥, 전복죽 등 싱싱한 제철 재료만을 사용해 음식을 만든다. 그렇다보니 방문하는 시기에 따라 원하는 메뉴가 없을 수도 있다. 깻잎과 김가루, 된장과 고춧가루를 함께 넣어 맛을 낸 제주식 물회는 넓적한 대접에 한가득 담아 내온다. 혹시 물회를 잘 먹지 못해도 걱정할 필요가 없다. 깔끔한 맛이 일품인 국물에 함께 나오는 공깃밥을 말아먹으면 정말 맛있다.

주소 제주도 서귀포시 남원읍 공천포로 89 **대표메뉴** 전복물회/한치물회 15,000원, 자리물회 12,000원 **문의** 064-767-2425 **영업시간** 10:00~19:30/매주 목요일 휴무

고기는 언제나 옳다 ★★★★☆
문치비

서귀포시 2청사 인근에 자리한 문치비. '치비'는 제주도 방언으로 '~씨', '~네 집'이라는 의미로 문가네, 문씨네 정도로 이해하면 된다. 두툼하게 썰어 내오는 흑돼지는 불판에 노릇노릇 구워 먹으면 어떻게 먹어도 맛있지만 멜젓이나 소금에 찍어 먹으면 더욱 맛있다.
흑돼지와 백돼지 근고기(600g)가 주메뉴로 두툼한 목살과 육즙 가득한 오겹살이 섞여 나오는데, 원하면 한 가지 부위만으로도 주문이 가능하다. 서귀포 아랑조을거리에도 분점이 있으니 가까운 곳을 이용하면 된다.

주소 제주도 서귀포시 신서로32번길 14 **대표메뉴** 흑돼지 근고기 2~3인 57,000원, 항정살 16,000원 **문의** 064-739-2560 **영업시간** 12:00 ~24:00

비싼 값 하는 ★★★☆☆
큰갯물횟집

대포포구에 자리한 큰갯물횟집은 다른 곳에 비해 다소 비싸다고 느껴지는 곳이다. 하지만 먹어본 사람은 한결같이 음식의 신선도와 서비스에 만족하는 편이다. 1층은 대부분 방으로 되어 있어 조용하게 식사하기에 좋다. 구성을 맞춘 그릇부터 식욕을 자극하고, 나오는 음식 하나하나 바다를 그대로 옮겨 놓은 듯 신선하다. 가격이 부담스럽다면 점심시간에 방문하면 저렴한 금액으로 즐길 수 있다.

주소 제주도 서귀포시 대포로 161 **대표메뉴** 회 50,000원~, 회덮밥 20,000원 **문의** 064-738-1625 **영업시간** 12:00~22:00 **귀띔 한마디** 식당 옆에는 펜션도 운영 중이니 함께 이용하면 늦은 저녁까지 술 한잔 곁들여도 부담스럽지 않다.

대향연탄구이
연탄에 구우면 뭐든 맛있다. ★★★★☆

이중섭거리 입구에 자리한 대향은 천재 화가 이중섭의 호이기도 하다. 관광객이 많이 다니는 곳이지만 현지 주민들에게 더 사랑받는 흑돼지구이 전문점이다. 연탄불에 구워 먹으면 뭐든 맛있다고 하는데, 이곳 흑돼지는 적당히 숙성되었을 뿐 아니라 먹기 좋게 구워주기 때문에 최고의 흑돼지 맛을 즐길 수 있다.

주소 제주도 서귀포시 태평로 407 **대표메뉴** 흑돼지세트(600g) 54,000원, 오겹살, 목살 18,000원 **문의** 064-762-0889 **영업시간** 16:00~24:00

중앙식당
부담 없는 아침식사 ★★★☆☆

관광지인 제주도에서 아침식사를 할 수 있는 식당은 그리 많지 않은 편이다. 안덕우체국 앞에 위치한 중앙식당은 아침식사가 가능한 곳이다. 제주도 향토음식 대부분을 맛볼 수 있지만 인기메뉴는 따로 있다. 성게와 보말(고둥)을 넣고 푹 끓여낸 성게보말 미역국. 아침으로 먹어도 부담 없고 든든하다.

주소 제주도 서귀포시 안덕면 화순로 108 **대표메뉴** 성게보말국, 전복뚝배기, 갈치국 15,000원 **문의** 064-794-9167 **영업시간** 06:00~20:00(둘째, 넷째 주 목요일 휴무)

돼지고기에 꽃이 피었습니다 ★★★★★
뽈살집

제주도에서 꼭 먹어야 하는 음식, 제주 흑돼지. 대부분 흑돼지 오겹살이나 목살을 주로 먹고, 제주 좀 다녀봤다면 근고기 정도 먹는 편이다. 소고기는 특수부위를 찾아 먹는 경우는 있지만 돼지고기는 특수부위라 해도 몇 가지 없다고 생각하기 쉽다. 하지만 뽈살집을 한 번 방문하고 나면 돼지고기의 신세계를 경험하게 된다.

주인이 직접 작업하기 때문에 저렴한 가격에 더욱 신선한 제주산 흑돼지를 맛볼 수 있는데, 이름부터 낯선 돈새살, 꽃살, 뽈살, 눈썹살 등 돼지고기의 특수부위가 이렇게 다양하다는 사실을 알게 된다. 부위마다 모양과 맛, 식감도 제각각이라 물리지 않는다. 주문하면 바로 손질해서 나오기 때문에 시간이 다소 걸리는 편이지만, 한 번 맛보고 나면 기다림의 시간도 용서된다. 기다림이 힘들면 초벌구이 해서 나오는 초벌구이모둠이 제격이다. 함께 나오는 김치찌개도 맛보려면 너무 배불리 먹으면 안 된다.

주소 제주도 서귀포시 중정로91번길 37 **대표메뉴** 모둠스페셜 2인 35,000원, 3~4인 55,000원 **문의** 064-763-6860 **영업시간** 15:00~24:00

몸에 좋은 보말 한가득 ★★★★☆
중문수두리보말칼국수

먹을 것이 귀했던 제주도에서는 고기 대신 먹었을 정도로 보말은 영양이 풍부한 바다의 선물이었다. 최근 TV에 보말칼국수가 몇 차례 소개되면서 제주도에서 보말칼국수를 맛보려는 사람들로 장사진을 이룬다. 최근 이곳도 이름이 알려지면서 사람이 많아지긴 했지만 원래는 동네 사람들만 찾는 식당이었다.

질 좋은 보말만 사용하는데 걸쭉한 국물

과 톳을 넣어 반죽한 칼국수의 조화가 속을 든든하게 해준다. 이른 아침부터 대기를 하는 경우가 많아 테이블링 어플을 이용해 미리 예약을 해두면 편하다. 점심시간(11:30~13:30)을 제외한 나머지 시간에는 식당 앞 메인도로에 주정차 단속이 있고, 별도로 주차장이 없어 주차가 힘든 편이니 골목에 주차해야 한다.

주소 제주도 서귀포시 천제연로 192 **대표메뉴** 톳보말칼국수 10,000원, 성게전복죽 13,000원 **문의** 064-739-1070 **영업시간** 08:00~17:00, 첫째, 셋째 주 화요일 휴무

기다림에 지쳤다면 ★★★☆☆
하영

중문관광단지에 위치한 큰 건물의 식당이다. '맛있게 많이 드시라'는 말을 제주 방언으로 '하영듭서'라고 하는데, 여기서 이름을 따서 '하영'이라 이름 붙였다. 워낙 큰 식당이고 주차장도 넓어 인원이 많거나 아이가 있어 편한 곳을 원한다면 고려해볼 만하다. 흑돼지를 전문으로 취급하는 식당이지만, 돌솥밥이나 해물뚝배기 등의 다른 메뉴도 있다. 스페셜메뉴의 경우 금액은 비싼 편이지만 흑돼지와 함께 전복요리와 통갈비구이, 영양돌솥밥까지 나오기 때문에 이것저것 먹고 싶다면 주문해도 좋다.

주소 제주도 서귀포시 천제연로 101 **대표메뉴** 하영특선(2인) 73,000원, 한가득특선(4인) 133,000원 **문의** 064-738-6011 **영업시간** 10:00~22:00

제주 남부지역(서귀포&중문)

전망 좋은 풍경은 덤 ★★★★☆
서귀포 흑돼지명가

제주도에서는 아무 식당이나 가도 비교적 맛있는 흑돼지를 먹을 수 있다. 서귀포 흑돼지명가는 맛있는 흑돼지는 기본이고, 내부 인테리어가 따로 필요 없을 정도로 아름다운 전망을 갖춘 곳이다. 실내 창가 좌석에서도 확 트인 바다를 볼 수 있지만 야외 테라스 좌석에 자리 잡으면 전망 좋은 펜션에 놀러와 바비큐파티를 즐기는 기분을 낼 수 있다.

주소 제주도 서귀포시 태평로 122 **대표메뉴** 흑돼지오겹살, 흑돼지목살 20,000원 **문의** 064-739-7347 **영업시간** 10:00~22:00(매주 일요일 휴무)

육지인 입맛에 맞춘 고기국수 ★★★☆☆
국수바다

중문 예래입구사거리에 위치해 있어 눈에 잘 띄므로 찾아가기도 쉽다. 넓은 주차장과 많은 좌석을 구비한 곳이지만 식사시간에는 대기줄을 서야 될 정도로 인기가 높은 곳이다. 다른 고기국수집에 비해 돼지고기를 부드럽게 삶아 내서 오히려 여행자들 입맛에 잘 맞는 편이다. 4인 이상이라면 성게국밥과 회국수, 고기국수, 몸국, 수육 등 다양한 메뉴가 세트로 제공되는 한상차림을 선택해도 좋다.

주소 제주도 서귀포시 일주서로 982 **대표메뉴** 고기국수 9,000원, 비빔국수 9,000원 **문의** 064-739-9255 **영업시간** 08:00~21:00

Section 03
제주 남부지역에서 반드시 들러봐야 할 카페

남국의 바다를 고스란히 옮겨 놓은 것 같은 이국적인 정취가 풍기는 남쪽 해안답게 경치가 아름다운 곳에는 어김없이 카페가 자리한다. 바다를 바라보며 마시는 커피 한잔은 여행에 의미를 던져주기도 한다. 제주의 남쪽에 간다면 바다가 바라다보이는 카페에서 시간을 보내보자.

영화의 감동을 그대로 ★★★★★
서연의집

첫사랑과 건축이라는 주제로 대한민국 청춘뿐 아니라 중장년층의 마음까지 설레게 만들었던 영화〈건축학개론〉. 영화에서 한가인이 엄태웅에게 건축을 맡겼던 건물이 영화가 끝난 후 카페로 새롭게 문을 열었다. 영화 속 한가인의 배역 이름을 딴 '서연의 집'이다.

카페 내부에는 영화 속 장면들을 떠오르게 하는 포스터와 공감대를 형성하는 소품으로 가득하다. 위미리 바닷가에 위치한 덕분에 카페에서 내다보는 풍경도 아름답지만 수돗가 신발 자국, 촬영 소품 등은 영화가 개봉한 지 10년이 지났지만 여전히 영화 속 장면을 생생하게 기억나게 한다. 자신도 모르게 '기억의 습작'을 흥얼거리며 영화 속 한 장면을 추억해보기 좋은 공간이다.

주소 제주도 서귀포시 남원읍 위미해안로 86 대
표메뉴 아메리카노 4,500원~, 한라봉
꿀 6,500원 **문의** 064-764-7894
영업시간 10:00~19:00,
6~8월은 ~21:00까지

제주 남부지역(서귀포&중문)

  커피 한 잔에 도넛 하나, ★★★★☆
오또도넛

커피를 구입하면 도넛을 서비스로 주는 곳이 있다. 서핑이 좋아 제주에 안착했다는 사장님이 차린 오또도넛이 바로 그곳이다. 폭신폭신하고 쫀득한 식감의 발효도넛이 맛있지만 제주에서 생산된 귤, 마늘, 녹차 등을 이용해 만든 도넛도 유명세를 타면서 서울까지 지점이 생겼다. 실내 좌석이 많지 않아 테이크아웃을 해가는 사람이 많은 편이다. 도넛을 구입해 여행 중 출출할 때 언제나 하나씩 꺼내먹기 좋다.

주소 제주도 서귀포시 중문상로 87 **대표메뉴** 오리지널도넛 1,200원, 아메리카노 3,500원 **문의** 064-904-1516 **영업시간** 08:00~18:00

 이중섭 거리를 거닐며 커피 한잔 ★★★★☆
유동커피

서귀포가 고향인 오너바리스타의 이름을 따서 단순히 유동커피라고 이름 지었지만, 커피만큼은 단순하지 않다. 내부 곳곳에는 각종 상장들이 도배되어 있어 커피맛에 대한 이 카페의 자부심이 느껴진다. 원하는 취향의 커피를 선택하면 되는데, 산미(신맛)가 있는 타입의 오라방(오빠) 커피가 대표적이다. 여기에 주인의 얼굴을 닮은 라테아트는 유동커피만의 캐릭터로 자리 잡았다. 커피를 마시다 보면 자연스레 고개가 돌아가게 되는데, 바로 심혈을 기울여 로스팅하는 주인장의 모습 때문이다. 어떤 메뉴를 주문하든 커피맛이 좋아 기본 이상은 하는 편이다. 덕분에 제주뿐만 아니라 부산, 울산, 대구 등 곳곳에서도 유동커피를 마실 수 있다.

주소 제주도 서귀포시 태평로 406-1 **대표메뉴** 아메리카노 4,000원, 송산동커피 5,000원 **문의** 064-733-6662 **영업시간** 08:00~22:30

감귤 체험을 제대로 즐기는 ★★★★☆
제주 에인감귤밭

제주와 감귤은 떼어 놓을 수 없을 정도로 감귤은 제주도를 대표한다. 그러다 보니 시기가 감귤 수확철로 제한되지만 감귤 따기 체험도 즐길 수 있는 카페가 늘어나고 있다. 그 중에는 단순히 감귤 따기 체험만 가능한 것이 아니라 귤밭 곳곳에 포토존을 만들어 놔서 예쁜 사진도 함께 남길 수 있다.

주소 제주도 서귀포시 호근서로 20-14 **대표메뉴** 감귤체험 7,000원(카페이용료 5,000원), 에이드 7,000원 **문의** 010-2822-1787 **영업시간** 10:00~18:00(매주 일요일 휴무)

와~ 바다다. ★★☆☆☆
바다다 VADADA

중문 관광단지 대포주상절리 옆에 자리한 비치라운지로 카페라기보다는 레스토랑 겸 바라고 표현하는 것이 더 잘 어울린다. 무엇보다 바닷가 바로 앞이라 야외 좌석에 앉으면 동남아 어느 리조트의 카바나에 앉아 있는 듯한 착각을 불러일으킨다. 가격은 많이 비싼 편이지만, 바다내음, 파도소리와 함께 시간을 보내고 싶다면 한번쯤은 방문해 봐도 좋다.

주소 제주도 서귀포시 대포로 148-15 **대표메뉴** 아메리카노 8,000원, 라임모히또 16,000원 **문의** 064-738-2882 **영업시간** 10:30~19:00

편안하게 즐기는 커피 한잔 ★★★★☆
카페숑

공천포 바닷가에 자리한 자그마한 카페. 바닷가에 자리한 여느 카페와 크게 다르지 않은 이 곳에 끊임없이 손님이 찾는 이유는 편안함 때문이다. 혼자 조용히 커피 마시고 싶어, 혼자 조용히 창밖으로 바다를 보고 싶어, 혼자 조용히 음악을 듣고 싶어 찾는다. 앙증맞은 트레이에 나오는 커피 한잔이면 절로 마음이 편안해진다.

주소 제주도 서귀포시 남원읍 공천포로 91 **대표메뉴** 카페라떼 4,000원, 송플 7,500원 **문의** 070-4191-0586 **영업시간** 09:30~18:00(매주 일요일 휴무)

크로아상의 진리 ★★★★☆
겹겹의 의도

겹겹이 부드럽게 층을 이룬 빵인 크로아상을 대변하듯, 겹겹의 의도는 크로아상을 대표메뉴로 하는 베이커리 카페이다. 이 집의 크로아상은 겉은 바삭하고 속은 촉촉한데, 과히 제주도에서 가장 맛있는 크로아상이라 해도 될 정도이다. 일반적인 크로아상을 비롯해 통밀 크로아상, 소시지 크로아상 등 다양한 종류가 있다. 매장에서 직접 소량만 만들어 팔기 때문에 늦게 가면 원하는 빵을 먹지 못할 수도 있다.

주소 제주도 서귀포시 홍중로27번길 4 **대표메뉴** 커피류 3,500원~, 크로아상 3,500원 **문의** 064-763-0990 **영업시간** 10:00~19:00(매주 일요일, 월요일 휴무)

따스한 햇살과 커피 ★★★☆☆
서홍정원

마을 주민들의 여름철 피서처인 솜반천 옆 주택을 개조해 만든 서홍정원은 2층짜리 아담한 카페이다. 1층과 2층에는 각각 테라스가 있어 햇살 좋은 날 테라스 좌석에 앉아 있으면 솜반천 개울물 흐르는 소리와 새들의 지저귐 소리를 들으며 여유를 맘껏 누릴 수 있다. 테라스가 아니라도 실내 좌석까지 햇살이 은은하게 비쳐 저절로 마음이 편안해진다.

시그니처 메뉴는 아몬드 비엔나인데, 카푸치노에 견과류 파우더와 생크림이 더해져 한층 고소하고 부드러운 맛

이 난다. 커피류 외에도 다양한 라떼도 있고, 녹차 쉬폰케이크 등 디저트 메뉴도 다양하다.

주소 제주도 서귀포시 솜반천로55번길 12-8 **대표메뉴** 아메리카노 5,000원, 아몬드비엔나 6,500원 **문의** 064-762-5858 **영업시간** 11:00~20:00

이탈리아 어디쯤, ★★★★★
세러데이 아일랜드

평일 오픈시간 전부터 줄을 서서 기다릴 정도로 인기가 많은 곳이다. 겉에서 봤을 땐 오래된 제주의 집이지만 실내로 들어서면 순간 이탈리아 어느 농장의 주방을 잘못 찾은 게 아닌가 하는 생각이 든다. 마감하지 않은 듯한 투박하게 노출된 벽면과 가공을 하다만 듯 울퉁불퉁한 테이블, 창고에서 오랫동안 꺼내지 않았을 것 같은 각종 소품들까지 이곳과 너무 잘 어울린다. 감귤나무가 보이는 창가석을 포토존으로 남겨놓는 센스도 돋보인다. 시그니처 메뉴는 달달한 플랫화이트 위에 차가운 크림이 올라간 랭코파파 커피이다. 커피를 좋아하는 사람이라면 꼭 마셔봐야 할 이 집의 대표메뉴이다.

주소 제주도 서귀포시 남원읍 남한로 21번길 28 **대표메뉴** 랭코파파 7,000원, 망고의패션 8,000원 **영업시간** 11:00~18:00(매주 화,수요일 휴무)

Special 08

세계적인 건축 박물관, 제주

안도타다오와 이타미준, 두 거장을 중심으로 제주 건축물에 새바람이 일기 시작했다. 제주의 자연과 건축이 접목되어 제주도가 세계적인 건축 박물관으로 변화되었다. 지금 제주는 또 한 번의 바람이 불기 시작했다. 대규모 중국자본이 제주에 스며들면서 개발을 피할 수 없게 되었다. 변화를 피할 수 없다면 제주의 자연을 훼손시키지 않는 범위 내에서 개발되었으면 하는 바람이다.

섭지코지의 변신
안도타다오&마리오보타

세계3대 건축가, 노출콘크리트의 대가로 불리는 안도타다오는 일본 오사카의 '빛의교회', 고베의 '로코하우징' 등을 통해 이름을 알렸다. 바다를 품고 있는 형상의 글라스하우스와 땅속에 묻혀 있는 듯한 모양의 지니어스로사이는 섭지코지의 모습을 변화시켰다. 하지만 자연 속에 건축물을 담아내는 안도타다오의 특징 덕문에 거부감이 들지 않아 여전히 많은 사람이 섭지코지를 찾는다.

섭지코지의 모습을 변화시킨 건축가가 한 명 더 있다. 바로 스위스 출신의 건축가인 마리오보타. 다소 낯선 이름일 수 있지만 스위스의 장팅겔리미술관과 미국샌프란시스코의 현대미술관 등을 설계한 세계적인 건축가이다. 우리나라의 '강남 교보타워'와 삼성미술관 '리움'을 설계하기도 했다. 마리오보타가 설계한 건물은 피닉스아일랜드의 클럽하우스인 아고라. 섭지코지 속 피라미드로 파리

의 루브르박물관 같은 분위기를 연출했는데, 특히 밤이 되면 투명한 유리를 통해 빛이 퍼져 나가는 모습이 예술이다.

- **지니어스로사이(유민미술관) 주소** 제주도 서귀포시 성산읍 섭지코지로 93-66 **이용시간** 09:00~18:00 **입장료** 성인 12,000원, 청소년 9,000원 • **아고라 주소** 제주도 서서귀포시 성산읍 고성리 114-2 **홈페이지** www.phoenixhnr.co.kr/page

제주의 품에 잠들다
이타미준

안도타다오를 거론할 때 빠지지 않는 건축가가 한 명 더 있다. 재일교포인 이타미준이 바로 그 주인공. 이타미준 역시 안도타다오와 마찬가지로 자연의 아름다움을 최대한 살리면서 자신만의 작품을 선보였는데, 대표적인 예가 제주도에 자리한 자연과 인간이 하나가 되는 비오토피아이다. 특히 비오토피아 내의 수·풍·석박물관과 두

손지중박물관은 단순하지만 자연과의 조화가 돋보이는 건축물로 직접 두 눈으로 보고 온몸으로 느껴보지 않는 이상 그의 천재성을 알기란 어렵다.

그런가 하면 하늘에서 바라봤을 때 포도송이처럼 보여 이름 붙여진 포도호텔은 제주의 오름과 초가집을 모티브로 디자인한 호텔이다. 오름의 아름다운 곡선과 초가집의 전통을 한데 묶어 설계한 것도 훌륭하지만 1층 건물임에도 불구하고 뛰어난 전망을 볼 수 있어 더욱 놀랍다. 비오토피아와 멀지 않은 곳에 자리한 방주교회 역시 그의 작품이다. 성경 속 '노아의 방주'를 모티브로 실제 배가 물에 떠 있는 것처럼 지은 교회이다. 아쉽게도 그는 제주 영어교육도시개발사업을 진행하던 중 뇌출혈로 사망했다. 인생의 마지막을 제주와 함께한 셈이다.

- 비오토피아 **주소** 서귀포시 안덕면 산록남로 863 **홈페이지** www.thepinx.co.kr
- 수·풍·석박물관&두손지중박물관 **주소** 제주도 서귀포시 안덕면 산록남로762번길 79 **문의** 064-793-6030 **이용시간** 6/1~9/15 10:00, 16:00, 9/16~5/31 14:00, 15:30 **입장료** 성인 30,000원, 초등학생 15,000원
- 포도호텔 **주소** 제주도 서귀포시 안덕면 산록남로 863 **문의** 064-793-7000 **홈페이지** www.thepinx.co.kr
- 방주교회 **주소** 제주도 서귀포시 안덕면 상천리 427 **문의** 064-794-0611 **이용시간** 외부(하절기) 08:00~19:00, 동절기 09:00~18:00), 내부(평일 09:00~17:00, 수요일 11:30~17:00, 토요일 09:00~13:00, 일요일 12:00~14:00, 15:00~17:00) **입장료** 무료

한국 건축가의 자존심
조민석&승효상

잠잠해지긴 했지만 한때 본사를 제주로 옮기는 회사들이 꽤 있었다. 가장 대표적인 회사가 바로 다음커뮤니케이션이다. 제주도로 본사를 옮기면서 건물을 새로 지었는데, 본사 건물의 설계를 맡은 사람은 베니스비엔날레 건축전에서 황금사자상을 받은 조민석건축가이다. 제주첨단과학기술단지에 자리한 다음스페이스닷원은 노출콘크리트로 외관을 마감하여 제주의 화산송이를 연상하게 한다. 입구의 노트북을 든 돌하르방은 일반인들도 거리감 없이 쉽게 접근할 수 있도록 한다. 2012년 한국건축문화대상을 수상하기도 한 조민석건축가의 작품은 다음스페이스닷원 외에도 차(茶)박물관 티스톤과 이니스프리제주하우스 등이 있다.

승효상건축가의 작품으로는 대정읍에 '세한도'를 모티브로 지은 추사관이 대표적이다. 평소 소박했던 추사의 마음을 건물에 그대로 옮겨놓아 주변의 대정읍성과의 균형을 맞추었다. 독특한 점은 전시관이 지하에 위치해 있다는 것이다. 승효상건축가의 작품으로는 추사관 외에도 서귀포 중문의 여미지식물원과 롯데아트빌라스가 있다. 롯데아트빌라스는 5인의 세계적인 건축가도미니크페로(Dominique Perrault), 쿠마켄고(Kuma Kengo), 승효상, 이종호, DA Group이 제주의 자연을 테마로 개성을 살려 각 블록을 담당해 설계한 리조트로 대규모 가족단위로 이용하기 좋다.

- 추사관 **주소** 제주도 서귀포시 대정읍 추사로 44 **문의** 064-760-3406 **이용시간** 09:00~18:00(월요일 휴무) **입장료** 무료
- 여미지식물원 **주소** 제주도 서귀포시 중문관광로 93 중문단지 내 **문의** 064-738-2992 **이용시간** 09:00~18:00 **입장료** 성인 10,000원, 청소년 7,000원, 어린이 6,000원 **홈페이지** www.yeomiji.or.kr
- 롯데아트빌라스 **주소** 제주도 서귀포시 색달중앙로252번길 124 **문의** 064-731-9000 **홈페이지** www.lotteresort.com/artvillas/ko/abou

미술관, 예술을 품다
왈종미술관 & 제주도립미술관 & 제주현대미술관

제주의 미술관은 단순히 전시공간의 역할에 그치지 않고 미술관 건축물 자체가 하나의 예술작품이 된다. 정방폭포 맞은편 언덕에 바다를 바라보며 조선백자의 찻잔을 형상화해 지어진 왈종미술관은 스위스건축가 다비드머큘로가 설계한 미술관이다. 교수직을 그만두고 서귀포에 정착한 뒤 20년이 넘게 서귀포의 모습을 예술로 표현하는 작업을 하고 있는 이왈종화백의 이름을 딴 미술관이다. 다채로운 색감의 작품을 만날 수 있음은 물론이고, 미술관 앞마당에서 바라보는 서귀포 앞바다의 풍경 또한 예술이다.

왈종미술관 주소 제주도 서귀포시 칠십리로214번길 30 **문의** 064-763-3600 **이용시간** 10:00~18:00(월요일 휴관) **입장료** 성인 5,000원, 청소년 및 어린이 3,000원 **홈페이지** walartmuseum.or.kr

제주도립미술관은 미술관 앞 연못에 한라산의 모습이 반영되어 더욱 빛을 발한다. 평양 출신이면서 제주를 사랑한 장리석작가의 기증품 덕분에 볼거리가 풍성하다는 점도 도립미술관을 방문해야 하는 이유가 된다. 미술 작품전시 외에도 영화 상영을 비롯해 다양한 프로그램을 운영하고 있어 미술에 관심이 없는 사람이라도 부담스럽지 않게 다가갈 수 있는 공간이다.

제주도립미술관 주소 제주도 제주시 1100로 2894-78 **문의** 064-710-4300 **이용시간** 09:00~18:00(종료 30분 전 매표 마감), 매주 월요일, 1월 1일, 설날, 추석 휴관 **입장료** 성인 2,000원, 청소년 1,000원, 어린이 500원/전시준비기간 무료 **홈페이지** jmoa.jeju.go.kr

한경면 저지리 중산간에는 예술인들이 작품활동을 하며 거주하는 저지문화예술인마을이 자리하는데, 그 중심에는 제주현대미술관이 조화롭게 들어섰다. 미술관 외관을 현무암으로 마감했을 뿐 아니라 구멍이 숭숭 뚫린 현무암의 특징을 잘 표현해 제주7대 건축물에도 선정되었다. 전시공간에서는 김흥수화백의 작품을 만날 수 있고, 야외 전시공간도 훌륭해 미술작품 감상과 함께 산책까지 즐길 수 있다.

제주현대미술관 주소 제주도 제주시 한경면 저지14길 35 저지문화예술인마을 내 **문의** 064-710-7801 **이용시간** 10~6월 09:00~18:00, 7~9월 09:00~19:00(월요일 휴관) **입장료** 성인 2,000원, 청소년 1,000원, 어린이 500원 **홈페이지** www.jejumuseum.go.kr

제주의 변화

제주의 최고층 건물인 드림타워가 새로 들어섰다. 이 건물을 올리는 데 중국자금이 유입되었다. 홍콩을 방문할 때도 비자를 받는 중국인들이 제주도에서는 무비자 30일 체류가 가능하다. 중국자금의 유입이 꼭 긍정적이지만은 않다. 이미 제주의 꽤 많은 땅이 중국인 소유가 됐고, 이 추세가 이어질 것으로 예상되면서 걱정이 앞선다.

Part
06

특별한 제주를 만나다!

Section01. 제주의 아름다운 오름
Section02. 걸으며 만나는 제주올레
Section03. 제주 해안도로 일주
Section04. 제주, 섬 속의 섬
Special09. 제주, 커피 한잔의 여유

오름, 올레

Section 01
제주의 아름다운 오름

한라산의 기생화산인 오름은 제주도에 368개가 있는데, 오름은 언덕을 뜻하는 제주도방언이다. 경우에 따라 '악', '봉', '산'이라 불리기도 한다. 한라산이 잘 다듬어진 다이아몬드라면, 오름은 가공하지 않은 원석이다. 물론 한라산도 자연 그대로의 모습이긴 하지만 오름은 아직 많은 손때가 묻지 않은 곳이다. 같은 오름이라도 형태가 다르고, 형성과정이 다르기 때문에 끝없는 매력을 가지고 있다. 하루라는 시간을 모두 투자해야 하는 한라산과 달리 오름은 길어도 반나절, 짧으면 한 시간 안에도 다녀올 수 있어 짧은 제주도여행 일정이라도 부담이 없다.

오름 트래킹 준비

대부분의 제주 오름은 정상에 오른 뒤 다시 내려오는 데 길어도 3시간 이상 소요되지 않는다. 등산할 때와 같이 모든 장비를 착용할 필요는 없지만 트레킹화나 운동화를 신는 것이 편하다. 비교적 편하게 오를 수 있는 오름도 있지만, 거리는 짧아도 경사가 꽤 가파른 오름도 있으니 본인의 체력에 맞게 선택하는 것이 안전하다.

오름 근처에서는 식당이나 휴게소, 매점 등을 찾기 어려우니 마실 물 정도는 꼭 챙기는 것이 좋다. 오름에 오른 후에는 분화구를 따라 이어진 둘레길을 꼭 걸어보자. 오름의 진면목을 볼 수 있는 길이다. 더불어 가능하면 해가 뜨는 시간이나 해지는 시간에 맞춰 오름에 올라보자. 오름 위에서 바라보는 일출과 일몰은 상상 이상으로 아름답다.

초보자도 쉽게 오를 수 있는 오름 TOP 3
- 새별오름
- 용눈이오름
- 금오름

경치가 아름다운 오름 TOP 3
- 노꼬메오름
- 단산(바굼지오름)
- 다랑쉬오름

누구나 오를 수 있지만 쉽게 오를 수 없는
거문오름 [표고 456m]

- **정상코스** : 1.8km, 1시간 소요, 전망대만 다녀오는 코스로, 시간이 많지 않다면 고려해볼 만하다.
- **분화구코스** : 5.5km, 2시간 30분 소요, 용암협곡, 수직동굴, 숯가마터, 풍혈 등 대표 볼거리를 탐방하는 코스이다.
- **전체코스** : 10km, 3시간 30분 소요, 분화구코스와 비슷하나 8개의 능선을 함께 둘러볼 수 있는 코스이다.

거문오름은 우리나라 최초(2007년) 세계자연유산으로 지정된 거문오름 용암동굴계(거문오름, 벵듸굴, 만장굴, 김녕굴, 용천동굴, 당처물동굴)의 모체가 되는 오름이다. 다른 오름은 멀리서 봤을 때 한눈에 들어오지만 거문오름은 그 크기가 얼마나 큰지 가늠하기가 힘들다. 거문오름은 누구나 오를 수 있는 곳이다. 단, 예약해야지만 방문이 가능하다. 자연을 보호하기 위해 인원만 제한하는 것이 아니다. 매주 화요일은 자연 휴식의 날로 지정되어 있어 탐방이 제한된다. 거문오름 탐방은 2가지 코스로 나눠볼 수 있다. 하나는 해설사가 동행하는 분화구코스이다. 제주도의 자연에 대한 이야기를 들으며 거문오름의 핵심만 방문하는 코스이다. 다른 하나는 능선(자율탐방)코스로 분화구코스에 정상의 9개 봉우리를 더해 차례대로 걷게 된다. 정상에서 바라보면 이토록 울창하게 숲이 우거진 곳이 또 있을까 싶을 정도로 빼곡하게 들어찬 나무로 인해 길이 보이지 않는다. 용암협곡은 계곡처럼 깊게 파인 지형으로 약 2km에 걸쳐 형성되어 있다. 풍혈은 땀을 식히며 쉬었다 가기에 좋다. 한여름에도 바위 밑에서 시원한 바람이 뿜어져 나와 자연 에어컨이 따로 없다.

주소 제주도 제주시 조천읍 선교로 569-36 **문의** 064-710-8981 **이용시간** 09:00~13:00(해설탐방 10:00~12:00) **입장료** 성인 2,000원, 청소년 및 어린이 1,000원 **귀띔 한마디** 사전 예약자에 한해 1일 450명으로 입장이 제한된다. 전화 및 인터넷 예약은 탐방 희망 전 달 1일 오전 9시부터 17시까지 가능하며, 당일 예약은 불가능하다. **주의사항** 등산복과 등산화 착용, 샌들 착용 금지, 양산, 우산, 스틱 사용 금지. **홈페이지** www.jeju.go.kr/wnhcenter/black/reserve.htm#

제주 오름의 본좌
다랑쉬오름 [표고 382.4m]

제주도의 많은 오름 중에서 다랑쉬오름을 최고의 오름으로 손꼽는 사람이 적지 않다. 다랑쉬오름은 여느 오름과 비슷하게 보일 수도 있겠지만 멀리서 보면 빼어난 자태가 압도적이다. 사실 다랑쉬오름을 최고의 오름으로 꼽는 이유는 정상에 올라봐야 제대로 알 수 있다. 크기는 한라산과 비교가 안 되지만 분화구 하나만큼은 한라산과 견주어도 뒤처지지 않는데, 백록담의 깊이와 같은 115m의 화구를 가지고 있다. 다랑쉬라는 이름이 붙은 것도 분화구가 달처럼 둥글게 보이기 때문이다. 운이 좋으면 분화구 속을 뛰어노는 노루를 만날 수도 있다. 분화구 안쪽도 그렇지만 바깥쪽 역시 가파른 편이다. 그래서 오름 입구에서 정상으로 오르는 길은 가로지르는 길 대신 경사면을 지그재그로 잇는 길을 따라 올라야 한다. 그럼에도 불구하고 꽤 숨이 차오른다.

정상에 오르면 사방으로 보이는 풍경에 넋을 잃게 된다. 분화구 둘레를 따라 걷다 보면 동쪽으로는 성산일출봉을, 북쪽으로는 천 년의 숲 비자림을, 서쪽으로는 한라산을, 남쪽으로는 용눈이오름의 아름다운 능선을 마주할 수 있다. 달이 떠오르는 밤이 아름답다고 하지만 해가 뜨기 전에 올라 정상에서 맞는 일출에 비할 바가 아니다. 다랑쉬오름 앞에는 아끈(작은)다랑쉬오름이 자리하니 함께 올라 봐도 좋다.

주소 제주도 제주시 구좌읍 세화리 2705 **이용시간** 일출~일몰 **입장료** 무료 **자동차** 내비게이션에 다랑쉬오름 혹은 월랑봉으로 검색하면 오름 입구로 갈 수 있다. 검색이 되지 않는다면 송당리에서 1136번 도로 이용, 성산 방면으로 달리다 손자봉삼거리에서 좌회전 후 2km 직전하면 오름 입구가 나온다.

추사의 흔적을 따라 걷는
바굼지오름(단산) [표고 158m]

흔히 제주의 오름은 봉긋하게 솟아 부드러운 능선을 가지고 있는 여성스러움을 먼저 떠오르게 한다. 하지만 단산이라 불리는 바굼지오름은 뾰족한 모양의 거친 남성스러움으로 오름계의 이단아라 불린다. 바굼지는 바구니를 뜻하는 제주방언으로 과거 대정의 너른 들판이 물에 잠겼을 때 바구니처럼 보여 이름 붙여졌다. 넓은 들판이 펼쳐진 대정읍에 우뚝 솟아 있어 근처를 지나다 보면 쉽게 찾을 수 있다. 추사 김정희도 유배시절 즐겨 찾았다고 알려지는데, 오름 주변으로 추사가 좋아했던 수선화가 피어 봄을 알린다. 바굼지오름에 오르기 전 대정향교부터 찾아가 둘러보는 것도 좋다.

바굼지오름을 오르기 위해서는 오름 옆 자그마한 사찰인 단산사를 찾아가면 된다. 일반적으로는 사찰 뒤편의 입구를 통해 오르기 시작하지만 계단이 가파르기 때문에 이 길은 내려올 때 이용하는 것이 좋다. 사찰 오른쪽으로 난 길로 접어들면 능선을 따라 정상으로 향할 수 있다. 발밑을 자세히 들여다보면 층층이 쌓여 있는 퇴적층을 볼 수 있는데, 지질학적으로도 가치 있는 화산쇄설성 퇴적층이다. 천천히 걸어도 30분이면 정상에 닿을 수 있다.

너른 들판에 홀로 우뚝 솟아 있는 바굼지오름 정상에서 바라보는 경치는 숨이 멎을 정도이다. 뒤편에는 제주의 상징 한라산이, 앞으로는 왼쪽부터 산방산, 형제섬, 송악산, 모슬봉이 차례대로 이어진다. 날씨가 좋으면 마라도와 가파도까지 내다보인다. 대정읍의 푸르디푸른 들판은 덤이다. 가파른 계단을 통해 내려오면 오름 입구까지 타이어 매트가 깔려 있어 걷기 편하다. 나오는 길에는 일본군이 파놓은 진지동굴도 있으니 살펴보자.

주소 제주도 서귀포시 대정읍 인성리 22 **이용시간** 일출~일몰 **입장료** 무료 **자동차** 내비게이션에 단산사나 대정향교로 검색

애월곶자왈의 탄생
노꼬메오름(큰노꼬메오름) [표고 833.8m]

제주도의 오름은 참 재미있다. 같은 오름이라도 여러 이름으로 불리기 때문이다. 노꼬메오름도 처음에는 놉고메라 불리다 소리 나는 대로 노꼬메라 부르게 됐다. 한자표기에 따라 고산(高山), 고구산(高丘山), 녹고산(鹿高山)이라 부르기도 한다. 일반적으로 말하는 노꼬메오름은 정확히는 큰노꼬메오름이고, 옆으로 노꼬메족은(작은)오름, 궷물오름과 함께 오름 군을 형성하고 있다.

노꼬메오름은 비교적 오르기 힘든 오름으로 꼽힌다. 주차장에서 정상까지는 2.3km로 길지 않지만 절반을 넘어서면서부터 갑자기 가파르게 변하는 지형 덕분에 숨이 턱밑까지 차오른다. 이 구간을 제외하면 나머지 구간은 대체로 걷기 편한 코스이니 오르기 전부터 겁먹을 필요는 없다. 힘들게 정상에 오르면 말발굽 모양의 분화구를 따라 전망대까지 평탄한 길이 이어지는데, 특히 억새가 바람에 춤을 추는 가을이 장관이다. 더불어 한라산 서벽과 서쪽에 자리한 오름의 능선들이 그림같이 펼쳐진다. 전망대에서 바라보이는 경관도 빼놓을 수 없다. 사방으로 오름을 관찰할 수 있는데 남쪽으로 시선을 옮기면 노꼬메오름의 분화구 너머로 붉은오름, 노로오름, 한대오름, 다래오름, 바리메오름이 파노라마처럼 이어진다. 그대로 내려오기 아쉽다면 큰노꼬메오름에서 노꼬메족은오름(표고 774m)을 지나 궷물오름(표고 597.2m)으로 이어지는 길을 더 걸어도 좋다.

주소 제주도 제주시 애월읍 소길리 산 255-4 이용시간 일출~일몰 입장료 무료 자동차 어음1교차로에서 1117번 도로 유수암 방면으로 2km만 달리면 우측에 노꼬메오름이라 쓰인 표석을 만나게 된다. 옆길로 접어들면 주차장을 만날 수 있다.

특별한 제주를 만나다!

연못을 품은 오름
금오름 [표고 427.5m]

금오름은 주차장에서 정상까지 20분 정도 소요되는 크게 힘들지 않은 오름으로 입구에는 희망의 숲길이 먼저 반겨준다. 성이시돌목장에서 금악초등학교 방면으로 1116번 도로를 따라가다 보면 우측에 금오름으로 오르는 길이 나온다. 입구에는 금오름이라는 이름 대신 검은오름이라 쓰여 있으니 그냥 지나치지 말자.

오름 이름에 '검, 감, 곰'이 들어가면 성스러운 기운이 흐르는 산을 의미하는데, 금오름 역시 마찬가지이다. 정상의 커다란 분화구는 산정호수라 불린다. 편하게 오를 수 있다고 정상

에서 인증샷만 남기고 내려오지 말고, 분화구를 감싸고 있는 둘레길(1.2km) 한 바퀴를 가볍게 산책하는 기분으로 돌아보자. 걷다 마주하는 제주의 풍경은 더 깊이 제주를 사랑하게 만든다. 특히 해 질 녘 정상에 오르면 바다에서 바라보는 일몰과는 다른 하늘빛을 만날 수 있다. 최근에는 분화구와 분화구 둘레길을 배경으로 인증샷을 남기고 싶어 하는 사람들의 발길이 끊이지 않는데, 아무래도 제주의 수많은 오름 중에서도 쉽게 볼 수 없는 매력적인 모습을 가진 덕분이 아닐까 싶다.

주소 제주도 제주시 한림읍 금악리 1210 **이용시간** 일출~일몰 **입장료** 무료 **자동차** 내비게이션에 금오름 또는 검은오름으로 검색. 검색이 되지 않는다면 성이시돌목장에서 1116번 도로를 이용하여 금악초등학교 방면으로 가다보면 중간쯤 우측에 표석을 볼 수 있다.

능선 따라 어기적어기적
용눈이오름 [표고 247.8m]

제주의 368개의 오름 중 사진작가들에게 가장 사랑받는 곳이 바로 용눈이오름이다. 제주의 자연을 담은 사진작가 김영갑선생이 즐겨 찾은 곳이기도 하다. 위에서 내려다보면 용이 누워 있는 모습이라고 해서, 혹은 분화구가 용의 눈처럼 보인다고 해서 용눈이오름이라 이름 붙여졌다.

273

표고 247.8m의 낮은 오름으로 오르는 길도 완만해 능선을 따라 15분이면 어느새 정상에 도착해 있다. 정상에 오르면 주변의 경치에 취해 쉽사리 발걸음이 떼 지지 않는다. 오름 동쪽으로 바라다보이는 성산일출봉도 장관이지만, 남쪽 능선에서 북쪽 능선 너머로 바라다보이는 다랑쉬오름의 자태는 놓쳐서는 안 된다. 고개를 빳빳하게 들고 있는 다랑쉬오름의 아름다움에 취해보자.

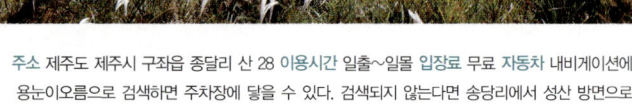

주소 제주도 제주시 구좌읍 종달리 산 28 **이용시간** 일출~일몰 **입장료** 무료 **자동차** 내비게이션에 용눈이오름으로 검색하면 주차장에 닿을 수 있다. 검색되지 않는다면 송당리에서 성산 방면으로 1136번 도로를 따라가다 손자봉삼거리에서 10시 방면으로 1.3km 직진하면 주차장 입구가 나온다.

 오름의 여왕
따라비오름 [표고 342m]

용눈이오름은 능선이 아름답기로 유명한 곳이지만, 따라비오름도 곡선의 아름다움이라면 빠지지 않는다. 따라비오름의 큰 원형 분화구 안에는 작은 3개의 화구가 있어 멀리서 바라보나 가까이에서 바라보나 곡선의 묘미를 느낄 수 있다. 따라비오름은 산굼부리와 더불어 가을에 가장 아름다운 오름으로 손꼽힌다. 오름 전체를 억새가 뒤덮기 때문이다. 따라비라는 이름은 땅의 할아버지라는 의미인 '따애비'에서 유래됐다. 주변에 새끼오름, 모지오름, 장자오름이 각각 아들, 며느리, 손자 역할을 하고, 따라비오름이 가장 역할을 한다는 의미에서이다.

따라비오름은 가파른 오르막길에 나무데크를 설치하여 정상까지 비교적 쉽게 오를 수 있다. 정상에 오르면 6개의 봉우리가 말발굽 모양의 분화구 3개를 감싸고 있다. 주변으로 풍력발전기와 큰사슴이오름, 한라산 정상까지 보인다. 풍력발전기가 있다는 것은 바람이 심상치 않다는 의미이니 바람에 대비하고 오르는 것이 좋다. 주차장에서 정상까지

는 20분이면 충분히 오를 수 있고, 능선을 따라 산책을 즐겨도 2시간이면 넉넉하다.

주소 제주도 서귀포시 표선면 가시리 산 62 **이용시간** 일출~일몰 **입장료** 무료 **자동차** 내비게이션에 따라비오름으로 검색. 검색되지 않을 경우 가시리사거리에서 성읍 방면으로 가자마자 왼편으로 따라비오름으로 가는 이정표가 보인다.

쫄븐갑마장길

조랑말체험공원 → 다목적광장 → 큰사슴이오름 → 국궁장 → 잣성 → 따라비오름 → 가시천 → 조랑말체험공원(총 10km, 4시간가량 소요)

따라비오름은 조선시대 최고의 말 사육 목장의 역할을 하기도 했다. 갑마장길은 따라비오름을 비롯해 번널오름, 큰사슴이오름 일대에 말을 키우던 목장을 따라 이어진 길이다. 갑마장길 코스는 20km 정도이지만 쫄븐(짧은)갑마장길은 10km이니 이 길을 걸어보는 것도 좋다. 과거의 명성처럼 갑마(甲馬)를 만날 수는 없지만 넓은 초원과 원시림, 편백나무숲 등 다양한 길이 이어진다. 물론 운이 좋다면 들판에서 풀을 뜯는 말을 만날 수도 있다.

 다섯 개의 봉우리
새별오름 [표고 519.3m]

지방도 1135번 평화로를 달리다 보면 둥근 바가지를 엎어놓은 것 같은 언덕 하나를 볼 수 있다. 밤하늘 샛별과 같이 외롭게 있다 해서 새별오름이라 한다. 겉보기엔 둥근 언덕이지만 실제 올라 바라보면 다섯 개의 봉우리가 별 모양을 이루고 있다. 오르는 길은 주차장에서 봤을 때 오른쪽 길로 오르는 것이 좀 더 수월하며, 정상에 오르면 빼어난 경관을 볼 수 있다. 정상 한편에는 새별오름묘라는 공동묘지도 있는데, 전형적인 제주 전통 묘로 죽은 자의 영혼이 드나들 수 있게 돌담에 문을 낸 모습이 독특하다.

이곳에서 매년 제주들불축제(매년 3월 경칩이 속하는 주 목~일요일)가 개최된다. 가축방목을 위해 중산간의 묵은 풀을 태우고 해충구제를 위해 들판에 불을 놓는 축제로, 이제는 제주의 대표 축제로 자리 잡았다.

주소 제주도 제주시 애월읍 봉성리 산 59-8 **이용시간** 일출~일몰 **입장료** 무료 **자동차** 제주시에서 대정 방면으로 평화로를 달리다 제주드림랜드에서 우측으로 빠지면 새별오름 주차장으로 향할 수 있다.

우도를 그대 품 안에
지미오름(지미봉) [표고 165.8m]

동쪽 끝에 자리한 지미오름은 종달리 바닷가에 봉긋 솟아 있는 165.8m의 야트막한 언덕이다. 오르는 길이 제법 가팔라 낮다고 얕봤다가는 큰코다친다. 숨을 헉헉거리며 정상까지 오르면 사방으로 보이는 풍경이 제각각이다.
먼저 말미오름과 더불어 성산일출봉의 자태가 눈앞에 펼쳐진다. 소가 누워 있는 모습을 한 우도를 정면에서 마주할 수 있다. 몸을 뒤로 돌리면 용눈이오름과 다랑쉬오름, 멀리 한라산까지 볼 수 있다. 이만하면 동쪽의 오름 중에 가장 전망이 좋다고 해도 손색이 없을 듯싶다. 해가 뜨기 전에 서둘러 오르면 지미오름은 가장 좋은 일출 포인트가 되기도 한다. 누워 있는 소의 등 위로 떠오르는 일출은 달콤한 아침잠과 맞바꿔도 좋을 만큼 장관을 연출한다.

주소 제주도 제주시 구좌읍 종달리 산 3-1 **이용시간** 일출~일몰 **입장료** 무료

오름의 종합선물세트
좌보미오름 [표고 342m]

하나의 봉우리로 이루어진 다른 오름과는 달리 좌보미오름은 5개의 봉우리가 하나를 이루고 있어 오름의 모든 것을 볼 수 있는 종합선물세트 같은 오름이다. 입구에서부터 많이 볼 수 있는 무덤과 산담은 이곳이 명당자리임을 알 수 있게 한다.
모든 봉우리는 경사가 심한 탓에 오르기 쉽지 않은데, 특히 두 번째 봉우리의 경사가 만만찮다. 하지만 힘들게 오른 만큼 정상에서의 풍경은 그만큼의 보답을 해 준다.

특별한 제주를 만나다!

다섯 개의 봉우리를 모두 돌아본다면 3시간 정도가 소요된다. 시간 여유가 없다면 두 번째 봉우리에서 내려온 뒤, 분화구 가운데를 가로질러 바로 다섯 번째 봉우리로 올랐다가 내려와도 좋다.

주소 제주도 서귀포시 표선면 성읍리 산 6 **이용시간** 일출~일몰 **입장료** 무료 **자동차** 내비게이션 안내가 제대로 되지 않는다. 백약이오름으로 검색해 찾아간 후, 백약이오름 주차장 안쪽 길을 따라 2km 더 들어가면 왼쪽에 오름 입구가 보인다. 주차공간이 여의치 않기 때문에 입구 주변 갓길에 다른 차량이 통행 가능하도록 주차해둬야 한다.

분화구는 어디 갔지?
군산오름 [표고 335m]

군산, 군산오름, 굴메오름. 오름은 하나인데 불리는 이름은 여러 개이다. 군산오름은 멀리서 바라보면 군막(軍幕)과 비슷하다고 해서 붙여진 이름이다. 오름 아래에서 바라보면 정상에 두 개의 뾰족한 봉우리가 궁금해진다. 움푹 패어 있을 것이라는 예상과 달리 정상에는 분화구가 없는 숫오름이다.

표고 335m로 편하게 오를 수 있는 높이는 아니지만 걱정할 필요 없다. 정상 바로 아래까지 차로 오르는 길이 있어 5분이면 정상에 닿을 수 있기 때문이다. 하지만 차로 오르는 길은 좁고 경사가 있어 운전에 자신이 없다면 걸어서 오르는 것이 안전하다. 걸어서 올라도 1시간 30분이면 충분하다. 정상에 오르면 답답한 가슴이 뻥 뚫린다. 시야를 가리는 것 없이 사방으로 펼쳐지는 풍경은 제주도에서도 손꼽힌다. 넓은 들판이 많아 이름 붙여진 대평리 너머 바다가 손에 잡힐 듯 가까이 펼쳐지고, 몸을 돌리면 군산오름과 묘하게 닮은 한라산과 마주하게 된다.

주소 제주도 서귀포시 안덕면 창천리 564 **이용시간** 일출~일몰 **입장료** 무료 **자동차** 내비게이션 군산오름으로 검색이 되지 않는다면 해피제주펜션, 뉴제주펜션으로 검색 후 길을 따라 계속 오르면 된다. 안덕계곡에서 대평리 방면으로 내리막길이 시작되면 좌측 방면.

영화의 명소
아부오름 [표고 301m]

산이 움푹 파여 있는 모양이 집안어른이 앉아 있는 모습 같다 하여 이름 붙여진 아부오름은 송당마을 앞쪽에 위치해 있어 앞오름이라고도 부른다. 곁에서 볼 때는 주변 오름에 비해 특별할 것 없지만, 정상에 오르면 이곳에서만 볼 수 있는 분화구 속 삼나무군락을 만나게 된다. 인공적으로 심은 삼나무이지만 원래 제자리처럼 오름과 잘 어울린다.

독특한 풍경 덕분에 '이재수의 난', '연풍연가' 등 영화와 CF의 촬영장소가 되기도 했다. 비교적 낮아 입구부터 정상까지 10여 분이면 충분히 오를 수 있고, 분화구 둘레를 따라 거닐어도 30분이면 충분하다.

주소 제주도 제주시 구좌읍 송당리 산 164-1 이용시간 일출~일몰 입장료 무료

비자림을 품은 오름,
돗오름 [표고 284m]

산모양이 돼지처럼 생겨 돗오름(돗은 돼지의 제주방언)이라 불리는데 돗오름, 돛오름 등으로 표기되기도 한다. 뒤로 비자림을 품고 있어 비자오름이라고도 부른다. 입구부터 약간 가파른 경사로 시작되지만 양옆으로 삼나무가 내뿜는 피톤치드 덕분인지 그리 힘들게 느껴지지는 않는다. 숲길을 빠져나와 시야가 트이면 가장 먼저 다랑쉬오름이 모습을 드러내고, 뒤이어 용눈이오름과 손지오름, 높은오름이 순차적으로 파노라마처럼 펼쳐진다.

오름이 많은 제주 동쪽에서도 중간에 위치한 덕분에 정상에 오르면 사방으로 솟은 오름을 만날 수 있고, 멀리 우도까지도 볼 수 있다. 하지만 돗오름의 매력이라면 바로 천연기념물로 지정된 비자림(비자나무 군락지)을 한눈에 담으며 걸을 수 있다는 점이다.

주소 제주도 제주시 구좌읍 송당리 산 3 이용시간 일출~일몰 입장료 무료

백가지 약초가 자라는
백약이오름 [표고 356.9m]

백 가지의 약초가 오름에 자란다고 해서 붙여진 백약이오름. 동검은이오름, 좌보미오름과 이웃한 오름으로 제주시와 서귀포시의 경계 지역에 위치한 오름이다. 도로에서 바로 오름으로 오르는 입구가 이어지고, 입구에는 주차장이 있어 차량을 가지고 가도 찾기 쉬울 뿐 아니라 주차 걱정도 없다. 혹시라도 주차공간이 없다면 길 건너편 동서문이오름 입구에 공간이 있으니 그쪽을 이용하면 된다.

입구부터 산 중턱까지는 목재계단이 이어지는데, 하늘이 맑은 날 보면 흡사 천국으로 가는 계단 같다. 오름 기슭에는 삼나무가 조성되어 있고, 방목해 기르는 소도 만날 수 있다. 정상에 오르면 커다란 분화구 너머로 한라산이 그림처럼 펼쳐지는데, 고개를 돌리면 그림 같은 풍광이 더 펼쳐지므로 감탄사를 터트리기엔 이르다. 문석이오름, 용눈이오름, 손지오름 등 제주도 동쪽의 내로라하는 오름과 그 사이로 성산일출봉과 우도까지 한눈에 들어와 감탄사가 절로 터져 나온다.

오름 주변으로는 시야를 가리는 것이 없어 사방으로 제주의 아름다움과 마주할 수 있으니 천천히 분화구 둘레를 걸어보자. 주차장부터 정상까지는 천천히 올라도 20~30분 정도면 오를 수 있고, 분화구를 한 바퀴 돌고 내려와도 1시간 30분이면 충분하다. 아쉬움이 남는다면 주차장 건너편에 동거문이오름과 문석이오름이 자리 잡고 있으니 함께 오름산책을 해도 좋다. 남쪽으로 조금만 더 내려가면 5개의 봉우리가 하나를 이루고 있는 좌보미오름도 가깝다. 많은 오름이 그러하지만 입구부터 정상까지 그늘을 찾기 힘드니 여름철 오름을 오른다면 더위에 대비하고 오르는 것이 안전하다.

주소 제주도 서귀포시 표선면 성읍리 산1 이용시간 일출~일몰 입장료 무료 자동차 내비게이션에 백약이오름으로 검색하면 주차장에 도착한다. 검색되지 않는 경우 1112번 도로에서 금백조로 도로로 접어든 후 3km 직진하면 오른쪽에 주차장이 있다.

쌍둥이 샘물, 정물오름 [표고 469m]

테쉬폰이라 불리는 낡은 시멘트 건물이 이국적인 장면을 연출하여 최근 제주도에서도 셀프촬영지로 인기가 높다. 성이시돌목장. 테쉬폰을 등지고 바라보면 목초지 너머로 흡사 두 팔을 벌리고 있는 듯한 말발굽형 오름을 볼 수 있다. 정물이라는 쌍둥이 샘 이름에서 명명된 정물오름이 그 주인공이다. 이 샘물 덕분에 과거 주변에 목장도 들어설 수 있었다고 하니 어찌 보면 정물오름이 금악리를 만들었다고 해도 과언이 아니다. 완만한 능선 주위로 나무가 거의 없는 오름의 선도 아름답지만, 오름에 올라 바라보는 모습은 더욱 아름답다.

입구에는 차량 몇 대는 너끈히 주차할 수 있는 주차장이 마련되어 있고, 정물오름을 알리는 표지판과 오름을 설명하는 안내판을 지나면 양갈래길이 나온다. 왼쪽은 완만히 능선을 따라 오르는 길이고, 오른쪽은 비교적 가파른 계단을 따라 오르는 길이다. 어느 방향으로 향하든 오름 능선을 한 바퀴 돌아볼 수 있지만 왼쪽으로 올라가는 편이 좀 더 수월하다. 해발 469m이지만, 실제 주차장에서 정상까지 높이는 150m 정도이다. 건강한 성인이라면 30분 만에 정상까지 오를 수 있을 정도로 높지 않지만, 오르다가 뒤를 돌아볼 때마다 새로운 경치가 펼쳐지기 때문에 발걸음이 자꾸만 더디어진다. 정상에 서면 금오름, 밝은오름, 새별오름, 당오름이 손에 잡힐 듯 가깝게 자리하고, 평화로 너머 한라산의 모습도 한눈에 볼 수 있다. 날씨가 맑은 날에는 국토최남단 마라도까지 보일 정도이다.

언제 찾아도 좋지만 가능하면 정물오름은 가을에 찾아야 제맛이다. 산굼부리, 새별오름, 따라비오름 등과 함께 제주도에서도 억새명소로 손꼽히는 곳이다. 다른 곳에 비해 상대적으로 찾는 사람들이 적어 비교적 여유롭게 은빛물결이 춤을 추는 장면을 만날 수 있다.

주소 제주도 제주시 한림읍 금악리 산 52-1 **이용시간** 일출~일몰 **입장료** 무료 **자동차** 내비게이션에 정물오름으로 검색하면 주차장에 도착한다. 검색되지 않는 경우 성이시돌 젊음의집으로 검색해서 찾아가면 되며, 오름 입구는 뒤편에 있다.

특별한 제주를 만나다!

Section 02
걸으며 만나는 제주올레

제주도방언으로 큰길에서 대문까지 이어지는 좁은 골목을 뜻하는 올레는 제주도여행의 새로운 패러다임을 제시했다. 각 지자체에서는 앞다투어 걷기 코스를 개발하기 시작했고, 가까운 일본에도 큐슈올레가 생기기까지 했으니 이만하면 걷기 열풍을 이끈 장본인이라 해도 과언이 아니다. 렌터카를 이용해 호텔과 펜션에서 자고 횟집과 대형식당을 이용했던 기존의 여행 패턴을 완전히 바꿔버렸다. 버스를 이용하는 도보여행이 늘어나고 민박과 게스트하우스에서 자고 국수와 백반으로 끼니를 해결하게 하였다. 올레협회에서 만들어놓은 정해진 코스를 걷다 보면 올레 표식을 잃지 않기 위해 놓치는 풍경과 비경 등이 많으니 꼭 정해진 코스로 걷는 것보다 자신만의 올레코스를 만들어 보는 것도 나쁘지 않다. 올레의 본질을 찾아서 말이다.

제주올레 걷기 준비

제주올레는 모두 21코스, 26개 구간으로 이뤄져 있다. 가장 짧은 가파도올레(10-1코스, 4.2km)부터 가장 긴 온평-표선올레(3A코스, 20.9km)까지 다양하며, 모든 코스를 완주하면 완주증을 발급받을 수 있다. 완주가 목표가 아니더라도 난이도와 거리를 고려해 선택하여 한 코스 정도는 걸어보길 추천한다.

제주올레 표식
올레길을 안내하는 표식은 다양하다. 하나의 길로 이어진다면 헷갈리지 않지만, 갈림길이나 교차로에서는 표식을 잘 보고 방향을 잡아야 한다. 걷다가 표식이 보이지 않는다면 마지막 표식을 본 지점으로 되돌아와 다시 살피면 길을 찾을 수 있다. 표식의 종류는 조랑말 모양의 간세(머리 모양이 진행 방향), 시작과 끝을 알리는 현무암으로 만들어진 표지석(약도와 경로가 함께 안내), 나뭇가지에 매달아 놓은 파란색과 주황색의 리본, 바닥과 돌담 등에 파란색과 주황색으로 그려진 화살표, 갈림길에 나무 기둥으로 설치된 나무 화살표, 남은 거리가 표시된 플레이트 등이 있다.

제주올레 패스포트

올레 완주 확인 스탬프를 찍을 수 있는 여권으로 26개 전 코스 스탬프를 모두 찍으면 완주증과 완주메달을 발급받고 홈페이지 완주자 명예의 전당에 이름을 올리게 된다. 각 코스의 시작점과 종착점, 중간지점에서 스탬프를 찍을 수 있으며, 완주 후 제주올레 여행자센터(서귀포시 중정로 22)에서 완주증을 발급받을 수 있다. 패스포트 구입은 제주올레 스토어(smartstore.naver.com/ollestore), 제주올레 안내소 및 기념품 판매처에서 구입할 수 있다.

초보자도 쉽게 걸을 수 있는 올레길 TOP 3
- 6코스(쇠소깍-제주올레여행자센터올레)
- 1-1코스(우도올레)
- 10-1코스(가파도올레)

경치가 아름다운 올레길 TOP 3
- 1코스(시흥-광치기올레)
- 7코스(외돌개-월평올레)
- 19코스(조천-김녕올레)

15.1km, 4시간 30분 | 난이도 ★★☆

올레1코스(시흥-광치기올레)

시흥초등학교 →1.8km→ 말미오름 →1km→ 알오름 →3.7km→ 종달리소금밭 →1.6km→ 목화휴게소 →3km→ 성산갑문 →2.6km→ 수마포 →1.4km→ 광치기해변

제주올레의 시작을 알리는 코스로, 적당히 오르기 좋은 두 개의 오름(말미오름, 알오름)을 지나 종달리마을을 가로질러 광치기해변까지 이어진다. 구좌의 당근밭을 만나고 말미오름으로 오르면 성산의 넓은 밭과 멀리 성산일출봉이 그림처럼 펼쳐진다. 알오름을 휘감아 나오면 종달리로 길이 이어진다. 종달리마을의 평온한 풍경 덕에 과거 이곳이 소금밭이었다는 사실을 알아채기 힘들지만, 한때는 이곳에서 생산된 소금이 제주 전역에서 쓰였을 정도라고 한다.

해안을 따라 걷다 보면 바람에 춤추는 한치가 인사를 한다. 성산 갑문을 지나 일출포인트로 사진작가들이 즐겨 찾는 광치기해변에 도착하면 1코스가 끝이 난다.

 11.3km, 4시간 30분 | 난이도 ★★☆
올레1-1코스(우도올레)

천진항 —2.3km→ 홍조단괴해빈 —1.1km→ 하우목동항 —1.2km→ 산물통 입구 —2.1km→ 하고수동해수욕장 —1.9km→ 우도봉 —2.7km→ 천진항

제주 동쪽의 아름다운 섬 우도를 한 바퀴 도는 코스로, 우도의 모든 것을 볼 수 있는 코스이다. 걷는 내내 바다를 느낄 수 있으니 고개를 바다 반대편으로 돌려보자. 예스러운 돌담, 땅콩밭 등 자칫 바다의 풍경에 빠져 놓칠 수 있는 우도만의 비경이 이어진다. 우도봉에 오르기 전에는 땅콩아이스크림도 사 먹으며 충분히 휴식을 취한 후 오르자.

올레2코스(광치기-온평올레)

15.6km, 4시간 30분 | 난이도 ★★☆

광치기해변 —2.6km→ 식산봉 —900m→ 족지물 —300m→ 오조리마을회관 —4.4km→ 대수산봉 —5.6km→ 혼인지 —1.8km→ 온평포구

식산봉과 대수산봉을 제외하면 전체적으로 평온한 분위기의 코스로 한편으로는 지루함이 느껴지기도 한다. 광치기해변을 출발해 내수면 둑길을 걷다 보면 세화리에서만큼은 아니지만 노랑부리저어새 등의 철새를 만날 수도 있다.
아름다운 경관을 볼 수 있는 식산봉과 대수산봉을 지나면 삼신인이 벽랑국에서 온 세 공주와 결혼식을 올렸다는 혼인지에 도착한다.

올레3코스(온평-표선올레)

A코스 20.9km, 6시간 30분 | 난이도 ★★★ | B코스 14.6km, 4시간 30분 | 난이도 ★☆☆

제주의 자연과 문화, 역사를 만날 수 있는 코스이다. 코스 시작점에서 얼마 지나지 않아 A와 B코스로 나뉘는데, 전체적인 난이도와 길이는 A코스가 조금 더 힘든 편이다. 바다를 끼고 걷고 싶다면 B코스를 선택하면 된다. 두 코스는 신풍신천바다목장에서 만나 표선해수욕장까지 이어진다. 표선해수욕장 옆에는 1890년대의 제주를 재현해 놓은 제주민속촌박물관이 자리하여 제주의 역사 뿐 아니라 문화까지 살펴볼 수 있다.

A코스 온평포구 —5.5km→ 고정화 할망숙소 —1.8km→ 통오름 —800m→ 독자봉 —3.7km→ 김영갑갤러리 —3.2km→ 신풍신천바다목장 —3.2km→ 배고픈다리 —2.7km→ 표선해수욕장

B코스 온평포구 —2.9km→ 신산환해장성 —2.8km→ 신산리 마을카페 —1km→ 주어동포구 —2km→ 신풍신천바다목장 —3.2km→ 배고픈다리 —2.7km→ 표선해수욕장

19km, 5시간 30분 | 난이도 ★★☆

올레4코스(표선–남원올레)

표선해수욕장 —3.4km→ 해양수산연구원 —3km→ 해병대길 —2.2km→ 알토산 고팡 —3.9km→ 덕돌포구 —1.5km→ 태흥2리 체육공원 —4km→ 남원포구

바당올레와 마을올레가 적절히 섞여 있지만 코스가 길다 보니 조금 지루한 감이 있다. 표선해수욕장을 출발하면 설문대할망이 만들었다는 당케포구를 먼저 만난다. 이후 해안가 습지인 갯늪과 소금생산지였던 거우개 외에는 특별한 볼거리 없이 바다를 끼고 걷는 길이 이어진다.
가마리의 해녀올레는 제주해녀들이 물질하러 오르내리던 길로 해병대 장병들이 올레길을 조성할 때 도움을 줘 35년 만에 복원되면서 해병대길이라고도 불린다.

Part 06

13.4km, 4시간 30분 | 난이도 ★★☆
올레5코스(남원–쇠소깍올레)

남원포구 —1.2km→ 큰엉 —3km→ 국립수산과학원 —700m→ 위미리 동백나무군락지 —4.9km→ 넙빌레 —1.7km→ 망장포 —1.9km→ 쇠소깍다리

바다와 숲을 동시에 느끼며 걷기 좋은 코스이다. 사라진 길 3곳을 복원해 연결한 덕분에 난대식물의 울창한 숲을 다시 만날 수 있게 되었다. 해안산책로 중 가장 아름답다는 남원 큰엉산책로를 따라 위미3리에 위치한 종정테웃개까지 걷게 된다. 종정테웃개는 과거 제주의 전통배인 테우가 정박한 포구였다.
위미리마을 안길로 들어서면 현맹춘할머니가 어렵게 마련한 돈으로 황무지의 바람을 막기 위해 심은 동백군락지를 만난다. 넓은 바위를 뜻하는 넙빌레는 한여름에도 한기를 느낄 정도로 차가운 용천수가 솟아나 마을 주민들의 피서지로 이용되었다. 5코스의 마지막은 민물과 바닷물이 만나는 쇠소깍이다.

11km, 3시간 30분 | 난이도 ★☆☆
올레6코스(쇠소깍–제주올레여행자센터올레)

쇠소깍다리 —2.8km→ 제지기오름 —2.5km→ 구두미포구 —2km→ 검은여쉼터 —800m→ 소라의성 —2.4km→ 매일올레시장 입구 —500m→ 제주올레여행자센터

가장 편안하게 걸을 수 있는 올레이다. 제지기오름과 삼매봉이 코스 중간에 있지만 모두 언덕 정도의 높이이므로 어렵지 않게 오를 수 있다. 두 곳을 제외하면 거의 평탄한 길을 걷는 코스로 제주올레여행자센터를 만나기 전까지는 계속 바다를 끼고 걷게 된다. 작고 평화로운 보목포구, 구두미포구를 비롯해 백두산 천지를 닮은

소천지 등이 이어져 지루할 틈이 없다. 이중섭거리를 지나 매일올레시장에는 저렴하고 간단한 음식을 즐길 수 있는 식당이 많고, 올레여행자센터에도 식당이 있어 식사가 가능하다.

 17.6km, 5시간 30분 | 난이도 ★★☆
올레7코스(제주여행자센터-월평올레)

제주올레여행자센터 →600m→ 칠십리시공원 →2.4km→ 외돌개 →5.5km→ 법환포구 →2.6km→ 올레요7쉼터 →4.6km→ 월평포구 →1.9km→ 월평마을아왜낭목

제주올레여행자센터를 출발해 바다 가운데에 외롭게 서 있는 외돌개, 법환포구를 지나 월평포구까지 이어지는 바당올레. 원래 없던 길을 낸 덕분에 바다를 따라 거닐 수 있게 되었다. 기암절벽에 잎이 넓은 나무가 많은 돔베낭길도 멋지지만, 삽과 곡괭이만으로 길을 만든 수봉로는 원시자연의 모습을 고스란히 간직하고 있어 올레를 걷고 싶어 하는 사람들이 가장 선호하는 코스이기도 하다.

해군기지 건설로 몸살을 앓았던 강정마을과 모세의 기적이 일어나는 썩은섬 서건도를 지나면 한없이 평화로운 강정포구와 월평포구를 차례대로 만난다.

Part 06

 15.7km, 4시간 30분 | 난이도 ★★☆
올레7-1코스(서귀포버스터미널-제주올레여행자센터올레)

서귀포버스터미널 —4km→ 엉또폭포 —3.1km→ 고근산정상 —5.4km→ 하논분화구 —2.6km→ 걸매생태공원 —600m→ 제주올레여행자센터

월드컵경기장이 있는 서귀포버스터미널에서 시작해 중산간의 아름다움을 온몸으로 만끽하고 제주올레여행자센터까지 내려오는 코스. 평소에는 기암절벽이었다가 중산간에 비가 많이 내려야만 모습을 보여주는 엉또폭포, 서귀포 신시가지를 한눈에 내려다볼 수 있는 고근산, 동양 최대의 마르형분화구(화구 둘레가 낮은 언덕으로 둘러싸인 화구)인 하논분화구를 차례로 지난다. 큰 논을 의미하는 하논은 분화구에서 용천수가 솟아나 제주도에서 드물게 논농사를 짓는 곳이다.

 19.6km, 5시간 30분 | 난이도 ★★☆
올레8코스(월평-대평올레)

월평아왜낭목쉼터 —1.2km→ 약천사 —1.9km→ 대포포구 —1.8km→ 주상절리관광안내소 —1.4km→ 베릿내오름 —9.7km→ 논짓물 —3.6km→ 대평포구

월평마을을 시작으로 중문관광단지를 통과해 대평포구까지 이어지는 구간이다. 8코스의 하이라이트는 주상절리대이다. 용암이 흐르다 바다와 만나면서 급속하게 굳어진 육각기둥 모양으로, 일부러 찾아가서 봐야 할 세계적인 명소이다. 계절마다 다른 꽃을 피우며 옷을 갈아입는 예래생태공원은 다리가 지칠 때 쯤 만나게 된다.
여름철 야외풀장으로 인기가 좋은 논짓물을 지나면 넓은 들(드르)이라 뜻의 '난드르'라고 불리는 대평리가 이어진다. 대평포구까지 가는 길은 복잡한 생각을 떨쳐내고 걷기 좋은 길이다. 한적하고 조용한 해안올레로 이름조차 붙지 않은 주상절리를 만날 수 있고, 걷다 고개를 돌리면 한라산과도 마주할 수 있다.

특별한 제주를 만나다!

 11.8km, 3시간 30분 | 난이도 ★★★
올레9코스(대평-화순올레)

대평포구 →200m→ 박수기정 →4.5km→ 군산오름 →2.4km→ 안덕계곡 →2.4km→ 창고천다리 →2.3km→ 화순금모래해수욕장

길지 않은 코스이지만 박수기정과 군산오름 등 등산 못지않은 험한 길이 포함되어 있어 생각보다 시간이 오래 걸린다. 샘물을 뜻하는 박수와 절벽을 뜻하는 기정이 합쳐진 이름의 박수기정은 제주에서는 귀하디귀했던 샘물이 암반에서 일 년 내내 솟아나는 곳이다. 이곳에 오르면 끝없이 펼쳐진 넓은 들판을 가진 대평리마을이 한눈에 들어온다. 한라산부터 중문, 마라도까지 전망할 수 있는 군산오름은 화산이 폭발하면서 그 힘에 의해 부서진 암석 물질이 오랜 시간 퇴적된 화산쇄설성 퇴적층으로 이루어진 기생화산채로 제주도 최대 규모이다. 기암절벽이 병풍처럼 둘러싼 신비로운 안덕계곡을 지나 창고천을 따라 해안으로 길이 이어지고 화순금모래해수욕장에서 코스가 끝나게 된다.

15.6km, 5시간 30분 | 난이도 ★★☆
올레10코스(화순-모슬포올레)

화순금모래해수욕장 —4km→ 사계포구 —2.9km→ 송악산주차장 —3km→ 송악산전망대 —2.5km→ 섯알오름 —2.4km→ 하모해수욕장 —1.8km→ 하모체육공원

화순 금모래해변에서 출발해 산방산과 송악산을 지나 모슬포까지 이어지는 코스로, 제주 남서쪽의 하이라이트를 모두 거치는 코스이다. 걷는 내내 절경을 만날 수 있지만, 10코스에서 가장 아름다운 길은 산방산을 지나 사계포구부터 송악산까지 이어진 사계해안도로이다. 앞으로는 송악산을, 뒤로는 산방산과 한라산을, 왼쪽으로는 형제섬과 마라도, 가파도를 두고 걷는다. 용머리해안까지 둘러보려면 시간을 여유롭게 잡는 것이 좋다. 코스의 끝에는 일본이 대륙 침략을 위해 건설한 알뜨르비행장과 4.3사건 당시 학살터였던 섯알오름이 있어 마음이 가라앉는다.

4.2km, 1시간 30분 | 난이도 ★☆☆
올레10-1코스(가파도올레)

상동포구 —1.6km→ 냇골챙이 —400m→ 가파초등학교 —900m→ 개엄주리코지 —500m→ 큰옹진물 —800m→ 가파치안센터

우리나라에서 고도가 가장 낮은 섬 가파도를 걷는 코스이다. 올레길을 걷기 위해서라기보다는 섬에서 섬으로 이동해 하루쯤 시간을 보내기 위해 청보리가 반기는 가파도에 들어가는 것도 좋다. 가파도를 방문하기 가장 좋은 시기는 섬 전체가 초록으로 변하는 봄. 17만 평의 보리밭에 바람이 불면 녹색 파

도 물결이 일어난다. 보리와 더불어 가파도에서 빼놓을 수 없는 것은 바로 돌담이다. 같은 제주의 돌담이지만 기분 탓인지 가파도의 돌담은 더욱 특별하게 다가온다.

 17.3km, 5시간 30분 | 난이도 ★★☆
올레11코스(모슬포-무릉올레)

하모체육공원 —3km→ 대정여고 —2.5km→ 모슬봉정상 —3.7km→ 정난주마리아성지 —2.3km→ 신평사거리 —2km→ 신평곶자왈 —1.8km→ 정개왓광장 —3.2km→ 무릉외갓집

인적이 드물고 간혹 휴대전화도 터지지 않는 구간이 포함되어 있어 혼자라면 자제하는 것이 안전하다. 모슬봉에는 가장 큰 공동묘지인 상모리공동묘지와 칠성공동묘지가 있고, 원시림의 모습을 그대로 간직한 무릉곶자왈도 포함되어 있어 으스스한 기운마저 감돈다.

하지만 반대로 사람의 손을 덜 탄 탓에 자연 그대로의 모습을 가장 잘 볼 수 있는 코스이기도 하다. 모슬봉에 자라는 억새 사이로 보이는 제주 남서부의 넓은 밭과 바다는 절경이고, 제주올레에 의해 처음으로 공개된 신평-무릉곶자왈은 열대북방한계와 한대남방한계 식물이 공존해 있어 신비롭다.

Part 06

 17.5km, 5시간 30분 | 난이도 ★★☆
올레12코스(무릉-용수올레)

무릉외갓집 —4.7km→ 신도생태연못 —1.8km→ 산경도예 —3km→ 신도포구 —3.2km→ 수월봉육각정 —600m→ 엉알길 —1.1km→ 자구내포구 —3.1km→ 용수포구

산과 들을 지나 바다로 이어지는 코스이자 서귀포시에서 제주시로 넘어가는 코스이기도 하다. 분화구 안쪽의 삼나무가 울타리 역할을 하는 농남봉을 제외하면 신도포구가 있는 바다를 만나기 전까지는 밭을 양 옆에 두고 걷게 된다. 제주의 넓은 밭과 다양한 농산물이 새삼스럽다.

성산일출봉이 동쪽을 대표하는 봉우리라면 서쪽을 대표하는 봉우리는 수월봉이다. 12코스의 대표적인 절경 하나만 꼽으라면 단연 수월봉에서 바라보는 차귀도의 모습이다. 물론 수월봉에서 바라보는 일몰도 아름답다. 용수포구는 우리나라 최초의 가톨릭신부 김대건이 표류하다 도착한 곳으로, 포구 옆에는 표착기념관과 성당이 바다를 향해 서 있다. 성당 옆에는 조난한 남편을 기다리다 목숨을 끊은 고씨부인의 사연이 얽혀 있는 절부암이 있다.

 15.9km, 5시간 | 난이도 ★★☆
올레13코스(용수-저지올레)

용수포구 —2.7km→ 용수저수지 —1.7km→ 특전사숲길 —2.6km→ 고사리숲길 —2.1km→ 낙천리아홉굿마을 —2.9km→ 뒷동산아리랑길 —1.1km→ 저지오름 —2.8km→ 저지예술정보화마을

바다에서 시작해 내륙의 저지리까지 이어지는 올레이다. 앞선 4, 8코스가 해병대의 도움으로 완성된 길이라면 13코스는 13공수특전여단의 도움으로 완성된 길이다. 사라진 숲길을 걷기 좋게 복원해 놓은 특전사숲길에는 비밀스러운 숲 속 쉼터가 있어 그들의 수고에 감사하는 마음으로 쉬었다 가기에 좋다.
고사리가 우거진 숲길을 지나면 커다란 의자가 눈앞을 가로막는다. 제주도에서 처음으로

특별한 제주를 만나다!

대장간이 시작된 곳으로 의자마을이라고 불리는 낙천리 아홉굿마을이다. 천 개의 의자마다 새겨진 글씨를 읽어보는 재미도 쏠쏠하다. 13코스의 마지막은 저지오름이다. 아름다운 숲을 가진 오름으로 닥나무가 많아 닥물오름이라 불리기도 한다. 정상의 전망대에 오르면 걸어왔던 길이 한눈에 펼쳐진다.

 19.1km, 6시간 30분 | 난이도 ★★☆
올레14코스(저지-한림올레)

저지예술정보화마을 →2.4km→ 큰소낭숲길 →4.1km→ 무명천산책길 →3.6km→ 월령선인장자생지 →1.8km→ 일성제주비치콘도 →2.1km→ 금능해수욕장 →2.6km→ 옹포포구 →2.5km→ 한림항

저지오름 아래에서 시작하는 올레14코스는 고요한 숲길과 평화로운 밭길을 지나 월령리에서부터 바닷길로 이어진다. 아늑하다는 의미의 오시록헌농로와 움푹 팬 지형을 뜻하는 굴렁진숲길이 한동안 이어진다. 무명천을 지나서부터는 1시간가량 지루한 길이 이어지지만 외길이기 때문에 꼼짝없이 월령리까지는 걸어야 한다.

지루한 시간을 보상하기라도 하듯 월령리에는 선인장이 파란 바다를 배경으로 자라는 풍경이 펼쳐져 있다. 여름철에는 노란 선인장 꽃을 피워 더욱 아름답다. 동남아보다 바다색이 아름다운 금능해수욕장과 협재해수욕장을 지나면 삼별초항쟁의 역사가 서려 있는 옹포포구와 만나고 한림항에서 14코스는 끝이 난다. 한림항에서 배를 타고 들어갈 수 있는 비양도는 올레코스에 포함되어 있지는 않지만 반나절 정도 투자해 섬을 한 바퀴 산책하는 것도 좋다.

9.3km, 3시간 30분 | 난이도 ★☆☆
올레14-1코스(저지-서광올레)

저지예술정보화마을 →2.8km→ 강정동산 →1.3km→ 저지곶자왈 →1.4km→ 문도지오름 →3.3km→ 저지상수원 →500m→ 오설록녹차밭

유일하게 바다를 볼 수 없는 올레코스이다. 저지마을에서 시작한 코스는 높은 지대로 이어진다. 초승달 모양의 능선을 가진 문도지오름을 지나면서부터 다시 낮은 지대로 이동하는데, 정신을 바짝 차려야 한다. 곶자왈지대가 시작되어 잠시 한눈파는 사이 올레 표식을 놓칠 수 있기 때문이다. 오설록에서는 녹차아이스크림을 맛보며 가지런히 열 맞춰 자라는 녹차와 함께 휴식을 취하자.

A코스 16.5km, 5시간 30분 | 난이도 ★★☆   B코스 14.6km, 4시간 30분 | 난이도 ★☆☆
올레15코스(한림-고내올레)

A코스 한림항 →1.6km→ 수원농로 →1.4km→ 영새생물 →3.7km→ 선운정사 →2.9km→ 납읍숲길 →1.6km→ 납읍리 →2.9km→ 고내봉 →1.4km→ 고내포구

B코스 한림항 →1.6km→ 수원농로 →2.4km→ 제주한수풀해녀학교 →2.8km→ 금성천 정자 →2.6km→ 하이클래스제주 →1.8km→ 애월초등학교 뒷길 →1.8km→ 고내포구

바다에서 시작해 바다에서 끝나는 코스지만 중산간 지역을 오락내리락 하는 A코스와 큰 어려움 없이 해안을 따라 걷는 B코스는 극과 극이다. A코스는 후박나무, 종가시나무, 동백나무 등 중산간 난대림지대의 백미를 느낄 수 있고, 곽금초등학교 학생들이 명명한 곽지와 금성의 아름다운 풍경, 곽금8경 중 하나인 3개 봉우리로 이뤄진 과오름을 만난다.

B코스는 곽지과물해수욕장과 한담해안산책로, 애월항 등 해변을 따라 걷는 코스로 해안절경을 만날 수 있다. 둘 중 하나만을 선택해야 한다면 제주의 속살을 오롯이 느끼기 좋은 A코스를 추천한다.

 15.8km, 5시간 30분 | 난이도 ★★☆
올레16코스(고내-광령올레)

고내포구 —2.8km→ 남두연대 —2km→ 구엄어촌체험마을 —1.8km→ 수산봉 —3.1km→ 예원동복지회관 —2km→ 항파두리코스모스정자 —4.1km→ 광령1리사무소

바다에서 느꼈던 감동을 역사의 길을 걸으며 되새길 수 있는 코스이다. 고내포구에서 시작해 신엄포구를 지나 구엄포구까지 이어지는 길은 제주의 전형적인 해안도로의 풍경이다. 해안선을 따라 꼬불꼬불하게 이어진 길은 햇빛이 넘실대는 파도에 눈부시다. 구엄포구에는 과거 소금을 만들었던 소금빌레가 파도와 싸우고 있다. 해안도로 곳곳에 자리한 연대(구릉이나 해안에 자리한 봉화대)를 구경하며 구엄포구를 지나면 다시 육지로 향하게 된다.

물메오름이라 부르는 수산봉을 지나면 커다란 곰솔이 지키고 있는 수산저수지를 곁에 두고 걷는다. 아직도 복원 사업이 이어지고 있는 항파두성은 왜군의 침략에 맞서 싸우던 삼별초가 마지막 몸부림을 펼친 곳이다. 그들의 넋을 기리며 항몽유적지도 함께 둘러보면 좋다.

18.1km, 6시간 30분 | 난이도 ★★☆

올레17코스(광령-제주원도심올레)

광령1리사무소 —2.5km→ 무수천트멍길 —3.1km→ 외도월대 —2.3km→ 이호테우해수욕장 —5.4km→
어영소공원 —2.8km→ 용연다리 —2km→ 간세라운지

광령리에서 출발하여 한라산 장구목에서부터 이어진 무수천을 따라 내도의 알작지해안까지 따라 걷는다. 무수천이 끝나는 길에서는 아름다운 자연의 소리에 이끌려 자연스레 발길이 알작지로 향한다. 제주도의 유일한 몽돌해안으로 파도와 자갈이 만나 환상적인 하모니를 연주한다.

길은 곧 2마리의 말등대가 있는 이호테우해변으로 이어지고 바다와 공항, 한라산이 가장 잘 보이는 도두봉까지도 수월하게 오르게 된다. 용담해안도로를 걷는 길은 다소 따분하게 느껴질 수 있지만 많은 카페가 있으니 잠시 쉬어가기에 좋다. 용암이 용머리 모양으로 굳어진 용두암과 용연 위에 세워진 구름다리도 그냥 지나치기에는 아쉽다.

19.8km, 6시간 30분 | 난이도 ★★☆

올레18코스(제주원도심-조천올레)

간세라운지 —3.7km→ 사라봉(망양정) —1.6km→ 별도봉산책길 —2.2km→ 화북포구
—3km→ 삼양해수욕장 —4km→ 닭모루 —4km→ 연북정 —1.3km→ 조천만세동산

제주항을 지나 사라봉에 올라 제주시내를 바라보며 아쉬움을 달래고, 조천으로 걸음을 잇는다. 별도포구 라고 부르는 화북포구는 과거 제주로 들어서는 관문이었다. 4.3사건 때 불에 타 빈터만 남은 곤을동마을, 제주 관리들의 공적을 기념해 세운 비석거리, 삼별초와 관련된 환해장성 등이 자리 잡고 있어 역사적으로도 의미 있는 지역이니 충분히 시간을 보내자.

제주의 유일한 불탑이 있는 불탑사는 검은모래를 밟아야만 볼 수 있다. 신촌마을과 조천마을의 경계를 이루는 대섬은 용암이 흘러 굳어져 만들어진 섬으로 죽도라고 부르기도 한다. 바다가 길을 감싼 것인지, 길이 바다를 감싼 것인지 알 수 없는 신비한 풍경 속을 걸어보자.

 18km, 7시간 | 난이도 ★★★
올레18-1코스(추자도올레)

상추자항 →3.1km→ 추자등대 →2.8km→ 묵리슈퍼 →2.3km→ 신양항 →5km→ 돈대산정상 →3.4km→ 영흥쉼터 →1.4km→ 상추자항

제주도와 전라남도 사이의 외로운 섬 추자도를 거니는 올레. 8개의 섬으로 이루어진 추자도는 제주여객터미널에서 하루 2번(목포와 완도를 운행하는 쾌속선과 여객선) 운행하는 도항선을 타고 들어갈 수 있다. 때문에 추자도올레를 걷기 위해서는 최소 1박 2일 일정을 잡고 움직이는 것이 좋다.

상추자도의 추자등대와 하추자도의 황경헌의 묘, 돈대산까지 여러 봉우리를 올라야 하기 때문에 꽤 힘이 든다. 추자도올레를 완주하겠다는 뚜렷한 목표가 있는 것이 아니라면 올레코스를 따라 걷기보다는 1박 2일 정도 추자도에 머물며 발길 닿는 곳 위주로 둘러보기를 권한다. 추자항에서 멀지 않은 봉글레산에서의 아름다운 일몰과 썰물 때 길이 열리는 다무래미의 모습은 놓치지 말자.

19.4km, 7시간 | 난이도 ★★☆
올레19코스 (조천-김녕올레)

조천만세동산 —3.4km→ 신흥리백사장 —2.9km→ 함덕해수욕장 —2.8km→ 너븐숭이4.3기념관 —4.4km→ 동복리마을 —2.8km→ 김녕농로 —3.1km→ 김녕서포구

바다와 산, 마을과 곶자왈 등 다양한 모습을 볼 수 있는 코스이다. 더불어 제주를 좀 다녀본 사람들이 즐겨 찾는 조용한 마을 신흥, 함덕, 북촌, 동복까지를 모두 지나는 올레길이다. 함덕 서우봉해변까지는 바다를 끼고 걷다가 함덕 주민들이 2년에 걸쳐 조성한 서우봉길을 따라 오름을 오른다. 동쪽에서 가장 아름다운 해변으로 꼽히는 함덕해변의 물빛은 당장에라도 뛰어들고 싶게 한다. 서우봉을 내려올 때는 들뜬 마음을 가라앉혀야 한다. 4.3사건 때 가장 큰 피해를 본 북촌리가 이어지기 때문이다. 마을 주민만 무려 479명이 희생된 참혹한 사건을 기리기 위한 너븐숭이기념관 앞의 애기무덤이 더욱 가슴을 아프게 한다.

17.6km, 6시간 | 난이도 ★★☆
올레20코스 (김녕-하도올레)

김녕서포구 —2.1km→ 성세기태역길 —2.5km→ 하수처리장 —2.3km→ 월정해수욕장 —1.4km→ 행원포구 광해군기착비 —3.9km→ 한동해안도로 —2.3km→ 평대해수욕장 —3.1km→ 제주해녀박물관

특별한 오르막길 없이 해안을 끼고 걷는 코스이다. 그렇다고 힘들지 않은 것은 아니다. 뜨거운 햇살과 제주의 모진 바람에 대한 대비는 단단히 해야 한다. 투명한 바다색이 매력적인 김녕 성세기해변과 모래바람마저도 사랑스러운 월정리해변, 순박한 제주의 모습을 간직한 평대해변과 세화해변까지 거니는 코스로 바다를 사랑하는 여행객의 가슴을 설레게 한다.

특별한 제주를 만나다!

제주의 새로운 카페촌으로 자리 잡은 월정리해변은 쉬어 가기에 좋고, 월정리를 지나 행원리로 접어들면 연대봉에 올라 전경을 바라보기에 좋다. 특별히 높지는 않지만 사방이 확 트여 바다와 밭, 마을의 돌담이 어우러진 아름다운 풍경을 조망할 수 있다. 다시 바다를 향해 걸음을 내디디면 광해군이 제주도에 유배 올 때 입항한 행원포구(어등포)를 만난다. 지금은 기착기념비만 세워져 있어 옛 모습을 상상할 뿐이다.

사랑하지 않을 수 없는 평대리에는 옛 모습을 그대로 간직한 채 몇몇 카페가 들어서 있어 차 한잔을 즐기며 피로를 풀기에 좋다. 제주도 동쪽의 가장 큰 오일장인 세화오일장은 오후 4시가 지나면 대부분 좌판을 닫으니 서두르자. 코스의 마지막인 해녀박물관 역시 오후 5시가 마지막 매표시간이다.

올레21코스(하도-종달올레)
11.3km, 4시간 | 난이도 ★☆☆

제주해녀박물관 —1.2km→ 낯물밭길 —1.8km→ 별방진 —1km→ 석다원 —1.2km→ 토끼섬 —1.5km→ 하도해수욕장 —2.3km→ 지미봉정상 —2.3km→ 종달바당

올레길의 마지막 코스는 지미봉만 제외한다면 편안하게 걸을 수 있는 코스이다. 한여름에 이 코스를 걷는다면 하도리의 바다에 다다를 때 즈음 하얀 옷을 입은 섬 하나를 볼 수 있다. 문주란자생지인 토끼섬인데, 하얀 문주란 꽃이 섬 전체를 뒤덮은 모습이 흰토끼 같다고 하여 이름 붙여졌다.

겨울철이라면 바로 이어지는 하도해수욕장에서 저어새, 청둥오리 등 30여 종의 철새를 만날 수 있다. 젖 먹던 힘을 다해 모든 코스의 마지막인 지미봉을 오르자. 지나온 21코스는 물론이고 우도와 일출봉, 한라산, 수많은 오름이 파노라마처럼 펼쳐진다.

Section 03
제주 해안도로 일주

제주에서 마주하는 바닷빛은 그 어디에서도 찾아볼 수 없는 빛이다. 청아한 에메랄드빛의 바다가 있는가 하면 잉크를 풀어놓은 듯 새파란 바다가 보인다. 아름다운 제주의 바다를 오롯이 느끼려면 해안도로를 달려보는 것도 하나의 방법일 것이다. 1132번 일주도로를 달리다 보면 해안도로마다 이정표가 있어 접근하기에 어렵지 않다. 구별방식에 따라 차이가 있지만 제주도에는 11개의 해안도로가 있다. 여기서는 한 번쯤 달려봐야 하는 7개의 해안도로를 제주시 기준 반시계방향으로 소개한다. 어느 방향으로 향해도 무방하지만 우측주행의 특성상 반시계방향으로 달리면 바다를 좀 더 가깝게 만날 수 있다.

8km, 용두암-이호테우해변
용담해안도로

제주도에서 가장 먼저 만나게 되는 해안도로이다. 공항에 도착해 렌터카를 받자마자 공항 뒤로 돌아 용두암으로 향하면 이호테우해변까지 이어진 해안도로를 만난다. 먼저 용두암 주차장에 주차 후 용이 승천하는 모습을 닮은 용두암과 바닷물과 민물이 만나는 지점에 형성된 용연, 구름다리를 보고 출발하자.
용담해안도로는 제주도에서도 손꼽히는 드라이브코스로 용담포구, 도두항 등의 포구와 공항, 한라산이 가깝게 보이는 도두봉 등의 볼거리가 이어진다. 카페거리로도 유명하니 잠시 멈추고 바다를 바라보며 커피를 마셔도 좋다. 해안도로의 마지막은 하얀말과 빨간말등대가 사이좋게 마주 보고 있는 이호테우해변이다. 제주도에 오후에 도착했다면 등대 너머로 지는 일몰은 놓치지 말자.

🚗 11km, 하귀리-애월리
하귀-애월해안도로

하귀-애월해안도로는 가장 오랜 시간에 걸쳐 사랑받아 온 드라이브코스이다. 이호테우해변을 나와 일주도로와 만나 달리다 보면 얼마 가지 않아 해안도로 이정표를 볼 수 있다. 이 해안도로의 특징은 작은 언덕을 오르내리며 끊임없이 커브길이 이어진다는 것이다. 가장 다이내믹한 해안도로라 할 수 있다. 풍광이 아름다워 육지 쪽으로는 펜션과 리조트가 끝없이 이어진다.

고내포구, 구엄포구 등 굵직한 포구도 여럿 있고 다락쉼터, 남도리쉼터 등 중간에 차를 세워놓고 경치를 감상할 수 있는 곳도 많은 편이다. 구엄포구의 돌염전, 다락쉼터에서 발아래로 보이는 기암절벽, 해안도로 끝에 자리한 한담해안산책로는 놓치지 말자.

🚗 4km, 신창리-용수포구
신창-용수해안도로

애월을 지나 한경면사무소를 지나자마자 신창-용수해안도로로 접어든다. 절부암이 있는 용수포구까지 이어지는 짧은 해안도로이지만, 차량이 없고 한적하여 제대로 드라이브하는 기분이 든다. 덕분에 이 구간은 단골 CF 촬영지이기도 하다.

시원하게 뻗은 도로 옆으로는 풍력발전기가 힘차게 돌아가고 있어 운치를 더한다. 짧은 코스라 굳이 쉬어갈 필요는 없지만 해안도로 초입의 싱계물공원은 꼭 들러야 하는 곳이다. 싱계물공원의 용천수가 솟아나는 야외노천탕과 풍차를 배경으로 지는 일몰은 여행자의 발길을 붙잡는다.

 8km, 모슬포-사계항
모슬포-사계해안도로

사계해안도로는 산방산과 모슬포를 이어주는 명품 해안도로이다. 이 코스는 송악산을 기준으로 크게 두 구간으로 나눌 수 있다. 산방산부터 송악산까지 이어진 구간은 불과 4.4km로, 걷더라도 1시간이면 충분한 거리이지만 빼어난 해안절경과 섬, 산까지 모두 볼 수 있어 명품도로라 불린다. 어느 방향이라도 좋지만 송악산에서 산방산 방향으로 달리는 것이 해안과 더 가까워 좋다.

이 명품도로를 즐기기 위해서는 속도를 늦춰 달려야 한다. 조선시대 토기를 실어 날라 토기포구라 불리기도 한 사계항, 사계해안 등 짧은 거리에 볼거리가 가득하다. 하지만 이 도로의 하이라이트는 '형제해안로'라 쓰여 있는 비석이 있는 지점에 있다. 바로 바다 위에 떠 있는 형제섬이다. 보는 방향에 따라 섬의 개수가 3~8개로 다르고, 모양도 다르다. 고개를 왼편으로 돌리면 봉긋 솟은 산방산과 한라산 능선이 그림처럼 펼쳐진다. 송악산부터 모슬포까지 이어진 도로는 다소 가슴 아픈 흔적을 엿볼 수 있는 곳이다. 일본이 태평양전쟁 당시 주둔한 흔적인 해안참호와 알뜨르비행장 등이 있어 아름다운 바다풍경과는 비교된다.

 6.4km, 표선해변-가마교차로
표선-남원해안도로

표선-남원해안도로는 평범한 해안을 따라 이어진 도로이다. 어찌 보면 가장 심심한 도로일 수도 있지만 다른 것에 신경 쓸 필요 없이 오로지 제주의 잔잔한 바다에만 집중하기에 좋다.

용암이 식어 굳은 돌 위로 밀려오는 파도, 갯바위에서 낚시를 즐기는 강태공, 길가에 피어 있는 이름 모를 들꽃, 파도와 맞서 싸우는 하얀등대 등 소소한 풍경이 스쳐 지나간다. 그냥 떠나기 아쉽다면 넓은 백사장의

표선해변에서 추억을 남기거나 제주도의 모습을 축소해 놓은 제주민속촌을 둘러봐도 좋다.

29km, 김녕-성산
김녕-성산해안도로

성산부터 김녕까지 이어진 해안도로이지만 구간에 따라 성산-세화, 세화-김녕으로 나눌 수 있다. 여름철이라면 옷차림은 간편하게 하는 것이 좋다. 언제든 바다로 뛰어들고 싶게 하는 아름다운 해변을 가장 많이 끼고 있기 때문이다. 성산부터 세화까지 이어진 도로에서는 속도를 줄여 천천히 달려보자. 고망난돌쉼터, 문주란자생지인 토끼섬, 하도리철새도래지 등 절경이 끊임없이 이어진다.
세화해변을 지나면 고즈넉한 어촌 마을 행원리, 한동리, 평대리가 이어진다. 예스러움을 잘 간직한 곳들이니 마을 안길 돌담을 따라 산책을 즐겨보는 것도 잊지 말 것. 커다란 풍력발전기가 후방거울에 보일 때쯤엔 어느새 월정리에 이르게 된다. 모래바람을 만끽할 수 있는 월정리해변은 제주의 새로운 카페거리이다. 잔잔한 바다를 떠다니는 요트가 모습을 보이면 영롱한 물빛에 매료되는 김녕해변을 마지막으로 일주도로와 만난다.

12km, 신촌입구-동복교차로
함덕-조천해안도로

다른 해안도로와 달리 처음부터 끝까지 바다가 계속 이어지진 않는다. 해안을 따라 속도를 낼만하면 볼거리가 이어지고, 마을이 나타나기 때문에 사실 드라이브코스로는 적합하지 않은 편이다. 그럼에도 많은 해안도로 중에 이곳을 추천하는 이유는 따로 있다.
함덕해변과 서우봉의 아름다움은 다시 말하지 않아도 될 정도이고, 아담한 북촌포구와 바다를 바라보고 있는 그림 같은 정자인 연북정, 바다 한가운데서 물이 샘솟는 상동마을의 용천수, 올레18코스에 속하는 바다를 가로지르는 대섬, 무지개다리에서 바라보는 신촌포구 등 제주의 속살을 들여다볼 수 있는 구간이기 때문이다. 무엇보다 돌로 만든 그물인 원담(갯담)은 바다 위에 돌을 쌓은 듯한 느낌으로 무척 이색적이다.

특별한 제주를 만나다!

Section 04
제주, 섬 속의 섬

섬으로의 여행은 항상 설렌다. 제주로의 여행도 설레지만 더 큰 설렘을 위해서 섬 속의 섬으로 여행을 떠나보자. 제주도 주변에는 모두 13개의 섬이 있는데, 이 중 5개의 섬(우도, 비양도, 마라도, 가파도, 추자도)이 유인도이며 배를 타고 섬까지 들어갈 수 있다. 짧은 일정이라면 추자도는 벅차지만 나머지 섬은 반나절만 투자해도 충분히 둘러볼 수 있다. 배를 타기 위해서 신분증은 반드시 챙겨가자.

푸르름이 가득한
가파도

하늘에서 보면 커다란 솥뚜껑 하나로 바다를 덮어 놓은 듯한 모양이기도 하고, 가오리 한 마리가 수면에서 헤엄치는 모습 같기도 하다. 바로 제주도의 부속 섬 중에서 4번째로 큰 섬인 가파도의 모습이다. 이런 형태 덕분에 가파도를 개도(蓋島) 혹은 개파도(蓋波島)라 부르기도 한다. 사실 가파도는 처음부터 주목받은 섬은 아니다. 그저 마라도로 가는 길에 만나는 섬으로 여겼다. 하지만 청보리가 섬 전체를 뒤덮어 그림 같은 장면을 만날 수 있다는 사실이 알려지면서부터 가파도는 여행자가 꿈꾸는 섬이 되었다. 마라도와 마찬가지로 가파도는 조선 중기까지는 무인도였다. 영조시대에 소를 방목하면서 처음 사람이 들어왔다고 알려졌다. 지금은 300여 명이 북쪽 상동마을과 남쪽 하동마을에 모여 살고 있다.

🛅 가파도 들어가기

운진항에서 가파도 정기여객선을 타고 들어갈 수 있다. 가파도 청보리축제 기간에는 배편이 증가하기도 하니 방문 전 운항시간을 확인하자. 모슬포항에서 가파도까지는 20분 정도 소요된다. 섬을 한 바퀴 둘러보는 데 그리 오래 걸리지 않으니 서두른다면 다음 배로 나올 수 있다. 색다른 가파도 여행을 원한다면 마지막 배로 가파도에 들어가 낚시를 즐기고 하룻밤을 보낸 후 다음 날 오전에 나오자. 가파도에서의 일출과 일몰은 바다 한가운데에서 맞이하는 것처럼 느껴진다. 숙소는 바다별장(064-794-6885)을 이용하면 된다.

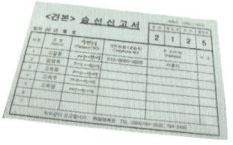

운진항선착장 **주소** 제주도 서귀포시 대정읍 최남단해안로 120 **왕복요금** 성인 14,100원, 청소년 13,900원, 어린이 7,100원 **운항시간**(2020년 12월 기준) **운진항** 09:00, 10:00, 11:00, 12:00, 14:00, 16:00(편도) **가파도** 09:20(편도), 10:20(편도), 11:20, 12:20, 14:20, 16:20(출항시간은 변동될 수 있으니 사전 확인 필요.) **문의** 064-794-5490 **귀띔 한마디** 매표하기 전 먼저 승선신고서를 작성해야 한다. **홈페이지** wonderfulis.co.kr

🛅 가파도여행하기

우리나라에서 사람이 살고 있는 섬 중 가장 고도가 낮은 섬인 가파도는 둘레가 4.2km에 불과하여 섬 전체를 둘러보는 데 그리 오랜 시간이 필요하지 않다. 섬 전체를 고루 둘러보고 싶다면 배에서 내려 올레코스를 따라 S자 모양으로 걸어보자.

> **여행코스 :** 상동포구 – 평풍덕 – 냇골챙이 – 고냉이돌 – 가파초등학교 – 개엄주리코지 – 큰옹짓물 – 제단 – 부근덕 – 하동 가파포구 – 고인돌군락지 – 상동포구

가파도는 바람이 많기로 유명한 제주도에서도 바람이 세기로 유명하다. 고도가 가장 낮아 먼바다에서 불어오는 바람을 막을 것이 없기 때문이다. 가파도를 여행하기 가장 좋은 계절은 누가 뭐래도 청보리가 바람에 춤을 추는 봄. 섬의 70%를 청보리가 차지하고 있으며 매년 4~5월에는 가파 청보리축제가 열린다. 가파도를 여행할 때는 시간과 방향을 잠시 잊어도 좋다. 우리나라에서 가장 높은 한라산. 그 앞에서 자신을 낮춘 섬 가파도처럼 몸과 마음을 낮춰 자연이 주는 선물을 받아들여 보자. 가파도에는 높은 언덕이 없어 어디서나 한라산과 마라도를 볼 수 있다. 나침반 역할을 하는 한라산과 마라도만 찾으면 어디서든 금세 방향을 찾을 수 있다.

어느 곳으로 걸음을 향해도 아름다운 풍경이 펼쳐지지만, 가장 아름다운 곳 한 곳만 꼽으라면 주저 없이 가파초등학교를 지나 갯바위낚시터로 유명한 개엄주리코지 정자까지 이어진 길을 꼽겠다. 고개를 들면 청보리 물결 너머로 송악산과 산방산, 형제섬, 군산, 한라산이 파노라마처럼 펼쳐진다. 전기선을 모두 땅에 묻어 전봇대 하나 없이 탁 트인 시야를 자랑한다. 제주도에는 오름이나 봉이 아닌 산은 모두 7개가 있는데, 가파도에서는 영주산을 제외한 6개의 산(한라산, 송악산, 산방산, 군산, 고근산, 단산)을 모두 볼 수 있다. 높은 곳이어야만 전망이 좋다는 편견은 버려야 할 듯싶다.

 가파도의 먹거리

마라도에 비하면 가파도는 먹거리가 풍족한 편이다. 무엇보다 예능 프로그램 '1박 2일'에 소개되면서 이름을 바다별장의 용궁정식이 단연 압권이다. 가파도 앞바다에서 잡은 소라, 보말, 성게 등의 해산물과 해조류로 한 상 가득 차려져 나와 밥을 먹는 것이 아니라 바다를 먹는 기분이다. 해녀 할망이 끓여주는 성게칼국수와 보말칼국수도 진한 맛이 느껴진다. 대부분 민박집에서는 식당도 함께 운영해 식사와 숙박을 동시에 해결할 수 있다.

- **바다별장** 주소 제주도 서귀포시 대정읍 가파로 241 문의 064-794-6885 대표메뉴 보말칼국수 10,000원 숙박 40,000원~
- **가파민박** 주소 제주도 서귀포시 대정읍 가파로67번길 7 문의 064-794-7083 대표메뉴 용궁정식 1인 15,000원 숙박 50,000원~
- **춘자네집** 주소 제주도 서귀포시 대정읍 가파로67번길 96-1 문의 010-3691-7170 대표메뉴 보말칼국수 8,000원, 성게칼국수 10,000원 숙박 30,000원~

한반도 끝, 그중에서도 끝
마라도

제주도 남서쪽 운진항선착장과 송악산선착장에서 뱃길로 30여 분이면 만날 수 있는 우리나라 최남단 섬 마라도. 행정구역은 서귀포시 대정읍으로 모슬포항과는 11km, 가파도와는 불과 5.5km 떨어져 있다. 섬 둘레가 4.2km로 작지 않은 섬이지만, 섬 전체가 천연기념물로 지정되어 있을 정도이다. 인위적으로 꾸민 모습이 아닌 자연 그대로를 느끼기 좋은 섬이다.

높은 언덕 하나 없이 평평한 섬으로, 사방에서 불어오는 바람에 온몸을 맡기며 천천히 걸어도 반나절이 채 걸리지 않는다. 마라도로 들

어가거나 나올 때 볼 수 있는 기암절벽과 해식동굴은 놓치지 말자. 오랜 시간에 걸쳐 바람과 파도가 만든 자연의 걸작이다.

마라도는 본래 무인도였다. 물질을 위해 들르거나 귀양 보낸 사람만 들렀던 섬이었다. 처음 사람이 살기 시작한 때는 1883년이라 알려졌다. 당시만 해도 울창한 원시림으로 뒤덮여 있었지만 경작지를 가꾸며 지금의 모습이 됐다. 한때는 100여 명 정도까지 주민이 살았지만 현재는 20여 가구, 50여 명만이 마라도를 지키고 있다.

마라도 들어가기

마라도로 들어가기 위해서는 운진항선착장이나 송악산선착장으로 가야 한다. 어디서 출발하든 시간도 비슷하고 요금도 동일하다. 마라도에서 숙박을 하지 않는다면 머무는 시간(약 1시간 30분 ~ 2시간)은 정해져 있다. 해양공원 입장료가 포함되어 있는 표를 끊고 나면 승선신고서를 작성해야 한다. 배에 오르면 2층 야외로 나가보자. 왼쪽으로는 형제섬, 오른쪽으로는 가파도, 뒤로는 멀어져가는 한라산을 바다에서 만날 수 있다. 마라도에서 나오는 마지막 배를 놓치면 꼼짝없이 민박을 해야 하므로 배 시간을 미리 체크하자. 배를 놓치더라도 낚시꾼이 자주 찾는 섬이기 때문에 어렵지 않게 민박집을 구할 수 있다. 마라도펜션(064-792-7272), 환상의민박(064-792-8857), 마라도게스트하우스(064-792-7179)등이 있다. 기상 여건에 따라 배가 뜨지 않을 수 있으니 운항 여부와 시간은 방문 전 꼭 확인하자.

- **운진항선착장 주소** 제주도 서귀포시 대정읍 최남단해안로 120 **왕복요금** 성인 19,000원, 청소년 18,800원, 어린이 9,500원 **운항시간**(2022년 5월 기준) **운진항** 09:40, 11:10, 12:20, 13:50, 15:10 **마라도** 110:20, 11:50, 13:00, 14:30, 15:50(출항시간은 변동될 수 있으니 사전 확인 필요) **문의** 064-794-5490 **홈페이지** wonderfulis.co.kr

- **송악산선착장 주소** 제주도 서귀포시 대정읍 송악관광로 424 **왕복요금** 성인 19,000원, 청소년 18,800원, 어린이 9,500원 **운항시간**(2022년 5월 기준) **송악산선착장** 09:20, 10:00, 10:50, 11:40, 12:40, 13:30, 14:10, 14:50(편도), 15:30(편도) **마라도** 10:00(편도), 10:40(편도), 11:30, 12:20, 13:20, 14:10, 14:50, 15:30, 16:10(출항시간은 변동될 수 있으니 사전 확인 필요) **문의** 064-794-6661 **홈페이지** www.maradotour.com

🧳 마라도여행하기

여행코스 : 애기업개당 – 짜장면거리 – 마라분교 – 대문바위 – 팔각정 – 장군바위 – 국토최남단비 – 마라도성당 – 선인장자생지 – 마라도등대(항로 표지관리소)

마라도는 걸어서 충분히 돌아볼 수 있는 섬이다. 마음먹기에 따라 30분이면 한 바퀴 돌아볼 수도 있지만, 마라도에서는 마음껏 여유를 부려보자. 한때 마라도의 교통수단이었던 전동카트는 사고와 바가지요금 등으로 인해 운행이 중단됐다. 현재는 도보만이 마라도를 돌아보는 유일한 방법이다. 하지만 거의 평지로 이루어진 섬이다 보니 크게 힘들이지 않고도 섬을 한 바퀴 둘러볼 수 있다.

애기업개당, 마라분교, 짜장면거리 등의 명소 외에도 마라도 주민들이 '그성'이라 부르는 동쪽 해안의 수직절벽에 찾아가 보자. 높이만 39m에 이르는 기암절벽을 볼 수 있다. 또한 마라도에 들어가는 날짜는 미리 정해놓는 것보다는, 제주도에 머무는 날 중에서 날씨가 맑은 날 들어가는 것이 좋다. 마라도 자체의 풍경도 좋지만, 맑은 날씨라면 마라도에서 제주도의 모습을 바라다보는 풍경도 함께 즐길 수 있다.

○ 애기업개의 넋을 위로하며, 애기업개당

현무암이 험하게 섬을 감싼 덕분에 마라도에 배를 대기란 쉽지 않다. 어렵게 살레덕선착장에 내려 섬에 첫발을 내디디면 가장 먼저 만나는 명소는 애기업개당이다. 이곳에는 슬픈 전설이 내려오는데 그 전설은 이러하다.

마라도가 무인도였던 조선시대에 모슬포의 해녀들이 마라도에 물질하러 갔고, 아이를 봐줄 애기업개(아기를 업은 여자아이)와 함께 마라도에 들어가게 됐다. 날씨가 좋지 않아 물질도 할 수 없고 식량도 떨어져 갔던 어느 날 밤, 일행 중 한 사람이 애기업개를 놔두고 가지 않으면 풍랑을 만나 모두 죽게 된다는 내용의 꿈을 꾸었다. 할 수 없이 애기업개만 남겨두고 모두 돌아왔고, 이듬해 다시 찾았더니 애기업개의 흰 뼈만 앙상히 남아있었다. 이후 애기업개의 넋을 위로하기 위한 당제가 지금까지 이어지고 있다.

○ 짜장면거리와 마라분교

1990년대에 퍽 화제가 되었던 광고로, 중국집 배달원이 바다 한가운데서 '짜장면 시키신 분'을 외치던 한 이동통신사의 CF가 마라도에서 촬영됐다. 마라도에서도 휴대전화가 잘 터진다는 요지의 광고였지만, 시청자들에게는 마라도까지 짜장면이 배달되느냐는 의문을 남겼다. 덕분에 마라도는 짜장면으로 유명해졌고, 하나둘씩 생겨나던 짜장면 가게는 어느덧 짜장면거리까지 형성했을 정도이다. 하지만 특별히 마라도의 짜장면 맛이 뛰어난 것은 아니다.

가파초등학교 마라분교는 짜장면거리 바로 옆에 자리한다. 학교라기보다 마당 넓은 집에 아이들이 뛰어놀기 좋게 꾸며 놓은 예쁜 집 같다. 아쉽게도 마라분교는 역사 속으로 사라질 위기에 처해 있다. 전교생이 1명뿐이라 입학식과 졸업식은 꿈도 못 꾸고, 그나마도 1명 남은 학생이 졸업하면 학교의 역할도 마감할 처지이다.

○ 어딜 가나 종교는 필수, 사찰(기원정사)&성당&교회

작은 섬인데도 3대 종교인 불교, 천주교, 개신교가 모두 모여 있다. 기원정사는 마라분교를 지나면 만날 수 있고, 성당과 교회는 동쪽의 마라도등대를 사이에 두고 나란히 자리한다. 종교와 관계없더라도 마라도를 여행하다 보면 지나는 곳이니 잠시 들러 보자. 가장 인기가 좋은 곳은 동화 속에나 나올 법한 예쁜 외관의 성당이다. 소라 모양으로 지었다고 하는데, 달팽이가 고개를 치켜들고 있는 모습 같기도 하고 요즘 한창 인기 있는 캐릭터인 라바를 닮기도 했다. 교회 뒤편에는 사람 키만 한 억새가 무리 지어 자란다. 억새밭 사잇길을 걸으며 사진으로 추억을 남기자.

○ 진정한 끝자락, 국토최남단비

한반도 끝에 자리 잡은 섬 마라도. 고구마를 닮은 이 섬의 가장 남쪽에는 국토최남단비가 설치되어 있다. 말 그대로 우리나라 땅끝에서도 가장 끝인 셈이다. 큰 볼거리라기보다는 상징적인 의미가 있기 때문에 너도나도 다들 이곳에서 기념사진을 찍기에 바쁘다. 최남단비 옆에는 뭉뚝하게 생기긴 했지만 장군바위라 불리는 기이한 형상의 바위도 있으니 함께 살펴보자. 사실 마라도의 바위 중에 가장 멋들어진 바위는 자리덕선착장 옆의 바다를 향해 입을 벌리고 있는 호랑이를 닮은 대문바위이다. 기암절벽이 만든 절경 대문바위도 놓치지 말자.

🧳 마라도의 먹거리

마라도에는 거주하는 주민이 얼마 되지 않아 여행자 입장에서는 밥 먹을 곳이 마땅치 않다. 이렇다 보니 식당을 하나 차려야겠다는 생각을 하다가 배 시간에 쫓기는 여행자들이 빨리 시켜먹을 수 있는 짜장면집을 오픈한다. 이 집이 바로 원조 마라도해물짜장면집이다. 이후 10여 곳의 짜장면집이 생겼다. 대부분 마라도에 머무는 시간이 제한적이다 보니 실제 식사를 하는 사람은 그리 많지 않다. 마라도에서 숙박하는 사람들의 경우 민박집에 별도의 금액을 내면 백반을 판매하는 곳도 있다.

- 원조마라도짜장면집 주소 제주도 서귀포시 대정읍 마라로101번길 48 문의 064-792-8506 대표메뉴 해물짜장 9,000원
- 환상의짜장 주소 제주도 서귀포시 대정읍 마라로 45 문의 010-3691-3259 대표메뉴 톳해물짜장 7,000원

봄날의 산책
비양도

에메랄드빛깔을 뽐내는 제주의 협재해변은 물빛도 아름답지만, 바다에서 바라보는 풍경이 밋밋한 다른 해변과 달리 꽉 차 있는 느낌이다. 바다로부터 협재해변을 지키기라도 하는 것처럼 보이는 비양도 때문이다. 바다에 홀로 덩그러니 서 있지만 비양도 역시 1천 년 전 화산활동으로 생긴 섬이다. 드라마 '봄날'의 촬영지로 유명해지긴 했지만 아직도 비양도를 찾는 사람은 그리 많지 않다. 덕분에 제대로 때 묻지 않은 제주의 자연과 마을을 만날 수 있다.

비양도 들어가기

비양도는 한림항에서 하루 4번 2개의 선사에서 운항하는 배를 타고 들어가게 된다. 뱃길로 15분 남짓이면 도착할 정도로 가깝다. 걷는 것이 좋다면 배에서 내린 뒤에 바다를 따라 이어진 길을 거닐면서 섬을 한 바퀴 둘러봐도 좋고, 자전거를 대여해 둘러보는 것도 고려할 만하다. 방향은 어디로 잡든 상관없지만 시계방향으로 섬을 도는 것이 더 흥미롭다. 마을 안길을 거닐며 오랜 시간 섬에서 지낸 주민들과 인사도 나눌 수 있고, 넓진 않지만 비양봉 아래로 농사짓는 모습도 볼 수 있다.

- **한림항 비양도선착장** **주소** 제주시 한림읍 대림리 2019-17 **왕복요금** 대인 9,000원, 소인 5,000원 **운항시간 천년호** 한림항 출발 9:00, 12:00, 14:00, 16:00, 비양도 출발 9:15, 12:15, 14:15, 16:15 **비양도호** 한림항 출발 9:20, 11:20, 13:20, 15:20, 비양도 출발 9:35, 11:35, 13:35, 15:35 **문의** 천년호 064-796-7522, 비양호 064-796-3515

Part 06

비양도여행하기

여행코스 : 비양항 – 마을회관 – 비양봉 – 코끼리바위 – 용암기종(애기업은 돌) – 펄렁못 – 비양분교 – 비양항

한림항에서 출발한 자그마한 도항선은 출발한 지 얼마 되지 않아 비양도 압개포구로 들어선다. 비양도의 해안선 길이는 3.5km에 불과할 정도로 작은 섬이다. 다른 부속 섬과 다르게 섬 자체가 하나의 오름이라 생각하면 된다. 가장 높은 비양봉이 오름의 정상이고, 해안을 따라 이어진 도로가 오름 둘레길인 셈이다. 이 모두를 돌아봐도 충분히 다음 배를 탈 수 있을 정도이다.

마을회관을 지나면서부터 본격적인 해안길로 접어드는데, 발길이 늦춰질 수밖에 없다. 기암괴석이 끊임없이 이어지기 때문이다. 아기코끼리가 물에 코를 처박고 수영하는 모습을 닮은 코끼리바위(큰가지바위), 바위 앞에서 기도하면 아들을 낳는다는 속설이 전해지는 애기업은돌이 대표적이다. 특히 애기업은돌은 화산활동으로 인해 생긴 용암기종으로, 천연기념물(제439호)로 지정되어 있을 정도로 독특한 모양새이다. 114m 높이의 비양봉으로 오르는 길은 비양항마을 안길과 치안센터를 지나 보이는 입구 2곳이다. 나무데크가 설치되어있어 큰 어려움 없이 전망대까지 오를 수 있다. 정상에는 낡은 등대가 홀로 외로이 서 있는데 왠지 모르게 비양도와 잘 어울린다. 협재해변에서 바라보는 비양도의 모습도 아름답지만, 비양봉에서 바라보는 협재해변과 멀리 한라산의 모습도 환상적이다.

비양도여행의 마지막은 인공호수 펄렁못이다. 해수로 이루어진 염습지인 펄렁못에는 갯질경이, 갯하늘지기 등 염습식물이 서식하고, 겨울에는 철새들이 찾아든다. 펄렁못은 1959년 사라호 태풍 때 해일피해를 입은 뒤 제방을 축조해 바다와 분리하여 만들었다. 펄렁못까지 모두 둘러보고도 시간이 남는다면 선착장 주변 마을 안길 산책을 즐기거나, 섬에서 하나밖에 없는 식당인 호돌이식당에 들러 보말죽을 먹으며 배를 기다려도 좋다.

비양도의 먹거리

비양도에는 먹을 곳이 많지 않다. 식당과 민박을 함께 운영하는 호돌이식당과 인섬스토리에서 해녀가 잡은 해산물을 넣어 만든 보말죽이나 보말칼국수를 먹을 수 있다. 그 외에 고사리식당이나 인섬스토리2호점도 있는데 메뉴는 대부분 비슷한 편이다.

- 호돌이식당 주소 제주도 제주시 비양도길 284 문의 064-796-8475 대표메뉴 보말죽 12,000원
- 인섬스토리 주소 제주시 한림읍 비양도길 12-6 문의 010-7285-3878 대표메뉴 보말해물칼국수 10,000원 숙박 2인 기준 70,000원

특별한 제주를 만나다!

느리게, 더 느리게
우도

제주도 동쪽 끝에 자리한 작은 섬이지만, 말로 설명하기 어려운 묘한 분위기를 풍긴다. 동서 2.5km, 남북 3.8km, 해안일주도로도 17km밖에 되지 않지만 작은 밥공기 위에 꾹꾹 눌러 담은 밥처럼 매력이 넘쳐난다. '우도 8경'이라 이름 붙인 8곳의 아름다운 절경을 비롯해 돌담, 해안절벽, 바다와 어우러진 풍경 등 무엇 하나 빠지지 않는 절경이 가득하다.

우도 들어가기

우도로 들어가는 방법은 배편이 유일하다. 우도로 들어가는 선박의 배차는 10~15분 정도로 길지 않은 편이다. 우도로 들어가는 배를 타기 위해서는 성산항이나 종달항으로 가야 한다. 성산항은 배가 비교적 자주 있지만 성수기에는 대기시간이 길다. 반대로 종달항은 이용하는 사람이 상대적으로 적어 대기시간이 짧지만 운항편이 많지 않다. 우도로 들어갈 때는 차를 가져갈 수도 있지만 아름다운 우도를 제대로 느끼기 위해서는 차를 두고 가는 것을 추천한다. 표를 끊기 전에 도항선승선신고서를 작성해야하는

데 이름과 나이, 연락처를 적어야 한다. 성산항에서 배를 타면 시간대에 따라 우도의 하우목동항이나 천진항으로 들어가고, 종달항에서 배를 타면 하우목동항으로 들어갈 수 있다. 어디로 들어가든 우도여행을 하는 데 문제가 없지만 순환버스를 타거나 자전거, 스쿠터, ATV를 대여하기에는 천진항으로 들어가는 것이 좀 더 좋다.

※ 교통 혼잡으로 렌트카 진입은 금지되지만, 일행 중 장애인, 영유아, 임산부가 있거나 우도 내 숙박을 예약했다면 차량 진입이 가능하다. 단, 우도 내에서는 렌트카 보험이 되지 않으니 감안하고 들어가야 한다.

- **성산항 주소** 제주도 서귀포시 성산읍 성산리 347-9 **왕복요금** 성인 10,000원, 중고생 9,800원, 초등학생 3,500원, 차량(중소형 기준) 26,000원 **운항시간** 07:00~(계절 혹은 기상상태에 따라 변동) **문의** 064-782-5671
- **종달항 주소** 제주도 제주시 구좌읍 종달리 484-6 **왕복요금** 성산항과 동일 **운항시간** 08:30~(계절 혹은 기상상태에 따라 변동) **문의** 064-782-7719

Part 06

우도여행 방법

여행코스 : 홍조단괴해빈 – 우도봉 산책(우도등대) – 검멀레해변 – 비양도 – 하고수동해변

여행하는 방법에 따라 당일 혹은 1박이 정해진다. 하루의 시간이라면 우도를 둘러보기 충분하지만 우도의 매력을 제대로 느끼기 위해서라면 1박을 하는 것이 좋다. 차를 가지고 들어간다면 해안도로를 따라 천천히 다니며 명소를 하나씩 들러보면 된다. 내비게이션에 굳이 주소를 찍지 않아도 안내가 잘 되어있고, 대부분 해안도로를 따라 관광지가 자리하니 어렵지 않게 찾아갈 수 있다. 단, 길이 넓지 않고 스쿠터나 자전거 여행자가 많은 편이니 절대 과속은 금물이다.

운전을 하지 못한다고 해도 걱정할 필요는 없다. 우도의 대표관광지를 운행하는 순환버스가 수시로 운행되므로 6,000원(성인 기준)이면 자유롭게 타고 내리며 우도를 둘러볼 수 있다. 이 외에도 배에서 내리면 전기차, 전기자전거 등을 대여할 수 있는 곳을 쉽게 찾을 수 있다.

우도팔경

작은 제주도라 불리는 우도는 작은 섬임에도 불구하고 아름다운 자연경관을 가지고 있다. 눈만 돌리면 수려한 경관이 펼쳐지는 우도에서도 손꼽히는 8곳의 명승을 돌아보자.

- **주간명월(晝間明月)** : 한낮에 굴속에서 달을 본다는 뜻으로, 해식동굴 안에서 파도가 잔잔한 날 바라보면 해수면에 반사된 태양의 모습이 둥근 달처럼 보인다.
- **야항어범(夜航漁帆)** : 여름철 섬 주변에 집어등을 켜고 조업하는 수많은 멸치잡이 어선의 화려한 불빛을 일컫는다. 특히 하고수동과 답다니탑 사이에서 바라다보이는 바다가 장관이다.
- **천진관산(天津觀山)** : 우도로 들어가는 관문이 되는 동천진동에서 성산일출봉과 지미봉 등 기생화산을 바라본다는 뜻으로, 특히 우뚝 솟은 한라산의 모습이 절경이다.
- **지두청사(指頭靑沙)** : 우도봉 정상에서 바라보는 맑고 깨끗한 제주의 바다와 태양에 반사되어 빛나는 백사장을 의미한다.
- **전포망도(前浦望島)** : 우도에서 바라보는 풍경이 아니라, 반대로 종달리와 하도리에서 우도를 바라본 모습.
- **후해석벽(後海石壁)** : 바다를 등지고 솟은 바위절벽을 뜻하는 말로, 동천진동 포구에서 바라봤을 때 동쪽의 수직절벽인 광대코지를 가리킨다.
- **동안경굴(東岸鯨窟)** : 동쪽 해안의 고래굴. 검멀레해변 옆에 있는 해식동굴을 말한다.
- **서빈백사(西濱白沙)** : 서쪽의 흰 모래라는 뜻으로 산호사해수욕장이라 불리는 홍조단괴해빈을 의미한다.

○ 이국적인 해변, 홍조단괴해빈

광합성을 통해 세포에 탄산칼슘을 침전하는 석회조류 중 하나인 홍조류가 죽어 뭉쳐진 덩어리(홍조단괴)가 형성한 특별한 해빈이다. 이 아름다운 해변은 천연기념물 제438호로 지정되어 있으며, 학술적으로도 매우 가치 있는 곳이다. 홍조단괴가 해빈의 주 구성물인 경우가 세계적으로 드물기 때문이다.

이곳의 모래, 홍조단괴를 가져오다 적발되면 벌금이 있으니 눈과 마음으로만 담아오자. 바다 건너 성산일출봉과 지미오름을 바라보며 몇 시간이고 앉아만 있어도 좋은 곳이다. 운이 좋다면 바다에서 놀고 있는 돌고래까지 만날 수 있다.

○ 우도 최고의 전망대, 우도봉

섬 전체가 소가 누워 있는 모양을 닮았다고 이름 붙여진 우도. 우도봉은 소머리에 해당하는 곳이다. 전체적으로 높지 않은 섬이지만 유독 우도봉만 높이 솟아올라 있어 132m의 높이에도 불구하고 최고의 전망대 역할을 한다. 정상에는 1906년에 만든 제주 최초의 등대, 우도등대가 100년이 넘는 시간동안 자리를 지키고 있다. 그 옆에 또 다른 등대 하나가 눈에 띄는데 바로 100년 뒤 새로 세운 등대이다.

우도봉으로 오르는 길은 2곳이다. 하나는 우도등대공원에서 오르는 길이고, 다른 하나는 우도등대 너머인 검멀레해변에서 오르는 길이다. 뚜벅이 여행자라면 같은 길을 오르내리지 말고, 두 길을 모두 걸어보는 것도 좋겠다. 우도봉 정상에서 바라보는 제주도의 푸른 바다와 평화롭게 펼쳐진 우도의 풍경도 좋지만, 정작 매력적인 풍경은 우

도봉으로 오르는 길에 있다. 해안선을 따라 이어진 산책로는 가파른 편이라 오를 때는 힘이 들지만 곳곳에 바다를 바라보며 앉아 쉴 수 있는 벤치가 있어 쉬어갈 수 있다.

○ 비밀스럽게 자리한 숨은 해변, 검멀레해변

우도봉 뒤편, 해안절벽 아래 비밀스레 자리한 검멀레해변은 일부러 찾아가야 볼 수 있다. 길에서 내려다볼 수 있지만 직접 해변의 모래를 만져보려면 계단을 따라 내려가야 한다. 여름에는 검은 모래라는 뜻의 검멀레해변에서 모래찜질을 즐길 수도 있다. 해변 옆 절벽에는 소의 콧구멍처럼 뚫린 구멍을 볼 수 있는데, '검은코꾸망'이라 불리는 수중동굴과 그 옆에 자리한 동안경굴이다.

우도의 특산물 중에서는 땅콩이 유명한데, 우도 어디를 가나 쉽게 땅콩을 맛볼 수 있지만 가장 유명한 땅콩 아이스크림 가게가 검멀레해변 옆에 위치해 있다. 요거트아이스크림에 땅콩이 어우러져 담백한 맛이 별미이다.

또 다른 비양도

협재해변 앞에 봉긋하게 솟아 있는 섬 비양도. 하지만 우도에는 또 다른 비양도가 있다. 협재 앞바다에서 배를 타고 들어가야 하는 비양도는 '揚(날아오를 양)'을 쓰고, 우도와 다리로 연결된 비양도는 '陽(볕 양)'을 쓴다. 사실 비양도는 섬 속의 섬. 그리고 섬 속의 섬이라는 상징적인 의미가 있지만 특별한 풍경은 없다. 해변에 현무암이 널브러져 있고 바닷물이 들어왔다 나가면 초록의 이끼가 현무암을 덮는다는 것 정도이다. 하지만 우도의 많은 해녀가 이곳에서 물질을 하므로 바로 잡은 해산물을 맛볼 수 있다.

사이판 해변, 하고수동해수욕장

홍조단괴해빈과 더불어 우도의 대표해변이라 불릴만한 하고수동해수욕장은 에메랄드빛 바다색을 띠고 있어 일명 사이판해변이라 불리는 곳이다. 수심이 깊지 않고 경사가 완만해 가족단위로 해수욕을 즐기기 이만한 곳이 없다.

아름다운 물빛만큼 수질도 좋아 전국에서 가장 수질 좋은 해수욕장 중 한 곳으로 꼽히기도 한다. 해수욕을 즐길 수 있는 여름이 아니더라도 육지 쪽으로 아늑하게 들어와 있는 해변이 무척 아름다워 한가롭게 시간을 보내기에 좋다. 해변에는 자그마한 카페들도 있으니 여유를 부려보자.

기념사진 남기기에 좋은, 답다니탑망대

우도의 다른 관광지에 비해 이름난 곳은 아니다. 하얀 등대와 컬러풀한 대형 소라 조형물, 하트 모양으로 쌓은 원담, 봉수대가 전부이지만 이 모든 것이 이상하리만큼 어우러진 곳으로 지나치는 발길을 멈추게 한다. 하트 모양의 원담은 연인들을 위해 일부러 만들어 놓은 것 같지만 실은 제주도의 전통 어업방식이다. 밀물 때 들어온 멸치들이 바닷물이 빠질 때 나가지 못하게 만든 일종의 그물인 셈이다.

🧳 우도의 먹거리

● 땅콩과 땅콩아이스크림

섬 속의 섬이지만 워낙 많은 관광객이 찾다 보니 식당과 카페가 꽤 많은 편이다. 대표적인 특산물인 땅콩은 꼭 먹어보자. 한입 가득 털어 넣어도 느끼하지 않고 담백하며, 껍질을 까지 않고 통째로 먹는 것이 특징이다. 우도에서만 맛볼 수 있는 땅콩아이스크림은 훌륭한 간식이다. 우도 어디에서든 쉽게 만날 수 있지만 이왕이면 멋진 경치를 바라보며 먹어야 그 맛이 두 배가 된다. 검멀레해변의 지미스와 하고수동해수욕장 앞의 카페살레를 추천한다.

지미스 주소 제주도 제주시 우도면 우도해안길 1132 **문의** 010-9868-8633
카페살레 주소 제주도 제주시 우도면 우도해안길 816 **문의** 010-4164-8409

● 기분 좋은 식사, 하하호호

하우목동항에서 답다니탑망대로 향하는 길에 유독 많은 차와 자전거가 주차된 곳이 있다. 바다 건너 종달리를 마주보며 커피 한 잔 마시면 좋은 곳이지만, 이 집의 대표메뉴는 제주산 흑돼지와 새우, 특별한 소스가 어우러진 버거이다. 푸짐한 양과 훌륭한 맛, 물티슈까지 챙겨주는 친절함이 여행자를 즐겁게 한다.

주소 제주도 제주시 우도면 우도해안길 532 **대표메뉴** 구좌마늘버거 11,000원, 우도땅콩버거 11,000원 **문의** 010-2899-1365 **영업시간** 11:00~마지막배 1시간 전

● 한라산 모양을 한 볶음밥, 로뎀가든

우도에는 언제나 줄 서서 먹는 집도 적지 않다. 가장 대표적인 곳이 로뎀가든. 주메뉴는 한치주물럭이지만, 정작 메인요리가 아닌 남은 양념에 볶아 먹는 볶음밥으로 더 유명하다. 매콤한 양념에 밥과 채소를 넣어 볶아 먹는 것은 다를 바 없지만, 볶음밥을 한라산 모양으로 만들고 그 위에 달걀 물을 붓는 것이 포인트이다.

주소 제주도 제주시 우도면 우도해안길 264 **대표메뉴** 한치주물럭 1인 15,000원, 한라산볶음밥 4,000원 **문의** 064-782-5501 **영업시간** 영업시간 09:00~18:00

Special 09
제주, 커피 한잔의 여유

카페의 메카로 알려진 서울의 홍대, 가로수길도 이제 제주도에는 명함도 내밀지 못할 정도노 제수도는 카페 천국이 되었다. 바다가 보이는 곳, 전망이 좋은 곳은 어김없이 카페가 자리 잡았고, 세계적인 프랜차이즈부터 아기자기한 동네 카페까지 이제는 그 수조차 셀 수 없을 정도이다. 전망 좋은 카페는 인터넷 검색을 통해서도 쉽게 확인할 수 있지만, 맛있는 커피를 맛볼 수 있는 곳은 직접 마셔보지 않으면 알 수 없다. 그래서 제주도에서 커피 맛으로 놓칠 수 없는 카페들을 한데 모아 봤다. 단, 너무 범위가 넓어 제주시로 제한했다.

이 녀석 뭐지?

그러므로(Glomuro)

커피 맛을 보기 전에는 외관이 특별하지도, 실내가 화려하지도 않은 그저 평범한 동네 작은 카페이다. 카페로 들어서는 순간 고소하고 향긋한 커피 향이 실내를 가득 채우고 있어 기분이 좋아진다. 가운데 커다란 테이블 하나만 있어 많은 인원이 가기는 힘들고, 오래 앉아 있으면 괜히 눈치가 보인다는 단점이 있지만 커피 한잔이면 모든 것이 용서된다.

이곳의 시그니처메뉴이자 한 번 맛을 보면 중독되어 계속 찾게 되는 메리하하가 그 주인공. 첫 모금은 길게 쭉 마시라는 직원의 안내대로 맛을 보면 깜짝 놀라게 된다. 먼저 입술에 닿는 커피 온도와 혀에 닿는 커피 온도가 달라서이고, 둘째는 커피의 쓴맛과 시럽의 달콤한 맛이 동시에 입안에서 감돌기 때문이다. 진한 크레마 덕분에 맛있는 커피일 것 같다는 예상은 했지만 전혀 상상하지 못한 맛에 들를 때마다 매료되는 곳이다.

주소 제주도 제주시 구남동6길 45 **대표메뉴** 메리하하 5,000원, 아메리카노 4,000원 **문의** 070-4548-2984 **영업시간** 11:00~18:00(일~월요일 휴무)

제주 돌집에서 만난 카페와 서점

윈드스톤(WINDSTONE)

윈드스톤의 시그니처메뉴는 아몬드라테. 엄연히 따지자면 윈드스톤은 제주시가지와 거리가 떨어진 애월읍에 위치하지만 신시가지에서 차로 15분 정도면 닿을 수 있고, 아몬드라테의 고소함 때문에 맛있는 커피 편에 소개할 수밖에 없는 곳이다. 이곳은 제주의 돌집을 개조해 만든 카페로, 한쪽 공간에서는 북마스터가 선별한 다양한 책도 함께 만나볼 수 있다. 실내 공간은 확 트여 있지만 커다란 화분들이 적당히 파티션 역할을 하여 편안한 분위기를 연출한다. 역시 고민할 필요도 없이 아이스 아몬드라테를 주문하자. 평범한 유리잔에 담겨 있지만 하얀 우유 사이로 에스프레소가 벽을 타고 흐르는 모습은 당장에라도 마시지 않을 수 없게 만든다. 첫맛은 에스프레소의 씁쓸함이 느껴지지만, 뒤로 은은하게 퍼지는 아몬드의 고소함이 입 안 가득 여운을 준다.

주소 제주도 제주시 애월읍 광성로 272 대표메뉴 아몬드라테 5,500원, 아메리카노 4,000원 문의 010-8832-2727 영업시간 09:00~17:00(매주 일요일 휴무)

핸드드립 전문점
로치아(ROCCIA)

제주 공항 뒤편 현무암으로 지은 예식장 건물의 한 편에 자리 잡은 로치아는 핸드드립 전문점으로 다양한 스페셜티 커피를 맛볼 수 있다. 카페 안쪽에 직접 로스팅하는 공간도 있어 원두 구입도 가능하다. 주기적으로 방문해서 원두만 구입하는 사람도 적지 않은 편으로, 200g 이상 원두 구입 시 드립커피를 무료로 마실 수 있다.
실내 인테리어나 분위기는 요즘 핫한 분위기의 카페와는 거리가 있지만 드립커피와 은근히 어울리는 편이다. 평소 마시는 커피가 있다면 문제없지만, 그렇지 않다면 직원의 도움을 받아 주문하는 것이 좋다. 커피만 마시기에 입이 심심하다면 밀가루를 사용하지 않고 찹쌀로 만든 쫀득한 찹쌀와플도 함께 주문해 보자.

주소 제주도 제주시 도공로 53 대표메뉴 핸드드립커피 6,000원~, 모찌와플 12,000원 문의 064-747-6526 영업시간 10:00~20:00(주말은 11:00~)

모던한 분위기
어반르토아(Urban Le Toit)

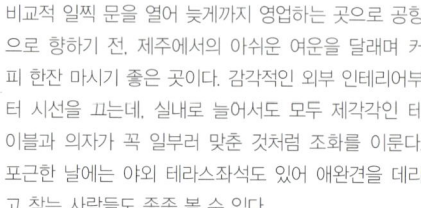

비교적 일찍 문을 열어 늦게까지 영업하는 곳으로 공항으로 향하기 전, 제주에서의 아쉬운 여운을 달래며 커피 한잔 마시기 좋은 곳이다. 감각적인 외부 인테리어부터 시선을 끄는데, 실내로 들어서도 모두 제각각인 테이블과 의자가 꼭 일부러 맞춘 것처럼 조화를 이룬다. 포근한 날에는 야외 테라스좌석도 있어 애완견을 데리고 찾는 사람들도 종종 볼 수 있다.

이곳의 대표메뉴는 먹기 아까울 정도로 예쁜 소프트모카. 부드러운 크림과 모카의 조화가 자극적이지 않아 평소 커피를 연하게 마신다면 입맛에 더 맞는 편이다.

주소 제주도 제주시 구남동5길 36 **대표메뉴** 아몬드모카 6,500원, 소프트모카 5,500원 **문의** 064-722-5525 **영업시간** 09:00~22:00

플랜테리어로 더욱 산뜻하게
에프터글로우(Afterglow)

위치가 애매한 곳임에도 불구하고 항상 사람들의 발걸음이 끊이지 않는 카페이다. 관광객보다는 현지 주민들의 단골카페로 더 애용되는 곳이다. 들어서자마자 보이는 책꽂이로 변신한 오래된 서랍장과 벽에 걸린 자전거에서 인테리어 센스를 엿볼 수 있다.

이 카페의 인테리어 하이라이트는 바로 플래테리어. 곳곳에 커다란 화분을 비롯해 자그만 화분, 드라이플라워 등으로 장식했는데 통유리를 통해 들어오는 햇살과 더해져 상쾌한 기분이 든다. 날씨가 좋은 날에는 야외 잔디밭에도 테이블을 펼치니 너무 덥지만 않다면 야외석을 노려봐도 좋다. 특히 해 질 녘 이곳에서 바라보는 노을빛이 예술이다. 대표메뉴는 커피의 맛을 잘 살린 플랫화이트.

주소 제주도 제주시 간월동로 67-3 **대표메뉴** 플랫화이트 4,500원, 자몽에이드 6,000원 **문의** 064-756-0327 **영업시간** 08:00~18:00(주말은 10:00~, 월요일 휴무)

연동의 핫플레이스

컴플리트커피(complete coffee)

보통은 서울에 본점이 있고 제주에 분점을 내지만, 컴플리트커피는 반대로 제주도에 본점(서울 분점은 외대 앞에 위치)을 두고 있는 커피 맛있기로 소문난 카페이다. 커피 맛도 좋지만 아기자기한 실내인테리어 덕분에 여성들에게 인기가 높다. 리브레커피를 사용하는 덕분에 기본 이상은 하는 아메리카노를 비롯해 우유량이 적은 호주식 라테인 플랫 화이트, 아이스라테에 하겐다즈 아이스크림과 콩가루가 들어가는 오름라테 등 라테류가 인기메뉴이다.

주소 제주도 제주시 국기로4길 1 **대표메뉴** 플랫화이트 4,500원, 오름라테 6,000원 **문의** 070-4129-0315 **영업시간** 09:00~22:00(일요일은 10:00~17:00)

계절별로 다양한 스무디를 제공하는

픽스커피(Fix coffee)

제주시의 카페거리라 불리는 베라체거리에 위치한 픽스커피는 제주 토박이 부부가 오픈한 카페이다. 소박하지만 군더더기 없는 깔끔하고 모던한 인테리어와 다양하진 않지만 인기 있는 메뉴만 갖춘 곳이다. 메뉴 종류가 다양하지 않아 집중할 수 있는 덕분에 어느 메뉴를 주문해도 만족감은 클 수밖에 없다. 특히 복숭아, 키위 등 제주에서 재배한 제철과일로 개발한 메뉴(스무디와 요거트)가 입소문을 타면서 제철메뉴를 기다리는 사람도 적지 않다. 처음에는 동네 주민들의 아지트 같은 공간이었다가 요즘은 관광객들도 즐겨 찾는 카페가 되었다. 아쉬운 건 근처에 공용주차장이 있음에도 불구하고 주차하기가 쉽지 않다는 점이다.

주소 제주도 제주시 신설로11길 2 **대표메뉴** 픽스커피 6,000원, 아메리카노 4,000원, 진저라테 5,000원 **문의** 064-902-9899 **영업시간** 10:00~21:00(매주 화요일 휴무)

Part
07

제주도의 숙소

Section01. 특별한 하룻밤을 위한 호텔
Section02. 편안하고 실용적인 펜션&리조트
Section03. 이야기가 있는 게스트하우스

Section 01
특별한 하룻밤을 위한 호텔

제주도 호텔의 시작은 중문관광단지이다. 신라호텔과 롯데호텔을 비롯해 그랜드조선, 새롭게 문을 연 파르나스호텔까지 고급스러운 호텔이 즐비하다. 반면에 제주시에는 상대적으로 저렴하면서 깔끔한 비즈니스호텔이 많은 편이다. 이 외에도 포도호텔, 씨에스호텔 등 건물 자체만으로도 주목을 받는 부티크호텔들이 곳곳에 산재해있고, 제주시의 랜드마크가 된 그랜드하얏트호텔도 있어 선택의 폭이 넓다.

제주 호텔의 대명사
신라호텔

많은 객실을 보유하고 있음에도 불구하고 예약하기 힘들 정도로 인기 좋은 호텔 중 하나이다. 가장 기본적인 스탠더드객실을 비롯해 전통한옥의 느낌을 살린 테라스룸 등 14개의 객실스타일을 보유하고 있다.
밖으로 나가면 사계절 내내 즐길 수 있는 야외수영장과 자쿠지, 자연 속 산책을 즐길 수 있는 숨비정원, 영화 '쉬리'를 촬영한 쉬리의 언덕, 중문해변의 특별한 공간 프라이빗비치하우스 등 온종일 호텔에 머물러도 시간이 부족할 정도로 많은 시설이 기다린다. 대형 카바나에서 럭셔리캠핑을 즐길 수도 있는데, 글램핑의 원조답게 아무것도 준비하지 않아도 제주 흑돼지를 비롯해 꽃등심, 바닷가재, 전복 등이 모두 먹기 좋게 손질되어 나온다.

주소 제주도 서귀포시 중문관광로 72번길 75 **문의** 064-735-5114 **가격** 스탠더드 300,000원~ **체크인/아웃** 14:00/11:00 **홈페이지** www.shilla.net/jeju

제주도의 랜드마크 드림타워 복합리조트
그랜드하얏트호텔

드림타워는 38층, 169m 높이로 제주도에서 가장 높고 대규모 단지이다. 단지 내에는 카지노, 쇼핑, 레스토랑 등이 한데 모여 있는 도심형 복합리조트로 그랜드하얏트호텔도 이곳에 들어서 있다. 1,600개 객실 모두 스위트룸으로 기본 객실의 전용면적만 65㎡(약 20평)로 다른 호텔보다 훨씬 넓어 보인다. 객실로 들어서면 커다란 통유리창을 통해 한라산과 제주공항의 활주로가 보여 비행기들의 이착륙 모습이 한눈에 들어온다.

8m 높이의 자연채광이 비치는 실내 수영장과 공항과 바다를 마주할 수 있는 인피니티풀, 키즈풀, 자쿠지 등을 갖춘 야외 풀 데크 시설도 도심형 호캉스를 즐기기에 그만이다. 일식, 한식, 중식, 양식 등 다양한 레스토랑이 입점되어 있으며, 최고층 38층에는 제주의 풍경이 파노라마처럼 펼쳐지는 라운지와 포차, 스테이크하우스가 자리한다. 호텔 투숙객은 물론 투숙하지 않더라도 일부러 찾아가볼 만하다.

주소 제주도 제주시 노연로 12 **문의** 1533-1234 **가격** 기본룸 400,000원~ **체크인/아웃** 15:00/11:00 **홈페이지** www.jejudreamtower.com

자연과 하나 된 작품
포도호텔

이타미준이 설계한 포도호텔은 제주의 3가지 아름다움을 느낄 수 있는 호텔이다. 호텔을 둘러싸고 있는 돌담, 중산간에 수없이 솟은 오름 능선, 그 너머 멀리 아늑하게 펼쳐진 해안선의 아름다움을 마음껏 즐겨보자. 하늘에서 바라보면 한 송이 포도 같은 모습이어서 이름 붙여진 호텔로, 오름과 초가집을 모티브로 건축되었다. 호텔 건물은 모두 1층이지만, 객실에서 바라보는 전망은 어디에 내놔도 뒤쳐지지 않을 정도로 훌륭하다.
모든 객실에서는 제주에서 처음 발견된 온천수를 제공한다. 피부미용과 각종 질병에 좋다는 아라고나이트 고온천으로 온천욕을 즐길 수 있다. 객실은 한실과 양실로 나뉘어 있는데, 한실에는 편백나무(하노끼)욕조가 준비되어 있다.

주소 제주도 서귀포시 안덕면 산록남로 863 **문의** 064-793-7000 **가격** 디럭스룸 440,000원~ **체크인/아웃** 15:00/12:00 **홈페이지** www.thepinx.co.kr/podo/web/index.px

넓고 깔끔한 객실
해비치호텔&리조트

표선해안도로 초입에 군더더기 없는 깔끔한 객실을 가진 호텔&리조트. 46개의 스위트객실을 포함해 총 288개 객실의 호텔과 215개 객실의 리조트로 구성되어 있다.
가장 기본 객실도 넓은 면적을 자랑하기 때문에 답답하지 않고, 방마다 발코니가 있어 전망 또한 훌륭하다. 호텔 1층에는 맛이 좋기로 유명한 베이커리카페 마고Margaux도 있으니 기회가 되면 들러보자.

주소 제주도 서귀포시 표선면 민속해안로 537 **문의** 064-780-8100 **가격** 호텔슈피리어 330,000원~, 호텔디럭스 370,000원~ **체크인/아웃** 15:00/12:00 **홈페이지** www.haevichi.com

아이 친화적인 호텔
토스카나호텔

와인 산지로 유명한 이탈리아 토스카나 주를 여행하다 보면 인상 깊은 장면 중 하나가 주황색 테라코타로 지붕을 덮은 건물이다. 토스카나호텔의 주황색 지붕과 밝은 색 벽돌은 토스카나 주의 넓은 들판 한가운데 한적한 농장을 떠올리게 한다. 제주 중산간에 위치한 덕분에 주변이 조용해 완벽한 휴양을 즐기기 좋다. 자동차 침대나 2층 침대 등이 놓여 있는 키즈룸을 비롯해 키즈플레이존, 사계절 이용 가능한 야외 온수풀도 갖추고 있다. 시기에 따라 아이들을 위한 쿠킹클래스 등 다양한 이벤트도 함께 진행되니 아이와 함께하는 제주여행이라면 더없이 좋은 곳이다.

주소 제주도 서귀포시 용흥로66번길 158-7 문의 064-735-7000 가격 디럭스 250,000원~ 체크인/아웃 15:00/11:00 홈페이지 www.hoteltoscana.co.kr

객실에서 맞이하는 일출
티라호텔

제주 동부의 대표적인 관광지 성산일출봉과 섭지코지 중간쯤에 자리한 티라호텔. 앞쪽에는 성산일출봉, 뒤쪽에는 수산봉이 자리하고 있어 객실에서 성산일출봉 옆으로 떠오르는 일출을 맞이할 수 있다. 전체적으로 규모는 크지 않지만 한적하고 주차 공간도 여유로운 편이다. 객실은 테라스, 트윈, 스위트룸으로 나뉘는데 스위트룸도 가격이 부담스럽지 않아 경제적인 편이다. 전망에 따른 금액 차이가 많지 않으니 가능하면 성산일출봉 뷰로 선택하는 게 좋다. 옥상에는 셀프 카페가 있으니 함께 이용해도 좋다.

주소 제주도 서귀포시 성산읍 섭지코지로25번길 41 문의 064-786-5353 가격 테라스룸 55,000원~ 체크인/아웃 15:00/11:00 홈페이지 www.hotel-thira.com

제주에서의 특별한 하루
롯데호텔

중문단지에 위치한 롯데호텔은 500여 개의 객실을 갖춘 최고의 호텔이다. 남아프리카의 정교하고 웅장한 'The Palace of the Lost City'를 모델로 설계한 리조트호텔로, 온수풀 해온에서는 사계절 야외스파를 즐길 수 있다. 또한 매일 밤 8시 30분부터는 라스베이거스의 미라지호텔과 벨라지오호텔의 쇼를 합쳐 놓은 듯한 화산분수쇼도 감상할 수 있다.

온통 핑크색 키티로 도배된 캐릭터룸이나 가족이나 연인과 오붓한 시간을 보낼 수 있는 풀빌라가 인상적이다. 풀빌라는 가격이 다소 부담스럽지만 현무암과 억새를 이용해 제주 전통가옥을 재현한 객실로 최고의 하룻밤을 선사한다.

주소 제주도 서귀포시 중문관광로 72번길 35 **문의** 064-731-1000 **가격** 슈피리어마운틴 220,000원~, 디럭스레이크 270,000원~ **체크인/아웃** 14:00/11:00 **홈페이지** www.lottehotel.com/city/jeju/ko

루프탑 수영장을 갖춘
다인오세아노호텔

올레 16코스 내 애월의 아름다운 바다를 품고 있는 다인오세아노호텔은 호텔 뒤편에 자리한 다인 리조트와 함께 운영되는 곳이다. 4계절 이용이 가능한 인피니티풀이 있어 생긴 지 얼마 되지 않았음에도 인기가 높다. 연인이 이용하기 좋은 디럭스부터 가족단위로 이용하기 좋은 패밀리 스위트까지 다양한 객실 타입을 제공하고 있다. 또한 다른 사람의 눈치를 보지 않고 호

텔에서 시간을 보내고 싶다면 풀빌라를 이용해도 좋다.

주소 제주도 제주시 애월읍 애월해안로 400-9 **문의** 1811-0012 **가격** 디럭스룸 150,000원~, 오션스위트 270,000원~ **체크인/아웃** 15:00/11:00 **홈페이지** reservation.dyneoceano.com

독특한 가구 인테리어가 눈에 띄는
빌라드애월

2012년 오픈한 부티크 호텔로 50여 개의 객실을 보유하고 있다. 객실의 침대와 소파는 화려한 패턴의 독특한 디자인이라 다소 호불호가 갈리지만 막상 지내다 보면 크게 거슬리지는 않는다. 조식은 지하의 애월향정에서 먹을 수 있는데, 한상차림으로 나오기 때문에 체크인하는 날 미리 예약해야만 이용할 수 있다. 여름철에는 야외수영장도 운영된다.

주소 제주도 제주시 애월읍 애월해안로 516-7 **문의** 064-720-9000 **가격** 디럭스 90,000원~, 스위트 120,000원~ **체크인/아웃** 15:00/11:00 **홈페이지** villadeaewol.co.kr

전통과 고급의 조화
씨에스호텔

씨티빌리지라는 이름으로 국내 최초 한국전통호텔로 개관한 이곳은 2004년 씨에스호텔이라는 이름으로 새롭게 태어났다. 바다가 보이는 총 7개 타입의 객실을 비롯해 제주 돌담, 초가, 분수연못, 노천탕 등, 부대시설까지 전통이 살아 숨쉰다. 올레8코스가 호텔을 가로지르는데, 올레꾼의 발걸음을 멈추게 할 정도이다.

잘 꾸며진 민속마을 같은 분위기라 '시크릿가든', '미안하다 사랑한다', '궁' 등 수많은 드라마가 촬영되기도 했다. 외관은 전통적이지만 고급 침대와 가구 등 객실을 꾸미고 있는 소품들은 현대적이다. 알드르잔디광장의 시크릿가든 키스벤치에서 드라마 주인공이 되어보고, 탁 트인 전망의 카페카노푸스에서 차 한 잔 즐기며 여유롭게 시간을 보내도 좋다.

주소 제주도 서귀포시 중문관광로 198 **문의** 064-735-3000 **가격** 디럭스 300,000원~, 가든스위트 470,000원~ **체크인/아웃** 14:00/11:00 **홈페이지** www.seaes.co.kr

성산일출봉 앞 가성비 좋은 곳
골든튤립 성산호텔

성산일출봉, 우도, 섭지코지 등 제주 동부지역을 여행할 때 최적의 접근성을 갖춘 호텔이다. 인근에 많은 호텔이 있지만 다양한 부대시설 이용보다는 저렴한 가격에 잠만 자기를 원한다면 가성비도 탁월하다. 250여 개의 객실을 보유한 호텔로 슈페리어, 디럭스, 프리미엄 등의 객실 타입을

제공한다. 일부 객실에서는 성산일출봉 옆으로 떠오르는 일출까지 볼 수 있으며, 일출을 볼 수 없는 객실이라도 옥상으로 올라가면 확 트인 루프톱에서 일출을 만날 수 있다. 여름철에는 루프톱 수영장도 이용가능하다. 한 가지 아쉬운 점은 주차공간이 협소한 것인데, 주차장이 만차인 경우에는 주변 공영주차장을 이용해야 한다.

주소 제주도 서귀포시 성산읍 일출로 31 **문의** 064-744-7500 **가격** 슈페리어 47,000원~, 디럭스 62,000원~ **체크인/아웃** 15:00/11:00 **홈페이지** www.goldentulipjeju.co.kr

물 좋은 호텔
위(WE)호텔

1100도로를 타고 서귀포 방면으로 향하다 보면 중문에 조금 못 미쳐 위치한 위호텔을 만나게 된다. 워터Water의 W, 에너지Energy의 E를 합쳐 WE호텔이다. 한라병원 등이 속한 한라재단에서 문을 연 호텔로 무엇보다 물이 좋다. 지하 2,000m에서 샘솟는 화산암반수에는 천연 탄산과 바나듐이 함유되어 있다. 호텔 내 웰니스센터에서 물을 이용한 수(水)치료를 받을 수도 있는 일종의 메디컬호텔인 셈이다.
호텔 내 레스토랑 역시 좋은 재료를 이용해 건강한 음식을 만들어 낸다. 호텔 객실은 비교적 평범한 편이지만 넓은 유리를 통해 중산간 풍경을 마주할 수 있다. 또한 호텔 내에 조성된 산책로에는 온대성식물과 한대성식물이 공존하여 수목원이 부럽지 않다.

주소 제주도 서귀포시 1100로 453-95 **문의** 064-730-1202 **가격** 슈피리어룸 230,000원~, 패밀리룸 260,000원~ **체크인/아웃** 15:00/11:00 **홈페이지** www.wehotel.co.kr

바다가 보이는 풍경
라림부띠끄

제주방언으로 넓은 들판을 의미하는 난드르라 불리는 대평리에 2013년 새로 들어선 부티크호텔이다. 모던하고 깔끔한 인테리어를 자랑하는 곳으로 넓은 창문 너머 보이는 바다 풍경은 제주도의 이름난 전망대 부럽지 않다. 해지기 전에 체크인하면 멀리 가지 않아도 객실테라스에서 환상적인 일몰도 만날 수 있다.

주소 제주도 서귀포시 안덕면 창천리 907-1 **문의** 064-738-3869 **가격** 스탠더드 300,000원, 디럭스 400,000원 **체크인/아웃** 14:00/11:00 **홈페이지** www.lareem.co.kr

제주시의 랜드마크
롯데시티호텔

22층으로 제주시에서 가장 높은 건물이기 때문에 객실에서 바라보는 전망이 훌륭한 비즈니스호텔이다. 머지않아 드림타워가 들어설 예정이긴 하지만 지금까지는 제주시의 랜드마크 역할을 하고 있다.

비즈니스호텔로 객실은 깔끔하며, 넓지 않아 아쉽지만 도심 한가운데에서 탁 트인 전망과 함께 인피니티 온수풀을 즐길 수 있다는 장점이 있다. 22층에 위치한 레스토랑도 수준급이다. 투숙객이 아니더라도 스카이라운지 레스토랑을 이용하려고 찾는 사람도 적지 않다.

주소 제주도 제주시 도령로 83 **문의** 064-730-1000 **가격** 스탠더드룸 145,000원~ **체크인/아웃** 14:00/11:00 **홈페이지** www.lottehotel.com/city/jeju/ko

공항과 가까운 호텔
신라스테이제주

신라의 비즈니스호텔인 신라스테이가 2015년 3월 제주에도 문을 열었다. 총 301실 규모로 깔끔하고 모던한 분위기에서 하룻밤을 보내려는 사람에게는 최고의 선택이 된다. 그랜드호텔사거리 바오젠거리 입구에 위치해 있고, 공항과도 10분 거리로 가까워 늦은 밤 제주에 도착했거나 아침 일찍 제주를 떠나야 하는 일정이라면 고려해볼 만하다.
객실은 좁은 감이 있지만 신라호텔 수준의 침구류를 갖췄으며 어메니티 역시 고급 호텔에 뒤지지 않는다. 패밀리트윈 객실도 54실이나 있어 아이가 있는 가족여행객들이 찾기에도 좋다.

주소 제주도 제주시 노연로 100 **문의** 064-717-9000 **가격** 스탠더드 130,000원~, 디럭스 143,000원~ **체크인/아웃** 14:00/12:00 **홈페이지** www.shillastay.com/jeju/index.do

탑동광장 전망 좋은 호텔
오션스위츠호텔

바다 전망 객실이 80%인 탑동광장에 위치한 호텔이다. 제주공항과 제주항 여객터미널 모두 접근성이 좋은 편이다. 가격도 저렴한 편이라 바다를 바라보며 하룻밤 보내기에 부담스럽지 않다.
조식 레스토랑이 있는 2층 카페테리아에서도 제주의 파란 바다를 바라보며 식사할 수 있다. 다만 중국 단체관광객이 이용하는 호텔이라 다소 정돈되지 않은 듯한 느낌은 지울 수 없다.

주소 제주도 제주시 탑동해안로 74 **문의** 064-720-6000 **가격** 코지룸 150,000원~ **체크인/아웃** 14:00/12:00 **홈페이지** www.oceansuites.kr

중문관광단지의 아늑한 호텔
스위트호텔

신라호텔과 롯데호텔 사이에 자리하며, 바다는 보이지 않지만 야자수로 둘러싸여 한적한 분위기를 연출한다. 때문에 조용한 호텔을 찾는 이에게 제격이다. 숙박비 역시 중문관광단지 내 다른 특급호텔보다 저렴한 편이다.

주소 제주도 서귀포시 중문관광로 72번길 67 **문의** 064-738-2800 **가격** 슈피리어 300,000원~, 전통룸 330,000원~ **체크인/아웃** 14:00/11:00 **홈페이지** jeju.suites.co.kr

공항과 가까운 비즈니스호텔
제주센트럴시티호텔

하루가 다르게 변해가는 제주시의 번화가에 2016년 5월 새로 문을 연 비즈니스호텔이다. 공항과 거리도 가깝고 위치도 좋아 저렴하면서도 깨끗한 객실을 선호한다면 고려해 볼 만하다. 매종글래드 호텔(구 그랜드호텔) 바로 옆에 위치하여 노형오거리나 바오젠거리 등을 늦은 시간까지 돌아다녀도 괜찮은 편이다.

18층까지 객실이 있는데, 앞으로는 제주공항이, 뒤로는 한라산이 펼쳐진다. 딱 필요한 것만 갖춰진 객실은 불편 없이 이용하기에 무난한 편이고, 비교적 저렴한 비용이라 가성비가 훌륭하다. 리셉션데스크는 2층에 있고 주차는 일반 승용차의 경우 기계식주차장을 이용해야 하는 불편함이 있다.

주소 제주도 제주시 노연로 66 **문의** 064-800-2506 **가격** 수피리어 120,000원~ **체크인/아웃** 15:00/12:00 **홈페이지** www.centralcityhotel.co.kr

크루즈 여행을 떠난 듯한 기분
라마다프라자호텔

탑동해변에 위치한 라마다프라자호텔은 크루즈를 모티브로 설계한 호텔이다. 바다와 인접해 있어 객실 창문을 통해 바라보면 바다밖에 보이지 않아 크루즈를 타고 여행을 떠나온 듯한 기분이 든다. 창문 너머로는 쉴새 없이 뜨고 지는 비행기도 볼 수 있어 더욱 이국적이다. 공항과 제주항 여객터미널과의 접근성이 뛰어나고 용두암, 목관아 등 제주시의 주요관광지와 거리도 가까운 편이다.

주소 제주도 제주시 탑동로 66 문의 064-729-8100 가격 338,000원~ 체크인/아웃 15:00/ 11:00 홈페이지 www.ramadajeju.co.kr

조용한 외도동에 위치한
그라벨호텔

제주공항에 도착하면 보통 동쪽으로 일정을 시작할지, 그 반대로 시작할지 고민하게 된다. 만일 서쪽으로 일정을 시작하면 첫째 날(동쪽이라면 마지막 날) 숙소로 적합하다. 제주시내와 차로 15분 정도 떨어져 비교적 조용한 외도동에 위치한 덕에 복잡한 시내에서 하루를 시작하지 않아도 되기 때문이다. 호텔 바로 앞에 버스정류장이 있어 대중교통을 통한 접근성도 훌륭하다.

씨뷰 객실로 예약하면 연대포구가 있는 외도 앞바다를 한눈에 조망할 수 있다. 조식은 가격 대비 음식이 괜찮은 편이니 가급적 조식포함으로 예약하는 것이 좋다. 지하주차장은 승용차만 주차가 가능하고, SUV나 밴을 렌트했다면 호텔 옆 외부주차장을 이용해야 한다.

주소 제주도 제주시 일주서로 7316 문의 064-740-8000 가격 수피리어 120,000원~ 체크인/아웃 14:00/12:00 홈페이지 www.grabelhotel.com

합리적인 금액의 5성급 호텔
제주신화월드 랜딩리조트

서귀포시 안덕면에 놀이시설을 갖춘 복합리조트가 들어섰다. 신화월드 내 총 5개의 호텔 & 리조트 중 랜딩리조트는 비교적 금액이 저렴한 편이라 부담 없이 리조트 시설을 이용하고 싶은 여행자들에게는 합리적인 호텔이다.

총 615개의 객실을 갖췄는데, 모든 객실에는 실내 온도와 조명 등을 조작할 수 있는 컨트롤 시스템이 적용되어 편하게 머물 수 있다. 로비라운지에서는 피아노 연주를 들으며 여유로운 시간을 보낼 수 있고, 랜딩 다이닝 레스토랑에서는 뷔페로 제공되는 조식과 석식을 즐길 수 있다. 랜딩 다이닝 레스토랑을 지나면 아시안 푸드 스트리트와 푸드 애비뉴로 이어져 호텔 레스토랑이 부담스럽다면 비교적 저렴하게 다양한 음식을 맛볼 수 있다는 것도 이곳만의 장점이다.

주소 제주도 서귀포시 안덕면 신화역사로 304번길 38 **문의** 1670-8800 **가격** 슈페리어 객실 160,000원~ **체크인/아웃** 15:00/12:00 **홈페이지** www.shinhwaworld.com/accommodations_list.php

다양한 부대시설을 갖춘
제주신화월드 메리어트리조트

랜딩리조트 옆에 자리한 메리어트리조트는 총 627개의 객실을 보유하고 있는데, 전체적으로 랜딩리조트와 비슷한 느낌이다. 프리미어 이상의 객실에는 히노끼탕이 설치된 고급스러운 욕실이 있고, 성산일출봉을 모티브로 한 실내수영장 및 사우나 시설을 무료로 이용할 수 있다. (랜딩리조트 투숙 시는 별도 요금 추가)

실내수영장은 수온을 항상 30도로 유지시키므로 계절에 관계없이 언제라도 이용할 수 있고, 어린이 전용풀장도 갖추고 있어 아이가 있는 가족 단위 여행자라면 더욱 매력적이다. 또한 객실 내 미니바를 1박당 1회 무료로 이용할 수 있다는 점도 메리어트리조트만의 장점이다.

제주도의 숙소

조식은 카페 디 아일렛Cafe The Islet에서 먹을 수 있는데, 창가 좌석은 특히 신화월드 전경을 한 눈에 볼 수 있어 전망이 좋다. 랜딩리조트와 마찬가지로 지하로 내려가면 아시안 푸드 스트리트와 푸드 애비뉴로 이어져 식성대로 골라 먹을 수 있다.

주소 제주도 서귀포시 안덕면 신화역사로 304번길 38 **문의** 1670-8800 **가격** 디럭스 객실 224,000원~ **체크인/아웃** 15:00/12:00 **홈페이지** www.shinhwaworld.com/accommodations_list.php

가족여행에 적합한
서머셋 제주신화월드

제주에서 숙소를 찾다 보면 의외로 3개의 침실을 갖춘 숙소를 찾기 쉽지 않고, 찾더라도 금액이 부담스러운 편이다. 서머셋 제주신화월드는 3개의 침실 킹사이즈, 퀸사이즈, 싱글 베드를 갖춘 콘도 미디엄으로 가족 여행자에게 적합한 숙소이다. 층에 따라 일반 패밀리 스위트, 패밀리 스위트 마레, 패밀리 스위트 뜨레로 나뉘는데 아이가 있다면 1층에 위치한 뜨레 객실, 전망 좋은 높은 층을 원한다면 마루 객실을 선택하면 된다. 객실 내에는 오븐, 식기세척기, 냉장고뿐만 아니라 와인셀러까지 갖추고 있어 음식 조리도 가능하다. 특히 안방에 연결된 파우더룸과 욕실은 이곳에 살고 싶다는 생각이 들 정도로 넓고 깔끔하다.

주소 제주도 서귀포시 안덕면 신화역사로 304번길 139 **문의** 1670-8800 **가격** 패밀리 스위트 240,000원~ **체크인/아웃** 15:00/11:00 **홈페이지** www.shinhwaworld.com/accommodations_list.php

Part 07

Section 02
편안하고 실용적인 펜션&리조트

최근 제주도에는 호텔 부럽지 않은 시설과 서비스를 제공하는 펜션과 리조트가 많이 생겨났고, 지금도 계속 생기고 있다. 인원수가 제한적인 호텔이나 게스트하우스에 비해 펜션과 리조트는 상대적으로 여유로운 편이라 가족여행객에게 적합하다. 다만, 홈페이지 사진만 보고 예약하면 흔히 얘기하는 '사진빨'에 속을 수도 있으므로, 다녀온 사람들의 후기 등을 참고해서 예약하는 것이 좋다.

풀빌라형 리조트
올레리조트

제주 서쪽의 대표 해안도로인 애월-하귀해안도로 안쪽에 자리 잡은 올레리조트. 이름처럼 리조트에 들어서는 순간 '올레~'를 외치게 된다. 지금이야 제주 곳곳에 풀빌라리조트가 많이 들어섰지만, 오픈 당시만 해도 우리나라 최초의 풀빌라리조트로 화제가 되기도 했다.

사계절 이용 가능한 풀빌라 외에도 전통적인 분위기의 제라빌, 고풍스러운 분위기의 뜨레빌, 복층으로 구성된

이든빌 등 다양한 객실이 있어 선택의 폭도 넓다. 레스토랑인 쁘띠고팡의 음식도 수준급이라 일부러 찾는 사람도 많은 편이다. 다양한 이벤트도 진행되고 패키지도 다양하여 잘 활용하면 더욱 저렴한 금액에 이용할 수 있다.

주소 제주도 제주시 애월읍 부룡수길 33 **문의** 064-799-7770 **가격** 이든빌 250,000원~, 뜨레빌 270,000원~, 풀빌라 600,000원~(2인 조식 포함) **체크인/아웃** 15:00/11:00 **홈페이지** www.jejuolle.co.kr

작은 신라호텔
소랑호젠

소랑호젠은 제주방언으로 '사랑할게'라는 의미를 지녔다. 남원 신영영화박물관 맞은편에 위치한 소랑호젠펜션은 붉은 기와지붕 덕분에 작은 신라호텔이라 불리기도 한다. 뛰어놀 수 있는 넓은 마당이 있어 아이가 있는 가족여행객에게 더욱 좋다.

15평형, 17평형, 20평형의 3가지 타입의 객실은 저마다 다랑쉬, 새별, 노꼬메 등 제주오름의 이름을 붙여 더욱 친근하게 다가온다. 펜션 뒤편에는 농장도 함께 운영하는데, 운이 좋다면 애플망고도 맛볼 수 있다.

주소 제주도 서귀포시 남원읍 남원리 2356-1 **문의** 010-7681-1977 **가격** 15평형 69,000원~, 17평형 79,000원~, 20평형 110,000원(조식 불포함) **체크인/아웃** 15:00~22:00/11:00 **홈페이지** www.soranghozen.com

창밖으로 보이는 이국적인 풍경
소노캄 제주

탁 트인 바다 전망이 로맨틱한 소노캄 제주는 시원한 바다를 끼고 달리는 표선해안도로가 끝나자마자 모습을 드러낸다. 2002년 샤인빌리조트로 처음 문을 연 이곳은 2019년 소노캄 제주로 명칭을 변경하였다.

최근 생긴 호텔이나 리조트에 비하면 낡은 느낌이 없지 않지만, 넓은 정원에 하늘 높이 솟은 야자수와 리조트 전용 해변인 팜비치 덕분에 동남아 휴양지 부럽지 않은 이국적인 풍경을 누릴 수 있다. 올레4코스에 포함되기도 하는 바다산책로에서는 표선 앞바다의 해안절경을 고스란히 느낄 수 있으니 이곳에서 숙박한다면 꼭 걸어보자.

주소 제주도 서귀포시 표선면 일주동로 6347-17 **문의** 064-780-7000 **가격** 패밀리 147,000원~, 스위트 디럭스 170,000원~ **체크인/아웃** 15:00/11:00 **홈페이지** www.daemyungresort.com/sh

황토방에서의 하룻밤
가산토방

사방이 고즈넉한 서귀포의 중산간에 자리 잡은 가산토방은 이색적인 하룻밤을 보낼 수 있는 곳이다. 펜션의 외관은 경남 고성에서 공수한 황토와 제주도 소나무로 만든 전통한옥의 모습이다. 내부에는 호롱이나 경대 같은 소품이 있어 조선시대로 시간여행을 떠난 듯한 기분이 든다.

아침에 일어나면 숙소 내부의 산책로를 거닐어 보자. 자연의 싱그러움에 기분 좋은 하루를 시작할 수 있다. 본채는 단체(10인 이상)만 이용 가능하고, 캐빈 형태의 안채와 한옥 형태의 별채로 되어 있다.

주소 제주도 서귀포시 인정오름로 90 **문의** 064-732-2095 **가격** 안채 60,000원~, 별채 80,000원~ **체크인/아웃** 16:00~22:00/11:00 **홈페이지** www.kasantobang.com

황토로 빚은
앙끄리에펜션

황토는 원적외선을 방사해 몸에 좋다고 널리 알려졌다. 제주방언으로 안채를 뜻하는 앙끄리에는 외부뿐 아니라 내부까지도 황토를 그대로 노출하여 보는 것만으로도 건강해지는 느낌이다. 오붓한 시간을 보낼 수 있는 원룸형부터 방 3개를 갖춰 대가족도 지낼 수 있는 객실까지 다양하다. 넓은 창문 너머로는 제주의 전원풍경이 내다보이고, 야외 바비큐장에는 정자까지 갖추고 있다.

주소 제주도 서귀포시 색달동 1879 **문의** 064-805-3157 **가격** 2인 90,000원~, 4인 150,000원~, 8인 240,000원~ (조식 불포함) **체크인/아웃** 15:00/12:00 **홈페이지** www.angkure.com

별들이 소곤소곤
이야기별방

하루에도 바다색이 3번 변한다는 종달리 해안도로에 자리한 노출콘크리트 건물의 이야기별방은 펜션과 게스트하우스를 함께 운영하는 곳이다. 바닷가에 위치한 이곳은 주변에 건물이 없어 조용하다. 특히 밤이 되면 제주의 밤바다와 별의 조화로움에 취하게 된다.

창문을 바라보고 있는 침대 덕분에 아침에 눈을 뜨자마자 종달리 바다를 마주할 수 있다는 것은 이곳에서만 누릴 수 있는 특권. 피곤하더라도 조금 일찍 일어나 누워서 일출을 맞이해 보자.

주소 제주도 제주시 구좌읍 해맞이해안로 2040 **문의** 010-3615-3766 **가격** 펜션 220,000원~, 게스트하우스 1인 20,000원(조식 포함) **체크인/아웃** 15:00/11:00 **홈페이지** storyole.com

선택받은 자만이 이용하는 곳
제주락펜션

법환동 바닷가에 단 6개의 객실을 운영하는 펜션으로 모든 객실에서 바다를 볼 수 있다. 겉에서 봤을 땐 그저 평범한 건물처럼 보이지만 외벽은 돌담으로 감싸고, 객실 테이블도 제주 돌을 이용해 만들었다. 단조로움을 피하기 위해 철문을 객실 입구로 사용한 것도 독특하다. 모든 객실이 평범하지 않지만, 특히 욕실과 침실이 일체형으로 된 이색적인 구조의 202호가 가장 인기 있다.

주소 제주도 서귀포시 월드컵로 203 **문의** 010-7727-1259 **가격** 95,000원~ **체크인/아웃** 15:00/11:00 **홈페이지** www.jejurak.com

다양한 객실 타입을 갖춘
봄 그리고 가을 리조트

종달리 해안도로변 우도와 마주하는 곳에 자리 잡은 리조트이다. 총 3개의 건축물로 구성된 리조트는 온돌룸인 한실, 아이들이 좋아하는 캐릭터룸, 가족단위로 이용하기 좋은 패밀리룸까지 다양한 객실 타입을 제공하므로 선택의 폭이 넓다. 리조트 내에는 실내놀이터를 비롯해 오락실, 당구장, 코인 세탁실, 치킨집 등 다양한 편의시설을 갖추고 있고, 여름에는 야외 수영장도 운영된다.

주소 제주도 서귀포시 성산읍 해맞이해안로 2660 **문의** 064-784-2211 **가격** 한실 50,000원~, 캐릭터룸 75,000원~ **체크인/아웃** 15:00/11:00 **홈페이지** www.springnautumn.com

부대시설이 다양한
에코그린리조트

에코그린리조트는 바닷가와는 조금 떨어진 한림읍 귀덕리에 위치한다. 하지만 차량을 이용하면 곽지해수욕장은 5분, 애월카페거리까지는 10분이면 가기 때문에 접근성은 좋은 편이다. 또한 객실과 루프탑에서는 바다뿐만 아니라 한라산까지 조망이 가능하다. 호텔스타일의 그린동과 리조트스타일의 에코동, 풀빌라동까지 다양한 타입의 객실이 있어 연인, 가족 모두에게 적합하다. 객실은 비교적 평범하지만 루프탑 인피니티풀, 야외 수영장, 야외 바비큐장, 옥상 포장마차 등

부대시설이 다양해 체크인 후 리조트 내에서 시간을 보내기도 충분하다.

주소 제주도 제주시 한림읍 귀덕6길 94 **문의** 064-796-8333 **가격** 에코스위트 131,000원~ **체크인/아웃** 15:00/11:00 **홈페이지** ecogreenresort.com

허브 향기 맡으며
허브동산

150여 종의 허브와 야생화로 조성한 허브동산에서 진한 허브 향에 취하기 좋은 곳이다. 객실은 독채 형태의 펜션과 원룸 형태의 힐링하우스로 나뉜다. 숙박시설만 보면 나른 호텔이나 펜션에 비해 나을 것은 없지만, 시원한 바다 내음과 향기로운 허브 향에 취할 수 있어 좋다. 바쁜 일상에서 벗어나 여유를 몸소 체험하고 싶다면 이곳이 제격이다. 아침 일찍 서두른다면 아무도 없는 허브 사이에서 오붓한 시간을 보낼 수도 있다.

주소 제주도 서귀포시 표선면 돈오름로 170 문의 064-787-7364 가격 더블룸 109,000원~, 펜션 140,000원~ 체크인/아웃 15:00/11:00 홈페이지 www.herbdongsan.com

이것이 바로 힐링
엘리시안제주

골프장에 속한 리조트는 왠지 골프를 치는 사람들만 이용할 것 같은 편견 때문에 접근 자체가 부담스럽다. 고급 별장형 리조트 엘리시안제주는 산책로와 정원 등이 조성되어 있어 오롯이 자연 속에서 하룻밤을 보내기 좋은 곳으로 골프와 관계없이 일반 여행객도 편하게 이용할 수 있다.

700m 바리오름 자락에 위치해 리조트에 도착하는 순간부터 공기가 다르다. 아름답게 조성된 벤슬리가든산책로를 걸으면 새소리, 바람소리 등 자연의 소리만 들려, 이것이 바로 힐링이구나 싶다. 특히 가을이면 제주에서도 드물게 팽나무단풍을 만날 수 있고, 겨울철에는 여기저기에 흩어진 동백나무에서 붉은 동백꽃이 피어난다. 40평대와 50평대로 나뉘는 객실은 모두 대리석 바닥과 라탄풍 가구로 이뤄져 있어 포근한 느낌이다. 거실을 사이에 두고 두 개의 객실이 있어 가족 여행이라면 더욱 만족스러운 선택이 된다.

주소 제주도 제주시 애월읍 어음리 3914 문의 064-798-7000 가격 480,000원 체크인/아웃 14:00/12:00 홈페이지 www.elysian.co.kr

Part 07

Section 03
이야기가 있는 게스트하우스

표선의 와하하게스트하우스를 시작으로 협재의 마레게스트하우스, 산방산 탄산온천게스트하우스, 월정리의 소낭게스트하우스 등 처음 제주도의 게스트하우스는 손가락에 꼽을 정도였다. 하지만 올레길이 들어선 후 저렴하게 제주도를 여행하는 것이 하나의 유행이 되면서 한때 게스트하우스는 천여 개에 이를 정도였다. 게스트하우스를 예약하기 전에는 게스트하우스의 특징을 카페나 블로그 등을 통해 확인하고 가야 후회하지 않는다. 조용히 쉬는 분위기가 있는가 하면 모든 게스트가 모여 날마다 파티가 열리는 곳도 있기 때문이다.

여행자를 위한 숙소
돌담에꽃머무는집

여행을 사랑하는 부부가 제주에 정착해 문을 연 게스트하우스. 젊을 때 가이드북의 바이블과도 같은 『론리플래닛』의 도움을 받아 여행을 다녔는데, 우연히도 론리플래닛의 창시자인 토니휠러가 이곳을 다녀갔다. 덕분에 더욱 유명한 숙소가 됐지만 토니휠러가 아니더라도 여행자가 좋아할 만한 공간이다.

해먹이 설치된 마당을 가운데 두고, 카페 겸 레스토랑 건물과 객실 건물이 나뉘어 있어 여행 스타일에 따라 원하는 공간에 머물 수 있다. 객실은 1인실과 2인실, 가족룸(4인), 디럭스로 나뉜다. 특히 2층 테라스에서 바라보는 대평포구와 박수기정 풍경은 웬만한 오션뷰 부럽지 않다.

주소 제주도 서귀포시 안덕면 대평로 46-1 **문의** 064-738-8942 **가격** 1인실 55,000원~, 2인실 75,000원~(조식 포함) **체크인/아웃** 15:00~/11:00 **홈페이지** cafe.daum.net/jeju-doldam

돌담에 안겨있는 돌집
늘작(구 함피디네돌집)

MBC '나혼자 산다에 소개된 들어서는 길이 아름다운 게스트하우스. 제주의 돌담길을 따라 들어서면 마당을 포근하게 감싸는 세 채의 돌집이 자리한다. 다큐멘터리를 제작하는 함피디가 제주에 정착해 꾸민 집으로 겉모습은 전통 그대로의 모습이지만, 내부는 이용에 편리하도록 새단장했다. 가족여행객이 묵기 좋은 밖거리는 독채 온돌룸이며, 공용 화장실과 샤워실을 사용하는 안거리는 4개의 객실이 마련되어 있다. 2인실은 도미토리로 이용되기도 한다. 일찍 돌집에 들어갔다

면 한동리마을 산책을 즐기거나 카페에 앉아 한동리 바다를 바라보며 시간을 보내보자.

주소 제주도 제주시 구좌읍 계룡길 26-9 **문의** 010-4829-1453 **가격** 안거리(2인) 50,000원~, 밖거리(최대 4인) 120,000원 **체크인/아웃** 16:00~22:00/10:00 **홈페이지** blog.naver.com/kjinsu25

멍 때리기 좋은 곳
아프리카게스트하우스(아게하)

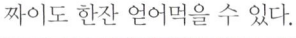

잘 짠 계획표를 가지고 제주로 향하는 사람이나, 호텔처럼 깨끗한 시설과 서비스를 기대하는 사람은 이곳에 가면 안 된다. 하지만 처음 만난 사람에게 마음의 문을 열 준비가 되어 있다면, 조금은 불편하더라도 아무렇지 않게 넘길 수 있다면 아게하는 가장 기억에 남는 숙소가 될 것이다.

호불호가 극명하게 갈리는 이곳은 투숙하는 손님이 주인이 된다. 그 흔한 규칙은 찾아보기 힘들고 퇴실시간에 쫓겨 짐을 싸야 할 필요도 없다. 잠시 테라스로 나가 바다를 바라보며 멍 때리면 그만이다. 운이 좋으면 세계각국을 여행한 촌장(사장)이 만들어주는 짜이도 한잔 얻어먹을 수 있다.

주소 제주도 제주시 조천읍 신흥리 61 **문의** 070-7761-4410 **가격** 도미토리 20,000원 **귀뜸 한마디** 주인장이 아프리카를 가보지 못해 게스트하우스 이름을 아프리카게스트하우스라 지었다고 한다. **홈페이지** cafe.naver.com/africaguesthouse

탱자싸롱게스트하우스
뜨는 동네 세화리 마을 안 돌집

세화리 마을 안쪽에 자리한 이곳은 탱자 탱자 놀다 가라는 뜻으로 이름 붙였다. 3채의 돌집이 마당을 감싸고 있는 구조의 아늑한 게스트하우스이다. 입구로 들어서면 넓은 주차장과 이곳의 마스코트 강아지 탱이가 가장 먼저 반겨준다.

싱글룸과 3인까지 이용 가능한 트윈룸이 있지만, 공용욕실이라 다소 불편한 부분이 있다. 여성전용 게스트하우스라 남자는 이용할 수 없다.

주소 제주도 제주시 구좌읍 세화11길 12 **문의** 010-4115-8121 **가격** 1인실 40,000원, 트윈룸 60,000원 **체크인/아웃** 17:00/10:00 **홈페이지** http://blog.naver.com/junoji

슬로우트립게스트하우스
비밀스러운 아지트

이름만큼이나 공간의 배치가 재미있는 게스트하우스이다. 가장 재미있는 공간은 잉여룸이라 불리는 다락방. 대부분 게스트하우스는 강제 소등시간이 있지만, 비밀스러운 아지트인 잉여룸에서는 소등시간 이후에도 자유롭게 머물 수 있다. 1인실 2개와 2인실 3개가 전부라 만실이 되도 8명밖에 머물 수 없으므로 아담한 분위기에서 숙박할 수 있다.

주소 제주도 서귀포시 성산읍 오조리 85번로 4 **문의** 010-3301-8793 **가격** 도미토리 1인 25,000원, 1인실 40,000원 **체크인/아웃** 17:00~22:00/10:00 **홈페이지** slowtrip.kr

오름투어의 원조
소낭게스트하우스

몇 년 전만 해도 제주도 게스트하우스는 손에 꼽을 정도였다. 제주시 동쪽에 유일한 게스트하우스였던 소낭은 예나 지금이나 확실한 콘셉트를 간직하고 있다. 과거에는 아침 게스트들이 함께 오름투어를 다녀왔지만, 현재는 아침스냅투어, 야간스냅투어를 진행한다. 사진작가가 찍어주는 인생사진을 남길 수 있어 인기가 좋다. 아침스냅투어를 다녀온 이후에는 간단한 한식으로 아침식사를 한다. 도미토리부터 1인실, 2인실, 3인실로 구성되어 여행 인원에 맞게 이용이 가능하다.

주소 제주도 제주시 구좌읍 월정1길 1 **문의** 010-6665-7149 **가격** 도미토리 30,000원 **체크인/아웃** 16:00~22:00/10:30 **홈페이지** cafe.naver.com/jejusonang

소금밭 위에 지어진 집
수상한소금밭게스트하우스

수상한소금밭이 위치한 종달리는 과거 소금밭이었다. 갯바위에서 소량의 소금만 생산하다 1900년대 초 많은 소금이 생산되었고, 간척지로 조성된 후 지금의 모습이 되었다. 다소 썰렁한 분위기에 아름드리 돌담에 쌓여 있는 수상한소금밭은 마을의 분위기에 잘 녹아 있다.

소소한 책방과 함께 운영되는 북스테이로 싱글룸과 더블룸만 운영된다. 욕실은 객실에 포함되어 있고, 공용공간이 많지 않아 조용히 머물기에 좋은 공간이다.

주소 제주도 제주시 구좌읍 종달동길 36-10 **문의** 010-4666-0848 **가격** 싱글룸 80,000원 **체크인/아웃** 17:00/10:30

밍기적, 스르륵
써니허니게스트하우스

써니허니는 잠자고 먹고 쉬는 공간이 잘 분리된 곳이다. 건물이 아예 독립되어 있는데, 잠을 자는 공간은 스르륵, 먹고 쉬는 공간은 밍기적이라 부른다. 게스트들이 좋아하는 공간은 밍기적, 말 그대로 밍기적거리기 딱 좋은 공간으로 6,000여 권의 책을 소장하고 있다. 스르륵은 씻고 잠을 자는 공간으로 3개의 도미토리룸만 운영한다. 평소 2개는 여성, 1개는 남성도미토리로 운영되지만 상황에 따라 모두 여성도미토리로만 이용되기도 한다. 아침을 먹고 나

면 원하는 사람에 한해 게스트하우스 주변에 있는 오름투어를 진행한다.

주소 제주도 제주시 구좌읍 중산간동로 2234 **문의** 010-9996-6646 **가격** 1인 15,000원 **체크인/아웃** 16:00/ 10:00 **홈페이지** blog.naver.com/sunny-hunny

오름투어와 여유로움이 있는 곳
오름게스트하우스

오름게스트하우스는 이런 곳에 과연 게스트하우스가 있을까 싶은 길을 따라 들어가면 새소리, 바람소리만 들리는 한적한 곳에 자리한다. 온종일 누워서 책 읽고 싶은 해먹과 나무 그늘에 평상, 넓은 잔디밭 등이 있어 꼼짝하기 싫어진다.

매일 아침에는 촌장(사장)님의 안내에 따라 오름투어가 진행되고, 오름을 다녀온 뒤에는 직접 차린 맛있고 정이 가득 담긴 아침식사가 기다리고 있다. 가족 같은 따뜻함을 느끼고 싶다면 오름게스트하우스를 찾아가자. 세화리 인근에서 픽업서비스가 가능하다.

주소 제주도 제주시 구좌읍 충렬로 147-19 **문의** 010-7757-2701 **가격** 도미토리 25,000원, 2인실 60,000원 **체크인/아웃** 17:00/10:00 **홈페이지** cafe.naver.com/jjgst1

야자수가 만들어낸 이국적인 풍경
넙빌레하우스

넙빌레는 제주방언으로 너럭바위를 뜻한다. 올레5코스가 지나는 위미항과 공천포구 사이에 위치하며, 앞에는 용천수가 솟는 넓은 바위가 있다. 더운 여름철에는 시원한 용천수에 몸을 담그고 시간을 보내도 좋지만, 넙빌레하우스의 마당에는 이에 뒤지지 않을 정도로 이국적인 정취가 묻어난다. 정원을 가득 메운 야자수는 주인장이 어렸을 때 아버지가 심은 것이라 한다.

넓은 창문이 인상적인 건물 내부로 들어서면 창밖으로 보이는 풍경이 더욱 매력적이다. 겨울철에는 감귤체험도 할 수 있고, 조식 때 직접 만든 감귤잼을 맛볼 수도 있다.

주소 제주도 서귀포시 남원읍 태위로 2번길 28 **문의** 010-9000-9300 **가격** 1인실 35,000원, 2인실 70,000원 **체크인/아웃** 16:00/11:00

민감해도 괜찮아
정글게스트하우스

도미토리룸은 없고, 오로지 2인 기준의 객실만 운영한다. 조용하게 쉬고 싶다면 혼자도 괜찮지만, 친구나 연인과 함께 가는 것이 좋다. 거칠고 험한 숲이 연상되는 이름과 달리 내부는 심플하고 정갈하다. 편안한 잠자리를 제공하기 위해 호텔식 침구류를 사용하니 잠자리에 민감한 사람들도 문제없다. 게스트하우스 주변으로 곽지해변과 한담산책로가 가까이 있어 해 질 녘 거닐면 환상적인 일몰도 마주할 수 있다. 조식을 먹는 카페 분홍씨에서 시간을 보내도 좋다.

주소 제주도 제주시 애월읍 곽지 11길 7 **예약 문의** 010-4335-6648 **가격** 2인 90,000원(조식 포함) **체크인/아웃** 16:00~22:00/10:00 **홈페이지** www.ghj.co.kr

Special 10 제주에서 살아보기&특별한 숙박

다양한 편의시설을 갖춘 호텔이나 친근한 분위기의 펜션도 좋지만 때로는 내 집처럼 누구의 눈치도 보지 않고 편안하게 머물며 시간을 보내고 싶다는 생각을 하게 된다. 최근 이런 바람을 더 이상 꿈이 아닌 현실로 가능한 숙소가 제주도에 많이 생기고 있다. 대부분 독채로 이용 가능한 곳이다 보니 금액이 부담스러울 수 있지만 특별한 날 이용해볼 만하다.

옛 것과의 조화

와온

따뜻한 환대, 편안한 침구류 여기에 마음 노곤노곤해지는 휴식의 시간. 누구나 꿈꾸는 숙박이 아닐까 싶다. 옛 돌집을 리모델링한 와온에서는 이 모든 것을 이룰 수 있다. 나무, 불, 물, 땅, 바람 5가지 테마 중 원하는 테마를 고르면 그에 맞는 차와 입욕제, 향을 준비해준다. 옛 돌집이 가진 투박함을 그대로 살린 입구를 지나면 은은한 향이 나는 허브정원을 사이로 두 채의 건물이 마주보고 있다. 한쪽은 침실공간인 컴포트하우스, 다른 한쪽은 차를 마시며 사우나까지 즐길 수 있는 테라피하우스이다. 기존 건물의 기둥이나 서까래 등을 고스란히 살린 채 현무암으로 포인트를 준 인테리어는 낡고 오래됐다는 느낌보다는 일부러 그렇게 만든 것 같은 자연스러움이 묻어난다. 낮에도 충분히 아름다운 곳이지만 밤에는 은은한 조명까지 더해져 아름다움은 배가 된다.
예약은 통화나 문자로는 불가능하며, 스테이폴리오 예약 시스템을 이용해야 한다. 숙박하려는 날짜 4개월 전부터 예약이 가능하다.

주소 제주도 제주시 조천읍 함덕5길 8-15 **문의** 0504-0904-2348 **가격** 500,000원~ **체크인/아웃** 16:00/11:00 **홈페이지** waon.co.kr

월령 해안을 온전히 누릴 수 있는

문워크 월령을 걷다

자연적으로 자생하는 선인장으로 유명한 월령마을을 구불구불 지나 바다와 맞닿은 곳에 위치한 '문워크 월령을 걷다'는 청고벽돌로 외관을 두른 숙소이다. 현무암으로 쌓은 돌담과 묘하게 어울리는데, 건축가 김헌이 설계한 건물이다. 간결하고 힘 있게 표현한 외관. 내부는 층을 달리해 공간감을 살렸으며, 보는 위치에 따라 다양한 매력을 느낄 수 있다. 멋진 풍경을 마주할 수 있는 공간이다 보니 광고 촬영지로도 이용됐다. 외관에서 가장 인상 깊은 공간은 거울처럼 만든 커다란 못인데 물에 비친 반영이 채석장을 연상케 한다. 내부로 들어서면 전혀 다른 공간에 온 듯 온통 하얀색이다. 바다를 바라볼 수 있는 파노라마 창문은 제주의 풍경을 그림처럼 담아내 감탄이 절로 나온다. 그 옆으로 히노키탕은 바다를 바라보며 하루의 피곤함을 씻어내기 좋다. 총 3개의 방으로 이루어져 있는데, 특히 다락방은 누워서 환상적인 뷰를 만날 수 있다.

주소 제주도 제주시 조천읍 함덕5길 8-15 **문의** 0504-0904-2348 **가격** 500,000원~ **체크인/아웃** 16:00/11:00 **홈페이지** waon.co.kr

소박한 즐거움

봉성소락

만약 제주에서 산다면 이런 곳이면 어떨까 하는 곳. 바로 봉성소락이다. 바다를 볼 수 있지도, 관광지가 가까워 접근성이 좋지도 않은 애월의 중산간 지역 봉성리에 위치해 있지만 소박한 마을 분위기와 가정집을 리모델링해서 친근함이 묻어난다. 낮은 돌담이 감싸고 있는 정원에는 디딤돌이 놓여 있어 어릴 적 추억을 되살려 하나하나 밟으며 내부로 들어선다.
내부로 들어서면 화이트와 우드톤 분위기에 잔잔한 음악이 더해진다. 곳곳에 주인장의 세심한 배려가 엿보여 머물수록 절로 감탄하게 된다. 실내공간 중 마음에 드는 건 거실 한쪽에 마련된 다도공간이다. 따스한 차 한 잔 내리며 사색에 잠겨보는 시간을 가져도 좋다. 이곳에 TV가 없다는 사실이 고마울 따름이다. 욕실에서 연결되는 야외자쿠지는 높은 돌담으로 둘러싸여 있어 밤에는 반신욕을 즐기며, 쏟아지는 별을 만날 수 있다.

주소 제주도 제주시 애월읍 녹근로 51-3 **문의** 010-2751-2551 **가격** 250,000원~ **체크인/아웃** 16:00/11:00 **홈페이지** www.instagram.com/bongsung.sorak

비양도가 그림처럼 다가오는 곳
보아비양(VOIR VIEN)

프랑스어로 'VOIR VIEN'은 '비양도를 바라보다'라는 뜻이다. 다른 매력도 많지만 무엇보다 비양도의 가장 아름다운 모습을 볼 수 있는 것이 보아비양의 가장 큰 장점이다. 어쩌면 가장 제주스러운 색이 아닐까 싶은 먹색으로 통일된 돌담과 외관의 첫인상은 그리 강렬한 편은 아니다. 하지만 대문을 열고 들어가면 만나는 아담한 정원은 오래된 단독주택을 리모델링한 곳이라 그런지 포근하게 다가온다. 내부로 들어서면 그레이톤이 이곳의 취향을 고스란히 반영했다는 것을 알게 된다. 가구와 가전조차 대부분 먹색, 블랙으로 꾸며져 있다.

특별함보다 익숙함이 먼저 다가오는 실내는 자세히 보면 국내외 아티스트들의 예술작품이 곳곳에 걸려 있어 예술이 어우러진 아트하우스이다. 거실과 주방, 2개의 방으로 이뤄져 가족 또는 커플끼리 이용하기 좋은데 특히 시선을 끄는 공간은 바다에 떠 있는 기분을 만끽할 수 있는 메인 베드룸의 욕조이다. 하루의 피곤함을 씻어줌은 물론 제주에서의 추억까지 선사할 것 같다.

주소 제주도 제주시 한림읍 옹포5길 25 **문의** 0504-0904-2282 **가격** 300,000원~ **체크인/아웃** 15:00/11:00 **홈페이지** voirvien.com

섬 속의 섬에서 하룻밤
스테이소도

하루 단 한 팀, 독채 숙소만의 큰 매력이다. 이런 독채 펜션이 섬 속의 섬에 있다면 더욱 특별할 수밖에 없다. 보통 우도는 숙박보다는 반나절이나 당일치기로 여행하다 보니 일정에 쫓기게 되지만, 스테이소도에서 하룻밤을 예약했다면 몸도 마음도 편안해진다. 우도 선착장에 내려 스테이소도까지 가는 길도 때 묻지 않은 우도의 풍경이 함께한다.

스테이소도는 2개의 건물과 야외수영장으로 구성되어 있다. 바람결에 춤추는 억새를 지나 건물로 들어서면 커다란 창을 통해 수영장 너머 우도 앞바다가 눈앞에 펼쳐진다. 운이 좋으면 돌고래도 만날 수 있다. 수영장은 여름에만 이용할 수 있지만 다른 계절이라도 아쉬워 할 필요는 없다. 침실에서 바로 밖으로 나가 이용이 가능한

야외욕조가 있기 때문이다. 밤에 달을 바라보며 하는 반신욕은 운치 그 자체이다. 바다 너머 제주도로 지는 일몰도 감상할 수 있으니 체크인 시간에 맞춰 이용하는 것이 좋다. 최대 6인까지 이용 가능한 덕분에 두 가족 또는 친구들끼리 우도에서의 소중한 추억을 남기기 좋다.

주소 제주도 제주시 우도면 우도해안길 496-1 **문의** 0504-0904-2305 **가격** 550,000원~ **체크인/아웃** 16:00/11:00 **홈페이지** www.staysodo.co.kr

제주스러운 그래서 더욱 좋은
조천마실

같은 공간, 같은 시간이라도 여기에 이야기가 입혀지면 새롭게 다가오기 마련이다. 조천마실은 제주의 옛집을 리모델링한 수많은 건물 중 하나이지만 4대째 이어져 온 한 가족의 삶의 흔적이 고스란히 남아 있는 곳이다.

부모님이 살던 안거리는 200년이 넘는 시간을 이어온 손때 묻은 마루와 벽장이 잘 보존된 침실 공간이고, 뒷마당 툇마루에 앉으면 절로 힐링이 된다. 자녀가 출가한 후 지내던 밖거리는 침실과 다이닝 공간이다. 과거 이 집의 출입구였던 공간에는 야외욕조가 설치되어 있어 밤하늘의 별을 보며 반신욕을 즐길 수 있다. 안거리와 밖거리 사이에는 곳간인 고팡이 있다. 현재 편백나무탕이 들어서 아이들과 물놀이 공간으로 이용하기 좋다. 문을 열어 놓고 편백나무탕에 몸을 담그면 제주의 햇살과 바람을 온몸으로 느낄 수 있다.

주소 제주도 제주시 조천읍 신촌북3길 22 **문의** 0504-0904-2312 **가격** 450,000원~ **체크인/아웃** 16:00/11:00 **홈페이지** jocheonmasil.co.kr

인피니티 풀을 갖춘 숙소

젠하이드어웨이

용머리해안 옆 사계해안 도로변에 위치한 젠하이드어웨이는 사실 숙소보다는 레스토랑이 더 유명한 곳이다. 그렇다보니 숙박시설은 상대적으로 덜 알려져 있지만 5성급 호텔 부럽지 않은 시설을 갖춘 곳이다. 다소 평범해 보일 수 있는 객실이지만 현무암 욕조가 있어 바다를 바라보며 반신욕을 즐길 수 있고, 스메그냉장고, 도킹오디오 등 세심하게 신경을 쓴 모습이 느껴진다. 또한 복층 객실을 제외하면 창가에 쇼파베드가 놓여 있어 편안한 휴식이 가능하다. 여름철에는 인피니티 풀을 이용할 수 있는데 다른 호텔에 비해 붐비지 않아 더욱 좋다. 확 트인 바다와 함께 양쪽으로 산방산과 형제섬이 있어 인생사진을 남기기에도 그만이다.

객실을 이용하는 사람에게만 제주의 식자재를 이용한 코스 메뉴를 저렴하게 제공한다. 저녁식사를 위해 일부러 나가야 하는 번거로움도 없고, 코스요리를 저렴하게 먹을 수 있으니 가급적 예약 시 저녁식사도 함께 예약하는 것이 좋다.

주소 제주도 서귀포시 안덕면 사계남로 186-8 문의 064-794-0133 가격 230,000원~ 체크인/아웃 15:30/11:00 홈페이지 www.zenhideawayjeju.com

INDEX

기타

4.3사건	89
4.3평화공원	89
Cafe The Islet	337

ㄱ

가산토방	340
가시식당	148
가파도	305
가파도올레	290
가파민박	307
갈치조림	142
감귤 따기 체험	161
개엄주리코지	307
거문오름	269
거문오름 용암동굴계	126, 269
걸매생태공원	229
검멀레해변	315
검은모래해변	84
게스트하우스	34
겹겹의 의도	259
계절	60
고구산	272
고기국수	64
고내-광령올레	295
고망난돌쉼터	136
고미횟집	249
고산	272
고살리숲길	67
고성장터국밥	147
고집돌우럭	94
곤밥보리밥	195
골든튤립 성산호텔	330
골막식당	95
골목식당	97
곰솥	92
공룡랜드	186
공천포식당	250
과물노천탕	172
과물해변	172
곽지 과물해변	172
관덕정	85
관음사	56
관음사탐방로	55
관촌밀면	191
광령-제주원도심올레	296
광치기-온평올레	284
교래손칼국수	145
교래자연휴양림	138
구엄리 돌염전	175
국수만찬	102
국수바다	255
국수의전설	247
군산오름	277
굴메오름	277
궷물오름	272
그계절	154
그라벨호텔	335
그랜드스윙	129
그랜드하얏트호텔	325
그러므	318
그러므 Part2	108
그림상회화덕피자	149
그정	309
글라스하우스	129
금능으뜸원해변	171
금악리목장길	179
금오름	273
김녕-성산해안도로	303
김녕 성세기해변	133
김녕-하도올레	298
김대건신부	181
김영갑갤러리	133
까사델마레	152
꿩메밀국수	65

ㄴ

나목도식당	140
나비정원	205
낙천리 아홉굿마을	186
남원-쇠소깍올레	286
남원 큰엉해안경승지	237
내도 알작지	90
넙빌레하우스	349
네거리식당	246
넥슨컴퓨터박물관	93
노고로시	208
노꼬메오름	272
노꼬메족은(작은)오름	272
녹고물	180
녹고산	272
녹산로	124
녹산폭포	234
늘봄흑돼지	98
늘작(구 함피디네돌집)	345

ㄷ

다랑쉬오름	270
다미진횟집	146
다인오세아노호텔	328
단산	270
단지	190
담팔수자생지	231
답다니수국밭	114
답다니탑망대	316
당케올레국수	142
닻	196
대도식당	245
대우정	103

대원가	101
대적광전	235
대정향교	271
대평-화순올레	289
대포해안주상절리	232
대향연탄구이	252
더럭초등학교	174
덕성원	245
델문도	155
도대불	175
도댓불	175
도두동 무지개해안도로	88
도두봉	80
도렐커피	156
도새기샤브마을	103
돈내코코스	235
돈내코탐방로	54
돌	47
돌담너머바다	199
돌담에꽃머무는집	344
돌염전	175
돔베고기	64
돗괴기국	64
동문시장 야시장	81
동문재래시장	80
동백꽃	110
동백동산	68
돝오름	278
두루치기	64
두모악	133
두손미술관	223, 261, 262
드르쿰다 in 성산	157
드림타워	325
들렁모루	242
따라비오름	274
딱새우	102

ㄹ

라림부띠끄	332
라마다프라자호텔	335
라온더마파크	174
랜딩리조트	336
레이지박스	204
렌터카	22
로뎀가든	317
로치아	319
롯데시티호텔	332
롯데아트빌라스	262
롯데호텔	328
리조트	32
리치망고	200

ㅁ

마고	210
마노르블랑	207
마당갈비	248
마라도	307
마라분교	309
마리오보타	261
마마롱	202
만선식당	197
만장굴	126
말고기	65
맛나식당	142
매일올레시장	228
매화	111
머체왓숲길	66
메이즈랜드	134
면세점	70
명리동식당	192
명월국민학교	206
명진전복	140
모슬포-무릉올레	291
모슬포-사계해안도로	302
모앙	108
목관아	85
목장 체험	161
몸국	64
무거버거	143
무릉-용수올레	292
문강사	88
문워크 월령을 걷다	351
문치비	251
물항식당	106
물회	65
민속자연사박물관	91
밀면	65

ㅂ

바굼지오름	270
바다	46
바다는안보여요	154
바다다	258
바다별장	307
바람	49
바람벽에흰당나귀	151
바램목장&카페	161
박수기정	232
방두포등대	129
방림굴	182
방림원	182
방주교회	240, 262
백년초	177
백선횟집	98
백약이오름	279
버스	24
버터모닝버터모닝	212
벚꽃	112
벨진밧	202
별돋별	198
보롬왓	134
보말국	64
보아비양	352
보엠	211
복합리조트	325
본태박물관	230
봄 그리고 가을 리조트	342

봉성소락	351	
부두식당	194	
분재예술원	176	
불탑사	88	
브라보비치	155	
비양도	311, 316	
비양봉	312	
비오토피아	222, 262	
비오토피아레스토랑	244	
비자림	127	
빌라드애월	329	
뽀로로앤타요 테마파크	160	
뽈살집	253	

ㅅ

사계	60
사라봉	82
사려니숲길	57
사색의길	185
산굼부리	128
산방굴사	172
산방산	172
산방식당	191
산지등대	82
산천단	92
산호풍경	317
삼나무군락	278
삼별초	187
삼성혈	83, 136
삼양 검은모래해변	84
새로나분식	229
새별오름	275
새빌카페	208
새섬	227
새연교	227
색달해변	236
생각하는정원	176
생선조림	65
생선회	65

샹그릴라요트투어	224
서광다원	173
서귀다원	230
서귀포 감귤박물관	161
서귀포매일시장	228
서귀포매일올레시장	228
서귀포버스터미널– 제주올레여행자센터올레	288
서귀포층 패류화석산지	228
서귀포항	227
서귀포 흑돼지명가	255
서머셋	337
서머셋 제주신화월드	337
서문공설시장	84
서복전시관	236
서연의집	256
서우봉해변	135
서홍정원	259
석미술관	223
선박편	21
선흘방주할머니식당	144
설문대할망	63, 125
섬	45
섭지코지	128
성미가든	147
성산일출봉	129
성산흑돼지두루치기식당	144
성세기해변	133
성이시돌목장	178
성판악탐방로	54
세계자동차박물관	241
세계조가비박물관	239
세러데이 아일랜드	260
소금빌레	175
소낭게스트하우스	347
소노캄 제주	339
소랑호젠	339
소롱콧길	66
손바닥선인장	177

솔참치	106
솜반천	229
송악산	178
송훈파크 하이드브레드	205
쇠소깍	225
쇠소깍–제주올레 여행자센터올레	286
수국	114
수미술관	223
수상한소금밭게스트하우스	347
수월봉	180
수·풍·석미술관	222, 262
순례자의교회	179
순옥이네명가	101
숯모르숲길	59
스위스마을	139
스위트호텔	334
스쿠터	30
스테이소도	352
스테이크하우스	105
슬로우트립게스트하우스	346
승효상	262
시흥–광치기올레	282
신라스테이제주	333
신라호텔	324
신비의도로	91
신설오름	100
신의한모	198
신창–용수해안도로	301
신화월드	336
신화테마파크	160
쌍둥이횟집	249
써니허니게스트하우스	348
씨에스호텔	330

ㅇ

아게하	345
아고라	261
아끈(작은)다랑쉬오름	270

아라파파	211	오름게스트하우스	348	와토커피	203
아부오름	278	오백장군	125	외돌개	238
아침미소목장	93, 161	오설록티뮤지엄	173	용눈이오름	273
아프리카게스트하우스	345	오션스위츠호텔	333	용담해안도로	86, 300
아홉굿마을	186	오솔길벽화마을	229	용두암	86
안덕계곡	233	오조해녀의집	146	용머리해안	170
안도타다오	261	옥돔식당	193	용수성지	181
안성리 수국길	114	온실카페	154	용수-저지올레	292
알작지	90	온평-표선올레	284	용왕난드르	248
앙끄리에펜션	340	올래국수	99	용천수	172
앞오름	278	올레1코스	282	우도	313
애기업개당	309	올레1-1코스	283	우도봉	315
애기업은돌	312	올레2코스	284	우도올레	283
애월 한담해변산책로	176	올레3A,B코스	284	우도팔경	314
액티비티	159	올레4코스	285	우드스탁	132
앤트러사이트 커피한림	203	올레5코스	286	우정회센터	229
약천사	234	올레6코스	286	우진해장국	96
어리목탐방로	53	올레7코스	287	원당봉	88
어린왕자감귤밭	161	올레7-1코스	288	원당사	88
어머니빵집 .	209	올레8코스	288	원앙폭포	235
어머니의 뜻을 담다	190	올레9코스	289	월령리 선인장군락지	177
어반르토아	320	올레10코스	290	월정리로와	132, 150
어승생악탐방로	55	올레10-1코스	290	월정리해변	132
어진이네횟집	250	올레11코스	291	월평-대평올레	288
엉또폭포	234	올레12코스	292	위(WE)호텔	331
엉알해안산책로	180	올레13코스	292	윈드1947테마파크	159
에스프레소라운지	107	올레14코스	293	윈드스톤	319
에인감귤밭	258	올레14-1코스	294	유네스코 세계자연유산	62
에코그린리조트	342	올레15A,B코스	294	유동커피	257
에코랜드	130	올레16코스	295	유두암	237
에프터글로우	320	올레17코스	296	유리의성	182
엘리시안제주	343	올레18코스	296	유민미술관	129
여미지식물원	262	올레18-1코스	297	유채꽃 .	113
영실탐방로	53	올레19코스	298	유토피아로	226
영해식당	194	올레20코스	298	은희네해장국	105
옛날국화빵	229	올레21코스	299	의자마을	187
오드랑베이커리	210	올레리조트	338	이야기별전	341
오또도넛	257	올레진밀면	191	이익새양과점	213
오름	48, 268	와온	350	이중섭거리	226

이중섭미술관	226	제주신화월드 랜딩리조트	336	촌촌해녀존	144
이타미준	223, 261	제주신화월드 메리어트리조트	336	추사관	184, 262
이호테우해변	87	제주양떼목장	161	추사유배길	184
인연의길	185	제주여행자센터-월평올레	287	추자도올레	297
일억조	192	제주올레	281	춘자네집	307
일정	35	제주원도심-조천올레	296	춘자멸치국수	145
		제주초콜릿박물관	184	치치숲	201
		제주표착기념관	181	칠십리해안	238

ㅈ

ㅋ

자매국수	99	제주항1면세점	71		
작가의산책길	226	제주항2면세점	71	카멜리아힐	224
장군바위	189	제주허브동산	131	카페공작소	152
장군석	238	제주현대미술관	183	카페동백	153
장수물	187	젠하이드어웨이	354	카페 디 아일렛	337
저지문화예술인마을	183	조림명가	246	카페 라라라	158
저지-서광올레	294	조민석	262	카페머문	132
저지-한림올레	293	조천-김녕올레	298	카페봄날	201
절물자연휴양림	57	조천마실	353	카페살레	317
정글게스트하우스	349	조천 스위스마을	139	카페숑	258
정물오름	280	종달리 수국길	114	커피99.9	109
정방폭포	236	좌보미오름	276	커피가게 쉬고가게	156
제일떡집	229	중문면세점	70	컴플리트 커피	321
제일성심당	212	중문 색달해변	236	코끼리바위	312
제주4.3평화공원	89	중문수두리보말칼국수	253	크래커스	204
제주공항면세점	70, 71	중앙식당	252	큰갯물횟집	251
제주관광공사면세점	71	지니어스로사이	129, 261	큰노꼬메오름	272
제주김만복	104	지미봉	276	큰엉	237
제주도립미술관	90	지미오름	276		
제주돌문화공원	124	지지지제주흑돼지	95		
제주돔레저	181	집념의길	185	## ㅌ	
제주동백수목원	238	짜장면거리	309	타요	160
제주들불축제	275	쫄븐갑마장길	275	탐라개국신화	63
제주락펜션	341			탑부평참숯구이	97
제주마당	96	## ㅊ		택시	30
제주마방목지	58	차귀도	189	탱자싸롱게스트하우스	346
제주목관아	85	차귀도등대	189	테마파크	160
제주민속자연사박물관	91	천제연폭포	240	토스카나호텔	327
제주방어사령부 산책로	82	천지연폭포	231	통통이관람차	160
제주센트럴시티호텔	334	청보리축제	306	티라호텔	327
제주시새우리	102	청춘부부	206		

ㅍ

펄렁못	312
펜션	33
평대앓이	141
포도호텔	262, 326
표선–남원올레	285
표선–남원해안도로	302
풍미술관	223
픽스커피	321

ㅎ

하갈비	195
하고수동해수욕장	316
하귀–애월해안도로	301
하도–종달올레	299
하례감귤체험농장	161
하르방밀면	191
하영	254
하하호호카페	317
한담해변산책로	176
한라산	50
한라산아래첫마을	246
한라생태숲	59
한라수목원	82
한림–고내올레	294
한림칼국수	197
할망바위	238
함덕 서우봉해변	135
함덕잠수함	159
함덕–조천해안도로	303
항공편	20
항몽유적지	187
항파두리항몽유적지	187
해녀	48
해녀박물관	137
해물뚝배기	65
해비치호텔&리조트	326
해안참호동굴	178
해오름식당	100
허브동산	343
협재칼국수	196
협재해녀의집	191
협재해변	171
호두암	237
호텔	32
혼인지	114, 136
홍로	242
홍소반	104
홍조단괴해빈	315
화산쇄설암	180
화순곶자왈	69
화순–모슬포올레	290
황우지해안	243
휴애리자연생활공원	243
흑돼지	64